KB148693

자신을 방어하기

SE DÉFENDRE: Une philosophie de la violence

by Elsa Dorlin

Copyright © Éditions La Découverte, Paris, 2017.
Korean Edition Copyright © Greenbee Publishing Co., 2020.
All rights reserved.

Se défendre

자신을 방어하기

소수자들, 빼앗긴 폭력을 되찾다

엘자 도를랑 지음
윤지영 옮김

그린비

감사의 말

이 저서가 탄생하게 된 연구는 일정 부분 뉴욕에 있는 숌버그 흑인문화 연구센터의 장학금과 멜론 재단의 장학금 덕분이다. 나는 이 장학금들 덕분에 버클리에 있는 캘리포니아 대학에서 비판이론 프로그램의 연구와 교육을 받을 수 있었다. 이 책은 오랜 기간 동안 나의 동료들과 학생들, 친구들과 나눌 수 있었던 논쟁과 생각교환, 토론들에 빚지고 있다. 바로 이들이야말로 공동체 또는 생각의 각축장들이었던 것이다. 그리고 이 책은 무엇보다도 쟁투를 위한 활동가 그룹 안에서의 실천과 숙고, 참여에 더 많은 빚을 지고 있다. 이 저서 안에 산포되어 있는 감사의 말들이야말로 한 철학자의 사유 작업이란 우정과 함께 연결되어 있다는 내 신념을 증명하고 있다. 여러 갈등으로 인한 시련들이 있었지만 바로 이러한 갈등들이야말로 의미들의 배양소로 기능하였다. 여기에서 내가 감사를 표하는 이들, 그들의 지지 없이는 결코 이 책을 끝낼 수 없었을 것이다. 오리스텔 보니(Oristelle Bonis)와 카린느 로렌조니(Carine Lorenzoni), 가엘 포탱(Gael Potin), 키라 리베로(Kira Ribeiro), 네즈마 부아크라(Nedjma Bouakra), 프란세스카 아레나(Francesca Arena), 사라 브라크(Sarah Bracke), 나탈리 트뤼사르(Nathalie Trussart), 엘로디 케르고아트(Elodie Kergoat), 아만다 베(Amanda Bay)를 떠올린다. (나에게 있어) 매우 소중한 존재인 수웬 퐁텐(Souen Fontaine)의 애정과 우정에 특히 감사를 표한다.

또한 이 텍스트의 첫 감수자인 이자벨 클레르(Isabelle Clair)에게도 감사를 표한다. 그녀는 2013년부터 페미니스트 연구를 위한 쟁투와 연구의 동반자이자 매운 드문 친구였으며, 특별한 지적 대화 상대였다. 그리고 주디스 버틀러(Judith Butler)에게도 감사드린다. 나에게 보여 준 그녀의 믿음과 관심, 호의 덕분에 이 책이 탄생할 수 있었다. 그레구아르 샤마유(Grégoire Chamayou)에게도 감사를 드린다. 그는 시간을 가로지르는 지적이며 감정적 현안들 속에서도 영원한 유대관계를 이어 나가고 있는 이이기 때문이다.

Mwen, Chabine, manda liv là sa a fanmi an-mwen Dorlin: a nou, Kimbe raid pas molli…[1]

엘자 도를랑

---

1 [옮긴이] 이 마지막 문장은 프랑스어 원문에서도 아이티섬의 크레올어로 쓰여 있다. 한글 번역에서도 이 마지막 문장을 번역하는 대신 크레올어 원어 그대로 남겨 두고자 한다.

몸이 할 수 있는 것

1802년 11월 2일, 프랑스 공화력 1년 11일, 밀레 드 라 지라르디에르 (Millet de la Girardière)는 과달루페의 한 법정 판결에서 죽음에 이를 때까지 철제 우리에 갇힌 채, 푸앵 아 피트르 광장에 노출되는 형에 처했다. 형벌에 쓰이는 우리의 높이는 8피트(약 2.4미터)에 이르며, 이 안에 가둬진 이는 날카로운 칼날 위에 걸쳐진 채로 서 있어야만 한다. 그의 발은 발판에 의해 받쳐지고 있으며, 칼날에 다치지 않기 위해선 펴진 무릎 상태를 그대로 유지해야만 했다. 그의 앞에는 손에 가닿을 수 있는 테이블이 있고 그 위에 목마름과 허기를 면할 만한 먹거리가 놓여 있지만 밤낮으로 그를 감시하는 감시자가 이를 만지지 못하게 하고 있다. 그의 힘이 소진되기 시작하면 희생자는 칼날 위로 떨어지고 만다. 그것은 그에게 깊고도 끔찍한 상처를 안길 것이다. 이 불행한 이는 고통에 자극받아 또다시 몸을 일으킬 것이다. 그리고 이로 인해 그는 또 한 번 자신을 심각하게 상처 입히는 예리한 칼날 위로 떨어지고 말

것이다. 바로 이러한 형벌이 3일 또는 4일에 걸쳐 지속되는 것이다.[1]

형벌받는 자는 이러한 종류의 장치에 의해 서서히 죽어 간다. 왜냐하면 그는 감히 저항했으며, 절망스럽게도 죽음을 피하고자 노력했기 때문이다. 그가 겪는 형벌이 끔찍한 이유는 고통에 저항하기 위한 몸의 움직임 하나하나가 고문으로 탈바꿈해 버렸다는 점이다. 바로 여기에 절멸 과정의 고유함이 깃들어 있다. 그 어떠한 자기보존의 반응도 가장 견딜 수 없는 고통을 향한 전진이 되고 마는 것이다. 근대 식민주의 시스템의 독점물만이 아닌, 이러한 고문의 혁신적 성격은 여기서 논할 만한 대상은 아니다. 처형장면의 공포를 낱낱이 재생시키기 위한 수사학적인 절차와도 같이, 이 장면은 처형에 대한 또 다른 서사와 공명을 일으킨다. 여기에서 처형에 대한 또 다른 서사란 바로 『감시와 처벌』의 서문에서 묘사된 다미앙의 처형을 말한다.[2] 그러나 이 두 이야기는 완전히 다른 것이라 할 수 있다. 미셸 푸코는 다미앙의 케이스를 통해 그의 몸에 가해지는 고통 너머에서 무엇이 표적되는가를 적확히 보여 준다. 그것은 그의 개체성이 아니라, 절대적 권능 속에서 재복원된 군주의 의지이다. 다미앙은 범죄행위를 통해 공동체를 침해했으며 바로 그 공동체에 의해 철저히 제압당한다. 집게와 가위에 의한 절단과 녹은 납과 끓인 밀랍 기름에 의한 화상들, 말들에 의한 최종적 사지 절단… 이 끔찍한 시나리오의 기나긴 여정 속에서 다미앙은 그저 묶여 있다. 그러하기에 그 어느 누구도 그가 무언가를 할 수 있으리라고 예

1 Joseph Elzéar Morenas, *Précis historique de la traite des Noirs et de l'esclavage colonial*, Paris: Firmin Didot, 1828, pp. 251~252.

2 Michel Foucault, *Surveiller et punir*, Paris: Gallimard, 1975.

상하지 못한다. 이처럼 매우 미약하기 짝이 없는 그의 역량은 결코 고려되지 않는데, 왜냐하면 그것은 전혀 중요하지 않기 때문이다. 이처럼 다미앙의 몸은 전적으로 무화되고 만다. 왜냐하면 그는 왕의 절대적 지배력을 제례 의식화하고자 하는 공동체, 이러한 복수심에 가득한 공동체의 단결이 이루어지는 무대 외에는 더 이상 아무것도 아니기 때문이다. 절대군주가 가진 힘의 전능성을 더 잘 표현하기 위해, 다미앙의 역량은 철저히 부재하는 것으로 단지 전시될 뿐이다.

밀레 드 라 지라르디에르가 받은 철제 우리의 형벌 케이스에서도 군중은 여전히 존재한다. 그러나 처벌받는 자의 고난을 공적으로 전시하는 행위 속에는 또 다른 무언가가 꾸며지고 있다. 그런데 여기에서 사용된 기술이란 주체를 보다 더 잘 지배하고자, 주체의 행위 능력과 반응 능력을 겨냥하는 것처럼 보인다. 억압 장치는 처벌받는 자의 생명유지를 위한 반사작용과 육체적 반응을 전시함과 동시에 이를 자극하기 위해 설치되었다. 이것은 주체의 반응성을 주체의 역량이자 약점으로 구성해 내기 위한 것이다. 그러하기에 억압적 권력기관은 고문받는 자 앞에서, 자신의 권위를 확인받고자 그를 절대적으로 무력한 존재로 그릴 필요조차 없다. 오히려 살기 위해서 절망적으로 반복하는 주체의 노력에 의해 주체의 역량이 극화되면 될수록, 주체의 역량은 더욱더 효과적으로 억압적 권위에 의해 지배된다. 그리하여 억압적 권위는 수동적이며 허수아비에 불과한 사형 집행자의 존재 뒤로 사라지면서도 여전히 강력한 것으로 남아 있게 된다. 이처럼 몸에 대한 치명적인 통치행위란 처벌받는 자 스스로가 자신의 죽음을 촉진하도록 하는 자구책이다. 치명적인 절단의 위험이 있는 날카로운 칼날에 고문당하는 이가 신체적으로 저항할 것을 예상하며 이 모든 것이 고안된 것이다. 고문당하는 이는 우리 안의 발판 위에 똑바로 서 있어야만 한다. 이 장치는 그의 근력적·신체적·정신적 힘에 바로 그의 생존이 걸려 있음을 예상토록 한다. 그가 더 이상 고통받거나 죽길 원하지 않는다면, 그는 살아 있는 상태를 그대로 유지해야만 한다. 그러나 아이로니컬하게도 이러한 고문 기술의 궁극적 목적이란 바로 그를 죽이는 데에 있다. 그리하여 그가 스스로를 방어하면 할수록, 그는 더욱더 고통받게 될 것이다. 그의 주위에 준비된 먹거리들은 잔인한 연극적 장치이며, 이러한 연극은 이 형벌이 생명유지를 위한 반응적 움직임들에 의존해 있음과 동시에 이러한 움직임들을 전적으로 통제함으로써 이를 보다 더 효과적으로 절멸시키기 위한 것임을 증언한다. 같은 방식으로, 기력소진은 그를 칼날 위로 무너져 내리도록 한다. 그에게 있어, 견딜 수 없는 허기와 갈증의 욕구는 치명적인 일이 된다. 게다가 그의 신체에 가해지는 첫 번째 충격의 지점은 의심할 여지 없이 생식기를 건드리는 데에 있다. 권력의 성별화된 체계화 작업은 다음과 같이 진행되기 때문이다. 성기는 몸의 다른 어떤 부위보다도 주체의 행위역량이 숨어 있는 최종적 장소처럼 여겨진다. 즉 성기를 지킨다는 것은 자기 자신을 지키는 일이 되어 버린 것이다. 그리고 성기를 우선적으로 건드린다는 것은 권리의 주체가 아닌, 유능한 행위의 주체를 구성해 오던 바를 제압해 버리는 일이다.

이러한 죽음집행 장치는 이 장치에 복종하는 이들에게 마치 어떤 것을 시도할 수 있다는 착각을 하게 만든다. 그리고 이 장치는 고문받는 자의 아주 미약한 방어책 속, 그가 갖고 있는 역량의 마지막 도약을 오히려 명확히 겨냥하고 자극하며 북돋아 준다. 이는 마치 그를 그의 비효율성 속에서 더욱더 효과적으로 호명해 내기 위한 것이자 그를 무기력하게 탈바꿈하기 위한 것과도 같다. 이러한 권력 기술이란 행위역량에 의해 끊임없이 자극받는 주체를 생산해 내기 위한 것이다. 그러나 이는 전적인 타율성 안에 그를 더 잘 붙잡아 두기 위한 방책에 불과하다. 다시 말해, 설령 이러한 행위역량이 전적으로 삶의 보존을 목적으로 한다 할지라도, 이미 이것은 식민주의적 형벌 기계라는 죽음의 메커니즘 속으로 주체를 빨려 들어가도록 만드는 일이다. 여기에서 우리는 지배의 장치가 어떻게 삶의 고유한 움직임을 억압하며, 바로 이러한 과정 속에서 어떻게 가장 근육적인 것을 겨냥해 왔는가를 정확히 이해할 수 있게 된다. 왜냐하면 아주 미약하기 짝이 없는 방어와 보호의 제스처, 아주 미미한 자기보존의 움직임마저도 자기 자신의 몸의 절멸을 위한 것이 되어 버리기 때문이다. 자기 삶과 자신을 보존하기 위한 힘의 도약 속에서 주체의 역량이 드러난다. 이러한 주체의 역량을 겨냥하는 권력이란 자기방어를 육체적 삶에 대한 표현이자 주체를 형성하는 것, 나아가 삶을 형성하는 것으로 구축해 낸다.[3]

철제 우리에서부터 몇몇 근현대적 고문 기술들에 이르기까지,[4] 이 것들은 모두 같은 골조를 갖고 있다. 그리고 이것들은 다음 격언으로 요약 가능한 권력 기술과도 비견될 수 있다. "너 자신을 방어하면 할수

---

3 Judith Butler, *Ce qui fait une vie: Essai sur la violence, la guerre et le deuil*, Paris: Zones Editions, 2010.

4 그레구아르 샤마유의 입문서를 참조하라. *KUBARK: Le Manuel secret de manipulation mentale et de torture psychologique de la CIA*, Paris: Zones éditions, 2012.

록 너는 더욱 고통받을 것이며 너는 더 확실하게 죽음에 이를 것이다."
몇몇 맥락과 몇몇 신체들에게 있어서, 스스로를 방어하는 일은 곧 자기소진에 의해 죽는다는 것을 뜻한다. 싸운다는 것은 곧 소용없이 발버둥 친다는 것이며 패배를 의미하기 때문이다. 이러한 불행한 행동역학은 정치적 신화의 관점 ─ 우리의 저항은 어떤 운명인가? ─과, 세계의 재현과 자기 자신에 대한 재현의 관점 ─ 나 자신을 구하기 위해 내가 하는 모든 것이 나의 패배와 상실로 이어질 때에, 과연 나는 무엇을 할 수 있는가? ─의 문제에 영향을 미친다. 아마도 이것은 자기 자신의 역량에 대한 경험이 아니라, 자기 자신의 결핍과 한계, 부작용이 산출해 내는 의심과 공포, 두려움에 대한 경험이 주를 이루는 것일 것이다. 이러한 경험은 더 이상 끔찍한 외부적 위험 또는 적에 관한 것이 아니다. 이는 오히려 자기 자신의 행위와 반응들, 그리고 자기 자신을 비추는 거울 효과에 관한 것이다. 이런 기술의 독창성은 주체적 역량의 두 가지 치명적인 국면 ─ 자기 삶을 보존하기 위한 단 하나의 출구임과 동시에 자기중단에 이르게 하는 죽음 촉진적 국면 ─의 강제적인 통합 작업 안에 거한다는 점이다. 그리하여 주체의 역량이란 자기 자신을 방어하는 운동임과 동시에 자기 자신에 대한 위협이자 죽음에 대한 약속이 되어 버리고 만다.

선고받은 자, 더 일반적으로는 폭력에 노출된 몸이 스스로의 형 집행자가 되도록 하는 이러한 자구책은 근대적 주체가 갖는 특징들을 부정적인 방식으로 그려낸다. 근대적 주체란 자기 자신을 방어하는 능력에 의해 정의되어 왔기 때문이다. 이에 대해서는 다시 언급할 것이다. 자기방어 능력은 온전하게 주체인 이들과 그렇지 않은 이들을 구분 짓는 잣대이다. 자기방어 능력이 정당화되지 못한 채, 약화되고 무화되며 변질된 이들은 스스로를 방어할 수 있는 몸들에 의해 가해진 죽음의 위험에 노출된다. 마치 이것은 그들에게 스스로를 방어할 수 없다는 무능력을 주입하는 일이자 그들의 인종적 무능력성을 그들에게 철저히 각인시키는 일이다.

여기에서 몸 그 이상인 행위역량이란 권력에 의해 겨냥되고 호명되는 바이다. 이러한 소극적인 통치행위는 복합적 역학에 의해, 주체를 소진시키기도 하고 보존하기도 하며, 돌보기도 하고 자극하기도 하며, 나아가 죽이기도 한다. 이러한 통치행위는 단계적 등급에 따라 몇몇 이들을 보호하는 반면, 다른 이들은 그저 무방비 상태로 내버려 둔다. 그런데 여기에서 무방비 상태란 어떤 방식으로든 권력을 더 이상 행사할 수 없음을 뜻하진 않는다. 오히려 이것은 더 이상 몰두한 운동일 수 없는 행위역량을 경험하는 것에 가깝다.[5] 우리의 행위역량이 자가 면역적인 반사행동으로 뒤바뀌어 버리는 이러한 사태보다 더 큰 죽음의 위험은 없다. 이것은 절대군주에 의한 억압상태에서처럼 소수자들의 행동을 직접적으로 방해하는 문제가 더 이상 아니다. 그렇다고 생명 정치적 권력의 프레임 안에서 무방비 상태로 소수자들을 그저 죽게 내버려 두는 일도 아니다. 오히려 이것은 몇몇 주체들을 주체로서 스스로 파괴하도록 유도하는 일이자 그들의 행위역량을 스스로를 파

---

5 조르주 캉길렘에 의하면, 삶이란 자기 자신에게 주어진 조건들에 대한 무관심으로부터 멀어지는 행위로 정의된다. 엄밀하게 말하자면 이것은 극성·편광에 대한 정의이기도 하다. 즉 삶은 극성 또는 몰두하는 활동인 것이다. Georges Canguilhem, *Le Normal et le pathologique*, Paris: PUF, 1966, pp. 78~79를 볼 것.

괴하는 방향으로 몰아넣는 것에 가깝다. 즉 이것은 자기 자신을 방어하면 할수록, 오히려 자멸적 존재들로 그들을 생산해 내는 일이다.

　1991년 3월 3일 로스앤젤레스에서 로드니 킹이라는 26세의 젊은 아프리카계 미국인 택시 운전사가 고속도로 속도위반으로 경찰차 세 대와 헬리콥터 한 대에 쫓기다 결국 체포당하고 만다. 그는 차에서 내리길 거부했다는 이유로 얼굴에 권총이 겨누어진 채로 위협당한다. 결국 몇 초 만에 복종해야 했으며 땅바닥에 엎드릴 수밖에 없었다. 그리고 테이저 건에 의해 전기충격까지 당한다. 경찰이 때리는 것을 피하고자, 몸을 일으키려고 노력하면서 자신을 보호하고자 할 때조차 얼굴과 몸 부분을 몇 십대의 곤봉으로 잔혹하게 얻어맞아야만 했다. 그를 병원으로 옮기기 위한 앰뷸런스가 도착하기 몇 분 전, 이미 그는 결박당한 채로 정신을 잃은 상태였다. 뿐만 아니라 그는 두개골과 턱의 여러 부분에 골절상을 입었고, 입과 얼굴 부분은 벌어진 상처로 난자되었으며, 발목은 부러졌다.

　로드니 킹의 린치 장면은 조지 홀리데이(George Holliday)라는 행인에 의해 촬영되었다. 린치 장면은 이 영상에 의해 초 단위로 묘사 가능한 것이 되었다. 이날 밤, 조지 홀리데이는 고속도로가 건너다보이는 자신의 아파트로부터 이러한 지배 현장의 기록을 찍었던 것이다.[6] 그날 저녁, 이 영상은 텔레비전 채널에 방영되어 전 세계로 퍼져 나간

---

6 이 영상은 9분 20초가량의 비디오로, 다음 링크에서 볼 수 있다. https://www.youtube. com/watch?v=sb1WywIpUtY(마지막 온라인 검색일: 2017년 7월).

다. 일 년 뒤, 로드니 킹의 구타행위에 가장 직접적으로 연관된 네 명의 경찰관들 —— 체포 장소에서는 20명이 넘는 인원이었다 —— 에 대한 재판이 배심원들 앞에서 열렸다. 이 재판은 과도한 무력 사용 혐의에 관한 것이었다. 경찰 측 변호사들에 의해 아프리카계 미국인이 대중 배심원단에 들어오는 것이 거부되었다. 그리하여 배심원들은 10명의 백인과 한 명의 라틴계 미국인, 한 명의 중국계 미국인으로 구성되었다. 이 배심원들은 약 두 달간의 재판기간 후, 경찰관들에게 결국 무죄를 선고했다. 이러한 무죄 선고로 인해 그 유명한 로스앤젤레스 봉기[7]가 벌어졌던 것이다. 6일간의 도시 반란과 공권력과의 싸움이라는 실질적 내전 상황으로 인해 시위자 측에서 53명의 사망자와 2천 명 넘는 부상자들이 발생했다.

엄밀히 말해서, 경찰관들[8]의 누명을 벗겨 준 이 선고 자체를 넘어서, 배심원들이 네 명의 용의자들에게 무죄를 선고하게 된 토론의 경과와 그 이유의 진술이 시사하는 바란 매우 크다. 용의자 측 변호사들은 그들 —— 네 명의 용의자들 —— 이 위험에 놓인 상태였음을 배심원들에게 설득시키고자 했다. 변호사들에 따르면, 그들은 공격당할 것처럼

---

7 1965년에 와츠 봉기가 일어났다. Mike Davis, *Dead Cities*, London: Verso, 2006. 부분적으로 프랑스어로 번역된 다니엘 벤사이드(Daniel Bensaid)의 서론과 함께 다음 저서를 볼 것. *Les héros de l'enfer*, Paris: Textuel, 2007.

8 1993년 2월에서 4월 동안 로드니 킹이 받은 민법상의 침해에 관한 연방법원의 두 번째 재판이 열렸다. 이 재판으로 인해, 1991년 3월 3일 밤에 일어났던 린치에 연루된 경찰관 중 두 명이 32개월의 실형에 처해졌다. 이 중 다른 두 명의 경찰들은 무죄를 선고받았다. 이 재판 기간 동안 재판관들은 다음을 인정하고 있다. 검문 초반부에, 경찰들은 자기직무의 합법적 차원에서 움직였다는 것을 인정하였다. 그리고 그들이 휘두른 첫 번째 가격행위는 로드니 킹의 고집스러운 태도에 의해 정당화될 수 있음을 인정한 것이다. 그럼에도 불구하고 경찰들은 불필요한 구타행위로 처벌받게 된다.

느꼈으며 1미터 90센티가 넘는 로드니 킹이라는 거인 앞에서 단지 스스로를 방어하고자 했던 것뿐이었다. 로드니 킹은 엎드려 있으면서도 그들을 구타하였으며 경찰관으로부터 얻어맞는 가격행위들에도 무감각할 정도로 마약에 취한 상태처럼 보였다는 것이다. 몇 달 후, 두 번째 재판에서 로드니 킹은 단지 살고자 노력했었다[9]는 주장을 한다. 여기에서 가장 주요한 쟁점이란 바로 책임의 역전에 있다. 첫 번째 재판에서 경찰 측 변호사들은 조지 홀리데이가 찍은 비디오라는 유일하고도 중요한 증거물을 하나하나 조작하여 이를 활용하고자 했다. 경찰 측의 잔혹성에 대한 증거로서 공식적으로 간주되던 이 동일한 영상이 그들 — 경찰 측의 변호사들 — 에 의해 오히려 경찰관들이 로드니 킹에 의해 위협당했다는 것을 보여 주기 위한 목적으로 정반대로 활용되고 말았던 것이다. 재판장에서 배심원들이 본 영상은 공권력 측의 변호사들에 의해 설명됨으로써 오히려 경찰관들의 취약성을 증명하는 정당방위 장면으로 받아들여지게 되고 만다. 우리는 이러한 해석의 간극을 과연 어떻게 이해해야 할까? 어떻게 같은 이미지들이 재판장 안의 백인 배심원일 때와 평범한 관중[10]일 때에 따라, 피해자에 관한 전혀 다른 두 가지 판본을 낳을 수 있단 말인가?

이것은 이 선고가 있은 후 얼마 지나지 않은 며칠 뒤, 주디스 버틀러가 쓴 글에서 제기된 질문이기도 하다. 버틀러는 "누가 피해자인

---

9 Seth Mydans, *New York Times*, 10 March 1993을 볼 것.

10 나는 고의로 이 표현 — 평범한 관중 — 을 쓴다. 왜냐하면 조지 홀리데이는 이미 백인이기 때문이다. 로드니 킹 사건에 관한 국가적·세계적 여론 동원전에 관한 세부적 분석 또한 반드시 필요하다. 여기에서 내가 주목하는 바란 재판이 일어나는 시간성과 재판장이라는 공간성, 이에 의해 생산된 인종적 정체성이 갖는 수행적 측면이다.

가?"를 판단하기 위한 해석의 다양성에 방점을 찍고 있지 않다. 오히려 여기서 방점이 찍혀야 할 것은 로드니 킹이 린치의 피해자인가, 또는 경찰관들이 공격의 피해자인가를 판단하게 될 개인들, 바로 그들을 지정하는 몇몇 영상 보기의 조건에 달려 있다는 것이다. 버틀러의 주장이 의거하고 있는 프란츠 파농적 관점에서 이를 보자면, 비판적 분석의 대상이 되어야 할 것은 상충된 견해들의 논리구조가 아니다. 오히려 비판적 분석의 대상이 되어야 할 것은 즉각적이지 않은 인식작용의 이해가능성에 대한 틀이다. 다시 말해, 비디오 영상은 가공되지 않은 데이터이거나 해석되어야만 하는 원재료처럼 접근되어서는 결코 안 된다는 것이다. 이것 ― 비디오 영상 ― 은 "인종적 관점으로 가득 찬 가시화의 장"[11]이 발현되는 방식으로 이해되어야만 한다. 또 다른 말로 표현하자면, 우리의 인식행위를 인종적으로 도식화한다는 것은 우리가 이해하는 바를 생산하는 양식은 물론, 이해하고 인식한다는 것의 의미 자체를 재정의하는 일이다. 가시화의 장이 이미 인종적으로 도식화되어 있다는 관점에서, 의도와 행위의 역전은 과연 어떻게 설명될 수 있는가? 그렇다면 이는 인종화된 인식소에 고유한 행위성, 이를 특징짓는 가치역전에 관한 것인가? 이러한 역전의 가능성은 다음과 같은 문제 ― 보여진 것이란 보여질 수 있는 것으로서 생산된 인종차별적 인식소와 이미 연관되어 있는 것은 아닌가?[12] ― 를 제기하는

11 Judith Butler, "Endangered/En dangering: Schematic Racism and White Paranoia", ed. Robert Gooding-Williams, *Reading Rodney King/Reading Urban Uprising*, New York/London: Routledge, 1993, pp. 15~22, p. 15.
12 Ibid., p. 16.

일은 아닌가? 즉 우리가 질문해야 할 것은 다음의 과정에 관한 것이다. 우리의 인식활동이란 우리에게 가능한 앎의 모든 행위를 지속적으로 제한·속박하는 자료들에 의해 사회적으로 구축·생산되는 과정이라는 점이다.[13]

비참함을 드러내는 모든 자세, 또는 취약성을 드러내는 모든 행위들과는 별개로, 로드니 킹의 몸은 항시 공격자의 몸으로만 간주된다. 단지 그는 백인 인종주의자들의 공격 판타지를 양산해 내는 몸일 뿐이다.[14] 재판장 안에 있는 백인 배심원들의 눈에, 그는 단지 폭력의 행위자로 비쳐질 뿐이다. 같은 맥락에서 불공정한 방식으로 성폭력 혐의로 고발당한 노예의 자손들, 또는 노예였던 이들은 인종분리정책의 기나긴 기간 동안 길거리에서 공격당하고 집이나 유치장 바깥으로 끌려 나가 고문당하고 처형당해야만 했다. 이와 같은 맥락에서 오늘날 아프리카계 미국인 청년이나 청소년들, 또는 아프리카계 자손들은 거리 한가운데에서 구타당하거나 살해당하고 있다. 로드니 킹을 공격자의 몸으로 인식하는 행위는 흑인들에 대한 "백인들의 편집증"[15]이 투사된 조

---

13 예를 들자면 2005년 『건강과 사회적 행동 학술지』에 게재된 연구에서 저자들은 다음을 증명해 내고자 한다. 임상학적 연구를 바탕으로, 아프리카계 미국인들이 백인들보다 더 많은 분노를 경험하며 사회적으로 받아들여질 만한 수준에서 그들의 감정을 통제하고 경영하는 자원을 덜 가진 것으로 나타난다는 것이다. Beth Mabry and K. Jill Kiecolt, "Anger in Black and Whites: Race, Alimentation and Anger", *Journal of Health and Social Behavior*, vol. 46, n° 1, 2005, pp. 85~101. 이러한 종류의 발간물들은 주로 정신병리학과 사회심리학 분야에서 지속적으로 갱신되고 있는 인종차별적인 지식의 매우 광범위한 생산 논리 속에 기입되어 있다.

14 Judith Butler, "Endangered/En dangering: Schematic Racism and White Paranoia", p. 20.

15 Ibid., p. 16.

건임과 동시에, 이 편집증의 지속적 결과물이기도 하다.

더군다나 폭력의 재현이야말로 이 세상에서 시각문화에 의해 가장 각광받고 있는 주제 중 하나이다. 이러한 세상에서 이미지란 설명이 필요 없는 자명한 것이 결코 아니다.[16] 홀리데이가 찍은 비디오의 가장 초반부를 보자면, 거기에서 로드니 킹은 자신의 팔을 앞쪽으로 향한 채 서 있다. 그런 채로 경찰관 방향으로 나아가는데, 이때 경찰관은 로드니 킹을 때리려는 것처럼 보인다. 이 제스처 — 앞쪽으로 팔을 놓은 것 — 는 스스로를 보호하기 위한 것이었으나 이는 곧 전형적인 공격행위를 구성하는 위협적 자세로 간주되고 만다. 킴벌리 크랜쇼와 게리 펠러가 설명하는 바와 같이, 경찰 측 변호사들은 로드니 킹의 전형적 공격성에 대한 증거로서 다음 기술을 사용한다. 이 기술이란 각각의 분리된 장면들을 숱하게 정지·재생시키는 방식으로 영상을 재배치하는 것이었다. 이것은 영상을 무한정으로 해석할 수 있는 원재료로서 제공하는 일이다. 경찰 측 변호사들은 이러한 장면이 나타나게 된

---

16 사실상 사법 장치에서 증거가 갖는 존재론적 위상이란 서사적 구성의 영역에 속한다. 더군다나 이미 일어난 사실의 녹화처럼 여겨지는 시각적 증거일 때에는 더욱더 그러하다. 시각적 증거는 진리의 즉각적 포착행위가 결코 아니다. 이것은 보여질 만하고 말해질 만한 것들로 여겨지는 것의 발현이자, 증거를 구성하기에 적법한 것의 발현일 뿐이다. 사법 영역은 유달리 풍부한 조사 영역을 제시하는 일만을 한다. 이는 지각의 방식과 이해의 행위라는 본질적으로 사회적이며 역사적인 인식형이상학적 구성물을 포착해 내기 위한 것이다. 이것은 하나부터 열까지 완벽한 증거물들을 만들어 내기 위한 해석학이 아니라, 사법적으로 객관적인 증거처럼 여겨지는 것을 선별적으로 결정하는 해석학인 것이다. 이러한 절차는 사실들에 의한 적나라한 진실에 대해 판결 내린다는 주장으로 뒤덮여 있다. 이러한 관점에 대해서는 다음 논문을 참조하라. Kimberlé Crenshaw and Gary Peller, "Reel Time/Real Justice", Robert Gooding-Williams, *Reading Rodney King, Reading Uprising*, pp. 56~70.

사회적 맥락으로부터 이 장면을 철저히 분리시켰으며 이를 낱낱이 쪼개 버렸다. 그리하여 경찰 측 변호사들은 이에 대한 모순적 이야기들을 확대 증폭시킴으로써 전체적으로 찍힌 연속화면의 의미를 뒤엉키게 하거나 그 전체적 의미를 붕괴시키는 데 성공한 것이다.[17] 만약 이 영상이 몇몇 흑인 시민은 물론 백인 시민들에게 있어, 경찰관의 가혹행위에 대한 명백한 증거를 구성하는 것이었더라면, 피고 측 변호사들은 공권력의 과도한 사용을 입증할 만한 그 어떤 증거도 없었다고 재판장에서 주장했었을 것이다. 그러나 그들에 따르자면, 경찰관들은 폭력을 온당하게 사용했다는 것이다. 그리하여 경찰 가혹행위가 최고조에 달하는 녹화영상 속 81초의 순간조차도 미치광이 앞에서의 정당방위 장면으로 그 의미가 뒤바뀌어 버리고 만다.

경찰관의 가혹행위에 대한 인식과 지각행위는 과거로부터 발생한 이해가능성의 틀에 전적으로 의존해 있는 것만은 아니다. 이러한 이해가능성의 틀은 물질적이며 담론적인 권력 기술에 의해 지속적으로 현재화되는 것이기도 하다. 이러한 권력 기술은 사건들에 대한 지각을 사회적·정치적 쟁투들로부터 완전히 이탈시켜 버리는 데에 그 목적이 있다. 정치적·사회적 쟁투들은 역사와 구체적으로 연결되어 있는 것일 뿐만 아니라, 경험된 현실, 이에 대한 이해가능성의 또 다른 틀을 만들어 내는 데 기여한다.

경찰에 의한 폭력으로부터 자기 자신을 방어함으로써, 로드니 킹은 스스로를 지킬 수조차 없는 이가 되어 버렸다. 왜냐하면 스스로를

---

17 Ibid., p. 61. 이 두 저자들은 분해와 붕괴를 구성하는 서사적 기술에 대해 언급하고 있다.

방어하면 할수록 그는 더 구타당했고 더 공격자로서만 비쳐졌기 때문이다. 행동의 실질적 성격이 무엇이든 간에 합법적인 행위자들과 용어들을 구조화하는 틀 속에서, 공격과 방어의 의미는 물론, 폭행과 보호의 의미 또한 전도되어 버리고 말았기 때문이다. 이러한 의미의 전도는 공격과 방어, 폭행과 보호라는 행동들을 인간학적인 성질의 것으로 변환시켜 버린다. 여기서 인간학적 성질이란 이렇게 형성된 사회적 그룹들과 사회적 몸들을 차별하도록 하는 피부색에 의한 구별 짓기를 뜻한다. 이러한 구분점들은 위협적이거나 공격적인 몸들과 방어적인 몸들을 단순히 나누는 데에 결코 한정되어 있지 않다. 이러한 구분점들은 스스로를 방어할 수 있는 행위자들과 부정적으로 행동할 수밖에 없는 순수한 폭력의 행위자들, 바로 이 둘을 분리해 내기 위한 것이다. 인종차별주의적인 경찰관에 의해 불심검문당하는 모든 아프리카계 미국인들과 같이, 로드니 킹은 오로지 폭력의 행위자, 폭력의 주체로만 여겨질 뿐이었다. 이러한 폭력의 주체란 다른 모든 행위의 영역에서는 결코 주체가 될 수조차 없는 이를 뜻한다. 그러나 유독 흑인 남성들은 폭력에 대한 책임 주체로서만 항시 여겨져 왔다. 왜냐하면 그들은 폭력의 원인이자 결과이며, 이것의 시작이자 끝이기 때문이다.[18] 이러한 인종차별적 관점에서, 자신을 보호하고자 하는 로드니 킹의 반응들, 생존하기 위한 무질서한 그의 제스처 ─ 팔을 치는가 하면 비틀대는 것, 몸을 일으키려고 하거나 초주검 상태로 쇠진해 있는 것 ─ 는

---

18 Judith Butler, "Endangered/Endangering: Schematic Racism and White Paranoia",
   p. 20.

그 자신의 완벽한 통제로부터 기인한 것이거나, 위험한 의도를 나타내는 것처럼 여겨졌던 것이다.[19] 이는 흑인의 몸이 자발적으로 할 수 있는 단 하나의 유일한 행동이 마치 폭력뿐인 것처럼[20] 만듦과 동시에 모든 합법적 방어를 흑인들에게 금지하기 위한 일이다. 이처럼 부정적인 행위역량과 명예를 실추시키거나 신뢰를 떨어뜨리는 폭력적 행동을 특정 사회 그룹에게만 독점적으로 나타나는 것처럼 여기도록 하는 방식은 그들을 위험한 사회군으로 양산함과 동시에 경찰에 의한 폭력을 공격으로조차 인식하지 못하게 만드는 효과를 낳는다. 왜냐하면 사회적 소수자가 된 몸들은 위협 그 자체이며 그러한 몸들은 위험의 근원이자 가능한 모든 폭력의 행위자로 간주되고 말기 때문이다. 그들에게 가해지는 지속적인 폭력, 경찰과 국가에 의한 폭력으로부터 출발해 보자면, 이러한 폭력은 비열한 폭력으로도 간주되지 않는다. 오히려 이러한 국가 폭력이나 경찰에 의한 폭력은 부차적인 것이자 보호를 위한 것, 방어를 위한 것으로 여겨진다. 이미 이것은 흑인들의 폭력에 대한 합법적인 반응이자 합법적인 답변처럼 언제나 여겨지고 만다.

철제 우리의 형벌 케이스에서 우리는 다음과 같은 것들을 입증하였다. 먼저 몸의 행위역량을 겨냥하는 권력 기술이 어떻게 역량을 무능한 것으로 변환시켜 버리는가를 말이다. 즉 고통을 회피하기 위해

---

19 이것은 첫 번째 재판의 심문 과정에서 경찰들이 사용한 단어들이다.
20 폭력을 겪는 대상에게 오히려 폭력을 부과하는 일은 피해자에게 폭력을 집약시키도록 하는 작동방식의 일부이다. 그리고 이것은 배심원의 백인 편향적 시선과 전망을 경찰폭력에 대한 공모자로 만드는 방식이다. Ibid., p. 20.

버둥대면 버둥댈수록, 그는 더욱더 고통에 의해 쇠진되어 갈 것이다. 다른 한편으로 이러한 형벌 케이스는 살아남으려 하는 주체에 의해 사용된 자기방어가 오히려 그 자신을 부정하는 방식으로 은밀하게 변환되고 있음을 보여 준다. 이로써 자기 자신에 대한 방어란 저항하는 몸에게는 정작 적용 불가능한 것이 되고 만다. 로드니 킹의 케이스에서 또 다른 요소가 드러나는데, 이는 더 이상 행위역량에 관한 문제가 아니다. 여기에서 쟁점이 되는 것은 호명 ——정치적이고 도덕적인 자격에 관한 것 —— 이자 권리의 주체로서 인정받는 것 또는 스스로를 방어할 수 있는 권리를 가진 주체인가 아닌가에 관한 문제이다. 로드니 킹은 스스로를 방어할 수 있는 몸으로조차 인식되지 못한다. 이미 그는 선험적으로 폭력의 행위자로만 여겨질 뿐이기 때문이다. 왜냐하면 스스로를 방어할 수 있는 가능성마저 지배적인 몇몇 이들에게만 독점되는 특권이기 때문이다. 로드니 킹의 린치에서 공권력을 가진 국가는 전혀 폭력적으로 인식되지 않는다. 오히려 국가는 폭력에 반응하는 것이자 폭력을 방어하는 것으로서만 인식될 뿐이다. 이에 반해, 로드니 킹뿐만 아니라 정당방위라는 수사학의 피해자들인 모든 다른 몸들에게 있어 이와 같은 방식에서 비춰볼 때에, 스스로를 방어하면 할수록 더욱더 방어 불가능한 몸이 되어 버리고 마는 것이다.

밀레 드 라 지라르디에르는 스스로를 방어할 수 있었다. 하지만 스스로를 방어함으로써, 오히려 그는 무방비 상태가 되어 버렸을 것이다. 로드니 킹은 스스로를 방어했지만, 스스로를 방어함으로써 스스로를 지킬 수조차 없게 되어 버렸다. 이는 두 가지 예속화의 논리에 해당한다. 자신의 영속성을 보장하기 위한 방어적 논리에 결코 많은 것을 투자하지 않았을 권력 기술 앞에서 이 두 가지 논리는 이 책에서 반드시 주목해야 할 불행한 주체화라는 하나의 문제로 수렴된다.

우리는 바로 이로부터 몇몇 권력 장치에 대한 고찰을 시도해 볼 수 있다. 나는 이를 방어 장치로 부르고자 한다. 그렇다면 그것은 어떻게 가동되는가? 이러한 방어 장치는 힘과 도약, 자기 자신을 방어하고자 하는 몰입된 생의 운동으로부터 기인하는 바를 겨냥하고 있다. 또한 몇몇 이들에게 있어 이러한 방어 장치는 자신의 궤적을 표시하면서, 자기 자신을 정당화하는 틀에 의한 전개가 유리한 방식으로 가동된다. 또는 그 반대로 다른 이들에 있어 이러한 방어 장치는 자신의 실행과 가능성 자체를 방해하면서, 자신의 도약을 서투르게 하거나 주저하게 만들면서, 또는 자기 자신은 물론 타인에게도 이 도약을 위험하거나 위협적인 것으로 만들면서 가동되기도 한다.

이러한 양날의 칼과도 같은 방어 장치는 스스로를 방어하기에 적합한 주체들과 방어 전술로 내몰린 몸들, 이 둘 간에 구분점을 도출해낸다. 무방비 상태의 맨손의 주체들이란 이러한 취약하고도 폭력을 당할 만한 몸들에 귀속되어 있는 이들이다. 폭력 속에서, 그리고 폭력에 의한 위협으로 인해, 꼼짝 못 하게 된 맨손의 주체들은 방어 전술을 소지해야만 살 수 있거나 살아남을 수 있는 이들이기 때문이다. 이러한 하위주체적 실천들은 엄밀히 말해서 '자기방어'라고 불리는 것을 구성하는데, 여기서 자기방어란 정당방위라는 사법적 개념과 대조를 이룬다. 정당방위와는 다르게, 자기방어에는 역설적으로 주체가 존재하지 않는다. 방어하고자 하는 주체는 폭력에 저항하는 운동에 앞서서 미리 존재하지 않는다는 의미이다. 이러한 맥락에서, 자기방어는 "전투적 자기윤리들"로부터 기인하는 것이다. 여기에서 "전투적 자기윤리들"이라는 용어는 내가 제안하고자 하는 개념이다.

식민주의적 상황에서 이러한 방어 장치를 출현 지점으로부터 포착해 낸다는 것은 물리적 힘의 합법적 사용을 주장하는 국가들에 의한 폭력의 독점적 포착 과정을 질문하도록 한다. 이는 폭력의 독점에 관한 경향성의 문제라기보다는, 폭력의 제국주의적 경제에 관한 가설을 제기하는 문제이다. 폭력의 제국주의적 경제에 관한 가설이란 이미 합법적으로 스스로를 방어하는 것을 인정받은 개인이 국가에 의해 또다시 보호받는 문제이다. 이러한 폭력의 경제는 물리적 힘을 사용할 수 있는 몇몇 주체들의 합법성을 보존해 주거나 그들에게 보존의 권한과 자경단의 결정권을 부여할 뿐만 아니라, 다른 이들을 죽일 권한 또한 하사한다는 것이다.

그러나 여기에서의 쟁점은 보호받는 주체와 무방비 상태의 주체들, 스스로를 방어할 수 있는 합법성을 가진 주체들과 스스로를 방어하는 것이 불법인 주체들 — 그리하여 스스로를 방어할 수조차 없게 된 이 — 간의 근본적 구분의 문제만이 결코 아니다. 여기에는 보다 섬세한 지점이 존재한다. 왜냐하면 몸들을 통치한다는 것은 근육적 차원에 개입하는 일이기 때문이다. 통치 기술의 대상은 신경 자극이자 근육수축, 운동감각적 몸의 긴장, 호르몬의 방출에 있다. 이러한 몸의 통치 기술은 몸을 흥분시키거나 억압시키는 것, 행동하게 내버려 두거나 막는 것, 자제시키거나 도발하는 것, 확증하거나 흔들리게 하는 것, 때리거나 때리지 않도록 하는 것에 대해 작용하는 것이다.

다시 말해, 몸의 통치 기술은 법보다는 근육으로부터 출발한다. 이것은 정치적 사고에 의해 지금껏 폭력이 문제시되어 왔었던 기존 방식을 명백히 변화시키는 것이다. 이 책은 방어적 폭력으로 이행해 나가는 순간순간에 집중할 것이다. 합법성의 문제에 초점을 맞춘 정치적이며 도덕적인 분석에 이 순간들을 종속시켜서는 도무지 이해할 수 없게 되는 바로 그러한 순간에 집중하는 것이 이 책의 목적이다. 이러한 각각의 순간들로부터 방어적 폭력으로 나아가는 일은 삶만을 유일한 목적으로 갖는다는 것을 뜻한다. 즉 순식간에 죽임당하지 않는 것, 이것이 바로 방어적 폭력의 궁극적 목적이다. 여기에서 자기방어를 위해 사용되는 물리적 폭력이란 생존의 필연성을 위한 일이자 저항의 기술로서 인식될 수 있다.

자기방어의 역사란 혼신의 힘을 다하는 모험이다. 이 모험은 자기방어의 상반된 두 가지 표현들을 대결하도록 만든다. 한쪽이 정당방위라는 지배적이며 사법적 · 정치적 전통이라면, 다른 한쪽은 전투적 자기방어라는 파묻힌 역사에 관한 것이다. 정당방위의 역사는 파헤쳐져야 할 잔혹성의 다양한 양태들과 연결되어 있는 것이자 지배권력의 술한 실천들과 연결되어 있다. 그러나 전투적 자기방어란 정치적 운동들은 물론 현재의 저항실천들을 가로지르는 것이자, 놀라운 연속성 속에서 방어적인 저항의 역사를 구현하는 것이다.

나는 이 책을 통하여, 자기방어의 기념비적인 역사를 측량해 볼 것을 제안하고자 한다. 그러나 이러한 여정을 그려 낸다는 것은 단순히 가장 대표적 예들을 파헤치는 데에 있지 않다. 오히려 이는 피지배자들의 몸이 주요한 기록물이기도 한 쟁투의 기억을 되찾는 데에 있다. 노예들의 자기방어를 위한 혼합된 문화와 지식들, 페미니스트들의 자기방어의 실천들, 유태인 박해에 대항하기 위해 동유럽에서 유태인 집단에 의해 만들어진 전투의 기술들이 바로 그것이다.

내가 하고자 하는 것은 여러 다른 이야기들 역시 포함하고 있는 이러한 기록물들을 열어젖힘으로써 역사책을 만들려는 것은 아니다. 나는 이러한 기록물을 통해 계보학적 작업을 하고자 한다. 메아리와 주소들, 유언들, 이것들 간의 참조와 인용관계로 인해 사유의 성좌는 매우 어두운 하늘 아래에서도 빛나게 될 것이다. 즉 이것은 빛나고 있는 다른 지점들을 가느다랗고도 주관적으로 연결시켜 주는 작업이 될 것이다. 예를 들자면, 자기방어를 위한 블랙 팬서의 철학적 핵심을 구성하는 주요 텍스트들은 바르샤바 게토의 유태인 봉기자들에 대한 오마주이다. 그리고 퀴어들의 자기방어 정찰대는 흑인들의 자기방어 운동과 인용, 참조관계에 놓여 있다. 이뿐만 아니라 영국의 국제주의자이자 무정부주의자인 서프러제트에 의해 실행된 주짓수가 그들에게 접근 가능했던 이유는 식민 지배를 받는 이들 ──흑인들──의 무장해제와 그들의 처세술, 지식을 포획해 내던 제국주의 정치 덕분이었다.

나의 고유한 역사와 내 몸의 경험들이야말로 이러한 기록물들을 듣고 보고 읽어 내도록 하는 사유의 경로이다. 나의 이론적이며 정치적 문화는 다음과 같은 근본적 생각을 내게 사유의 전통으로 물려주었다. 즉 권력관계란 집단적인 대담·대면의 형태로만 만족될 수 없다는 것이다. 권력관계는 지배의 경험들을 건드리는 것이자 침실의 내밀한 관계 속에서, 지하철 입구의 모퉁이에서, 가족 모임의 표면적 고요함의 이면에서 벌어지는 것이기 때문이다. 다시 말해, 몇몇 이들에게 있어 방어의 문제란 가장 현격한 정치적 결집이 멈추는 그 순간에도 지속된다. 왜냐하면 방어의 문제란 지속적인 경험과 폭력의 현상학으로부터 기인하기 때문이다. 이러한 페미니스트적 접근법에 의해, 권력 관계의 짜임 속, 전통적으로 정치적인 것의 바깥이거나 그 이하로 여겨져 왔던 것들이 비로소 포착된다. 이 연구는 이미 구성된 정치적 주체들의 차원이 아니라, 주체들을 생생히 정치화하는 차원으로의 마지막 이동을 통해 전개되어 나갈 것이다. 일상 속에서, 우리 안에 갇혀 있는 분노라는 정동의 내밀함 속에서, 그리고 폭력적인 경험의 고독 속에서, 이름조차 지을 수 없는 자기방어의 지속적인 실행들의 차원에서 이 연구는 진행될 것이다. 폭력은 우리의 삶과 우리의 몸, 우리의 근육에 그날 그날 대체 무엇을 실행하고 있는가? 우리의 삶과 우리의 몸, 우리의 근육은 이러한 폭력 속에서, 그리고 폭력에 의해, 무엇을 실행함과 동시에 무엇을 실행하고 있지 않은가?

차례

자신을 방어하기
Se défendre

일러두기

1 이 책은 Elsa Dorlin, *Se défendre: Une philosophie de la violence*, La Decouverte, 2017
을 완역한 것이다.

2 본문 중 1), 2), 3) 표기는 독자의 이해를 도모하기 위해 옮긴이가 추가한 순서표이다.

3 외국어 고유명사는 2002년에 국립국어원에서 펴낸 외래어표기법을 따라 표기하되, 관례
가 굳어서 쓰이는 것들은 그것을 따랐다.

무장해제된 몸들의 양산

무기 휴대의 간략한 역사

누가 무기 휴대를 통해 자기 자신을 방어할 권리를 가지며 반대로 또 누가 이러한 특권으로부터 열외되어 왔는가?

역사적으로 무기 휴대는 엄격한 통제를 위한 체계화의 대상이 되어 왔고, 법체계는 무기의 위험 정도와 기술력의 복합적 층위에 따라 무기를 분류해 왔다. 이러한 법제도는 사회적 지위를 위계화하고 물질적 조건들을 구별해 왔으며 사회적 위치들을 공고히 해왔다. 다시 말해, 이는 자기방어에 필수적인 자원에 대한 접근성을 다각도로 구축했다는 말이다. 이러한 접근성은 소유권과 사용권에 따라 조정되는데, 이 분야에서의 사법적 분별력은 항상 이러한 구분을 확립시키는 데에 많은 어려움을 겪어 왔다. 왜냐하면 전투적 실천들은 고정된 것이 아니라 변화무쌍한 것이기 때문이다. 한 가지 사물이 무기로서 인식되지 않는다 할지라도, 이는 충분히 무기처럼 사용될 수 있다. 모든 종류의 인공물이 이에 해당한다. 갈퀴나 낫, 막대기, 곡괭이, 뜨개질바늘, 머리핀, 제빵 굴림대, 가위, 램프 받침대, 골동품, 허리띠, 끈, 포크, 열쇠, 에어졸 스프레이, 사탕그릇, 또는 몸 그 자체, 손, 발, 팔꿈치 등 그 어떠한 것도 이것들에 대한 사용 개념을 전적으로 예상하거나 제한·폐제할 수 없다는 점에서 이 개념 자체에 대한 어려움이 존재한다. 왜냐하면 우리는 이 모든 것들을 천 가지 가능한 방식들로 사용할 수 있기 때문이다. 즉 그 어떠한 사물이라도 용도에 따라서는 무기로 변할 수 있다.[1]

유럽에서는 이에 대한 유보조항이 이미 마련되어 있어서, 군대와 경찰들을 제외하고는 무기 휴대의 권리는 전통적으로 귀족에게만 부여된 특권에 해당되었다.[2] 무기를 휴대할 권리란 귀족 전용인 사냥의 권리와 매우 밀접한 것이기 때문이었다. 프랑스에서 밀렵꾼들은 1601년 칙령에 의해 강력한 처벌 ── 채찍질, 또는 상습범에게는 강제노역 또는 사형 ── 이 부과되어 왔다. 왜냐하면 이것은 단지 그들이 사냥감을 훔쳤기 때문이 아니라, 감히 그들이 무기 휴대의 권리를 스스로에

---

1 무기와 용도에 따른 무기, 이 둘에 대한 구분은 다음과 같은 사실에 입각해 있다. 무기란 사람들을 다치게 하거나 죽이기 위해 만들어진 것이다. 용도에 따른 무기란 이 사물의 첫 번째 기능이 사람을 다치게 하거나 죽이는 것이 아님에도 불구하고, 이러한 용도로 사용된 사물을 뜻한다. 프랑스에서 이러한 구분법에 관한 법제적 정의는 형법 제 132-75 조항에서 내려지고 있다.

2 1045년 르망 공의회: "무장한 기사들과 그들의 하인들을 제외하고는, 그 어느 누구에게도 모든 종류의 무기 소지는 금지되어 있다. 기사들은 검을, 그의 하인들은 방망이를 소지할 수 있다. 이러한 조치는 다른 이들이 평화와 안전을 누리게 하기 위한 것이다." 이는 로맹 웬즈에 의해 라틴어로 번역되고 인용된 문구이다. Romain Wenz, "'A armes notables et invasibles.' Qu'est-ce qu'être armé dans le royaume de France à la fin du Moyen Âge", *Revue historique*, 2014/3. n° 671, pp. 547~565, p. 549. 다음 책 또한 볼 것. Pascal Brioist, Hervé Drevillon and Pierre Serna, *Croiser le fer: Violence et culture de l'épée dans la France moderne(XVI ème-XVIII ème siècle)*, Paris: Editions Champ Vallon, 2008.

게 부여하였기 때문이다. 이 권리는 산업화와 도시화에 의해 더욱더 풍부하며 복잡한 것이 된다. 이러한 권리는 특히 도시 부르주아 계급의 이익과 보호를 위한 것이었다. 비록 프랑스 대혁명 때까지 매우 많은 무기들이 존재했었고 개인적으로 또는 집단적으로 무기 소유가 이미 있었다 할지라도, 절대왕정 국가는 1660년대에 무기 휴대를 더욱더 엄중하게 규제하는 방향으로 나아간다.

모든 이들이 무장하던 중세시대의 맥락 속, 몇몇 주민들 ─ 전략적 지대에 살고 있는 몇몇 이들 ─ 은 지속적으로 무장한 상태이기를 오히려 역사적으로 장려받아 왔었다. 그리고 이때에는 각자의 무기를 갖고 징집된 민간인들로 군대를 일으키던 때였다. 이는 무기 법제화에 관한 문제가 아닌, 무기 규제와 무기 단속을 위한 숱한 층위들과 관련된 문제였던 것이다. 이러한 무기 규제와 단속행위는 무장한 개인들 ─ 뛰어나고도 다른 이들과 구분되는 개인들 ─ 로 구성된 사회적 그룹들의 점진적 형성을 목적으로 한다.[3] 즉 무기를 금지하는 것과 주민들을 무장한 채로 유지시키는 것 사이에는 명백한 모순이 존재할 수밖에 없다. 또한 무기를 보유하는 것과 이를 휴대하는 것, 이 둘을 구분

3 로맹 웬즈는 무기 착용에 관한 법률적 정의의 원천이 유스티니아누스 법전에서 발견된다는 점을 상기시키고 있다. 이 법전은 무기 거래와 생산을 규제하기 위한 것으로, 중세 말기에 이르러 약간 재수정되기에 이른다. 여기서 주로 표적이 되는 대상은 무리를 형성하고 있는 무장한 개인들이다. 8세기 왕립 재판소는 '왕-40일'이라는 칙령을 갱신하면서, 주체들 간의 폭력상황들을 줄이고자 한다. 여기서 '왕-40일'이란 영주들의 전쟁을 금지하고자 하는 프레임 속에서, 1245년 루이 4세에 의해 갱신된 칙령이다. 이것은 사적 전쟁 또는 갈등이 발생할 경우, 필리프 오귀스트에 의해 제정된 40일간의 숙고 유예기간을 가지는 것을 뜻한다. 이를 통해 점차적으로 무장한다는 것의 의미가 명시되고 고증되기에 이른다. 다음 책을 볼 것. Romain Wenz, "A armes notables et invasibles.' Qu'est-ce qu'être armé dans le royaume de France à la fin du Moyen Âge", p. 551.

한다는 것은 무장한 몸들을 통제하기 위한 법률적 권리를 구성하는 일이다. 이는 사적인 것과 공적인 것 간의 경계에 근간해 있다. 이에 대한 첫 번째 법률적 해석으로는 공적인 영역에서 무장한 상태로 있을 권한에 관한 것이다. 여기에서 공적인 영역이란 왕이 사용하는 도로와 상품의 순환부터, 그들의 마을을 지키고자 하는 정직한 상인들에게 주어진 허가 등이 해당한다. 도시와 대도시들의 발전은 기사도적인 습속을 송두리째 바꾸어 놓았다.[4] 14세기 초에는 무기를 보유하는 것뿐만 아니라 이를 자신의 집 밖에서 착용하는 것 또한 금지되었다. 공적인 영역은 왕의 안전 개념에 준하여 정의되었기 때문이다. 왕립 길이나 공공 거리에서 개인들로 구성된 그룹들을 무장해제시키는 일은 왕의 안전과 왕의 평화로운 이동을 위한 선제 조건이기도 했다.[5] 이러한 금지 조치는 무기 소지 허가증을 정착시키는 일을 수반한다. 그리고 무기 소지를 위한 첫 허가증은 1265년으로 거슬러 올라간다. 우리는 여기에서 무기의 방어적 기능과 이것의 성격 — 예를 든다면 검, 칼, 강철 활 — 을 엄중한 규정의 대상으로 삼게 된다. 그리고 어떠한 지리적 지역에서 무기가 허가될 수 있는가 또한 규정하게 된다.[6] 15세기까지, 무기 휴대에 관한 규제 전반은 지방귀족의 반란을 통제하는 것을 주된

---

4 1260년에 확립되고 형식화된 금지조항은 1311년 왕의 칙령에 의해 다시 수정된다. 그리고 이러한 금지는 전쟁과 결투, 싸움을 금지하는 법제화와도 매우 밀접한 것이다.
5 위반할 경우, 법제도에 의해 벌금이 부과되었다. 귀족에게는 60파운드, 다른 이들에게는 60센트가 부과된다. 웬즈에게 있어, 이 금액은 각자의 지불능력만이 아니라, 왕에게 초래될 위험과도 연결되어 있다. 이는 왕의 권위가 평민들의 결집행위보다, 무장한 귀족의 원정대에 의해 더 많이 위협받을 때에 관한 것이다. 다음 책을 볼 것. Ibid., p. 553.
6 Ibid., p. 554.

목적으로 삼았다. "프랑스에서는 주권 권력에 포섭되지 않는 지방 군대의 마지막 시위인 프롱드 난의 실패로 인해, 무기 휴대의 규제 전반에 대한 전환점이 마련되었다. 그 이후로는 전쟁 무기의 소유는 국가 관할이 된다."[7] 이러한 국가에 의한 무기 소유의 독점적 경향은 국가에 의한 무기생산과 거래, 재고 관리는 물론 이것에 대한 통제와 그 궤를 같이 한다.[8]

15세기에 왕정 보호를 목적으로, 전쟁 무기 사용을 유일하게 허가받은 직업 군인의 양산은 무기 휴대에 관한 법제도를 뿌리째 뒤흔드는 사건이었다. 왜냐하면 그 이후로, 전쟁 군인과 민간인 사이에는 명백한 구분이 생겼기 때문이다. 이러한 구분은 휴대한 무기의 종류 —— 싸움을 위한 무기인지, 아니면 방어만을 위한 무기인지 —— 에 대한 구분을 거치는 것이기도 하다. 그리고 이는 개인적으로 허가된 무기의 종류에도 영향을 미친다.[9] 이러한 맥락 속에서, 로맹 웬즈는 다음을 입증해 내고 있다. 공격적 무기들과 방어적 무기들에 대한 개념정의가 비록 현대적으로 통용되는 의미와 설사 일치하지 않는다 할지라도, 이러

---

7 André Corvisier ed., "Armements", *Dictionnaire d'art et d'histoire militaire*, Paris: PUF, p. 46.

8 Ibid., p. 47.

9 장교들이나 귀족들, 왕의 칙령하에 있는 사람들을 제외하고는, 다른 주체들이 무기들, 활, 강철 활, 도끼를 겸하는 창, 투사용 창, 사냥용 창, 단검, 그리고 다른 침략용 몽둥이…를 휴대하는 것이 일체 금지된다. 이러한 금지는 1487년 11월 25일에 법률로 공표된다. 이는 로맹 웬즈에 의해 인용되고 있다. Romain Wenz, "'A armes notables et invasibles.' Qu'est-ce qu'être armé dans le royaume de France à la fin du Moyen Âge", p. 557. 왕에 대한 밀착 보호와 전쟁을 목적으로 하는 무장한 엘리트 집단의 형성과 루이 13세 당시 이것의 형식화에 관해서는 Rémy Masson, *Défendre le roi: La maison militaire au XVII ème siècle*, Paris: Editions Champ Vallon, 2017을 참조할 수 있다.

한 구분법이 이미 공격적 무기들과 방어적 무기들 간의 구분법을 참조하고 있다는 사실이다. "방패들과 갑옷은 공격적 무기처럼 여겨진다. 그것은 전투의 의도성을 증명하기 때문이다. 이에 반해, 일상적으로 허리에 차는 도검류는 방어적 무기처럼 판단된다."[10] 그리하여 전투에 준비된 인간 형상은 점차 불법적인 형상으로 변모해 간다. 그리고 그가 소지한 무기는 비열한 개인을 가리키는 표식이 되고 만다. 왜냐하면 이러한 무기는 부르주아적이며 문명화된 상호 주관적 관계와, 점점 더 세련화되고 있는 결투와 대결의 대칭성을 깨뜨려 버리는 일이기 때문이다. "강제성 너머에서, '불법무기들'을 발명하는 일은 주체들에게 다음과 같은 사실을 가르쳐 준다. 폭력을 피하기 위해서는 재판소를 찾아와야 한다는 것을 말이다."[11]

여기에서 우리는 무기 휴대와 무기 탈취, 이 둘을 구분해야만 한다. 전자가 무기 휴대의 권리를 합법적으로 가진 몇몇 개인의 일로 한정된다면, 후자는 무장 봉기의 범죄화를 통해 금지되는 일이다. 무기 휴대의 규제들에 관한 변화는 정의의 외주화, 즉 스스로가 아닌 보호하는 힘에 의탁하는 것을 허용하도록 했다. 이는 무기를 항구적으로 휴대할 수 있는 합법성 속에서 몇몇 이들에게만 허가된 영구적 방어의

---

10 Romain Wenz, "'A armes notables et invasibles.' Qu'est-ce qu'être armé dans le royaume de France à la fin du Moyen Âge", p. 559. 대치와 대결의 국면에서, 무기들을 장착한 것이라면, 이는 침탈적 행위에 해당한다. "이러한 표현은 축자적으로 공격 무기들을 의미하는 것이다. 예전에는 고소, 고발이 구분되었지만, 이제는 이 둘 ― 고소, 고발 ― 이 합쳐진 법제적 구성물처럼 이것이 이해되어야 한다. 불법무기들이라는 용어에 의해 지칭되는 무기의 휴대와 무기에 의한 침범." Ibid., p. 562.
11 Ibid., p. 564.

권리를 합법화하는 일이기도 하다.

이러한 법제도는 16세기부터 귀족층 또한 겨냥하기에 이른다. 그러나 명예훼손건을 재판소에서 해결하길 거부하는 퇴락한 군인귀족들의 기사도적인 실천, 이것들을 모두 뿌리 뽑는 데에는 많은 어려움을 겪어야만 했다.[12] 이것은 결투를 점점 더 엄격하게 범죄화하는 칙령들과 법률들의 비효율성에 대한 증거이기도 했다. 이러한 법제도는 사회적 변동의 반영물이기도 하다. 이러한 무술과 무기 사용의 규율화를 목적으로 하는 사법적 조준점은 개인들의 방어와 재산 보호에 있다. 귀족 남성들[13] 간의 결투가 엄격히 처벌된다는 것은, 자신과 동등한

12 결투하는 이들의 목적은 남성성의 지속적 생산을 위한 제례의식을 통해, 그들의 명예를 회복하는 데에 있다. 이러한 대적, 대결 구도는 동등한 자격을 지닌 이들 간에서만 일어난다. 즉 이것은 남성 커뮤니티에 다름 아닌, 동등한 이들 간의 커뮤니티의 일인 것이다. 이러한 결투의 원리는 지배관계의 해결에 있는 것이 아니다. 이는 명예로운 남성 커뮤니티의 재확인에 있다. 설령 이 결투에서 패배하는 자라 할지라도, 그는 이미 결투장에 나올 용기를 증명해 보임으로써 자신의 명예를 구한 것이다. 다음 두 책들을 볼 것. François Guillet, *La mort en face histoire du duel de la révolution à nos jours*, Paris: Aubier, 2008; Robert Nye, *Masculinity and Male Code of Honor in Modern France*, New York: Oxford University Press, 1993.

13 여성들이 무장하거나 여성들이 군에 입대하는 일는 매우 예외적이거나 이단적인 실천인 경우가 많다. 그러나 귀족 계급의 여성들도 이러한 특권을 누릴 수는 있다. 몽팡시에 공주의 형상과 군사적 연맹에 입대한 여성들, 프롱드 난의 여성들이 이를 증명한다. 다음 텍스트들을 볼 것. Eliane Viennot, "Les femmes dans les 'troubles' du XVI siècle", *Clio*, 5/1997(마지막 온라인 검색일: 2016년 9월 14일); Nicolas Le Roux, "'Justice, justice, justice, au nom de Jésus-Christ.' Les princesses de la Ligue, le devoir de vengeance et l'honneur de la maison de Guise", eds. Armel Nayt-Dubois and Emmanuelle Santinelli-Flotz, *Femmes et pouvoir des femmes dans l'Occident médiéval et moderne*, Valenciennes: Presses Universitaire de Valenciennes, 2009, pp. 439~458; Sophie Vergnes, "La duchesse de Longueville et ses frères pendant la Fronde: De la solidarité fraternelle à l'émancipation féminine", *XVII 8me siècle*, 2011/2, n° 251, pp. 309~332.

사회적 신분을 가진 이들의 갈등이 사법제도에 의해 해결될 수 있도록 모든 것이 이미 마련되어 있다는 증거이다. 그러나 법제도는 귀족 남성들에게 무기 휴대의 권한과 방어를 위한 무기 사용권에 대한 정비를 동시에 허가한다. 이것은 귀족 계급과는 다른 사회적 신분에 속하는 이들 앞에서, 귀족 남성들 스스로를 보호할 수 있도록 허가하는 일이다. 귀족들의 자기방어와 재산 보호를 위한 특권이란 전투에 대한 귀족문화를 내포하는 일이기 때문이다. 왜냐하면 방어에 관해서는, 법률이 모든 것을 다 할 수 있지 않기 때문이다. 오히려 우리는 이를 어떻게 활용하는가를 알아야만 한다.[14] 그리하여 귀족 계급은 자신의 전투적 우월성을 영속적으로 보장받고자, 자기방어의 권리를 보증하는 법제도의 혜택을 누린다. 이러한 법제도는 어떠한 종류의 무기들을 합법적인 것으로, 또 다른 종류의 무기들은 불법적인 것으로 만들어 버린다. 또한 이것은 무술에 대한 지식과 군사훈련 문화에 대한 접근권을 귀족에게만 보장해 준다. 그리하여 소총이나 권총은 귀족들에 의해서만 독점된다.[15] 이뿐만 아니라, 귀족들은 공통적으로 손쉽게 휴대 가능하며 다루기 쉬운 결투용 검을 항시 차고 다닌다. 이것은 베기 위해서라기

---

14 1528년에 쓰여진 『궁정 신하의 역사』에서, 발다사레 카스틸리오네(Balthazar Castiglione)는 완벽한 궁정 신하는 모든 권총들을 다룰 수 있어야 하며 전투훈련을 연마해야만 한다고 생각했음을 알 수 있다.

15 앙리 4세의 칙령은 시동과 하인, 소학교 학생과 성직자에게 검을 휴대하는 것을 금지한다. 왜냐하면 이에 속하는 범주의 사람들은 민간적 책임을 질 수 없는 이들이기 때문이다. Pascal Brioist, Hervé Drevillon and Pierre Serna, *Croiser le fer*, p. 45. 초창기의 경화기는 14세기 초에 출현하며, 소총은 1425년에 발명된다. 그로부터 1세기 후인 1525년에는 보병총이 만들어진다. 그리고 이것의 작동방식은 다음 세기에 이르러 지속적으로 발전하게 된다.

보다는 찌르기 위한 것으로, 군사 작전용 칼들과는 엄연히 구분된다. 이러한 민간용 칼은 자기방어의 목적을 갖는다. 민간용 칼은 특히 도시에서 사용하기에 용이한 것이다. 문명화와 풍속완화가 없었다면, 도시는 영원한 범죄 현장임과 동시에 범죄의 첫 번째 극장이라 할 수 있기 때문이다.[16] 공적 영역이 되기에 충분한 곳에서도 민간용 칼은 사용하기 용이하다. 현대적 의미에서 공적 영역이란 상업적 교역을 하기에 좋은 조건과 정직한 이들의 안전이 보장되어야만 하는 장소를 가리킨다. 그리고 공적 영역과 사적 영역의 경계에 서 있는 민간 영역이란 어느 장소에 들어가기 전, 자신의 무기를 맡기거나 무장한 채로 외출할 수 있는가에 의해 표시된다.

근대 전반에 걸쳐 온갖 종류의 민간 무기들이 점진적으로 상업화됨과 동시에, 총에 관한 기술의 정교화와 증가가 일어났다. 이로 인해 자기 자신을 방어한다는 의미 자체에 변동이 일어나게 된다. 자기방어의 실천과 같이 무기 휴대에 관한 법제적 틀은 곧 무기 휴대를 다루는 일이기 때문이다. 그러나 이것은 사회적 반목에 의해 가로질러진 무술적 실천들과 처세술, 자세의 획득까지 모두 제한할 수는 없다. 사회적 반목과 알력관계들은 르네상스 시대와 고전시대 전반에 걸쳐 나타나는 개인적 방어 기술들과 기교들의 변화 속에서 감지되는 것이기 때문이다. 검술의 경우, 15세기부터 16세기 초반까지 유럽에서 주류적

---

16 Robert Muchembled, *Une histoire de la violence*, Paris: Seuil, 2008, p. 130. 다음 책 또한 볼 것. Nobert Elias, *La civilisation des moeurs*, 1939, trans. fr. 1973, rééd. Calmann-Lévy, coll. "Liberté de l'esprit", 1991.

이었던 이탈리아 학교에서는[17] 전쟁용 검의 조작보다는 물리적 힘이 덜 요구되면서도 더 빠르며 기술적인 검 뽑기 기술이 장려되었다. 자기 자신을 방어하기 위한 길거리 검술은 속임수와 계략, 살짝 피하기와 갑작스러운 공격으로 이루어진 것 ― 이탈리아어로 타격을 의미하는 비밀스러운 일격 ―이었다. 이처럼 길거리 검술은 검을 가장 공격적인 무기로 탈바꿈시켰다.[18] 그리고 도시에서 입는 복장을 갖추고서도 검을 조작하는 법을 배울 수 있게 된다. 케이프와 외투를 이용하는 위아래가 연결된 옷을 입고서도 훈련받게 된다. 자기방어에 관한 교육과 훈련의 창립을 통해, 전투의 상징화와 유연화가 동시에 목도된다. 또한 우리는 의도적으로 덜 공격적으로 만들어진 훈련용 무기의 출현도 목도할 수 있다.[19] 19세기 검술의 역사에 관한 논고에서 한 저자는 "시스템도 없고 이론도 없는"[20] 제자리걸음하는 기술이라며 이를 크게 비웃는다. 이러한 힐난조의 지적은 실용적인 실천의 총체가 어떻게 점진적으로 과도하게 형식화되는가를 보여 준다. 또한 실용적인 실천의 총체가 개별적 방어라는 현실적 기술로서의 모든 효율성을 어떻게 잃어버렸는가를 보여 주는 것이기도 하다. 그 이후로 체계화된 싸

---

17 유럽 최초의 검술 학교는 볼로냐에서 1413년에 창립된다.

18 다음 책을 볼 것. Achille Marozzo, *Opera Nova, chiamata duello overo fiore dell'Armi*, Bologna, 1536.

19 펜싱용 검은 엄밀하게 말해서 훈련용으로는 최고인 무기들 중 하나이다. 칼끝에 가죽뭉치를 댄 칼은 상처 없이 타격을 입히는 것이 가능하기 때문이다. 다음 책을 볼 것. Pierre Lacaze, *En garde: Du duel à l'escrime*, Paris: Gallimard, 1991.

20 Egerton Castle, *L'Escrime et les escrimeurs depuis le Moyen Âge jusqu'au XVIIIème siècle: Esquisse du développement et de la bibliographie de l'art de l'escrime pendant cette période*, trans. Algred Fierlants, Paris: Ollendorff, 1888, p. 51.

움이란 품격 있는 주제가 되어 버렸고, 검술은 곧 과학이자 스포츠가 되어 엘리트에 의해 독점되고 만다. 이는 아랫사람들의 하잘것없는 싸움 기술들과는 전적으로 대립되는 것이었다. 이때에는 귀족 계급에 속하는 남성들의 가치가 더 이상 현대적 남성성의 주류 모델로서 기능하지 않을 때이기도 하다. 이러한 싸움 기술의 엘리트화와 과학화의 반대급부로는 효과적인 전투적 처세술의 상실과 퇴락해 가는 귀족적 남성성의 위기를 들 수 있다. 노르베르트 엘리아스는 이러한 과정을 빅토리아 시대의 영국 스포츠의 예를 통해 '스포츠화'[21]라는 개념으로 정의했다. 물리적 후유증들과 상처의 값은 엄격히 줄이면서, 쾌락과 두려움, 분노라는 대결구도로 인한 감정적 경험들은 충분히 마련해 두는 것, 바로 이것이 스포츠화이다. 길거리 대결의 무질서와는 거리를 두면서, 공식적 보호하에 열리는 전투 경기장에서 통제된 제스처와 정해진 시간에 따라 동등한 이들끼리 싸우도록 하는 것. 이를 통해 가장 특권적인 이들만이 스포츠 전사가 되는 것이다. 이제 물리적인 자기방어의 전략이란 더 이상 방어해야 할 몸들을 훈련시키는 데에 있지 않다.

---

21 Nobert Elias and Eric Dunning, *Sport et civilisation: La violence maitrisée*, 1986, trans. Josette Chicheportique and Fabienne Duvigneau, Paris: Fayard, 1994. 브누아 고댕은 다음을 상기시킨다. 명치나 어깨 또는 머리 부분에서 내리쳐진 높은 발길질은 상대를 발로 차는 격투기에 도입된다. 부르주아 계급은 이러한 싸움 기술을 독점할 뿐만 아니라, 훈련 장소들도 독점한다. 브누아 고댕은 조르주 비가렐로를 인용하면서, 높은 자세와 항공샷의 국면은 오랫동안 귀족성의 전유물이었다는 것을 밝힌다. 그러나 이러한 움직임들은 방어 기술의 측면에선 그리 효과적이진 못했다. Benoît Gaudin, "La codification des pratiques martiale, une approche socio-historique", *Actes de la recherche en sciences sociales*, n° 179, pp. 4~31, p. 26. 다음 책도 볼 것. Georges Vigarello, *Une Histoire culturelle des sports: Techniques d'hier et d'aujourd'hui*, Paris: Robert Laffont, 1988.

이는 실질적인 싸움의 기회들을 어떻게든 피하려는 데에 있다. 엄밀히 말하자면, 이러한 스포츠화된 전투 기술이야말로 서로 다른 계급 간의 싸움이라는 가장 두려운 장면을 피하기 위한 것이다.

노예와 원주민을 무장해제시키기: 무방비 상태의 주체를 죽일 권리

1685년 프랑스의 노예 법전 제15조항은 "노예에게 그 어떠한 공격적 무기도, 큰 몽둥이조차도"[22] 휴대하는 것을 일절 금하고 있다. 이는 채찍질로 다스려지는 금지사항이다. 이와 마찬가지로, 1768년 에스파냐의 노예 법전은 생도맹그에서 "50번의 채찍질이라는 형으로 모든 종류의 무기 사용"[23]을 흑인들에게 일절 금한다. 큰 칼은 농경일을 위해 허용되긴 하지만 총 길이가 25센티미터를 넘어선 안 된다.[24] 샤를 5세 법전으로 불리는 1784년판은 이 금지를 갱신하고 있다. 섬의 사적·공적 안정과 평화를 덜 저해하기 위해서는 더 편리한 기구들에 의해 큰 칼이 대체되어야 함이 명시되고 있다. 그리고 이것의 사용은 흑인의 피가 4분의 1 섞인 혼혈과 "그 이상인 이들"[25]로 한정된다고 명시되어

---

22 Louis Sala-Molins, *Le Code noir ou le calvaire de Canaan*, Paris: PUF, 1987, p. 120.

23 Code noir de Saint-Domingue, 1768, article 27. 다음 책에서 재인용되었다. Manuel Lucena Salmoral, *Les Codes noirs hispaniques*, Paris: UNESCO, 2004, p. 260.

24 Ibid., p. 269.

25 Ibid., p. 115. 우리는 인종화라는 동일한 메커니즘의 두 가지 다른 양태들을 목도할 수 있다. 생도맹그섬의 에스파냐령에서는 식민 지배 관리인들이 무기 휴대의 법제화를 통해 혼혈인들에게 이러한 특권을 허가하였다. 그리하여 식민 지배 관리인들은 흑인들과 구분되는 혼혈이라는 중간 계급을 만들어 낸 것이다. 이로써 관리자들은 공정성을 보장하고자 했다. 이에 반해, 생도맹그섬의 프랑스령에서 1750년대 말까지 인종을 종속적인 상태와 연결시켜 온 것은 노예제도였다. 그리하여 자유민 사이에서 피부색에 따른 차별지점을 명백히 강제하는 많은 법령들이 선포된다. 예를 들자면, 해방된 노예들일지라

있다.

　흑인 노예들이 무기를 소지한 채로 돌아다니거나 무기 휴대하는 것을 금지하는 일은 백인 식민 지배자들의 끊임없는 염려를 오히려 강박적으로 드러내는 일이다. 이러한 식민 지배자들의 끊임없는 염려는 노예들의 저항적 실천들이 갖는 효율성을 오히려 입증하기 때문이다. 또한 이러한 염려는 노예들에 의한 반란의 준비와 훈련의 모든 경우를 금지하기 위한 목적을 띤다. 19세기 미국 노예제의 맥락 안에서, 1843년 루이지애나주에서 태어난 노예 일라이자 그린(Elijah Green)은 다음과 같은 사실을 우리에게 알려 준다. 그 당시 흑인은 연필 또는 볼펜을 소유하는 것마저 엄격하게 금지되었으며 이는 살인미수 혐의로 교수형에 처해질 수 있는 일에 해당되었다는 것이다.[26] 반면 식민 지배와 제국주의적 맥락에서 무기를 사용하고 휴대할 수 있는 권리란 즉각적으로 식민 지배자들에게만 허가되는 일이었다.

　프랑스 식민 지배를 받았던 알제리라는 국가적 틀 속에서, 1851년 12월 12일 법령은 토착민들에게 무기 파는 것 자체를 일절 금하고 있다. 1871년 알제리 카빌리아(Kabyle) 봉기로 인해, 1872년 12월 11일

도, 그들의 피부색과 상관없이 큰 칼을 휴대하는 것은 1758년에 금지되고, 칼을 휴대하는 것은 1761년에 금지된다. 같은 시기에 통치자의 허가 없이 흑인들이 탄약 또는 화약을 사고파는 것도 금했었다. 성직자, 귀족, 의사, 외과의사, 의병대 장교 등과 같은 직업과 기능, 서열 또한 그 이후로 금지된다. 아프리카에서 유래한 별명의 채택을 강제함으로써, 백인의 성씨를 갖는 것을 금지하거나 나으리 또는 마님으로 불리는 것 또한 금지한다. 다음 책을 볼 것. Dominique Rogers, "Raciser la société: Un projet administratif pour une société domingoise complexe(1760~1791)", *Journal de la société des Américanistes*, 2009, 95-2, pp. 235~260(revue. org 사이트 마지막 검색일: 2017년 7월).

26 Norman R. Yetman ed., *Voices from Slavery: 100 Authentic Slave Narratives*, New York: Holt, Rinhart and Winston, 1970, p. 149.

법령은 주둔군에 의해 보호받지 못하거나 고립된 지역에 사는 유럽 출신 프랑스 식민 지배자들에게 무기를 사고 휴대하고 소유하며 사용할 수 있는 항구적 권리를 부여한다.[27] "그들은 그들의 요구에 의해, 무기와 영토의 지휘권을 위해 필수적이라고 판단되는 전쟁 탄환들을 그들의 집에서도 소유하는 것을 지속적으로 허가받는다. 이는 그들과 그들 가족의 보호, 그들 주거지의 안전을 보장하기 위한 것이었다."[28] 왜냐하면 식민 국가는 민병대 시스템 없이는 기능할 수 없는 것이기 때문이다. 민병대 시스템이야말로 식민 점령의 하찮은 과업들을 책임져 오고 있었다.

27 이 권리는 무기를 가지고 돌아다니는 것을 토착민들에게 엄격히 금지하는 일과 함께 간다. Edouard Sautayra, *Législation de l'Algérie*, 2nd ed., Paris: Maisonneuve & Cie, 1883, p. 26. 1872년 12월 11일 법령은 다음 책에서 인용되었다. Olivier Le Cour Grandmaison, *Coloniser, exterminer: Sur la guerre et l'État colonial*, Paris: Fayard, 2005, p. 260.

28 1872년 12월 11일 법령 제1조는 다음 책에서 인용되었다. Olivier Le Cour Grandmaison, *De l'Indigénat: Anatomie d'un "monstre" juridique: Le droit colonial en Algérie et dans l'Empire français*, Paris: Zone Editions, 2010(마지막 온라인 검색일: 2017년 7월).

29 마찬가지로 프랑스에서는 1777년 8월부터 흑인들에 대한 심판권이 마련되었다. 왕의 칙령은 다음을 선포하고 있다. "우리는 오늘 다음과 같은 것을 알게 되었다. 프랑스와 미국 간의 용이한 소통으로 인해, 흑인들의 수가 프랑스에서 엄청나게 증식되었으며 이로 인해, 매일 밭일을 위해 가장 필요한 사람들의 몫을 식민 지배지에서 매일매일 빼내어 갈 수 있다는 사실이다. 이와 동시에 프랑스 왕국의 도시, 특히 수도에서 그들이 거주한다는 것은 가장 큰 무질서를 유발하는 것이다. 만약 그들이 식민 지배지로 되돌아가게 된다면, 그들은 여기에 독립적 정신과 불복종을 가져올 것이다. 이로써 그들은 유용하다기보다는 오히려 더 해악적인 존재가 될 것이다." "Déclaration pour la police des noirs", Versailles, 9 August 1777. 이 칙령으로 인해 모든 흑인들이 프랑스에 거주하는 일이 금지되며, 하인의 특성을 지닌 더 많은 노예를 데려오는 것 또한 식민 지배자들에게 금지된다. 그리하여 하인의 특성을 지닌 노예들은 프랑스에 도착한 항구에 갇혀 있어야만 한다. 그리고 흑인 자유민들, 해방된 노예들은 거주 증명서를 취득해야만 한다. 그들은 해군 사령부에게 그들의 도착을 신고해야만 한다. 다음 사이트를 볼 것. http:

노예 법령은 식민지의 백인 거주민들에게 흑인 노예들에 대한 재판권[29] 또한 이미 허가하고 있었다. "표"[30] ─그의 소유주의 손으로 적힌 상세한 허가증─없이, 자신의 거주지 밖에서 발견된 모든 노예들은 채찍질로 처벌당할 것이고 백합꽃 낙인이 찍힐 것이다. 군중집회 또는 불법적 모임의 목격자인 왕의 모든 신민들은 흑인 용의자들을 체포할 권리를 갖는다. "비록 모든 신민이 관리가 아니라 할지라도, 또한 이에 관한 어떠한 법령이 존재하지 않는다 할지라도, 그들 ─용의자─을 감옥으로 끌고 갈 권한을 갖는다." 제16조항[31]의 매우 엄격한 조치들에도 불구하고, 식민 지배 정부는 영구적 위기에 직면할 수밖에 없다. 왜냐하면 노예들의 행동들과 사건들을 일일이 범죄화하는 일이란 언제나 값비싼 감시를 요구하는 일이기 때문이다. 영국과의 7년 전쟁에서 갓 빠져나온 프랑스인들은 마르티니크섬으로 귀환하면서 노예들의 범죄행위들을 다 저지할 수는 없었다. 페늘롱(Fénelon)이라는 통치자에게 보내는 편지에서, 엘바(Elva) 백작은 다음과 같이 적고 있다. "주민들을 유린하는 탈주한 흑인들에 관한 많은 항의가 내게 전달되고 있다. 무장한 채 행진하는 탈주한 흑인들은 군집을 이루는가 하

//staraco.univ-nantes.fr/fr/ressources/documents/%C2%AB-police-des-noirs-certificat-pour-un-%C2%BB-apr%C3%A8s-1777.

30 알제리에서는 여권과 같은 시스템이 1897년에 체계화되기에 이른다. 올리비에 르 쿠르 그랑메종은 다음 사실을 또한 기록하고 있다. 1781년 프랑스 본토에서는 노동자 장부가 만들어진다. 이 장부는 노동자 계급을 통제하기 위한 주요 수단으로서 1890년에는 폐기된다. 다음을 볼 것. Olivier Le Cour Grandmaison, *Coloniser, exterminer*, p. 255. 다음 책 또한 볼 것. Robert Castel, *Les métamorphoses de la question sociale: Une chronique du salariat*, Paris: Fayard, 1995; John Turpey, *L'Invention du passeport: Etat, citoyenneté et surveillance*, Paris: Belin, 2005.

31 Louis Sala-Molins, *Le Code noir*, p. 122.

면, 백인들을 모욕하고 그들의 주인에 의해 서명된 허가증 없이 온갖 종류의 것을 공식적으로 부락에서 팔기도 한다."[32] 이러한 통치자의 답변은 경찰 업무를 수행하기 위한 수단과 인력 부족을 상기시킨다. 이러한 답변은 다음 달에 공표될 새로운 규제 전반에 대한 약속이자, 노예들의 자유로운 이동과 집회를 경범죄화하는 일을 더욱 강화시키기 위한 것이다.[33]

노예제 기간 전반에 걸쳐, 노예들을 무장해제시키는 일은 그들을 무방비 상태로 유지하는 것, 그리고 이를 위한 몸의 엄격한 규율을 수반하는 것이다. 이는 노예가 가질 수 있는 호전성의 아주 작은 제스처라도 곧바로 잡아내어 교정하길 강제한다는 뜻이다. 이러한 엄격한 절차는 노예성을 구성하는 고유한 조건 속에서, 철학적 원리를 찾아내고자 하는 일이기도 하다. 즉 노예란 <u>스스로를 보존할</u> 권리와 의무를 스스로 갖지 못하는 자이다. 노예들의 무장해제는 백인 자유민의 안전을 위한 조치로 즉각적으로 이해되어야 한다. 그러나 더 궁극적으로는 1) 자기 자신의 소유자인 주체이자 그들 자신의 보존에 책임이 있는 자들과 2) 자기 자신에게 귀속되지 않는 노예이자 그들 자신의 보존이 자신에게 달린 것이 아니라, 그들을 소유한 주인의 선의지에 전적으로

---

32 노예 법전은 모든 노예들에게 시장에서 파는 상행위를 금지하고 있다. 이것은 흑인에 의한 독살의 두려움으로 인한 것이다. 다음 책을 볼 것. Caroline Oudin-Bastide, *L'Effroi et la terreur: Esclavage, poison et sorcellerie aux Antilles*, Paris: La Découverte, 2013.

33 엘바 백작의 편지는 페늘롱 후작에게 보낸 것으로 1763년 5월에 작성된 것이다. C.A.O.M, C*84 66, fol. 334. 다음 책에서 인용되었다. Jean-Pierre Sainton et al., *Histoire et civilisation de la Caraïbe*, t. 2, Paris: Editions Karthala, 2012, pp. 326~327.

달린 이들, 이 둘 간의 구분점을 설립하는 데에 있다. 이러한 맥락에서 자기 자신의 보존에 관한 두 가지 개념은 쟁점의 대상이 된다. 자기 자신의 삶을 존속시키는 것으로서 백인이 자기를 보존하는 일과 자기 자신의 가치를 자본화하는 것으로서 흑인이 자기를 보존하는 것. 이러한 보존에 관한 두 개념의 충돌은 다음 순간에 일어난다. 인간의 존재가 사물들과 동일시되는 순간과 그들 삶의 보존이 그들 자신이 아닌 그들을 소유하는 이들에게 달려 있을 때, 그리고 그들에게 값을 매기고 그들을 교환하는 시장에 달려 있는 순간, 보존에 대한 개념 충돌이 일어나는 것이다.

마르티니크섬의 노예 혁명에서 가장 잔인한 점은, 탈주한 노예들을 그들 어머니의 눈앞에서 처형한다는 것과 자신의 아이가 당하는 처벌을 그 어머니가 직시할 것을 강요한다는 것이며, 바로 이러한 것들이 관습으로 지속된다는 점이다.[34] 이러한 실행이 관료들에게 있어 가

---

34 매우 최근에 마르티니크섬에서 13명의 흑인을 이러한 방식으로 죽게 만들었다. 그중 불과 15세 청소년이 여럿이었고, 단지 그들은 도망치길 원했다는 이유로 체포된 것이었다. Joseph Elzéar Morenas, *Précis historique de la traite des Noirs et de l'esclavage colonial*, Paris: Editions Firmin Didot, 1828, p. 89. 1815년 11월 30일의 사건 또한 볼 것. 엘리제라고 불리는 이와 10명의 다른 친구들은 도망을 감행했다는 이유로, 즉 그의 주인들에게서 그들이 가진 사유물로서의 가치를 빼앗길 원했다는 이유로 사형에 처했다. 엘리제의 엄마인 아녜스는 이 처형식에 참여해야만 했다. 그리고 자신의 아이를 법정에 즉각 인계하지 않고 그를 숨겨 주었으며, 그가 숨어 있는 동안 그를 돌봐 주었다는 이유로 감금되어야 했다. 노예제 기간 전반에 걸쳐, 농장주는 노예가 갖는 가치를 보존할 그 어떠한 이유가 없도록 모든 것이 조성되었다는 점을 상기해야만 한다. 18세기 말 노예 구입의 평균 가격은 1700파운드와 2000파운드 사이였고 법정은 손해배상의 차원에서 고문당한 흑인 노예의 머리당 2000파운드를 지불해 왔다. 노예들의 저항과 그들에 대한 억압에 대해서는 다음 텍스트를 제시하고자 한다. Elsa Dorlin, "Les espaces-temps des résistances esclaves des suicidés de Saint-Jean aux marrons de Nanny Town(XVII-XVIII ème siècle)", *Tumultes*, n° 27, 2006, pp. 11~26.

장 교훈적인 것처럼 여겨진다면, 형벌을 즐기는 식민 지배자들에게 있어 이것은 마치 오락거리처럼 여겨진다. 이러한 실행은 도망친 노예들에게 다음을 이해시키기 위한 것이다. 그들이 감히 그들의 삶을 보존하고자 함으로써, 오히려 그들 주인으로부터 그들이 갖는 가치의 값을 주인에게서 빼앗고 있다는 점을 이해시키기 위한 것이다.[35] 식민 지배지에서의 정의란 전적으로 새로운 경범죄를 끊임없이 만들어 냄으로써 노예들에게 보존의 권리가 노예 자신에게 속하지 않을 뿐만 아니라, 그들에게 삶을 부여한 어머니에게도 있지 않음을 가르치려는 것이다. 보존의 권리란 그들의 보존 여부를 결정할 수 있는 그들의 주인, 오직 그들—백인 주인—의 이익으로부터 기인한다는 것이다. 즉 노예들에게는 더 이상 삶이 존재하지 않는다. 오직 그들은 백인 주인들에 의해, 측정된 사유재산으로서의 가치만을 지닐 뿐이다.[36] 노예제 폐지를 위한 조제프 엘제아르 모레나스의 글에 의하면, 보존의 권리란 전적으로 주인에게 속한다. 이로써 노예가 자기 자신의 삶을 보존하고자 하는 모든 시도는 범죄행위로 돌변하게 되며, 노예 측에서 취하는

---

35 Joseph Elzéar Morenas, *Précis historique de la traite des Noirs et de l'esclavage colonial*.

36 Ibid. 자신에 대한 보존권을 즉각적으로 부정하는 틀 속에서, 노예제도는 노예들에게 스스로를 치료하는 것마저 금지하였다는 것을 조심스럽게 살펴볼 수 있다. 질환으로부터 자신의 몸을 보호하는 것을 금지하는 일은 건강을 위한 실천들을 범죄화하는 것으로 이어진다. 약초 사용과 자가처방, 처방전 발행, 병자 치료—1743년 2월 1일의 칙령을 볼 것—의 금지처럼 말이다. 다음 책들을 볼 것. Samir Boumediene, *La Colonisation du savoir: Une histoire des plantes médicinales du Nouveau Monde, 1492~1750*, Paris: Des Mondes à faire, 2016(이 저서에 주의를 기울일 것을 조언해 준 우르야 벤투아미Hourya Bentouhami에게 감사드린다); Londas Schiebinger, *Plants and Empire: Colonial Bioprospecting in the Atlantic World*, Harvard University Press, 2007.

모든 방어적 행동은 주인들을 향한 공격 사건과 같은 것이 되고 만다.

　이와 마찬가지로 노예들은 자기 자신을 보존할 수 있는 자연법마저도 박탈당해 있으며 어떠한 법적 권한도 지니고 있지 않다. 이러한 법적 권한은 오로지 식민 지배자의 특권일 뿐이다. 흑인에 관한 정의의 실행에 관해서는 1712년 12월 30일 왕의 칙령이 있다. 이는 백인들에게 노예를 고문하는 것을 500파운드의 벌금형으로 금한다는 내용이다. 그러나 변호사는 물론, 그 어떠한 증인의 소환도 없이 단 한 명의 법관에 의해 흑인들은 감금형을 선고받는다. 엄밀히 말하자면 그들은 무방비 상태인 것이다.[37] 여기에서 우리는 백인 주인에 대한 무처벌의 원칙을 덧붙여야만 한다. 노예 법전 제43조는 "그들──주인들──의 권력하에서 노예들을 죽일 뻔했던 주인들, 그들을 사죄하는 것을 허가하고 있다".[38] 다른 주인의 노예를 살인한 것은 사형에 처해질 수 있는 일이지만, 대부분의 살해의 경우는 무죄이기 때문이다. 스물다섯 살이었으며 임신 상태였던 콜라(Colas)라고 불리는 여자 노예의 살인이 바로 이런 경우이다. 그녀는 1821년 10월 5일 마리-갈랑트(Marie-Galante)에 있는 커피 농장을 가로지르던 중, 라벤느-데포르

---

37 예외적 정의란 즉결재판──항소 없이 심판되고 즉각적으로 구성된 범죄 재판소──의 설치에 의해 더욱 강화된다. 이것은 1815년 왕정복고 시대에 마르티니크섬의 정치범들을 심판하기 위한 것이다. 이러한 예외적 정의는 1822년과 1827년 동안, 독살을 저질렀다는 의심만으로 몇몇 흑인 자유민들과 노예들을 참수시키는 데에 쓰인다. 조제프 엘제아르 모레나스는 다음을 상기시킨다. 노예들은 오전 중으로 체포되고 유죄 선고를 받으며 고문까지 받는다. 많은 수의 노예들을 거느린 백인 주인들은 늙은 노예들을 제거하여 국가로부터 재정적 보상을 얻고자 독살의 사실을 이유로 이러한 법적 절차를 악용하기도 했다. 다음 책을 볼 것. Joseph Elzéar Morenas, *Précis historique de la traite des Noirs et de l'esclavage colonial*, p. 322와 그다음 페이지들.

38 Louis Sala-Molins, *Le Code noir*, p. 176.

주(Ravenne-Desforges)라는 농장 주인의 총격에 의해 살해당한다. 1심 법정은 노예 법전 제43조의 적용마저 거부한다. 왜냐하면 백인 식민 지배자는 사냥을 할 의도로 무기를 휴대하고 있었으며 라벤느 씨가 가한 총격은 화로 인해 숙고하지 못한 행동의 결과로서 인식되었기 때문이다. 즉 그는 그녀를 죽일 의도가 있었다기보다는, 납 입자로 그녀를 표시하고자 하는 의도에서, 단지 그녀를 식별하기 위한 것이었다는 것이다.[39] 형벌의 일환으로 그는 열 달 동안 추방되었으며 총을 압수당했다. 재범일 경우에는, 식민 지배지에서의 무기 휴대권 자체가 확정적으로 폐기될 것이 예고된다. 1744년 왕의 편지를 앞세우는 2심에서 노예 법전 제43조의 적용은 또다시 불가능해진다. 그러나 정부 부처는 이 사건을 다시 재판하길 명령한다. 라벤느-데포르주가 채택한 법정에서의 방어란 그의 노예 카주(Cajou)를 그 대신 심판받도록 하는 것이었다. 그리하여 그의 총을 휴대하고 있었던 카주라는 노예가 강제노역 10년형에 처해졌다. 이는 그가 미성년자라는 사실을 참고한 결과였다. 이러한 용의자의 대체[40]는 식민 지배지에서는 흔한 일이었으나, 왕정 법정에서는 결국 거부된다. 그러나 왕정 법정 또한 라벤느-데포르주의 형벌이 일어난 적이 없었음을 인정하고 있다. 이처럼 흑인 노예는 백인 주인을 위한 법적 대응방식의 하나가 되고 만다.[41] 노예는 주인

---

39 Ibid., p. 319와 그다음 페이지들.

40 Ibid., p. 322.

41 우르야 벤투아미는 진행 중인 자신의 연구에서 '이중겹'이라는 매우 가치 있는 개념을 제안하고 있다. 이것은 지배하고 있으며 인종화되었고 노예화된 주체성이 갖는 존재론적 위상을 더 폭넓게 사유하기 위한 개념이다. 연구 진행 중인 원고를 읽게 해준 그의 우정에 깊은 감사를 표한다.

대신에 선고받고 처형받으며 고문받음으로써, 주인에게 있어서는 최고의 방어책으로 변모해 버린 것이다.

식민 지배 질서는 노예들과 토착민들, 하위주체들의 자동적 무장해제를 체계적으로 정립하고자 한다. 별 지장 없이 무기를 사용하며 무기를 휴대할 절대적이며 항구적 권리란 오로지 극소수의 백인들만을 위한 것이기 때문이다. 보존과 권한에 관한 오래된 법률들이란 식민 지배자들에게만 심판권과 자경권을 허가하는 것, 이러한 예외적 규정들의 총체처럼 재해석될 수 있다. 이것은 몇몇 개인들을 죽일 수 있고 처벌할 수 있도록 하기 위한 것이자, 몇몇 개인들을 무장해제시키는 일과도 밀접하게 연관된 것이다. 바로 이것이 정당방위의 권리로 법제화되어 있는 백인의 특권인 것이다.

그러나 이것이 결코 다가 아니다. 정당방위에 관한 식민주의적 정의법이란 모든 예외적 궤변론들을 포함하는 것이기 때문이다.[42] 이러한 예외적 궤변론에서 정의의 실행을 요청할 수 있는 유일한 이들이란 백인 소수일 뿐이다. 이자벨 메를은 1887년 12월 23일 법령을 인용하며 누벨칼레도니섬의 토착민을 대상으로 특별 위법 리스트를 정한다.

---

42 원주민 통치제도는 법에서 예외처럼 여겨진다. 하지만 이러한 원주민 통치제도는 프랑스 본토에서 유효하게 실행되고 있는 사법적 규준 바깥에서는 결코 사유될 수 없는 것이다. 즉 이것은 만들어진 맥락과 별개로 생각될 수 없다. 프랑스 정부와 국민 … 식민 지배국에 대한 최신 연구들의 주요한 기여 중 하나가 바로 여기에 있다. 이 작업들은 본토 정부들이 제국주의적이 되었을 때에, 본토 정부들의 식민지 팽창 절차가 수반하는 모순과 긴장들을 밝혀내기 위한 것이다. … 대서양에서 먼저 전개된 이러한 새로운 관점들은 연속성들 ─ 식민 지배지를 예외적 경우가 아닌 극단적 사례의 경우로 놓으면서 ─ 에 초점을 맞추고자 한다. Isabelle Merle, "De la législation de la violence en contexte colonial: Le régime de l'indigénat en question", *Politix*, vol. 17, n° 66, 2004, pp. 154~155, p. 140.

위법 사항 중에는 유럽인들이 살고 있는 지역에서 전통 무기를 휴대하는 것과 행정적으로 규정된 구역 바깥을 돌아다니는 것, 불복종하는 것, 고급 술집 또는 음료수 가게에 들어가는 일, 길 위에서 벗고 있는 것 등이 있다. 위법 리스트는 1888년과 1892년, 1915년에 걸쳐 계속해서 늘어난다. 이것에는 인두세 지불을 거부하는 것[43]과 토착민 행정 서비스에 제출하는 서류에 결함이 있는 것, 당국과의 협업을 거부하거나 당국이 요구한 정보제공을 거부하는 일, 프랑스 백인을 존경하지 않는 행동 또는 프랑스 당국에 대한 권위 존중을 약화시키는 공중 담화에서의 옷차림[44]이 있다. 이러한 경범죄와 위법행위들을 수적으로 어마어마하게 증식시켜 지속적으로 만들어 내는 일은 범죄행위에 대한 인종

---

43 인두세는 19세기 말 식민 지배 지역들에서 제정된 것이다. 이것은 프랑스의 식민주의적 노력 — 발전과 식민 지배국의 가치화, 인프라에 대한 접근성, 식민주의적 보호와 평화에 대한 접근성 — 에 대한 재정적 참여의 형태를 가리킨다. 인두세는 피지배자 각자가 프랑스 정부에게 지불해야만 하는 개별적 세금을 가리킨다. 이 부분에 대해서는 다음 책을 참조할 것. Cathrine Coquery-Vidrovitch, *L'Afrique occidentale au temps des Français: Colonisateurs et colonisés*, Paris: La Découverte, 1992, p. 108.

44 Isabelle Merle, "De la législation de la violence en contexte colonial: Le régime de l'indigénat en question", p. 155. 알제리의 경우, 이자벨 메를은 다음 두 가지를 구분하고 있다. 먼저 공공 안전에 위협을 가하는 심각하다고 판단되는 행동들에 관하여, 통치자 — 관리 당국에 의해 행사되는 고위 경찰권 — 의 과도한 권력행사들이 있다. 그러나 공공안전에 위협을 가하는 행동들이 선험적으로 정의 내려지지 않은 채, 단순히 그렇다고 판단되기도 한다. 다른 한편으로는 관리당국의 하부관리자들에 의한 접근성 높고도 단순한 경찰권에 의한 억압방식이 있다. 이는 경범죄와 위법 사항들에 대한 무한정한 리스트에 관한 것이기도 하다. Ibid., p. 147. 원주민 통치제는 1881년 코친차이나와 누벨칼레도니섬, 프랑스령 서부 아프리카에서 법령으로 합의되어졌다. 특별한 위법사항들 — 즉석에서 서둘러서 만들어진 감찰의 임무를 포함하여 — 은 비판 대상이 될 것이다. 1907년 누벨칼레도니섬에서의 필롱과 르벨의 감찰 임무를 참조할 것. 이것은 이자벨 메를 연구의 주된 원천이다. 또한 반식민주의적 사상의 자료집에서 나온 비판들, 예를 든다면 원주민 통치제와 같은 것을 볼 것. *L'Indigénat: Code de l'esclavage*, Paris: Petite bibliothèque de l'Internationale syndicale rouge, 1928.

차별적·인류학적인 범주화의 산물이라 할 수 있다. 그 이후로 노예와 토착민, 식민 피지배자, 흑인의 모든 행동들은 범법행위 또는 범죄를 구성하는 것이 되어 버리고 만다.[45] 정의란 이미 용의자로 추정되는 개인들에 철저히 반하여 구현되는 것이 되어 버렸다.[46] 즉 용의자로 이미 추정되어 버린 개인들의 유일한 행위능력이란 환상적이기 짝이 없는 그들의 공격력으로부터 기인하는 것처럼 생각된다. 이로써 정의란 항상 정의를 요구할 권리가 있는 백인 개인을 위한 것만이 되었다.

무장해제를 위한 장치들의 역사는 무방비 상태에 놓인 사회적 위치성을 계속 유지하도록 강제받은 사회적 그룹들을 형성하기에 이른다. 이러한 사회적 그룹의 형성은 그들에게 무기와 방어 기술에 대한 접근권을 규제하는 일과 같이 간다. 이러한 접근성의 규제는 다양한 저항 기술을 저지하기 위한 것이다. 만약 우리가 근대의 전반적 역사

---

45 올리비에 르 쿠르 그랑메종은 『식민 지배하기, 몰살하기: 전쟁과 식민 지배국에 대하여』에서 sacer라는 범주를 다시 사용한다. "그들의 위상이 어떻든 간에, 프랑스인들의 속성들과 프랑스 사람들은 성스러운 것처럼 여겨질 수 있다. 여기서 성스러운 것이란 침범할 수 없다는 뜻이다. sacer는 더럽혀지지 않고는 만져질 수 없는 이를 주로 지칭한다. 그들에게 가해진 물리적 또는 상징적 손해는 예외적인 장치들의 방책에 의해 즉각적으로 처벌받는다. 이러한 예외적 장치들은 특수한 형벌들과 엄중한 형벌들을 정의 내리고 있다. *Coloniser, exterminer*, p. 261. 이에 대한 증거의 하나로 그는 소테라(Sautayra)의 저서를 인용한다. *Législation de l'Algérie*, p. 269와 그다음 페이지들. 이것은 더 이상 직무를 수행하지 않는 당국의 관리자 또는 대표일지라도, 그들에 대한 흑인들의 공격적 언사 또는 비존중적인 행동들을 리스트화하는 데에 있다. … 경범죄를 구성하기 위해, 충분한 심각성을 지니지 않은 구타와 스캔들, 싸움과 시장에서의 무질서한 행동들. … 당국에 대한 존경을 약화시킬 목적을 지닌, 공공에서의 발언들"이 이 리스트를 구성한다. *Coloniser, exterminer*, p. 253.

46 식민주의자들에 의해 일방적으로 배치된 부조리한 세계 앞에서 식민 피지배자는 항시 용의자로 추정될 뿐이다. 이러한 식민 피지배자의 죄책감은 개인적으로 책임질 수 있는 것이 아니다. 이것은 흑인들 모두에게 부과된 일촉즉발의 위험이자 저주의 일종이기 때문이다. Franz Fanon, *Les Damnés de la terre*, Paris: La Découverte, 2002, p. 54.

에 걸쳐, 동등한 이들 간의 충돌과 사회적 알력관계를 엄격하게 틀 지우는 갈등의 법제화 과정에 참여한다면, 그리고 법과 정의에 모든 걸 일임할 것을 개인들에게 독려한다면, 이러한 절차는 시민성의 바깥을 양산하는 일이 되고 말 것이다. 왜냐하면 보호받을 수 있는 권리로부터 배제된다는 것은 곧 방어할 수 없는 주체들의 양산을 내포하는 것이기 때문이다. 비록 스스로를 방어할 수 없도록 모든 상황이 이미 불리하게 만들어졌음에도 불구하고 이미 위험하다고 판명된 이들은 항상 용의자로 이 사회에서 취급당하기 때문이다.

전투적 고행: 노예의 자기방어 문화

비껴나가 있으며 위반적이고 비형식적인 전투의 기술들. 이러한 자기방어 실천들에 관한 전적으로 다른 계보학이라 할 수 있는 비공식적 계보학이 존재한다. 이는 정당방위라는 법제적이며 정치적 역사를 그리기 위한 것이 결코 아니다. 이는 자기방어의 투쟁적 측면을 그리기 위한 것이다. 이러한 관점에서, 맨손인 채로 무방비 상태에 놓여 있는 노예들, 그들의 전투문화에 대한 역사는 저항적 주체화 양태들을 포착하게 한다. 왜냐하면 이러한 저항적 주체화 양태들은 쟁투의 전통적 시간 안에 기입되어 있지 않기 때문이다. 이러한 저항적 쟁투들은 언제나 지연되어 온 것이기 때문이다.

『대지의 저주받은 사람들』이라는 저서에서 프란츠 파농은 식민화에 의해 어떻게 공간들이 분할됨과 동시에, 시간이 축적되어 왔는가를 명확히 보여 준다. 두 지대로 나누어진 마을의 공간들 ──첫 번째로는 밝고 깨끗하며 풍요로운 식민 지배자의 지대와 두 번째로는 식민 피지배자들을 무기로 꼼짝 못 하게 하거나 그들을 포위함으로써 토착민들을 쥐처럼 들끓게 하는 지대, 이 둘로 나눠지게 된다. 식민 지배의 세계에서 식민 피지배자의 몸은 곳곳에서 방해받는다. 이러한 방해는 물리적으로나 심리적으로 폭력에 대항하여 스스로를 방어하는 것 자체를 불가능하게 만들기 위한 것이다. 식민 피지배자는 자신의 몸 안에만 머무르게 되며, 폭력을 당한 자기 자신의 몸을 그저 바라볼 수밖에 없다. 이 몸은 도무지 알아볼 수도 없고 살 수조차 없는 몸이며, 잔혹성의 끝없는 주기 속, 무기력함에 붙들려 있을 뿐이다. 그러하기에 식민 피지배자의 몸은 몽환적 시간성 속에서만 오직 생기를 얻을 수 있다. 토착민들은 시간 너머인 꿈속에서야 비로소 근육을 활용할 수 있기 때문이다. 깨어 있는 일상 속에서는 생기 있다기보다는 죽어 있는 것과 같이 쭈그려 지내야 하던 식민 피지배자들은 매번 같은 꿈속에서야 영원히 살아 있을 수 있게 된다…. 토착민이 제일 먼저 배우는 것은 가만히 제자리에 있을 것, 한계를 넘지 않는 것이기 때문이다. 그러하기에 토착민의 꿈은 근육적인 반응에 대한 꿈이자 행동하는 꿈, 공격적인 꿈…인 것이다. 식민 지배 기간 동안, 식민 피지배자는 밤 9시와 아침 6시 사이라는 잠자는 시간 동안만은 스스로를 해방시키는 일을 결코 멈추지 않는다.[47] 움직이고 운동 중인 자신의 몸을 전적으로 애타게 꿈꾸면서, 식민 피지배자는 잠자는 동안 꿈속에서 이동하고 달리고 뛰어오르며 수영하고 내리치기도 한다. 그가 시간과 맺는 관계와 공간과 맺

---

47 Ibid., pp. 52~53. "식민 지배자의 일이란 식민 피지배자의 꿈속에서까지 그의 자유를 불가능하게 만드는 것이다. 식민 피지배자의 일이란 식민 지배자를 파괴하기 위해 가능한 모든 조합들을 상상하는 데에 있다." Ibid., p. 89.

는 관계, 나아가 삶의 체험은 이러한 몽환적인 자신의 특성에 의해 변형된다. 식민체제 속에서 살아남고자 겨우 꿈속으로 도피해 있는 몽환적인 그 소란[48] 속에, 식민 피지배자는 그만 갇히고 만다. 그리하여 그는 낮 동안의 삶에서는 무기력한 채로 그저 머물 뿐이다. 이러한 무기력함은 항시 억제된 근육의 긴장도임과 동시에 복수의 무자비한 약속을 기약하는 일이기도 하다. 즉 식민 피지배자는 그의 근육 속에서 항시 대기 중인 상태라 할 수 있다. … 사회적 상징들 — 병영에서 울려 퍼지는 나팔과 헌병들, 군사적 행진과 높이 솟은 깃발 — 은 노예들에 대한 억제적 역할을 함과 동시에 오히려 그들을 자극하는 역할도 한다. 이것들은 결코 "움직이지 마"를 의미하는 것이 아니다. 오히려 이것은 "너의 가격타를 준비해라"를 의미하는 것에 가깝다.[49]

쌍곡선의 몸에 대한 환상, 자신의 근육을 무한히 발휘하는 환상들은 모든 실질적 권한이 박탈당한 병리적 주체성이 정화되기 위한 수단이기도 하다. 소외당한 식민 피지배 주체는 자기 자신의 몸과 자기 자신의 행위성이 탈물질화되고 탈현실화되는 것에 대한 두려움에 사로잡혀 있다. 그러나 바로 이러한 탈현실화의 과정으로부터 해방의 역학이 비로소 전개될 수 있다. 왜냐하면 이러한 해방의 역학이란 봉기하는 육체적 관능 또는 미쳐 버린 육체적 관능, 결과적으로는 폭력적인 육체적 관능의 형태를 반드시 거치기 때문이다. 만약 식민지적 잔혹성이 단 한순간만이라도 둔화될 수 있다면, 아직까지 주체가 아닌

---

48 Ibid., p. 57.
49 Ibid., p. 54.

이는 곧 터져 나오고 말 것이다. 즉 자기방어란 황홀경적인 것이다. 식민 피지배자가 황홀경에 빠지는 폭력의 작업, 바로 이에 의해 그는 비로소 해방될 뿐만 아니라 비로소 주체가 된다.[50] 밤마다 움직이는 유령과도 같은 몸, 이 안에 갇힌다는 것은 곧 천벌을 받는다는 것을 뜻한다. 그러나 이러한 입장은 전투적 원한의 한 형태이자 근육적 반추의 행위이며 전투의 준비과정이기도 하다. 식민 피지배자는 식민 지배자를 공격하기 위해 식민 지배자가 경계를 늦추기만을 끈기 있게 기다리고 있기 때문이다.[51] 식민 지배의 모든 폭력은 마비시키는 효과 — 억제 효과 — 를 가질 뿐만 아니라 공포 속에 침습된 몸을 생산해 낸다. 만약 이러한 마비가 지속적인 억압과 통제의 결과라면, 이는 곧 다가올 대결의 순간과 분출하기만을 기다리는 몸, 가격타를 날리려고 준비 중인 제스처들, 이를 시각화하기 위한 긴장 상태의 몸을 지속하는 상태이기도 하다. 즉 이것은 "모든 순간들의 근육적인 긴장"[52]인 것이다. 만약 파농에게 있어, 이러한 근육적인 긴장이 형제들끼리 죽이는 전투 속에서 먼저 터져 나온다면, 그리고 이것이 "마술적인 상부구조"[53]와 무시무시한 신화들 속에서 소진되고 길들여져 버린다면, 나아가 이것이 "황홀경의 춤사위"[54] 속에서 해방된다면, 해방을 위한 전투에의 진입은 지금껏 제지되어 왔고 환상화되어 왔으며 투사되어 온 폭력들을

50 Elsa Dorlin, "To Be Beside of Oneself: Fanon and the Phenomenology of Our Own Violence", *South as A State of Mind*, #3/2016, pp. 40~47.
51 Franz Fanon, *Les Damnés de la terre*, p. 54.
52 Ibid., p. 55
53 Ibid., p. 56.
54 Ibid., p. 57.

실질적인 폭력으로 변모시키게 될 것이다. 해방의 전투 속에서 실행된 폭력의 새로운 방향성이란 무의미한 폭력으로부터 역사적이며 전적인 폭력으로의 전환을 뜻한다. 그리고 이러한 실질적 폭력은 파농에 의해 인용된 집행력에 의해, 사실상 실행 가능한 것이 될 것이다. 만약 우리가 환상을 품어 왔던 몸의 시늉들이 결국 실질적인 싸움을 위한 예비과정이라는 전제를 가정한다면, 우리는 다음과 같은 주장을 내세울 수 있다. 즉 지금껏 상상되어 왔던 전투는 심리적 자기방어의 한 형태일 뿐만 아니라, 방어적 폭력으로 진입하기 위해 이를 미리 예견하는 시각화의 한 형태이자 육체적 훈련의 한 형태라는 주장 말이다.

한편으로 식민 지배자들이 이 점에서는 틀리지 않았다고 말할 수 있다. 예를 든다면, 17세기 말 노예 법전 제16조항에 의하면, 여러 주인들에 속하는 노예들의 군중집회 또는 모임들 ── 설령 이것이 축제의 모임이라 할지라도 ── 은 낮과 밤에 걸쳐 모두 금지되었다.[55] 춤과 노래, 음악이 모두 혼합된 것,[56] 그리고 이러한 연출 장면은 원으로 이루어진 논쟁적인 배치의 형상을 띠고 있다. 이것은 맨손으로 실행하는 전투문화를 형성하는 것으로 백인들에게 공포를 불러일으키는 것이다. "우리는 섬에 다음과 같은 칙령을 내릴 수 있다. 이 칙령은 칼렌다

---

55 "다른 주인들에게 속하는 노예들이 신혼이나 다른 이유를 핑계로 낮 또는 밤에 그들의 주인의 집 중 하나이거나 다른 곳에서, 큰 길이나 후미진 곳에서 모이는 것 또한 금지하자." Louis Sala-Molins, *Le Code noir*, p. 122.

56 17세기 노예 법전에 의해 음악이 금지된다면, 군중집회와 춤, 음악의 통제는 주민들의 재량에 달려 있었을 것이며 관할구역에 달려 있었을 것이다. 그리하여 과달루페에서는 16조항이 잘 적용되지 않았었다. Luciani Lanoir L'etang, "Des rassemblements d'esclaves aux confréries noires", *Bulletin de la Société d'histoire de la Guadaloupe*, n° 152, pp. 3~14.

라는 춤의 선정적이고도 부적절한 자세 때문에 이를 저지하기 위한 것
일 뿐만 아니라, 너무 많은 수의 흑인들이 집결하는 것을 막기 위한 것
이다. 기쁨에 가득 찬 상태에 있거나 머리에 브랜디를 인 상태의 흑인
들이 모인다는 것은 반란이나 봉기 또는 약탈을 일으킬 수 있는 소지
가 있기 때문이다. 그러나 이러한 금지의 칙령과 주인들에 의해 취해
진 모든 조심스러운 조치들에도 불구하고, 흑인들의 집결을 막는 일은
거의 불가능했다."[57] 라바 신부는 이렇게 확언하고 있다.

다시 말해, 춤사위 자체가 이미 전투에 대한 참여행위로 의심받아
온 것이다. 18세기 말, 앤틸리스 제도와 기아나에서 많은 규정들이 칼
렌다 —— 식민 지배지의 사투리 대부분에서 발견되는 용어 —— 와 같은
야간 무술춤과 집회를 금지했다.[58] 오직 밤불라[59]라는 춤만이 허가됐는

57 Jean-Baptiste Labat, *Nouveaux Voyages aux Isles française de l'Amérique*, Paris:
Cavalier, 1722, vol. 4, pp. 153~154. 다음 책도 볼 것. "흑인들은 커다란 기쁨에 흠뻑 취
해 있다. 칼렌다로 불리는 무도회와 같은 일이 일어나는 것을 금지해야 한다. 무술하는
발의 움직임이 어떠한 방해도 받지 않기 위해, 칼렌다는 밭에서도 일어나고 평평한 땅에
서도 일어난다." Moreau De Saint-Mery, *De la Danse*, Parme: Bodoni, 1801. 다음 책
에서 재인용되었다. Jean Fouchard, *La Meringue, danse nationale d'Haïti*, éditions
Henri Deschamps, 1988, p. 39.
58 루이지애나, 기아나, 아이티(생도맹그 시대에는 치카chica라고 불리던 것), 마르티니크, 과
달루페. 다음 책을 볼 것. André Thibault ed., *Le Français dans les Antilles: Études
linguistiques*, Paris: L'Harmattan, 2011, p. 38. 마다가스카르, 마요트섬과 레위니옹
에서는 모항그(moringue) 또는 모항지(moraingy)를 발견할 수 있다. 이것들은 곡예
적 움직임에 입각한 전투적 춤과 발차기들과 싸움의 기술들이다. 1950년대에 사라져
버렸으나 90년대 이후로 다시 실행되고 있다. 다음 책을 볼 것. Jean-René Drainaza,
Techniques et apprentissage du moring réunionnais, Comité Réunionnais de
Moring, 2000; Guillaume Samson, Benjamin Lagarde, Carpanin Marimoutou,
L'Univers du maloya: Histoire, éthnographie, littérature, Saint-André, La Réunion:
Océan éditions/DREOI, 2008.
59 다음 책을 볼 것. Jacqueline Rosemain, *La Musique dans la société antillaise*

데, 왜냐하면 이 춤은 백인들에 의해 승인된 왕과 왕비가 뽑히는 내용을 담고 있기 때문이다. 이것은 탬버린 음에 의해 리듬 지어진 노예들의 춤이다.[60] 이에 반해, 칼렌다라는 춤은 백인의 눈을 피해 밤에 음성적으로 구릉지에서 거행되었다. 이 춤은 복싱의 움직임으로 구성된 것이자 타악기에 의해 리듬 지어지며 마법 의식을 동반한다. 이 춤은 전투 기술들 ─ 이는 노예제의 맥락과 이어져 있는 대서양의 전투적 노하우들이다 ─ 로서 주로 아프리카와 토착민의 전투 기술들[61]이자 유럽적 전투 기술들의 계승이며, 곡예와 비질이며 주먹질이나 발차기, 몽둥이를 결합한 것이다. 이러한 점에서 이 춤들은 전투에 대한 진정한 예비과정으로 해석될 수 있다. 프랑스령 앤틸리스 제도와 마다가스카르섬, 마스카렌 제도에 관해서는 다음을 인용할 수 있다.[62] 과달루페에서는 소베 바얀, 베르나덴과 말로예가 있다면, 마르티니크섬에서는 코코예, 특히 담예 라쟈(danmyé ladja)[63] ─ 폭넓은 움직임, 춤사위, 발

1635~1902(Martinique-Guadeloupe), Paris: L'Harmattan, 1986; *La Danse aux Antilles: Des rythmes sacrés au zouk*, Paris: L'Harmattan, 1990.

60 백인들은 흑인들의 음탕함과 술이 있는 축제들에 혜택을 주기도 하였다. 오히려 백인들에 의해 이것들이 부추겨지기도 했던 것이다. 왜냐하면 백인들은 ─ 노예들을 가축처럼 여김과 동시에, 이러한 흑인들의 주연과 음탕함을 통해 ─ 그들의 목축 자산을 증가시킬 수 있다고 생각했기 때문이다. Luciani Lanoir L'etang, "Des rassemblements d'esclaves aux confréries noires", p. 6.

61 주로 아메리카 인디언들의 숭배 대상들에 대한 참조하에서, 예를 들어 보자면 노예들이 일하던 땅에서 노예들이 발견한 전투 기술에 대한 내용이 담긴 부적들이 있다. 다음 논문을 보라. Odette Mennesson-Rigaud, "Le rôle du vaudou dans l'indépendance d'Haïti", *Présence Africaine*, n° XVIII/XIX, 1958, pp. 43~67.

62 다음을 볼 것. Thomas J. Desh-Obi, *Fighting for Honor: The African Martial Art Traditions in the Atlantic World*, The University of South Califonia Press, 2008, p. 132.

63 담예 라쟈에 대해서는 영화 「Ag'ya」를 참조해 볼 수 있다. 이것은 캐서린 더넘(Kathrine

길질, 주먹질이 있으며 이것은 올로 또는 리도(전투사들의 발에 실을 묶을 수 있는 수중전투 기술)——라고 할 수 있다. 그리고 모항그[64]라는 전투 기술이 레위니옹과 마다가스카르섬[65]에 존재한다.

왜냐하면 이것은 오직 지배자들의 기록물에 의존하는 것이기 때문이다. 그러하기에 노예들의 자기방어 문화와 그들의 실천에 관한 상세한 역사를 직조한다는 것 자체가 여전히 어려운 일임이 드러난다.[66] 그러나 이러한 무술적 춤들이 싸움을 위한 문화로서의 완전성을 지녔

Dunham, 1909~2006)이라는 아프리카계 미국인 인류학자이자 안무가이며 무용가에 의한 비귄(biguine)과 담예 라자에 관한 연구이다. 그녀는 아이티와 자메이카, 마르티니크를 1936년에 여행하면서 이 영화를 만들었다. 그녀는 1938년에 Ag'ya라는 안무를 만들었으며 시카고에서 처음으로 이를 상연하였다. https://www.youtube.com/watch?v=RI4CEEse_fi(마지막 온라인 검색일: 2016년 7월).

64 모항그에 대해서는 다음을 참조할 수 있다. André-Jean Benoit, *Sport colonial: Une histoire des exercices physiques dans les colonies de peupelement de l'océan Indien, la Réunion, Maurice, des origines à la fin de la Seconde Gurre mondiale*, Paris: L'Harmattan, 2000.

65 토마스 A. 그린은 맨손으로 하는 전투 기술들 중에서 아프리카 후손들의 무술들을 다음과 같이 분류하고 있다. mani(쿠바), chat'OU(과달루페), ladjiya(마르티니크), pingé(아이티), congo(중앙아메리카), caporeira(브라질), broma(베네수엘라), susa(수리남). Thomas A. Green, "Surviving the Middle Passage: Traditional African Martial Arts in the Americas", eds. Thomas A. Green and Joseph R. Svinth, *Martial Arts in the Modern World*, Praeger, 2003, p. 129. 빠른 다리 동작으로 인해, 미국에서 주바(juba)——노예들의 무술음악과 춤——는 축자적 의미에서 백인들을 두렵게 하는 동시에 매료시켰다. 다음 책을 볼 것. Saidiya V. Hartman, *Scenes of Subjection*, New York: Oxford University Press, 1993.

66 카포에라(capoeira)에 관한 연구는 부족하진 않지만, 모항그와 담예를 제외하고는 카리브해의 무술에 관한 연구는 매우 드문 편이다. 담예에 관해서는 피에르 드뤼(Pierre Dru)의 탁월한 연구——제리 레탕(Gerry L'etang)의 지도하의——를 인용해야만 한다. *Aux sources du danmyé: le wolo et la ladja*, Université des Antilles Guyane, 2011. 그리고 AM4라는 협회에서의 그의 활동은 다음을 참고하라. https://am4.fr/(마지막 온라인 검색일: 2017년 7월).

다는 것은 틀림없는 사실이다.[67] 이러한 무술적 춤들은 아메리카와 카리브섬에서 19세기 말과 20세기 전반에 걸쳐 체계화되었다가 사라져 버린다. 또 다른 양태 속에서 되살아난 전투적 춤들은 폭력의 국면이 많이 희석된 식민지 태생의 문화 속에 기입된 채로 남아 있다. 이것은 전투적인 춤을 "이상적인 유산"[68]으로 승격시키기 위한 일이자, 아프리카 후손들의 사료 편찬과 기억을 구성해 내기 위한 것이기도 하다.[69]

　　이러한 문화들은 식민지적 특성에 의해 구성되어 있다는 공통점을 갖는다. 이 문화들은 범죄화되었고 감시받았으며, 곡해되고 규율화되었으며, 수단화되고 전시되었다. 특히 식민 지배자들에 의해 조직된 노예들 간의 죽음에 이르는 전투에 관한 것일 때[70]에는 더한 것이었다.

---

67 리처드 버턴(Richard Burton)은 적대적 문화들과 정치적 저항 간의 긴장을 다양한 문화적 측면들 ─ 아이티에서는 vodou(부두), 자메이카에서는 rastafarisme(하스타파리즘) ─ 을 통해 분석한다. 이러한 문화적 형태들이란 불가능한 저항에 대한 대체물처럼 여겨진다. 불가능한 저항들이란 권력구조들을 위협하는 것에 온 힘을 쏟는 것이자, 스스로를 보호하기 위한 수단이거나 항구적인 반란을 권장하는 수단처럼 여겨진다. 다음 책을 볼 것. Richard D. E. Burton, *Afro-Creole: Power, Opposition and Play in the Caribbean*, Ithaca: Cornell University Press, 1997, pp. 263~265. 또한 크리스틴 쉬발롱이 읽고 분석한 것이 있다. Christine Chivallon, "Créolisation universelle ou singulière?", *L'Homme*, 2013/3, n° 207~208, pp. 37~74.

68 Thierry Nicolas, "Politique patrimoniale et 'patrimonialisation' aux Antilles françaises", *Technique & Cultures*, n° 43, 2003, pp. 131~140.

69 표본적인 예인 카포에라는 지금까지 확실한 자료가 가장 많은 기술이기도 하다. 다음 문헌들을 볼 것. Maya Talmon Chvaicer, *The Hidden History of Capoeira: A Collision of Cultures in the Brazilian Battle Dance*, Austin: University of Texas Press, 2008; Benoit Gaudin, "Capoeira et nationalisme", *Cahier du Brésil contemporain*, EHESS, 2009; "Les maitres de capoeira et le marché de l'enseignement", *Actes de la recherche en sciences sociales*, n° 179, 2009, pp. 52~61.

70 다음 박사논문을 보라. Julian Harris Gerstin, "Traditional Music in a New Social Movement: The Renewal of Bèlè in Martinique(French West Indies)", thèse, Berkeley: University of California, 1996.

이산적 음악들과 전투적 문화들[71]은 지역적으로나 여러 방법론적으로도 식민지 풍습에 이미 익숙하게 적용한 것들이었다. 여기에서 식민지 풍습에 익숙하게 된다는 의미는 다음과 같다. 크리스틴 쉬발롱의 분석에 따르자면, 권력과 타협하고자 하는 방법론의 발명이 이 문화 안에 이미 존재하고 있었다는 것이다.[72] 왜냐하면 자기방어의 실천들은 전투 훈련의 기술임과 동시에, 노예제 사회에 내재해 있는 위계적인 사회관계의 틀 안에서 체계화된 형태들이기 때문이다. 그들의 무술적 특성은 춤추는 몸의 현상학에 의해 고안된 것이기도 하다. 이러한 무술적 특성은 마법의 제례의식 속에서, 축제와 제례의식들, 특히 장례식 철야 또는 고유한 우주 생성론 등에서 주로 표현되는 신비주의자에 의해 고안된 것이다. 또한 이것은 전술적인 처세술적 사고와 계략, 전투의 혼합에 대한 중요성에 의해 특징지어진다. 다각적 리듬 속에서 끊임없이 움직여야 하는 전투사들은 어떠한 규칙도 없이 모든 가격타들을 사용할 수 있다. 그들은 가장하기도 하고 피하기도 하고 속이기도 하고 공격하기도 한다. 즉 방어는 효율적인 가격타의 총체로만 축소되는 것이 결코 아니다. 그것은 실질적인 전투에서의 기회주의적인 지력으로부터도 기인하는 것이다. 이러한 기회주의적인 지력은 춤동작을

---

71 카리브와 브라질에서 앵골로(engolo, n'golo)에 가까운 기술들, 아프리카의 선조들의 무술이거나 람브(lamb)라는 세네갈의 전투를 발견할 수 있다. 다음 저서들을 볼 것. Yvonne Daniel, *Caribbean and Atlantic Diaspora Dance: Igniting Citizenship*, University of Illinois Press, 2011, p. 162. 비록 이러한 계승관계는 오늘날 확인하기는 어려울지 모른다. 다음 책을 볼 것. Maya Talmon-Chevaicer, *The Hidden History of Capoeira*, p. 19와 그다음 페이지들.

72 Christine Chivallon, "Créolisation universelle ou singulière?", p. 54.

영속적인 것으로 만든다. 이러한 춤동작은 적을 취하게 만드는 것이자 그의 지각을 흐리게 하고 가격타의 선제 공격권을 방해하는 것이다.[73] 이러한 싸움은 신입 전투사들의 원형 대열을 구조화하는 탬버린의 리듬을 따르기도 하고 이에 도전하기도 하면서 자신의 리듬과 속도를 강제한다. 바로 이 모든 국면들이 노예들의 자기방어라는 융합물을 창조해 낸다. 이러한 노예들의 자기방어는 여러 전통들과 기술들, 복싱문화와 춤문화들을 뒤섞은 것이다. 이것은 신체적 기술과 리듬, 철학과 전투의 신비주의에 입각해 있다.[74] 바로 이것은 생존의 조건들을 보장하기 위한 자기방어 시스템을 구축해 내기 위한 것이다.

생도맹그섬에 관하여, 모로 드 생 메리는 노예들의 자기방어라는 혼합적 문화를 다음과 같이 묘사하고 있다. 칼렌다와 쉬카는 식민제도하의 아프리카에서 온 춤만을 일컫는 것이 아니다. 이것은 우리가 오랫동안 알고 있던 다른 것들, 서구지역에서 주로 기인한 것이자 '부두'라는 이름을 가진 것에 관한 것이다. 그러나 이것이 부두라는 춤으로

---

73 담예에 관한 부분은 피에르 드뤼에 의해 상세하게 분석되고 있다. http://www.lesperipheriques.org/ancien-site/journal/13/fr1318.html(마지막 온라인 검색일: 2017년 7월). 또한 우리는 이러한 생각을 말랑드하젬(malandragem)의 개념과 함께 카포에라에서 발견할 수 있다. 말랑드하젬이라는 개념은 비참한 삶에서 살아남기 위해 카포에라를 실행하는 이들에 의해 구축된 모든 잡다한 것들을 아우르는 것이다. 엄격히 말하자면, 싸움에서 말랑드하젬은 "변장과 통찰력, 속임수에 적용되는 것이다. 선수가 싸움에서 이기는 것은 물리적 힘에 의해서가 아니라 가장 기술과 속임수에 의한 것이기 때문이다." Albert Dias, *Mandinga, Manha & Malicia: una historia sobre os capoeiras na capital da Bahia(1910~1925)*, Salvador: EDUFBA, 2006, p. 18. 다음 책에서 인용되었다. Monica Aceti, "Des imaginaires en controverse dans la pratique de la capoeira: loisir, 'métier' et patrimoine culturel immatériel", *STAPS*, 2010/1, n° 87, pp. 109~124(CAIRN 사이트의 마지막 검색일: 2017년 7월).

74 라쟈(ladja)라는 무술적 춤은 전투사들에게 힘을 허가하는 마법으로 둘러싸여 있다.

서만 인식되어서는 안 된다. 왜냐하면 이것은 체제하에서 사회적 서열을 부여하는 상황——미신과 이상한 실천들이 큰 부분을 차지하는 것——을 동반하기 때문이다. 식민지에서 부두의 진정한 관객들이자 부두의 규칙과 원리를 유지하고 있는 경작지의 흑인들에 의하면, 부두는 전지전능하며 초자연적 존재를 의미한다. 지구체에서 일어나는 사건들은 모두 이 부두라는 초자연적 존재에 의존해 있기 때문이다.[75] 식민제도의 사료편찬 속에서 부두에 관한 참조와 인용지점[76]은 노예적 전투 기술들과의 밀접성과 다양성을 더욱더 잘 이해하도록 해준다. 이러한 노예적 전투들이란 노예제에 맞서서 자기 자신을 방어하기 위한 목적으로 만들어진 자연적·정신적인 힘을 통합하게 하고 포착해 나가도록 하는 일이자, 이를 기원하기 위한 것이었다.[77] 노예들의 자기방

---

75 Médéric Louis-Elie Moreau De Saint-Méry, *La Description topographique, physique, civile, politique et historique de la partie française de Saint-Domingue,* vol. 1, 1797~1798, Société Française d'Histoire d'outre-mer, 2004, p. 64.

76 아이티 혁명을 통해, 부두는 노예해방 서사를 구성하는 것이자 브와 카이만(Bois Caïman)의 제례의식을 증명하는 것으로 확정적으로 여겨진다. 브와 카이만의 제례의식 동안, 1791년 8월 14일 미래의 반란 주도자들이 아이티의 국가적 신화가 된 피의 서약을 날인하였다.

77 아이티 혁명에서 부두의 중요성에 대한 논쟁이 벌어졌다. 1958년에 오데뜨 히고(Odette Rigaud)는 다음과 같이 적는다. "비밀스러운 학문의 중요성과 마칸달(markandal), 비아수(biassou), 데살린(Dessanlines), 투생 루베르튀르(Toussaint-Louverture) 같은 이들의 사회적 경험의 중요성에도 불구하고, 아이티의 역사에서 가장 이상한 점은 바로 여기에 있다. 흑인들을 독립으로 이끌었던 사건들은 인간의 제국 아래 진행되었던 것이 아니라, 비밀스러운 제의의 불의 제국 아래에서 일어났었다는 것이다. 아이티의 모든 영웅들 중 가장 순수하고도 가장 위대한 이들이 이러한 비밀스런 제의 속에서 나타나고 있다. 아프리카의 부두라는 종교들에 의해 영감을 받은 생도맹그섬의 흑인들의 종교적 열정, 이러한 종교적 열정은 독립 전쟁 동안 사용되었던 모든 무기들 중 가장 최상의 것이었다." Odette Mennesson-Rigaud, "A propos du vaudou", *Bulletin du bureau d'Ethnologie,* III, n° 16, 1958, 이는 자가 인용된 것이다. "Le rôle du vaudou

어에 대한 비밀스러운 지식들은 식민 지배자들과 군인들, 선교사들에 의해 다음과 같이 인식된다. 즉 이것은 무적의 마법 의식에 의해 두려울 만하게 변모한 전투 기술에 다름 아니다. 백인들에게 있어 노예들의 자기방어에 관한 비밀스러운 지식들은 물론, 이러한 비밀스러운 지식을 갖춘 혹인 식민 피지배자들[78]은 다른 세계로부터 온 공격적이며

dans l'indépendance d'Haïti", p. 56. 역사학자 가브리엘 드비앙에 의해 비판되고 있는 입장이란 다음과 같다. 식민지 풍습에 익숙하도록 만드는 것, 이와 연관된 모든 노예들을 관통하고 있는 부두문화를 증명할 만한 요소들이 충분히 알려져 있지 않다는 점이다. Gabriel Debien, "Les travaux d'histoire sur Saint-Domingue, chronique", *Revue française d'outre-mer*, vol. 47, n° 167, p. 257. 생도맹그의 부두에 관하여, 우리는 다음 자료들을 읽어 볼 수 있다. Pierre Pluchon, *Vaudou, sorciers, emprionneurs: De Saint-Domingue à Haïti*, Paris: Karthala, 1987; David Geggus, "Marronage, voodoo, and the Saint Domingue slave revolt of 1791", *Proceedings of the Meeting of the French Colonial Historical Society*, vol. 15, 1992, pp. 22~35; Laurent Dubois, *Avengers of the New Worl: The Story of the Haitian Revolution*, Harvard University Press, 2005.

78 예를 들자면, 올리비에 P. 느게마 악웨이가 메싱(mesing)을 다루는 구절을 참조해 볼 수 있다. 여기서 메싱이란 프랑스 군대에 대항하기 위해 주로 쓰였던 것으로, 가봉에서의 팡(fang)이라는 전사들에 의해 실행되던 마법과 전투의 결합물이다. 20세기 초반에, 우베르(wobert) 중령은 방어의 마법에 대해 언급하기도 한다. 그리고 이것은 올리비에 P. 느게마 악웨이에 의해 인용된다. Olivier P. Nguema Akwe, *Sorcellerie et arts martiaux en Afrique*, Paris: L'Harmattan, 2011, p. 70. 다른 예에서 1890년대 말 중국에서 있었던 "의화단 운동"의 구절이 있다. 이것은 비밀스러운 사회들의 긴 전통에 속하는 것이다. 혼성 무리로 조직된 이 운동의 목적은 만주 사람들과 중국에 있는 서양인들을 내쫓기 위한 것이었다. 그리고 의화단에 속한 이들은 자기방어 시스템의 일환으로 복싱과 마술을 사용한다. 1910년에 장-자크 마티뇽(Jean-Jacques Matignon)이라는 프랑스 군의관은 성스러운 복싱에 대해 언급하며 다음과 같이 쓰고 있다. "이러한 운동들은 마술 주문들과 박자에 맞춰진 고함들, 마술사의 기술들을 동반하는 것이다. 그들은 악마에 사로잡힌 자들로서 황홀경적이며 행복하게 만드는 마약의 효과 아래 있었을 것이다. 그들은 첸 우(Chen Wou)라는 마법의 신과 쿠우안 티(Kouan Ti)라는 군대 수장의 도움을 주술적으로 기원하였다. 많은 이들이 청소년에 불과했으며, 그들 중에는 12세밖에 안 된 아이들도 있었다. 그러나 그들은 최악이었다. 이러한 미성숙한 복서들이 둔재들의 회합으로 그치고 말았던 것이라면, 그들의 역할이란 체조에 관한 회고적 역사의 흥미성을 띠는 것에 그치고 말았을 것이다. 그러나 무엇보다도 성가신 점이란, 바로 그들이 중국

악마적인 실천을 행하는 이들처럼 여겨졌다. 그리하여 식민제도하에서 이러한 지식과 실천들이 억압받게 된다.[79]

1791년 생도맹그섬 전역에 걸쳐 반란이 조직되었다. 이때의 봉기는 구릉지에서 수천 번 반복되어 왔던 밤의 제례의식이 갖는 특성을 그대로 따르는 것이었다. 반란은 유혈이 낭자한 춤처럼 묘사된다. 모든 군중을 통틀어 그들은 단지 60개의 소총만을 갖고 있었을 뿐이다. 그들은 칼과 괭이, 철 몽둥이, 새총으로 무장했다. 새벽 3시에 그들은 기적적인 결단력을 가지고서, 부락 근처에서 전투태세에 돌입한 백인들을 공격하기 시작했다. 흑인 마법사들에 의해 광신적이 된 흑인들은 마치 그들이 아프리카에서 부활한 것마냥 기쁨을 안고서 죽음을 향해 돌진한다. 황소 꼬리로 무장한 이야생트는 이것이 총알 방향을 비켜나가게 만든다고 말하면서, 군대 대열들을 뚫고 나갔다. 그가 백인 용기병(龍騎兵)들을 꼼짝 못 하게 만드는 동안, 또 다른 쪽에서 그는 국민군을 공격하도록 지시했다. 놀라울 정도로 무장하였으며 용감한 이들로 구성된 포르토프랑스 지역의 젊은 식민 지배자들조차 반란자들의 격렬함 앞에 저항조차 할 수 없었다. 필리베르와 그들의 아프리카인들이 전투를 바로잡기 위해 도착했을 때에는, 젊은 식민 지배자들은 이미 자신의 영역을 모두 잃고 말았다. 양쪽 진영에서는 같은 열정을 갖

을 위한 새로운 애국주의적 각성을 구현하는 이들이라는 점이다." *Dix ans au pays du dragon*, Paris: Maloine, p. 12.

79 식민 지배자들은 흑인 노예들의 실천과 제례의식의 비밀이 무엇인가를 꿰뚫어 보길 원했다. 특히 그들은 식물학과 의학에 관한 흑인 노예들의 지식에서 이익을 얻어 낼 수 있다고 생각했다. 그러하기에 식민 지배자들은 이러한 실천과 제례의식을 포착해 내고자 하였던 것이다. 다음을 볼 것. Londa Schiebinger, *Plants and Empire*.

고 싸움에 임했다. 활기 있고 정제된 사격대원들로 구성된 아르투와와 노르망디 연대는 총검 위로 무질서하게 뛰어내리는 흑인들의 대열들을 뒤집어엎었다. 그 사이에 용기병들은 장전하였으나 부락 근처에서 반란자들에 의해 격퇴당했다. 반란자들은 칼로 베이거나 말에서 굴러 떨어지는 것을 감당하면서까지, 그들의 말에 악착같이 매달렸다. 가장 끔찍한 살육은 프랄로토의 포병대가 차지하고 있던 장소에서 일어났다. 흑인들은 대포들 위로 겁 없이 진격했다. 그러나 그들은 가장 살육적인 일제 사격 아래 짓이겨지고 말았다. 이야생트가 그들의 열정을 그의 말을 통해 다시 불러일으킬 때에, 그들은 약간 누그러졌다. 이야생트는 황소 꼬리를 흔들면서 "앞으로! 앞으로!"를 외쳤다. 포탄들은 너무도 무수하였다. 죽음을 직면하고 있는 그는 총알들 사이로 온몸을 내던졌다. 총알의 파편들을 놓지 않은 채, 오히려 그것들을 한껏 껴안고서, 절대 포기하는 법 없이 스스로를 죽게 만드는 반란자들을 볼 수 있었다. 대포 안에 손을 집어넣어서 포탄을 빼내려는 이들이 보이기도 했다. 동료들에게 "오세요! 오세요! 우리가 포탄들을 붙잡고 있어요!"라고 외치는 것도 볼 수 있었다. 그러나 포탄의 파편들은 날아가고 그들의 사지 역시 멀리 날아가 버렸다.[80]

이처럼 다층적이면서도 음성적인 전투적 고행들이 출현한다는 것은 과연 무엇을 의미하는가? 이것은 동등한 무기를 가지고서, 당당하고도 양성적이며 상호적인 방식에서 동시적으로 이뤄지는 싸움 자체

---

[80] Thomas Madiou, *Histoire d'Haïti*, Port-au-Prince: Imprimerie J. h. Courtois, 1847, pp. 99~100.

가 아예 불가능한 현실을 뜻한다. 왜냐하면 식민 지배적 맥락에서는 우회적이고 비껴 나가 있으며 상징적인 싸움의 극화장면조차도 노예들에게는 거의 허가되지 않았기 때문이다. 경로에 벗어나 있으며 지연된 이러한 투쟁들조차도 동등한 이들 간의 상상된 싸움처럼 여겨졌지, 동등하지 않은 노예와 백인 간의 싸움으로는 결코 여겨지지 않았기 때문이다.[81] 그러하기에 제임스 스콧은 저항의 숨겨진 텍스트와 공적인 텍스트 간의 대립을 주제화하고자 한다. 역사 속에서 종속을 경험한 모든 이들—천민이거나 노예, 하인, 붙잡힌 이, 멸시를 당하는 소수자—에게 있어, 오래전부터 항시 통제되어 오지 않았던 생존의 열쇠란 자신의 분을 삼키는 일이자 자신의 분노를 질식시키는 것, 물리적 폭력의 충동을 다스리는 데에 달려 있다. 권력관계 속에서는 즉각적이며 상호적인 행위를 시도조차 할 수 없다는 좌절감, 바로 이것이야말로 숨겨진 관계의 내용을 보다 더 잘 이해하도록 해준다. 가장 기초적인 수준에서, 숨겨진 관계란 지금껏 꿈꾸어 오던 실행의 한 형태—이것은 실천적 틀 속에서조차 지배에 의해 금지되어 왔던 분노와 공격을 되갚아 주는 일—를 재현하는 것이다.[82] 스콧은 상호적인 행위를 실행하기 위한 이상적인 조건들 또는 부분적 조건들뿐만 아니라 죽음에 이르게 하는 조건들의 재구성을 우리에게 강제함으로써, 상호적

---

81 마르티니크에서 담예의 실행을 금지하기 위해 당국이 내세운 이유 또한 바로 이것이다. 1947년부터 많은 시 조례들이 이것의 실행을 범죄화한다. 다음 다큐 영화를 볼 것. Narinderpal Singh Chandok, *La Damnyé, l'art martial créole*, ISP Productionm 2014.

82 James C. Scott, *La Domination et les arts de la résistance: Fragments du discours subalterne*, trans. Olivier Ruchet, Paris: Amsterdam, 2008, p. 51.

인 행위의 불능성에 대한 사고를 추출해 내기에 이른다. 억압자에 대항하고자 하는 전투가 지연되면 지연될수록, 그 공격의 방향성은 틀어져 버려 오히려 자기 자신과 자기편을 향하는 것이 될 수 있다. 이는 억압자가 아닌, 억압받고 있는 이들끼리 서로 간에 살육을 자행하는 것으로 이어질 수 있다. 이는 지금까지 지배자들에 의해 억제당해 왔던 전투에 대한 환상을 실현시키기 위한 것이자 이를 경험하기 위한 카타르시스적 필연성에 의한 것이라 할 수 있다. 이렇게 지배자를 향한 대적과 싸움을 지연시키고 방해함으로써, 지배의 항구적 조건이 보장되고 이를 통해 지배의 양태가 지속되고 만다. 그리고 이는 이중적 효과를 낳는다. 이러한 지배의 양태는 피지배자들을 무기로 위협하여 꼼짝 못 하게 만듦과 동시에 그들 스스로를 파괴하도록 만드는 갈등을 부추기는 데에 있다. 바로 이러한 항구적인 긴장 상태 속에 그들을 가둬 두는 것이다. 그러나 이러한 긴장 상태란 상징화의 효과 없는 실질적인 조건 속에서 훈련하는 형태이자, 폭발할 것 같이 극한적인 폭력을 적립해 나가게 하는 형태이다. 그리고 이것은 급진적이며 전투적인 사회성의 한 형태를 구성하는 일이다. 이렇게 이중적으로 치우쳐진 입장은 자기 자신을 보존하지 않는 자기파괴적인 자기방어를 구현하도록 촉진한다. 자기 자신을 보존하지 않는 자기파괴적인 자기방어란 죽음에 대한 두려움이 그 어떠한 한계나 변증법적 고리도 구성하지 못하도록 하는 방어적 전투로의 돌입을 예고하는 것과도 같다.[83]

---

83 프란츠 파농이 인정이라는 개념에 대해 토론한 것을 참고할 것. Franz Fanon, *Peau noire, masques blancs*, Paris: Seuil, 1952, p. 175와 그다음 페이지들.

제국의 검은 힘: 가부장제 만세, 프랑스 만세!

노예들과 토착민들을 즉각적으로 무장해제시키는 일과 그들을 무방비 상태로 유지하는 일은 조국 수호를 위해 노예와 토착민을 징집해 오던 관행과 함께 이해되어야만 한다. 조국 수호를 위해 무장한 노예와 토착민의 몸이란 가장 먼저 죽음으로 내몰리는 몸이다. 왜냐하면 제국지배를 받는 몸이란 식민지에서 가장 더러운 일들을 강제적으로 부과받아 온 몸이기 때문이다. 그리하여 제국지배를 받는 이들은 프랑스라는 조국의 몸을 대신 돌보아 주는 이들이자 조국의 몸을 보호해야 하는 이들인 것이다. 즉 제국지배를 받아 온 이들은 프랑스 시민들과 프랑스 군인들의 삶을 보호해 주는 일을 할 뿐만 아니라, 프랑스 백인 군인들의 양심적 가책마저 덜어 주는 일까지 해온 것이다. 식민주의적 애국주의의 이름하에 저질러지는 정복에 의한 수탈을 굳이 백인 군인들이 직접 저지를 필요가 없도록 하는 것, 바로 이것이 제국지배를 받는 이들의 존재이유이기 때문이다.[84] 그러하기에 유럽 수뇌부들의 눈에는 토착민 군대야말로 일을 잘하는 이들로 비쳐질 수밖에 없다. 20세기 초반 프랑스에서 서아프리카 저격수는 프랑스 본토에서조차 좋

---

84 『검은 힘』(*La Force Noire*)이라는 저서의 결론에서 샤를 망장은 세네갈인들이 식민 지배자와 식민 피지배자 간의 소중한 매개 역할을 한다는 것을 인정하고 있다. "은퇴한 저격수들은 토착민 사회에 그 사회가 필요로 하는 틀들을 제공할 것이다. 우리는 억압적 지배에서 주민들을 해방시켰고 그들을 잔인하게 옥죄는 틀 또한 깨부수어 버렸다. 비록 멀리 있긴 하지만 아버지적인 행정기구들을 통해, 억압적인 지배양식들을 모두 대체하였다. 이를 위해서 수적으로는 드문 관리들과 많은 토착민들 사이에 이를 중계하는 자가 반드시 있어야만 한다. … 옛 군인들은 사회의 초석과 골조를 구성하는 이들이기 때문이다. 건축의 모든 요소들을 잘 화합시키기 위해서, 구스타브 르봉(Gustave Lebon)의 아름다운 표현에 따르자면, 우리에겐 사회적 시멘트인 애국주의가 이미 준비되어 있다." *La Force Noire*, Paris: Hachette, 1910, pp. 346~347.

은 명성을 누린다. 왜냐하면 그는 용감하고도 충성스러우며 복종적인 이들로 여겨졌기 때문이다. 이 주제에 있어서 특히 상징적인 저서가 있는데, 이는 1910년 샤를 망장[85]이라는 중령이 쓴 『검은 힘』이라는 책이다. 우리는 이 책에서 군인들의 특질들을 인종적으로 분류하는 법을 살펴볼 수 있다. 이러한 분류법은 서아프리카 출신의 식민 피지배자들에 대한 대대적 사용을 권장하기 위한 것이다.[86] 망장은 다음과 같이 쓴다. "서아프리카 인종들은 호전적일 뿐만 아니라, 본질적으로도 군사적인 존재들이다. 그들은 위험과 모험적 삶을 좋아할 뿐만 아니라, 본질적으로 규율화되기에 적합한 이들이다."[87] "문명화의 임무"[88]라는 군사적 판본 속에서, 망장은 다음과 같은 사고를 다시 취하고 있다. 아프리카인들은 명령에 대한 자연적 욕구를 갖고 있다. 망장에게 있어 그들은 복종하기 위해 만들어진 이들과 같다. 수뇌부는 애니미즘이라는 물활론적 덕목들을 상기시키면서,[89] 몇몇 흑인 민족들의 원시적인 가

---

85 1866년에서 1925년까지 산 프랑스 군대의 장군.

86 『검은 힘』은 가장 방대한 사료 중 하나이다. 이는 교본서이자 도서관학적 측면을 많은 부분 지니고 있다. 즉 이 책은 식민 군대를 위해 징집된 장교들과 하사관들을 위한 교본서에 가깝다.

87 Charles Mangin, *La Force Noire*, p. 234.

88 문명화의 임무에 관해서는 디노 코스탄티니(Dino Constantini)가 앙리 마시스 ─ 극보수파 가톨릭 교리의 강력한 옹호자 ─ 의 저서에 관해 할애한 챕터를 볼 것(Henri Massis, *Défense de l'Occident*, Paris: Plon, 1927. 그리고 1935년에 무솔리니에 의한 에티오피아 정복을 옹호하기 위해서는 다음을 볼 것. "Manifeste pour la défense de l'Occident", Le temps, 4 October 1935). *Mission civilisatrice*, trans. fr. Juliette Ferdinand, Paris: La Découverte, 2008. p. 139와 그다음 페이지들.

89 망장은 많은 수의 군인들처럼 물활론적 관점을 지닌 인구는 칭찬하지만 이슬람인들은 경계한다. 그리고 그는 식민지 파견부대의 3분의 1에서 5분의 1에 달하는 이슬람 파견부대를 폄하하는 운동을 펼쳤으며, 이는 비이슬람 흑인 주민들에게 이득이 되는 것이다. *La Force Noire*, p. 274.

부장제 ― 가장이 아들들과 아내에게 명령할 뿐만 아니라, 그를 위해 일하는 포로에게 명령하는 것 ―를 극찬의 대상으로 삼는다.[90] 프랑스 군대는 이슬람에 대한 충성 또는 유목민적인 삶의 양태로 인해 국가를 배신하기에 바쁜 아랍인과 베르베르인과 달리, 아프리카인은 주인이 반드시 필요한 이들이자 위계에 대한 타고난 감각을 가진 이들이라고 생각한다. 그러하기에 이들은 백인 관료의 권위를 쉽게 알아볼 뿐만 아니라, 이에 순종하는 이들처럼 여겨진다.

모든 인종차별적인 궤변에 의하자면, 원시적인 가부장제에 고유한 노동의 조직화 방식과 흑인 군인에게 강제로 부여된 이러한 존경심은 밀접하게 연결되어 있다. 망장은 아프리카 군인들에게 있어 전투적인 기술에 대한 배움은 보다 더 손쉬운 일이라고 생각한다. 왜냐하면 농경일이란 전통적으로 여성들에게 할당된 일이며[91] 아프리카 군인들은 신체적으로나 심리적으로나 농경일에 의해 변질된 이들이 아니기 때문이다. 이러한 농경일에 의해 문명화되지 않은 식민 피지배 민족들에게 있어 병역의 의무란 인간의 역사로 입성할 수 있는 매우 유용한 전환의 계기이다. 우리는 여기에서 식민지적 수사학의 고전적인 소재 ―빈 서판 수사 ―를 재발견할 수 있다. 생산관계라는 영역 바깥에 있다고 여겨지는 식민 피지배자들은 병역의무를 통해 자연의 주기적 시간성과 미성숙하고도 재생산적인 시간성, 축적되지 않은 시간성은 물론 역사의 문 앞으로도 되돌려 보내진다. 그들은 그 어떠한 경험

90 Ibid., p. 243.
91 Ibid., p. 236.

이나 앎, 자본화된 처세술도 없는 이들이다. 망장은 심리적 유전학을 참조하면서, 더 멀리까지 자신의 주장을 밀고 나간다. "새롭게 모집된 병사는 모방과 추측을 통해 배움을 얻는다. 그는 군대에 들어가기 전부터 거의 숙고해 오지 않았다. 그러하기에 우리는 그들의 의식을 거칠 필요조차 없이 곧바로 그들의 무의식에 도달할 수 있다."[92] 다른 이질적인 문화를 수용하지 않으려는 정신구조를 가진 최면 상태의 사람처럼, 흑인이란 깊게 성찰하거나 전혀 숙고하지 않는 자라는 의미에서, 매우 이상적인 군인에 해당한다는 것이다.

망장은 영토를 보다 가치 있는 것으로 만들고 영토를 착취하는 데에 있어서 필수적인 토착민들의 농경 일손이 병역 의무로 인해 탈취당하고 있다는 주장에 답하고자 한다. 그뿐만 아니라 그는 다음의 주장―지역 노동자들만이 사회적·환경적 조건들을 견뎌 낼 수 있다고 여기는 이들―에도 답하고자 한다. "여기에서 농경일의 조건이란 흑인종과 백인종에게서 전혀 다르게 나타난다는 사실을 먼저 알아야만 한다. 예를 들자면, 흑인은 그의 아내와 아이들에게서 도움을 전혀 구하지 않고서도 혼자 일을 다 해낼 수 있는 자이다. 그러나 유럽 농부들은 아내와 아이들의 도움을 반드시 필요로 하는 이들이다."[93] 『검은 힘』의 저자 망장은 아프리카 대륙에서 땅을 경작하는 일은 가족 단위로 이루어지기도 한다는 것을 인정하는 결론을 내리기도 한다. 또한 백인 가부장제와는 달리, 일부다처제인 몇몇 민족의 남성들은 밭일

---

92 Ibid.
93 Ibid., p. 285.

을 전혀 하지 않으며 게으른 채로 있거나 가정에서 명령자의 역할만을 수행할 뿐이다. 군사주의적 논리는 제국주의적 과업을 인종적이며 성적으로 분업해 내는 논리이다. 즉 이러한 논리에서 인종들 간의 위계를 강화하는 수사학이 구축된다. 흑인 남성들의 게으름에 대한 가설과 같이, 일부다처제의 가설 또한 식민 지배를 도덕적으로 정당화하는 근간으로 작동한다. 또한 이것은 식민 피지배 남성들에게 소위 강제되지 않았다고는 하지만, 실질적으로는 강요되고 있는 대대적 징병 가능성의 조건들을 정당화하는 일이기도 하다. 서구의 부르주아적 가부장제의 가치와 규준을 강제로 토착민들에게 부과하는 것, 바로 이것이 문명화의 임무의 목적이기 때문이다. 이러한 문명화의 임무는 토착민 군인들에 의해 재현되는 유럽 국민들을 위한 경제적·군사적 이득을 다 숨기고 있지는 못하다. 생산 영역은 물론 재생산 영역에서도 제외되어 있는 식민 피지배자들은 군사적인 돌봄 노동을 마치 그들의 자연적인 기능처럼 해내고 있기 때문이다. 바로 이러한 유용한 기능에 의해, 백인이 그들을 전적으로 고용해 온 것이다.

흑인 군인이 가진 또 다른 자연적 특질로는 기후학적 조건에 대한 적응력,[94] 군사적 갈등의 새로운 특징에 대한 적응력이 있다. 단 시간 안에, 정해져 있지 않은 기간 동안 15세에서 35세 사이의 남성[95]을

---

94 Ibid., p. 248.
95 망장이 고백한 이상적 목표란 50만 명의 식민 군대를 구성하는 것이다. 그러나 그는 단기적 관점에서 합의 가능하면서도 현실적인 목표량이란 10만에서 20만 명 사이라는 것을 이미 인식하고 있다. 이러한 군대는 16세와 35세 사이에 모집된 자발적 지원자들로 구성될 것이며, 12년 또는 15년 동안 근속할 시에 은퇴 직업 군인들도 양산할 것이다. 1906년 법은 이미 15년간 근무한 퇴직 군인들을 토착민 군대에까지 확장하고 있다. 망

대규모로 징집하고자 하는 필요성에 의해, 식민지는 수적으로도 결정적인 자원의 보고가 된다. 이뿐만 아니라, 흑인종의 심리적 특징들은 소중한 군사적 무기처럼 여겨지기도 한다. 흑인 군인들에게서 나타나는 존경과 무지, 체념은 근대적 전쟁에 가장 적합한 전투적 특질이 되었기 때문이다. 식민 지배를 받는 영토는 인적 자원 또한 포함한다고 망장은 생각한다. 이러한 인적 자원을 징집하는 일만이 점점 더 위협적이 되어 가는 독일에 대항하는 프랑스의 유일한 해결책이자 비밀스러운 일격의 방식인 것이다. "유럽이 현재 처한 상태를 보자면, 흑인의 힘이야말로 프랑스를 적들에게 가장 두려운 존재로 만들 수 있는 효율적인 비법이기 때문이다."[96]

망장은 프랑스 군대에 흑인 인종을 통합시켜야 하는가라는 문제를 결국에는 다루게 되는데, 이는 군사적 의무와 밀접하게 연관된 시민권에 관한 문제이기도 하다. 제국에 의해 징집된 군인들은 스스로를 프랑스인, 즉 검은 피부의 프랑스이자 매우 프랑스인다운 이들처럼 여긴다.[97] 비록 그들이 프랑스 군대의 백인 형제들과 같은 권리를 갖고 있지 않을 뿐만 아니라, 그들이 소수자의 상태에 머물고 있음에도 말이다. 이러한 프랑스의 검은 아들들 — 프랑스 수뇌부가 이렇게 부르길 원하는 — 은 어머니 조국을 방어하는 자들이지만 정작 사회적 기득

장은 인구에 관한 자료들의 총체라 할지라도, 이것이 근사치에 가까운 것일 뿐이라는 것을 잘 알고 있다. 왜냐하면 식민 지배를 당하는 이들은 정확히 자신의 나이를 모르는 이들이기 때문이다. 게다가 그들은 대부분 호적이 없으며 이것을 조직화하는 것은 고려할 만한 사항이 아니기 때문이다. Ibid., pp. 279~280.

96 Ibid., pp. 312~313.
97 Ibid., p. 272.

권은 전혀 누리고 있지 못하다. 왜냐하면 이러한 사회적 기득권은 시민들을 형제애적으로 연결시켜 주는 공화국적인 연대를 통해서만 가능하기 때문이다. 여기에서 우리는 망장을 읽어야만 한다. 망장을 읽어야만 하는 이유는 군 징집과 시민성에 관한 권리들이 상호적이 아닌 이질적인 요소라는 것을 확인시켜 주기 때문이다.[98] 망장은 다음과 같은 결론을 내린다. "세네갈과 마찬가지로 알제리에서도, 정치적 권리의 문제와 의무적 징집의 문제는 연결되어서는 안 되는 문제로 생각된다. 프랑스 군에 강제로 징집되어야만 하는 아랍인들의 선거권에 대한 필연성보다도, 세네갈의 유권자들에 대한 군 징집의 불가피성이 더 많이 부과되는 건 아니다. 프랑스의 조직화를 위해서라면, 우리는 기꺼이 세네갈의 1만 유권자들 ─ 총제적 측면에서는 간과할 만한 ─을 희생시키고자 할 것이다."[99] 망장은 시민 군인들보다는 순종적인 민병대를 더 선호한다. 여기에서 우리는 시민군을 대신할 진정한 제국주의적 민병대의 법제적 제창을 목도하게 된다. 즉 권리는 깃발의 편에 서

---

[98] 알제리에서 식민제국 주체들의 위상이란 다음과 같다. 즉 이는 시민권의 부여 없이 알제리 남성들을 징집하는 것을 프랑스 정부에 허가하는 일이었다. 이에 반해, 세네갈에서는 프랑스 시민권이 지역적으로 허가되었다. 1916년 조국 수호의 문제는 식민제국의 인적 자원들을 더 깊이 끌어오는 것을 전제한다. 프랑스 수뇌부는 식민 피지배자들의 군 모집을 위한 대대적 캠페인을 조직화하지만, 식민제국의 여러 곳에서는 이에 대한 많은 저항이 일어나게 된다. "에릭 드로는 다음의 사실 ─ 제국의 주체들에게 처우의 평등성을 제안하는 일이 매우 드문 일임 ─을 상기시키고 있다. 훈장 받은 이들과 부상당한 이들에게는 시민권의 획득과 승진, 감면 혜택, 연금과 취직 보장이 있었다. 그러나 현실에서는 실질적으로 그 어떠한 약속들도 전쟁 후에 실행되진 않는다." Éric Deroo, "Mourir: l'appel de l'Empire", Sandrine Lemaire et al., *Culture coloniale 1871~1931*, Paris: Autrement, 2003, pp. 107~117, p. 114.

[99] Charles Mangin, *La Force Noire*, p. 273.

있는 것이지, 이를 수호하는 자들에게 있는 것이 아니다. 왜냐하면 권리란 선거권 없이 죽을 의무만을 가질 이들의 곁에 있는 것이 아니기 때문이다. 이에 반해 국가는 모든 아이들, 인종의 구분 없는 입양아라 할지라도 국가 자신의 수호를 위해서라면 그들을 마음대로 징집할 권리를 갖는다.[100]

인종차별적인 논거에 따르자면, 프랑스 본국 바깥에서 군대를 대

---

100 Ibid., p. 350. 이 마지막 지점에서 필연적으로 모병제의 문제가 제기된다. 망장에게 있어, 이것은 항시 자발적이거나 혼합적인 것 ─자발적 모병과 강제적 징병의 혼합─ 이어야 한다. 강제 징병은 토착민의 수장과 지방 당국에 위임되는 일로서, 정해진 남성 할당량 ─예를 들자면, 무기를 휴대한 상태의 10분의 1을 제국에 제공할 의무─ 을 갖는다. 식민주의 권력에 의해 유지되는 허수아비 당국들은 모든 반대자들 또는 저항적 요소들을 유리하게 제거할 수 있다. 그러나 망장은 다음을 설득시키고자 한다. 신병 입장에서는 오히려 소총을 가질 수 있는 권리의 획득을 위해 싸운다는 것이다. 그리하여 그는 모집 캠프의 예를 제시한다. 후보자들이 쇄도할 경우, 프랑스 하사관은 선발전을 치른다. 이는 숯검정으로 말뚝을 칠하는 것과 말뚝 정상까지 오른 모든 후보자들을 모집하는 것에 해당한다. 다음을 볼 것. Ibid., p. 289. 반면, 질 망스롱이라는 역사가는 다음을 상기시키고 있다. 군 입대는 농경일과 도시노동에 해로운 결과들을 낳았을 뿐만 아니라 낮은 봉급의 일이었기에, 그 당시 자발적 군 입대는 아주 조금만 장려되던 일이었을 뿐이다. 그러하기에 프랑스 당국들은 직접적·간접적 징병제를 매우 빠르게 조직해야 했다. 1910년 전 세계적인 첫 번째 갈등 전야에 아돌프 메시미(Adolphe Messimy) ─식민지 부처 장관이자 1914년 전쟁 담당부처 장관─ 는 『르 마탱』(Le Matin)이라는 신문에서 다음과 같이 선언한다. "아프리카는 금더미와 수천 명의 군인은 물론 숱한 피를 우리에게 치르도록 하였다. 그러나 이제 아프리카는 사람들과 피를 이자와 함께 우리에게 되돌려 주어야만 한다." 이러한 확언은 망장의 책 출판에 영향을 받은 것이지만 납득이 쉽지 않다. 왜냐하면 매우 촉망받고 강인하며 전사적인 흑인 군대란 여전히 식민지적 환상에 불과하기 때문이다. "프랑스령 서부 아프리카인의 총독에게 보내는 1915년 편지에서, 코트 디브와르의 총독인 가브리엘 루이 앙굴방(Gabriel Louis Angoulvant)은 인간 사냥에 대해 언급한다. 징병제에 저항하는 이들은 다음과 같이 다양한 형태를 띠었는데, 젊은이들은 장애를 가진 이를 자기 대신 소개하거나 벽지로 도망가거나 스스로에게 자상을 입혔고, 대규모의 탈영과 신병들을 해방시키기 위해 야영지를 공격했다." Gilles Manceron, *Marianne et les colonies*, Paris: La Découverte, 2003, p. 210.

대적으로 일으키는 일이 항시 찬성의 대상이 되어 온 것은 아니다. 망장과 대립하는 다른 이데올로그들과 인류학자들, 군인들에 의하면, 아프리카 군대의 사용은 오히려 장애나 쇠퇴의 증거처럼 인식되어 왔던 것이다. 군사전술에 관한 일부 이론가들에 따르자면, 조국의 수호는 외국 군대[101]나 패배한 민족, 외국인 용병[102]에 의해 결코 위임될 수 없는 일로 정의된다. 다르게 말하자면, 그 구성부터가 동질적이지 않고 이질적인 군대들은 상부에서 죽으러 가라고 명령하는 외국의 위계질서보다는 자기 자신들의 생존을 항시 우선시할 것으로 보았기 때문이다.[103] 망장은 이에 대해 이렇게 답한다. 이러한 군대들은 보조적 힘에

---

101 징병제가 프랑스 본토에서 안착하기 어려울 적에, 징병제는 외국인 지원자들과 전쟁 프로페셔널들에 관한 것이었다. 1831년 프랑스에서는 외국인 군단이 만들어지기 전, 나폴레옹하에 거대한 외국인 군대들이 형성되기에 이른다. 다음 책을 볼 것. Walter Bruyere-Ostellis, *Histoire des mercenaires de 1789 à nos jours*, Paris: Tallandier, 2011.

102 "그러므로 나는 다음과 같이 말한다. 왕자가 자신의 국가를 방어하기 위해 사용하는 무기들이란 그가 소유한 것이거나 용병들, 외국 원조군들이거나 이것들의 혼합이다. 그러나 용병들과 외국 원조군들은 유용하지 않거나 위험하다. 용병으로 이뤄진 군대에 기초해 국가를 세운 이들은 결코 안정과 안전을 보장받지 못할 것이다. 왜냐하면 용병으로 이뤄진 군대는 단일성이 없으면서도 야심적이거나 규율적이지도 않고 충성스럽지도 않기 때문이다. 용병들은 그들의 친구들에게는 용감하지만 적들 앞에서는 비굴해질 것이다. 그들은 신에 대한 경외심도 없고, 인간에 대한 신뢰도 없다. 우리가 공격을 지연하는 한 실패도 지연될 것이다. 평화 속에서 우리는 그들에 의해 침략당할 것이며, 전쟁 속에서는 적들에 의해 침략당할 것이다." Machiavel, *Le Prince*, trans. Y. Lévy, ch. XII, Paris: GF, 1980, pp. 117~118.

103 마키아벨리는 교회에 의해 유지되는 이탈리아의 상태, 또는 무기에 대해서는 아무것도 모르는 시민들로 구성된 몇몇 종교들을 묘사하면서, 용병 군대의 태도 또한 묘사하고 있다. "용병들은 피로와 두려움을 면하고자 온갖 술책을 부렸다. 그들은 전투에서 스스로를 죽게 만들지 않을 것이며, 몸값 없이 스스로 포로가 되도록 내버려 둘 것이다. 그들은 밤에 도시들을 공격하지 않았으며, 도시에 있던 그들은 적들의 막사를 공격하지도 않았다. 그들은 군 주둔지 근처에서 성벽을 만들지도 참호를 만들지도 않았다. 그들은 겨울에도 종군하지 않았다." *Le Prince*, p. 121.

불과할 뿐이지 프랑스 군대의 총체를 구성하는 것이 결코 아니라고 말이다. 다시 말해, 식민 피지배자들의 전투들이란 단지 제국에 고용된 이들일 뿐이다. 외국인 용병의 신조로 "세계가 우리의 조국이다"[104]가 있다면, 식민지 군대의 신조로는 "제국은 우리의 무덤이다"가 있다.

　그렇다면 군대의 공정성은 과연 어떻게 보장될 수 있는가? 이처럼 공정성 확보의 어려움은 아프리카 군대의 수뇌부가 오랫동안 숙고해 온 문제의 핵심이기도 하다. 이에 대한 효과적인 해결책으로는 식민 피지배자들이 서로에 대한 인종차별을 강화해 나가도록 하는 것이다. 무엇보다도 망장은 우리는 항시 누군가의 야만인이라는 사실[105]을 강조한다. 또 다른 토착민들을 노예화하거나 제거하고자 할 때에,[106] 우리는 백인에 의해 이미 패배당한 다른 피지배 남성들로 구성된 군대를 사용해 오고 있다. 즉 프랑스 제국은 하나의 인종차별주의를 또 다른 인종차별주의로 강화해 온 것이다. 이는 비인정과 무시의 단계를 구축

---

104 Orbs patria nostra.

105 Charles Mangin, *La Force Noire*, p 323. 망장은 특별한 예시를 통해 자신의 언사를 설명하고자 한다. 독일인들은 프랑스인들에게 대항하고자, 갓 점령되거나 예속화된 지역들 또는 주민들로 구성된 이질적 군대를 사용하였다. 그러나 이 군대는 그 어떠한 문제도 일으키지 않았다. 1차 세계대전의 맥락 속에서, 몇 년 후에 "승리를 위해서라면, 바로 국민이 그들의 자원이라는 사실이 저격수들에 의해 확인되었다. 저격수는 특히 독일인들 ─ 우리가 대적하는 이들보다 더 야만적인 미개인들 ─ 을 낙인찍는 데에 있어 유용하다. 철조망 뒤로 독일 포로들을 감시하고 있는 저격수의 모습을 그린 유명한 엽서, 아이를 동반한 아버지에게 '너는 야만인을 보러 왔구나!⋯'라는 메시지를 전하는 유명한 엽서들이 있다". Éric Deroo, "Mourir: l'appel de l'Empire", p. 114.

106 1884년과 1895년 사이의 통킨(Tonkin)이라는 지역의 점령은 장교들과 하사관들을 제외하고는 인도차이나 저격수들로 구성된 1만 6000명의 군대에 의해 전적으로 이루어진 것이다. 뿐만 아니라, 1894년 마다가스카르 정복은 세네갈 저격수들에 의해 이루어졌다. 다호메이도 이와 마찬가지이다. 다음 책을 볼 것. Gilles Manceron, *Marianne et les colonies*, p. 155.

하는 억압적이며 감정적인 장치이다. 왜냐하면 프랑스 시민과 야만인 사이에는 제국주의 민병대, 토착민 군인들이 엄연히 존재하기 때문이다. 그러나 이들은 아직 프랑스 시민과 하나는 아니지만 그렇다고 프랑스 시민에게 완전히 타자도 아닌 이들이다.

자기방어, 국가의 방어

조국을 위해 죽기

군대의 합법적인 사용을 조정하는 일이란 만민법의 근대적 개념과도 매우 밀접하게 연결되어 있는 사안이다. 이는 본질적으로 폭력을 사용하는 일의 합법성과 불법성에 관한 논쟁, 이에 대한 이론적 원천처럼 여겨진다. 예전에는 어느 정도 한도 내에서의 정당방위가 민법과 공법, 국제법에 있어서 공통적인 원리처럼 여겨졌다. 국제법의 경우, 이것은 주로 국가들 간의 법률에 관한 것으로, 자신의 영토 또는 국가 간의 갈등이 일어날 경우 폭력을 합법적으로 사용하는 일에 관한 것이다.[1] 이론적 측면에서 보자면, 이러한 연속체는 그로티우스(Grotius)의 전쟁법과 평화법에 관한 논고에서 이미 표명된 바이기도 하다. 그

---

1 1945년 10월 24일의 유엔 헌장 51조를 볼 것. "유엔에 가입한 한 구성원이 무장공격의 대상이 되는 경우에, 세계 안전과 평화를 유지하기 위해 안전이사회가 필요한 조치를 취할 때까지, 현재의 유엔 헌장의 그 어떠한 조항도 개인적 또는 집단적 정당방위의 자연법을 침해하지는 않는다."

리고 이것은 자연법의 전통을 구성하는 저자들 모두와 그들과 동시대에 있는 이들에 의해 폭넓게 논의되어 온 것이라 할 수 있다. 키케로의 연장선에서 보자면, 그로티우스는 전쟁을 다음과 같이 정의한다. 전쟁은 힘의 경로를 통해, 그들 간의 분쟁을 제거하고자 하는 상태로 정의된다.[2] 그로티우스는 전쟁에 대한 이러한 정의법을 통해, 개인과 개인 간의 갈등으로 정의되는 사적 전쟁, 그리고 공적 전쟁, 나아가 이 둘의 혼합, 이 세 가지를 전쟁 개념에 포함시키고자 한다. 왜냐하면 이러한 정의법은 개인들에게는 물론 국가들에게도 자기 자신의 올바른 방어의 원칙을 적용하는 것을 허가하는 것이기 때문이다. 뿐만 아니라, 이것은 위협이 실질적인 것인가? 법정은 구성될 수 있는가? 보호해 주고 지켜 주는 주권적 권력이 약화되어 있는가? 라는 질문들을 통해, 폭력의 합법성 여부를 통제하게 만들기 때문이다. 그러나 올바른 방어의 원칙이란 개인들과 국가들 간의 불분명한 방식이 아니라, 개인으로부터 출발하여 국가로 나아가는 점진적인 방식을 통해 개념화될 수 있는 것이다. "전쟁 상황에서 권리가 존재한다면, 이는 소송의 정의에서 기인하는 것이라기보다는, 소송을 하는 이의 권리로부터 기인한다. 이러한 권리는 자연법의 하나처럼 정의될 뿐만 아니라, 개인들의 권리처럼 여겨진다. 우리는 이러한 권리들을 국가들에게 양도할 수 있다."[3]

---

2 Grotius, *De jure belli au pacis, libri tres*, 1625, trans. fr. Jean Barbeyrac, Amsterdam, 1724, rééd. Presses Universitaires de Caen, 1984, p. 98.

3 Catherine Larrère, "Grotius et la distinction entre gurre privée et guerre publique", ed. Ninon Grange, *Penser la guerre qu XVIIème siècle*, Saint-Denis: Presse universitaire de Vincennes, 2012, p. 84. 카트린 라레르는 리처드 턱의 분석을 따른다. Richard Tuck, *The Rights of War and Peace: Political Thought and the International*

그로티우스에 의해 문제 제기된 개인과 국가 간의 관계는 쌍방향적으로 작동하는 것이다. 이것은 주권적 주체를 마치 작은 국가와 같은 것으로 이해할 수 있게 해준다. 또한 이러한 관계는 무력을 합법적으로 사용하는 문제나, 정당한 전쟁에 대한 논쟁들 속에서 권리들의 문제적인 이전을 법적으로 인정하도록 한다.[4] 즉 우리는 갈등이 발생한 원인에 대한 문제로부터, 스스로를 방어하고자 하는 이의 인간적 존엄성과 인권의 문제로 넘어가게 되는 것이다. 누가 사법적 법인격에 관여하고 있는가를 정의 내리는 일부터, 누가 합법적으로 스스로를 방어할 권리를 가질 수 있는지, 또 누가 합법적으로 보호될 수 있는지를 정의 내리는 문제인 것이다. 이것은 자연법을 조정하는 상위 심급에게 그 권리를 위임하는 것에 대한 문제이기도 하다.

17세기와 18세기의 전환점에서, 우리는 개인들의 올바른 방어가 국가에 의한 정당방위의 권리 속에서 점진적으로 와해되는 것을 목도할 수 있다. 여기에서의 쟁점이란 폭력의 사적인 사용을 제한하는 일이며 무기를 휴대하고 폭력을 합법적으로 사용하는 개인들의 권리를 제한하는 데에 있다. 무기들은 신체적 온전성을 보호하기 위해 사용될 수도 있지만, 현재 공권력을 전복하기 위한 반란과 반역, 저항적·혁명적 에피소드라는 운동들에서도 사용될 수 있는 것이기 때문이다. 무장

War Order from Grotius to Kant, Oxford University Press, 1999.

4 카트린 라레르에게 있어 그로티우스가 변동을 실행하는 것이라면, 이는 법률적 관점에서의 올바른 전쟁이라는 재판적 개념과 거리를 두는 것을 통해, 전쟁 개념을 보다 더 잘 고안해 내기 위한 것이다. 여기에서 전쟁의 법률적 관점이란 합법적 전쟁을 말하며, 이는 법의 두 주체들, 즉 국가들 간에만 성립 가능한 것이다. Catherine Larrère, "Grotius et la distinction entre gurre privée et guerre publique", p. 92.

할 수 있는 권리 ─ 무술을 실행하고 무기를 휴대하거나 사용할 수 있는 권리 ─ 는 이론적으로도, 합법적으로도 조국을 수호하는 시민들의 참여를 기준으로 정의되어 왔었다.

국민 무장에 관한 문제는 역사적으로 두 가지 커다란 전통에 의해 채택되어 온 것이다. 앵글로색슨적인 첫 번째 전통에서 조국의 수호란 자기방어에 대한 자연법의 확장처럼 여겨지고, 유럽 대륙적, 특히 프랑스적인 두 번째 모델에서는 시민들이 갖고 있는 방어적 자원의 우연적이며 차등적 분배가 정당화된다. 이 모델에 의하면, 공통적인 것에 대한 방어에 참여하는 일은 국가 공동체에 소속되기 위한 실질적 조건처럼 구축되어졌다.

이러한 두 번째 정치적 전통에 의한다면, 조국의 방어는 자기방어를 대체하는 일이 된다. 프랑스 혁명의 전통에서 무기를 휴대할 수 있는 남성 국민, 그들에게 부과되어 온 권리란 공화국에서 무장한 몸을 구성해 오던 기획과 동떨어질 수 없는 것이다. 이러한 권리는 더 이상 귀족의 특권처럼 여겨지진 않는다. 왜냐하면 이는 시민의 의무이자 권리처럼 여겨지기 때문이다. 만약 우리가 무장할 수 있다면, 이는 자기 자신의 방어를 위한 것이 아닌, 조국의 수호를 위한 것이다. 사회계약의 핵심에서 국가적인 군사방어를 위해 스스로를 바친다는 것은 국가에 봉사한다는 것과 같다. 그리고 이는 방어적인 개인들을 시민 자격을 가진 이로 변환시키기 위한 가능성의 조건이다. 이로써 시민 민병대에 대한 첫 기획들은 국가적인 방어를 공적인 의무 ─ 시민들을 위하고, 시민들에 의해 실행되는 의무 ─ 로 만들어 버린다.

공화력 6년 2일, 1798년 7월 20일의 군사 징병에 관한 법안은 조국 수호에 대한 공화국적 개념이 무엇인가를 설명하고 있다.[5] 이 법안은 그 당시에 실효성을 발휘하고 있던 뽑기에 의한 군 모집의 실천과는 정반대의 것이었다. 어느 정도의 평등을 보장하는 것으로 간주되던 이러한 원리 ─ 뽑기에 의한 군 징집 ─는 사실상 폭넓게 타락해 있었다. 왜냐하면 우연히 지명된 이들 가운데에서 가장 부유한 이들의 경우, 조국의 깃발 아래 서는 일을 용병을 사는 행위를 통해 대체해 왔었기 때문이다. 이는 민간 시민에게 강제 징병보다는 자발적인 군 입대 원칙을 부과하는 것을 선호하면서도, 실질적으로는 명예를 돈으로 대체해 버리는 일과도 같은 것이었다. 여기에서 돈이란 새로운 자코뱅주의적 시민 질서의 근본 가치처럼 여겨지는 것이다. 병역의 의무에 관한 민주주의적 개념에도 불구하고, 신병을 지도하는 장교들로 구성된 군사적 위계는 여전히 그대로 유지되었다. 그런데 이러한 병역의무에 관한 민주주의적 개념은 "혁명을 위한 애국 군인"[6]의 정신을 대표하는 것으로 남아 있었다. 1795년에서 1799년까지 프랑스 혁명 정부에 의한 집정부(執政府)에 의해 최종적으로 채택된 법이 20세에서 25세 사이의 모든 프랑스 남자들을 의무적 강제 징병의 대상으로 조직함

---

5 1789년 제헌국회에 출마한 뒤부아-크랑세(Dubois-Crancé)에 의한 기획의 연속성 속에서, 이것은 장-바티스트 주르당(Jean-Baptiste Jourdan)에 의해 지탱되고 많은 부분 델브렐(Delbrel)에 의해 고안된다. 다음 논문을 볼 것. Philippe Catros, "'Tout français est soldat et se doit à la défense de la patrie'. Retour sur la naissance de la conscription militaire", *Annales historiques de la Révolution française*, n° 348, 2007, pp. 7~23(revues.org 사이트 마지막 검색일: 2017년 7월). 페이지는 온라인 버전의 페이지와 일치한다.

6 Ibid., p. 27.

으로써[7] 예전의 원리를 설령 복원한다 할지라도, 이는 시민권에 대한 군사적 개념을 재확인하는 것임에 틀림없다. "모든 프랑스 남성들은 군인이다. 그리고 그들은 조국 수호에 스스로를 헌신해야만 한다."[8] 그러나 이 텍스트는 이미 다음의 생각 — 만약 조국 수호가 의무라면, 이것은 또한 권리이기도 하다 — 을 저버리고 있었다. 왜냐하면 프랑스 혁명 기간 동안 표명되어 온 프랑스 남성의 시민권과 이것의 초석이 되는 원리란 방어의 의무와 방어의 권리를 한데 통합하고자 하는 것이었지만 이는 곧 포기되고 말았기 때문이다.[9] 프랑스 혁명이 일어난 지 1세기 후, 프랑스는 직업 군인과 시민 민병대 간의 어디 즈음에 있는 잡종적 해결책을 채택하기에 이르렀다. 이는 조국의 깃발 아래 부름을 받는, 남성이라는 성별을 가진 모든 프랑스인들이 온전히 프랑스인이 되기 위한 법이었던 것이다. 그리하여 군대는 사회적 통합의 장이 아닌, 사회적 계층과 성별, 인종에 의한 사회적 반목에 의해 가로질러진 제국주의적 시민 배양소가 되고 말았다.[10]

---

7 Ibid., p. 8.

8 1789년 9월 5일 법의 첫 번째 조항(19 fructidor An VI).

9 Annie Crepin, *Défendre la France: Les Français, la guerre et le service militaire de la guerre de Sept Ans à Verdun*, Rennes: Presse universitaire de Rennes, 2005, p. 37 과 그다음 페이지들.

10 1905년까지 몇몇 면제와 특권의 수는 계속해서 유지된다. 또한 병역의무기간이 3년 대신에 1년 또는 2년으로 축소된다. 이것은 가족 부양을 하기 위한 이들과 대학생들, 신학생들을 위한 것이다. 그러나 해결할 수 없는 긴장은 여전히 잔존한다. 시민군의 직업화 교육 — 60만 명의 입영된 남성들 — 은 군인 계급과 부르주아 계급의 아들들로 구성된 보수적 엘리트를 만들어 낸다. 이들은 학교와 인맥을 통해 계급 재생산의 물질적·이데올로기적 조건들을 강화하게 된다. 게다가 모든 군인들은 시민권 — 선거권과 피선거권 — 을 박탈당한다. 왜냐하면 그들은 1875년 11월 30일의 법과 1895년 12월 9일의 법에 따라, 군 징집 기간 동안 선거를 할 수도 선거에 출마할 수도 없기 때문이다. 이것

이처럼 병역의무를 모든 프랑스 남자들의 권리로 만드는 일은 다음과 같은 것이다. 이는 국민을 만들어 내는 일이자 시민-군인들의 공동체를 만들어 내는 수행적 행위와도 같다. 이는 조국에 봉사하는 모든 이들에게, 그들의 군사적 참여로부터 기인하는 민법적이며 민권적 권리들을 인정해 주는 일이다.[11] 그러나 조국 수호로 대체된 자기방어의 정치적 형태들은 그것의 순수한 형태 속에서 제대로 적용된 적은 없었다. 대혁명에 참여한 해방된 노예들,[12] 베르됭(Verdun)이라는

은 군 복무 기간 내내 장교들에게도 마찬가지이다. 그 어떠한 정치적 이익에도 무관심함과 동시에 숭고하며, 자연의 법들에 봉사하며 오직 프랑스만을 위하지만, 결코 특정 카스트 ─ 신분제 ─ 나 정당에는 봉사하지 않는 애국주의적 학교, 바로 이를 원하는 군대가 오히려 사회 속의 사회가 되고 폭력의 학교가 되어 버린 것이다. 다음 책을 볼 것. Madeleine Reberioux, Introduction à Jean Jaurès, *L'Armée nouvelle*, 1969, http://www.jaures.info/dossiers.php?val=65_1+armee+nouvelle+trois+introduction#reberioux(마지막 온라인 검색일: 2017년 7월).

11 1789년 12월 제헌국회에서, 비록 성과는 얻지 못했지만 법안을 제출한 뒤부아-크랑세는 다음과 같이 주장하고 있다. "나는 조국에 봉사하는 일이 모든 프랑스인들의 권리라고 바로 지금 말하고 있다. 이것은 곧 군인이라는 명예를 뜻하고 전 세계에서 가장 아름다운 헌법에 의한 직함이기도 하다." 마블리(Mably)라는 여성 시민 민병대들을 볼 것. 엄격히 말해서 방어의 권리란 그 빈도수가 매우 드문 것이다. 우리는 두 가지 반대되는 전통 속에서 이것을 발견할 수 있다. 하나는 귀족적 전통으로 이러한 방어의 권리를 시민들 사이에 구분되는 권리로 만드는 일이라면, 또 다른 하나는 자코뱅주의 전통으로 병역의무를 자유의 쟁취행위로 권장하는 일이다. 다음 논문을 볼 것, Philippe Catros, "'Tout français est soldat et se doit à la défense de la patrie'. Retour sur la naissance de la conscription militaire", p. 17.

12 로랑 뒤부아는 생도맹그섬에서 공화국 경찰서장을 맡고 있는 레제 펠리시테 송토낙스(Léger Félicité Sonthonax)의 발언을 상기시키고 있다. 송토낙스는 다음과 같이 선언한다. "만약 프랑스가 어떠한 무기도 없이, 어떠한 탄환도 없이 식민지를 포기하게 된다면 공화국의 깃발이 마지막으로 펄럭이게 될 구역이란 흑인 군대에 의해 지켜질 구역이 될 것이다…. 흑인들은 식민지에서 프랑스 혁명하에 가장 열렬한 공화당원들이며 나라를 지킬 수 있는 민중들이다." Laurent Dubois, "Citoyens et amis!' Esclavage, citoyenneté et République dans les Antilles françaises à l'époque révolutionnaire", *Annales, Histoire, Sciences sociales*, n° 2, 2003, p. 28.

프랑스 지방으로 보내진 세네갈 저격수들, 또는 수당을 받기 위해 인도차이나로 떠난 판자촌 아이들이 바로 그 예다. 왜냐하면 이러한 총알받이 역할을 한 이들이 프랑스 시민권에 속하는 국민적 몸에 속하진 않기 때문이다.[13] 가장 특권적인 이들 — 부르주아 계급의 백인 남성 — 에게, 자발적 군 징집 또는 가장 천박하고도 위험한 군사적 위치들을 면제시켜 주는 수단들은 사회적으로 항시 허용되어 왔다. 반면 국가에 의해 징집됨으로써 조국의 수호자가 될 권리는 시민 공동체의 특정 부분에 해당하는 여성들과 장애인들에게는 금지된 특권으로 남아 있다. 왜냐하면 조국 수호는 시민권의 공화국적 이상향들에 대한 찬양에 기초해 있는 것이기 때문이다. 그러하기에 시민권의 공화국적 이상향들이 공화국에서 실질적으로 일어나고 있는 지배관계와 실질적으로 양산되고 있는 2등 시민들을 완전히 은폐하기는 어렵다.

이러한 역설에도 불구하고, 또는 이러한 역설로 인하여, 우리는 다음 — 조국 수호에 참여할 의무 또는 권리가 몇몇 운동들 또는 소수화된 주체들, 특히 노예제 폐지론자 또는 페미니스트인 소수자들을 위한 많은 정치적 요구들을 역사적으로 왜 확정 지어 온 것인가 — 을 더

---

13 게다가 에릭 드로가 상기시키는 바에 의한다면, 프랑스 제국 출신 군대들이 1914년과 1918년 동안 전쟁 최전방에서 희생된 유일한 총알받이들은 아니었다는 점이다. 60만 명의 주체들이 입영되었고, 그중 43만 명은 각기 다른 전선으로 투입된 자발적 신병들 또는 해외에서 강제 징집된 신병들로 구성되어 있었다. 이러한 전쟁들에서의 패배란 프랑스 군인들의 전쟁에서의 패배 — 정원의 22퍼센트에서 24퍼센트 사이 — 와 같은 것이다. 적의 폭탄과 총알은 프랑스 식민 제국의 주체들로 구성된 전쟁에서 많은 이들을 살육시키는 요인이었을 뿐만이 아니라, 프랑스 북서부의 기후학적이며 위생적 조건들도 많은 이들을 죽게 만들었다. 이러한 지점들의 총체에 관해서는 다음 논문을 볼 것. Éric Deroo, "Mourir, l'Appel à l'Empire(1913~1918)", Sandrine Lemaire et al., *Culture coloniale 1871~1931*, Paris: Autrement, 2003, p. 167.

욱더 잘 이해할 수 있게 된다. 먼저 이러한 운동을 위한 전략으로는 강제 징집 거부가 있다. 사회적 위상을 온전히 누리고 있는 시민들에게는 정작 눈물과 피를 면제해 주지만, 온전한 사회적 위상을 누리고 있지 못하는 사회적 소수자들의 권리와 자유는 무참히 짓밟아 버리는 조국, 이를 위해 죽는 것을 거부하는 일이다. 또 다른 전략으로는 군대에 편입하는 것에 반대함과 동시에 사회적 권리를 요구하는 것이 있다. 이는 여전히 이 사회에서 엘리트라는 극소수를 위한 몇몇 특권들이 보존되고 있다는 사실을 보다 더 명확히 폭로하기 위한 것이다. 또한 이것은 사회적 소수자들의 실질적 시민권 획득을 위한 것이기도 하다. 이 두 가지 경우 모두, 시민적 이중 잣대 ─사회적으로 보편적 시민의 위상을 누리고 있지 않은 수동적 시민들을 죽음의 위협에 노출시키는 것─를 거부하는 데에 그 목적이 있다.

여성들이여, 무장하라!: 아마존의 전투들

공화국적 맥락에서 보자면 무기를 휴대할 권리는 시민권을 인정받기 위한 핵심 쟁점을 구성하는 것이다. 대혁명의 이상은 시민 영웅들의 성별화와 인종화를 제거하도록 장려했다. 바로 이러한 시도들에 의해 여성과 노예, 흑인 자유민을 짓누르던 금지들이 폭로된 것이다. 그러나 무기에 대한 접근권에 대한 쟁점들 중 하나가 사회적으로 보편적인 위상에서 열외된 이들을 능동적 시민권에 포함시키는 일이라면, 이것만이 이 사안의 유일한 쟁점을 구성하는 것은 결코 아니다. 왜냐하면 우리는 여기에서 사회적 투쟁을 위해 필연적이라 할 수 있는 전투적인 양성의 기회를 획득해 낼 수 있는 가능성 또한 엿볼 수 있기 때문이다.

이 지점에서 제기되는 문제란 다음과 같다. 조국을 지키는 의무를 갖지 않는다는 것은 곧 스스로를 지킬 권력을 갖지 못한다는 것과 같다. 뿐만 아니라, 이는 평등을 위해 지속되는 전쟁 속에서 무장해제된 상태로 머문다는 뜻이다. 이러한 용어들을 전도시킴으로써 우리는 군대에 편입한다는 것은 무기 통제권에 대한 접근권과 전투적 기술에 관한 지식 접근권을 허가받는 것이라고 말할 수 있다.

이러한 측면에서 우리는 이를 합법적 폭력의 독점이라고 말하기보다는, 전투성의 사회적 경영이라고 말할 수 있다. 이는 파올라 타베라는 페미니스트 인류학자에 의해 정의된 "재생산의 사회적 경영"이라는 개념 모델[14]을 바탕으로 만들어진 표현이다. 이는 무기들의 독점적 또는 법제적 사용법을 넘어, 무장 실천의 연속체에 관한 사고를 강조하기 위한 것이다. 이러한 무장 실천들은 사회적 경영의 대상이 되는데, 이는 사회적 계층과 인종, 특히 성별에 따라 차별을 두는 것이기 때문이다. 이에 관한 역사를 만드는 일은 매우 필수적인 일이다. 이러한 표현은 전투적 작업의 분업[15]과 이러한 작업들에 대한 성별적·인종적 분업을 보다 명확한 것으로 만든다. 어떠한 차별적 권력 기술에 의해, 몇몇 국민의 범주들이 방어적 자원들 또는 무기에의 접근권을 통제당해 왔는가? 이러한 전투적 작업의 분업에 저항하는 실천과 담론은 과연 무엇이 있었는가? 무장해제된 이들은 그들의 쟁투 속에서 어

---

14 다음 책을 볼 것. Paola Tabet, *La Grande Arnaque: Sexualité des femmes et échange économico-sexuel*, Paris: L'Harmattan, 2004.

15 재생산 노동의 성별 분업 모델에 관해 생각해 볼 것. 사회 계층이 전혀 다른 여성들의 몸에 강제적으로 이루어지는 기술들과 전략들을 다각화하고 다양화한다는 조건하에서만, 이러한 성별 분업 모델은 효과적인 것이 될 수 있다.

떠한 노선전환의 전술들을 발명해 내야만 했었는가? 또한 선험적으로 는 공격적이지 않은 사물들이지만 이것에 대한 위반적 사용은 그녀들 의 전투 속에서 어떻게 발명되어야만 했는가?[16]

프랑스 대혁명의 역사 속 표본적 예들이란 바로 여성들의 예라 할 수 있다. 여성은 혁명집회의 토론을 듣는 것마저 허가받아야 했다. 혁 명집회의 웅변가들이 보편적인 권리들의 한계에 대한 의견 교환을 하 는 동안, 여성들은 뜨개질을 하고 있었다. 뜨개질하는 여자라는 단어 에 의해 식별되는 활동이란 가족 내에서 평화로운 엄마의 활동을 의 미하며 이는 사회에서 긍정적인 것으로 여겨졌다. 그러나 공적인 장에 서 자리를 차지하고자, 집안 부엌의 아궁이 구석으로부터 벗어나 사회 를 향해 움직이게 되면, 그녀는 곧 부정적 직무를 가진 이로 돌변해 버 린다. 왜냐하면 남성들의 상상 속에서 바늘은 배신의 상징이기도 하기

---

16 이러한 의미에서, 나는 무기들과 도구들의 사용과 성별 분업에 관하여 더 정합적으로 보일 수 있는 파올라 타베의 다른 텍스트들을 참조점으로 두지는 않을 것이다. Paloa Tabet, "Les Mains, les outils, les armes", *L'Homme*, vol. 19, n° 3~4, 1979, pp. 5~61, 이것은 다음 저서에서 다시 다루어진다. Paloa Tabet, *La Construction sociale de l'inégalité des sexes: des outils et des corps*, Paris: L'Harmattan, 1998. 사실상 나는 여 기에서 끌로틸드 르바가 그에게 제기하는 비판을 덧붙일 것이다. Clotilde Lebas, "La violence des femmes, entre démesure et rupture", Coline Cardi and Geneviève Pruvost, *Penser la violence des femmes*, Paris: La Découverte, 2012, pp. 245~256. 르바는 파올라 타베가 용도상 무기처럼 쓰이는 도구의 사용에 관한 전술을 간과하고 있 음을 입증한다. "파올라 타베에게 있어 여성들이라는 피지배 계급에 대한 남성 계급의 지배, 그리고 이를 위한 수단이라 할 수 있는 무기들과 도구들의 성적인 분배에 관한 고 찰은 실패하고 만다. 왜냐하면 타베는 이 도구들의 물질적 분배에만 관심을 갖고 있기 때문이다. 그러나 무기와 도구들의 불평등 배분은 여성과 남성이라는 성적으로 분화된 체제의 영토들을 생산하고 강제하며 틀 지우는 일이다. 일상적 사물들을 사용하고 조작 하며 용도를 비껴가게 하는 여성들의 전술은 몸들의 이분화와 밀접하게 연계된 영토의 체제, 이를 뒤흔들 수 있다." Ibid., p. 252.

때문이다. 이것들은 언제든지 위험한 것으로 돌변할 수 있는 것이다. 바늘은 이름 없는 무기이자 잔인한 목적을 이루기 위한 탈선 작업의 수단이기도 하기 때문이다.[17]

도미니크 고디노라는 여성 역사학자는 1792년 여성들의 청원에서 무장의 문제를 여성들의 대중적 결집에서 주요한 쟁점으로 상기시키고 있다. 이러한 결집행위는 시민적 권리에 있어 수동적 시민과 능동적 시민 간의 구별을 폐지하기 위한 것이다.[18] 조국의 수호는 물론 자신들의 방어를 위해, 자연법의 이름으로 국민군 안에 포함되길 주장하는 수동적 시민들 가운데에서, 특히 혁명적 여성 시민들은[19] 최전방에 서 있는 이들이었다. 1792년 3월 6일 폴린느 레옹(Pauline Léon)이라는 여성시민대표단 수장은 입법 회의장 문 앞에서 319명의 여성들이 서명한 청원을 읽었다. 이 청원은 여성 국민군에 대한 조직화를 허가할 것을 요구하는 것이었다.[20] 이것이 바로 그 유명한 파리의 뜨개질

---

17 Dominique Godineau, *Citoyennes tricoteuses: Les femmes du peuple à Paris pendant la Révolution française*, Aix-en-Provence: Aliena, 1988, p. 14.
18 잘카인드 아워위츠라는 여성 혁명가는 다음 문장을 통해 명료하게 설명해 내고 있다. 이는 자유롭고도 소유주이며 가톨릭 신자이자 백인인 남성들, 그리고 계몽주의로부터 열외당한 여성들, 이 둘 사이에 존재하고 있는 구분선을 완벽하게 요약하고 있다. "자유와 평등의 나라에서 입법자임과 동시에 시민이기 위해서는 백인 페니스의 포피를 소유하기만 하면 충분하다." Zalkind Hourwitz, *Courrier de Paris*, 24 January 1791. 다음 책의 E. 바리카와 M. 로위가 쓴 서문에서 인용되었다. Zalkind Hourwitz, *Apologie des juifs, 1789*, Paris: Syllepse, 2002, p. 20.
19 대부분의 이들은 훗날 혁명적 공화당원의 여성시민클럽에서 발견될 것이다.
20 Dominique Godineau, *Citoyennes tricoteuses*, p. 119. 도미니크 고디노는 청원의 구체적 부분을 인용하고 있다. 여성 시민들은 자연법의 이름으로 스스로를 무장할 권리를 요구하고 있다. 이 권리는 자신의 삶과 자기 자신의 자유를 지키는 것에 대비할 수 있는 모든 이들이 갖고 있는 자연법의 권리인 것이다. 이것은 1791년 4월 27일 로베스피에르의 선언을 참조했다. "조국의 수호를 위해 무장한다는 것은 모든 시민들의 권리이다."

하는 여성들의 탄생인 것이다. 자연법적 권리를 주장하며 무장한 여성들, 바로 이러한 혁명적 여성들은 자연적 본성을 거스르는 자들이자 미친 여자들, 살인마들로 끊임없이 사회에서 재현된다. 정치적 청원으로 불리는 이러한 탄원행위는 자기방어에 관한 자연법에 대한 재확인이자 이를 보다 명확히 하기 위한 것이다. "애국적인 여성들은 모든 개인들의 권리 — 자신의 삶과 자유를 지키기 위해 대비할 권리 — 를 요구하고자 당신들 앞에 섰다. … 우리는 단지 우리 자신을 지킬 수 있기를 원한다. 당신 남성들은 우리의 요구를 감히 거부할 수 없다. 그리고 사회는 자연에 의해 부여된 이 권리를 우리로부터 결코 빼앗아 갈 수 없다. 형식적인 법의 선언만을 주장하지 않는 한, 이 권리는 여성들에게는 결코 실질적으로 적용된 적이 없었다. 그리고 여성들이 자기 자신을 방어할 권리를 얻지 못한 채 새끼 양들처럼 목이 잘리는 것을 내버려 두지 않는 한, 이 권리는 여성들에게서 결코 빼앗아 갈 수 없는 것이다."[21] 이 텍스트는 여성들의 무장할 권리 — 창, 검, 권총과 소총 — 를 주장할 뿐만 아니라, 퇴역 군인에 의해 무기사용과 조작법을 양성받을 권리 또한 주장하고 있다. 사실 파리의 여성들은 엄밀히 말

---

21 *Adresse individuelle à l'Assemblée Nationale, par des citoyennes de la capitale, le 6 mars 1792; imprimée par ordre de l'Assemblée Nationale.* 다음 책에서 인용되었다. Claude Guillon, *Notre patience est à bout: 1792~1793, les écrits des enragées*, Paris: Editions Imho, 2009, pp. 114~115. 클로드 기용은 자신의 주석서에서 다음을 상기시킨다. 청원하는 여성 시민들은 남성들에게 말을 걸면서, 그들을 시민들이 아닌 '남성분들'로 호명하고 있다. 왜냐하면 그들 — 남성들 — 은 자연적으로 선언된 권리들을 남성들을 위해서만 불공정하게 부여하고 있기 때문이다. 그리하여 화가 난 귀통-모르보(Guyton-Morveaux)라는 국회의장은 '여성분들'이라는 단호한 말로 그의 답신을 열게 된다. Ibid., p. 112.

해 파리여성군대에서 제외되어 있지는 않았다. 파리여성군은 다음을 고려해 두기도 했다. "60세 이상인 사람들과 장애인, 성직자, 과부, 큰 딸은 이 의무를 다할 책임은 있으나 이를 다른 이에 의해 대체하도록 할 수 있다."[22] 그런데 그러기 위해서는 세금을 내야만 한다. 여성들은 병역의무로부터 면제되는 것을 사회로부터 강요받는 데다가 수동적 시민이 되기를 사회로부터 강요받아 오고 있다. 다시 말해, 그녀들은 장애를 가진 애국자로서의 값을 계속 치르고 있던 것이다.

남성 국회의원들의 공격적이며 무시조, 조롱조의 반응들에는 그들이 여성들에 대해 갖는 의심쩍은 공포 또한 가미되어 있다. 이러한 공포는 여성들에 대한 지속적 경찰 감시를 두 배로 늘어나도록 만들었다. 이처럼 여성들의 무장은 정치적 의식화의 일환으로 여겨지지 않을 뿐더러, 프랑스 대혁명의 성취에 관한 철학적 쟁점을 구성하는 것으로도 결코 여겨지지 않아 왔다. 반면, 무장한 여성들은 그 자체로 위협을 상징하는 것으로만 여겨질 뿐이다. 1793년 5월 18일과 19일에 쓰인 경찰 보고서는 다음과 같은 이야기를 하고 있다. "두 성별을 위한 형제애적협회에 속한다고 스스로를 주장하고 있는 여성들은 자코뱅주의자들에게로 집단적으로 몰려간다. 이는 법정에서 남성들만이 누리고 있는 특권적 자리들을 혁명의회, 국민의회에 의해 제거할 것을 애국주의자 국회의원들에게 요구하기 위한 것이었다. 이 여성들의 대부분은 단검과 권총으로 비밀스럽게 무장한 상태였다. 우리는 첫 날부터 유혈

---

22 클로드 기용에 의해 인용된 1789년 7월 25일 성 프란시스코 수도회 구역의 규율. Ibid., p. 111.

사태를 우려하였을 뿐만 아니라, 젊은 남성 귀족들이 그녀들 사이에 성별을 숨긴 채 잠입해 있을 것을 우려하기도 했다. 즉 우리는 다음을 추정해 볼 수 있다. 애국주의의 베일을 쓴 악의를 가진 이들이 이러한 혁명적 여성 영웅들에게 봉기를 일으키게 하고 무장하길 부추겼다는 것을 추측해 볼 수 있는 것이다. 이것은 프랑스혁명의회, 국민의회를 해체시키기 위한 일이자 애국주의자들의 피를 흘리게 하기 위한 일이다."[23] 17세기와 18세기 전반에 걸쳐, 페미니스트들의 정치적 요구들과 여성운동들, 주로 대중적 여성 봉기는 사회적 성별의 괴물스러운 변질처럼 이해되어 왔다.[24] 특히 서민층 여성들은 성별 질서는 물론 사회질서를 위반하는 남성적인 여성들처럼 여겨졌다. 평등을 위한 모든 요구들이 남성화의 한 형태이자 변장행위이며 성별을 바꾸는 일이자 성별의 전도처럼 여겨진 것이었다.[25] 경찰 보고서에서는 여성들의 타율성이라는 아주 고루한 주제가 다시 나타나고 있다. 이것은 수천 번에 걸쳐 이미 쇠퇴해 버린 고대의 철학적인 인류학으로부터 기인한 재현물[26]이기도 하다. 이것은 정치적 질서 속에서 다음과 같은 생각에 의해 나타난다. 여성들은 악마에 들릴 수밖에 없으며 여성운동들은 다른 것에 의해 잠입된 것에 불과하다는 생각 말이다. 혁명적 여성 시민들은 반

---

23 Ibid., p. 122.

24 다음 책을 볼 것. Elsa Dorlin, *La Matrice de la race: La Généalogie sexuelle et colonie de la nation française*, Paris: La Découverte, 2006.

25 다음 책을 볼 것. Sylvie Steinberg, *La Confusion des sexes: Le travestissement de la Renaissance à la Révolution*, Paris: Fayard, 2001.

26 이것은 플라톤의 『티마이오스』에서 방황하는 자궁에 대한 고찰들에 의해 주제화된 재현물이라 할 수 있다. 다음 책을 볼 것. Elsa Dorlin, *La Matrice de la race*.

애국주의적이며 반혁명적인 흐름에 의해 선동당한 이들처럼 여겨진다. 더 최악인 것은 그녀들의 운동에는 빈틈이 많으며 여성들로 변장한 배신자들과 귀족들, 외국 스파이들에 의한 잠입 공작처럼 여성운동이 여겨진다는 점이다. 여기에서 배신자인 남성 귀족들은 여성스러운 이들이자 음모론자들로서, 혁명적인 남성성에 의해 거부되는 형상이기도 하다. 조국을 지킬 권리는 물론 프랑스 혁명과 자연의 권리들, 이성의 권리들을 요구함으로써, 여성들은 이질적이며 비밀스럽고도 조작적인 힘 놀이를 하는 이들처럼 생각된다. 이는 혁명의회를 뒤집어 엎기 위한 여성들의 속임수처럼 여겨지고 만다. 왜냐하면 자기 자신을 방어하는 여성들은 사회적으로 우스꽝스럽게 여겨질 뿐만 아니라, 그녀들이 군인인 체하는 일은 마치 젠체하려는 여자들이 박사 흉내를 내는 것과 같이 부적합한 일로 여겨지기 때문이다.

여성 시민의 권리를 인정하지 않으려는 완고한 남성 시민들 앞에서, 여성 청원자들이 사용한 수사학적 힘 중 하나는 여성과 남성 간의 성별적 차이가 상호보완적으로 작동할 수 있다는 관점에 방점을 찍는 것이다. 이는 여성 청원자들이 모든 사회적 부정의를 야기시킨다는 경멸조의 부담을 무화시키기 위한 것이다. 즉 혁명군 내에서 성적인 구분을 장려한다는 것은 다음을 논변하기 위한 것이다. 여성들이 조국의 내부를 지킬 수 있는 이들이라면, 그들의 형제들은 조국의 외부 국경을 지킬 수 있는 이들이라는 주장이 바로 그것이다.[27] 여성 시민들과

---

27 1793년 5월 13일 자연사 박물관 지부 앞에서 진행된 공화당원 여성시민클럽의 선언문. 클로드 기용에 의해 다음 책에서 인용되었다. Claude Guillon, *Notre patience est à bout*, p. 121. 1793년 5월 12일에 자코뱅 클럽에서 진행된 선언 역시 읽어 볼 것. Ibid., p.

조국 간의 환유적 관계에서, 조국의 온전성은 여성의 명예처럼 여겨진다. 이로써 조국 수호란 자연적으로 여성들에게 부과되는 일이 된다. 스스로를 방어하고 아이들을 보호하며 영토들과 자기 조국의 도시를 지킨다는 것은 자기방어에 관한 자연법, 이에 대한 유일하고도 동일한 표현이기 때문이다. 이로써 애국주의적으로 자기 자신을 방어한다는 것은 남성 군대의 군사적 의무에 필적하는 여성들의 의무처럼 여겨진다. 남성 군대는 위협적인 외국 군대에 맞서 조국의 외부 국경에 자리 잡고 있다면, 여성들은 후방에서 결집된 군대처럼 여겨진다. 이러한 여성 시민들은 그녀들이 가진 권리, 스스로를 지킬 수 있다는 권리의 이름으로 조국 수호도 할 수 있다는 주장을 펼친다. 여기에서 여성들이 가진 권리란 여성들의 신체적 온전성과 명예, 그녀들의 아이들과 거리, 상업과 빵, 생존 수단을 지킬 권리를 말한다.

폴린느 레옹이 청원을 낭독한 지 얼마 지나지 않은 어느 날, 테르완느 드 메리쿠르(Théroigne de Méricourt)라는 여성 혁명가는 1792년 3월 25일 미님므 지역-왕정 광장 구역의 형제애적협회 앞에서 프랑스 아마조네스들의 전투를 제창할 것을 자신의 연설을 통해 강력히 호소한다.[28] 그녀는 여성들에게 시민이 되기 위해서는 여성 시민으로

118.

28 아마조네스들의 전투들에 대한 참조와 인용행위들은 혁명공화당원 여성시민클럽에 의해 폭넓게 이루어진다. 예를 든다면, 1793년 5월 13일 자연사 박물관 지부 앞에서의 선언이 그것이다. "아마조네스 일동들은 교외로부터, 공장 작업장으로부터, 이 거대한 도시의 장터로부터 쏟아져 나오고 있다. 바로 여기에서, 진정한 여성 시민들이 살고 있었던 것이다. 부패의 체류지임에도 불구하고, 그녀들은 항시 순수한 풍습을 지켜 왔었고 그녀들만이 자유와 평등의 값어치를 느껴 왔던 것이다." 다음 책에서 인용되었다. Ibid., p. 120.

서 봉기할 것을 훈시하고 있다. 그녀는 다음을 선언한다. "여성들이여, 무장하라! 우리는 자연에 의해서도, 법에 의해서도 이러한 권리를 이미 가지고 있다. 우리가 남성들에 비해, 덕목적인 측면에서나 용기의 측면에서도 결코 열등하지 않음을 바로 그들에게 보여 주도록 하지. 우리 프랑스 여성들이 자신들의 권리들을 이미 알고 있다는 사실을 유럽에게 보여 주도록 하자. 우리가 18세기 계몽주의자들의 기대에 부응한다는 것을 유럽에게 보여 주도록 하자."[29] 테르완느 드 메리쿠르는 애국주의적 기세에 모든 것을 내건 것이다. 그녀는 여성들의 무장을 이성에 의한 법만이 아닌 자연에 의한 법, 이 두 법의 공정한 효과의 일환으로 만들고자 한다. 여기에서 이 두 가지 법들은 혁명적인 젊은 국민들을 지배하는 것이다. 이러한 관점에서 여성들에게 무장하기를 금지하거나 여성들이 용기와 힘을 통해 두각을 나타내는 것을 금지하는 이들은 그 누구든지 반혁명적인 이들로 간주될 수 있다. 그리고 자신들의 육체적 능력과 투쟁적 덕목에 대해 의심하는 여성들이야말로 그 누구보다도 이성에 의한 계몽주의적 힘들을 적극적으로 사용해야만 하는 이들이다. 왜냐하면 여성들에 의한 여성들의 무장이란 여성들의 권리임과 동시에 시민적 의무로서 정의되기 때문이다.

"프랑스 여성들이여, 나는 당신들에게 다음을 한 번 더 반복해 말하고자 한다. 우리는 우리의 운명에 부응하기 위해, 우리 스스로를 드높이도록 하자. 우리의 족쇄를 부수자. 부끄러운 무가치함으로부터 벗

---

29 Gallica라는 사이트에서 이 텍스트의 원문을 볼 수 있다. http://gallicia.bnf.fr/ ark:/12148/bpt6k56679c,r=th%C3%a9roigne%2ode%2om%C3%A9ricaourt?rk=643 78;o.

어날 시간이 여성들에게 이제 도래한 것이다. 남성들의 부정의와 오만, 무지가 여성들을 노예화된 상태로 오랫동안 묶어 두어 왔던 그 무가치함, 바로 이로부터 해방될 시간이다. … 그렇다면 왜 우리 여성 시민들이 남성들과 경쟁하지 않고자 할 것인가? 남성들, 그들만이 오직 영예의 권리들을 갖고 있다고 주장할 수 있는가? 아니다. 결코 그렇지 않다…. 우리 여성들 또한 시민적 영광을 누릴 자격이 있으며 자유를 위해 죽고자 하는 명예, 이를 열망하는 자들인 것이다. 이러한 자유는 남성들보다도 여성들에게 있어서 더 중요하다. 왜냐하면 전제 군주제의 결과들은 남성들보다는 여성들을 더 무겁게 짓누르는 것이기 때문이다."[30] 이 여성 혁명가의 연설 첫 번째 파트에서는 여성들의 무장과 국가적 명분이 밀접하게 연결되어 있다. 이 연설의 첫 번째 부분에서는 여성들의 전투들이 전제 군주제의 위협으로부터는 물론 다른 유럽 제국들의 위협 앞에서, 프랑스 공화국이 도무지 포기할 수 없는 실질적 도움을 주는 것임을 약속하고 있다. 그녀는 연설 두 번째 부분에서 여성들의 무장 해방 문제가 한 국가의 사안에만 국한되는 사안이 아님을 주장하고 있다. 이로써 이 문제는 국경을 뛰어넘는 보편적 명분으로 전환된다. 한번 무장하기 시작한 테르완느 드 메리쿠르는 더 이상 다음 사실들을 숨기려 들지 않는다. 여성들이야말로 남성들과 동등하게 경쟁해야 함은 물론, 여성들이 갖고 있는 소총은 여성과 남성 간의 평등에 반대하는 남성, 바로 그들에게로 겨누어질 수 있다는 사실을 말이다.

30 Ibid.

왜냐하면 조국을 위해 죽는다는 것은 자유로운 상태로 죽는다는 것, 또는 그렇게 되고자 하는 것을 뜻하기 때문이다. 즉 이는 자기 자신을 위해 죽는다는 것을 의미한다.

여성 시민군 또는 자본의 방어?

1911년에 시민 무장에 관한 현대 정치사상의 주요 텍스트들 중 하나인 『새로운 군대』[31]라는 저서가 발간된다. 장 조레스는 여기에서 사회주의 사상사에 대한 고전적 논쟁을 다시 제기하고 있다.[32] 군대에 의한 사회운동의 진압을 막고자 하는 것이 이 책의 주요한 목적 중 하나로 남아 있긴 하다. 하지만 이 책은 독일에 의한 위협 앞의 조국 수호에 대한 염려 또한 다루고 있다. 사실상 『새로운 군대』라는 이 저서는 애국주의자들과 반군국주의적인 평화주의 운동가들 간의 타협안이기도 하다. 애국주의 수호자들은 자유를 구속하는 지속적인 군대의 유지에 대해서는 비판적인 입장이다. 반면 평화주의 운동가들은 군사주의적 참여와 프롤레타리아적 참여 간에 깊은 모순이 존재함을 경고하는 입장이다.

독일에 맞서기 위한 두 가지 군사적인 전략은 프랑스 군대 참모부 안에서도 대립되는 사안으로서 프랑스 군대를 조직하기 위한 것이다. 즉 이것은 남성적이며 백인적인 시민정신에 관한 윤리적이며 정치적

---

31 Jean Jaures, *L'Armée nouvelle*, Paris: Jules Rouff et Cie, 1911.

32 1880년에 오귀스트 블랑키에 의해 출판된 소책자를 볼 것. Auguste Blanqui, *L'Armée esclave et opprimée*. 그리고 아우구스트 베벨(August Bebel)에 의해 스투트가르트 (Stuttgart)에서 1898년에 출판된 소책자를 볼 것.

인 두 가지 개념을 조직하는 일이기도 하다. 하나는 최첨단이자 실험적인 군대에 관한 것으로, 이미 준비된 자원을 소유하고 있는 매우 빠른 군대가 이에 해당한다. 또 다른 하나는 국경에 배치된 자들이자, 끊임없이 대체 가능할 뿐만 아니라 흔들리지 않는 남성 다수를 모집하는 일에 해당한다. 이 마지막 선택안은 식민지 군대의 장교들에 의해 강화된 생각이다. 식민지 군대의 장교들은 영토 식민화에 의해 수반된 뜻밖의 행운들 ─ 그 어떠한 반대급부도 없이 식민제국의 주체들, 즉 식민 지배를 받는 이들을 무한정 모집하는 것이 가능하다는 것 ─ 에 대해 찬양하고 있다.

그런데 이 두 가지 전략들은 프랑스 시민들의 모집과 징집의 형태뿐만 아니라, 그들의 도덕적·전투적 교육의 형태에 있어서도 실질적인 효과를 미치게 된다. 각각의 전략에 알맞은 국민 교육이란 야심과 공격성의 특성을 전제하는 전략들도 있지만 희생정신과 인내, 헌신을 전제하는 전략도 존재함을 장 조레스는 서술하고 있다.[33] 더군다나 이두 가지 전략들은 부분적으로는 질서 유지를 위한 정치들을 결정짓는 일이기도 하다. 특히 이 두 전략은 노동운동, 저항운동들은 물론 국민 일반을 군사와 경찰에 의해 통제하고 경영하는 일들을 결정짓는 것이기도 하다. 여기에서 군사적 문제란 프랑스 본국 시민들의 대규모 무장과 전투적 교육에 관한 쟁점을 중심으로 경찰 문제와 매우 밀접하게 연결되어 있는 것이다. 조레스적 관점에서, 국민들은 조국 수호를 위해 자신이 속한 계급의 이득도 넘어설 수 있는 이들이다. 그러나 다른

---

33 Jean Jaures, *L'Armée nouvelle*, p. 149.

이들에게 있어, 국민들이 이렇게 하는 것은 불가능한 일처럼 여겨진다. 그러하기에 그들은 엘리트들을 교육시키고 이들을 선별적으로 무장시키는 것을 사회적으로 인준해야 한다고 여긴다. 여기서 엘리트란 프랑스를 국제적으로 지키기 위해 군사적으로 준비된 이들을 뜻한다. 또한 그들은 자본의 수호를 위해 헌신하는 이들이자 국가적 영토에 관한 억압적 목적을 위해 사용될 수 있는 이들이다.

조레스에게 있어, 프랑스에서 제기되는 진정한 문제란 바로 다음과 같다. 프랑스의 수뇌부가 국가에 부과해야 할 전략에 있어서 명확한 문제 해결을 하지 못했다는 것이다. "나는 다음과 같은 절대적 신념을 갖고 있다. 진정한 공격과 진정한 방어, 이 둘 중 하나만을 선택한다는 것은 수뇌부로서는 결코 할 수 없는 일이라는 생각 말이다. 수뇌부는 융합적인 조합들, 이 두 가지 목적을 실행하기 위한 조합들을 선택한 것이다. 이는 전쟁에 관한 전반적 지휘를 위한 것이자 전쟁에 대한 집중과 군인 모집을 위한 것이다."[34] 공격적인 전쟁의 전략은 전쟁에 단련되어 있고 공격에 준비되어 있는 독일 군대 앞에서는 실패할 수밖에 없다. 그러나 프랑스 수뇌부는 클라우제비츠(Clausewitz)라는 프러시아 전쟁 이론가의 생각에 따라 이 전략을 포기하지는 않았다. 왜냐하면 이 전쟁 이론가는 적의 움직임에 자신의 움직임을 맞추지 말 것과 반응의 부정성, 즉 전략적 타율성은 피할 것을 권장하였기 때문이다. 다시 말해 "적들의 법칙을 그대로 따르지 말아야 한다"[35]는 것이다.

---

34 Ibid.
35 Ibid., p. 152.

그리하여 조레스는 전적으로 새로운 방어 모델을 제안하기에 이른다. 독일군의 공격에 대응하는 방식으로 프랑스 군대의 방어술을 사용하는 것, 이는 전적으로 다른 반응성을 유도하는 일이기 때문이다. 조레스는 프랑스 수뇌부의 고위간부인 질베르(Gilbert) 중대장과 같이, 자신도 클라우제비츠에 대한 가장 탁월한 주석가로 스스로를 생각한다. 여기에서 질베르 중대장은 프랑스의 전략을 재정의할 직무를 가진 자이다.[36] 질베르 중대장의 책 제목이 『프랑스의 방어』(*La Défense de la France*)라고 해서, 책 제목에 결코 속아 넘어가서는 안 된다. 왜냐하면 이 저서에서 그가 주장하고자 하는 바란, 제한된 상시 군대에 의해 실행된 공격술에 관한 것이기 때문이다. 조레스는 질베르를 직접적으로 겨냥하며 말하는데, 왜냐하면 질베르는 프랑스인들의 기질에 더욱 잘 맞춰져 있다고 소위 말해지는 직업 군대, 이것의 엘리트주의적 모델의 선구자이기 때문이다. 이러한 군대 모델은 국민들의 기질들에 대한 참조가 군인들에 대한 심리학을 통해 나타나게 된다는 생각에 입각해 있다. 또한 이는 공격술이 유발하는 환희·기쁨의 상태가 프랑스인들에게 더욱 적합한 것임을 주장하는 생각이기도 하다.

프랑스의 방어적 또는 공격적 전략에 관한 토론에서, 실질적으로 다루어져야 할 것은 바로 군사적 몸에 대한 개념 자체이다. 조레스가 제기한 비판의 가장 주요한 기여도 중 하나는 무장한 국민에 대한 프랑스 수뇌부의 불신을 지적했다는 데에 있다. 사실상 프랑스 수뇌부는 자격 없는 예비역에 의해 지탱되고 있는 군사 엘리트를 더 선호하

---

36 Ibid., pp. 154~163.

고 있었기 때문이다. 왜냐하면 설령 자격 없는 예비역이라 할지라도, 그들은 자신들의 전투적 경험과 무기들에 대한 지식을 사회적 갈등 상황에서도 국가나 부르주아 계급에 대항해 사용할 위험성이 없는 이들이었기 때문이다. 이러한 불신에도 불구하고, 프랑스 수뇌부는 무장한 국민들을 필요로 하지 않는다는 결론에는 정작 다다르진 못했다. 왜냐하면 수뇌부는 무장한 국민들을 수적으로 필요로 하지 않는 법도 알지 못했지만, 그렇다고 이를 조직화하는 법도 정작 알고 있진 못하기 때문이다.[37] 이것은 진정한 방어 전략의 구축을 군인 정신에게는 정작 막아 버리고 마는 모순에 해당하는 문제라고 할 수 있다.[38]

그러나 결국 조레스 역시 견딜 수 없는 모순 속에 놓이고 만다. 그는 무장한 국민[39]과 수비군을 가지고서, 방어술에만 엄격한 도구, 그리고 공격에 관한 외부 방침에 의해서는 사용될 수 없는 도구[40]를 창조해 내길 원했던 것이다. 국민을 무장시킨다는 것은 조국을 집단적으로 방어할 의무가 부과된 시민 군대의 구성 문제를 새롭게 제기하는 일이

---

37 Ibid., p. 163. "대부분의 엘리트 장교들에 의해, 새롭게 갱신된 프랑스 전술에 천재적인 영감을 주는 자로 평가되는 이는 과연 어떠한 결론에 도달할 것인가? 이러한 생각은 전쟁에 관한 고등 교육의 모든 세부사항들과 총체 속에서 발견될 수 있다. 무장한 국민은 투기장 안으로 내려가지는 않는다. 무장한 국민은 선발된 챔피언들의 전투에 참관하고자, 담을 친다. 무장한 국민은 공허한 박수로 그들을 단지 지지할 뿐이다. 그리고 질베르 중대장은 프랑스의 합법적인 국민들을 비극적 참사에 소환시킨 시간을 보낸 후, 이러한 생각에 도달하게 된다." Ibid.

38 조레스에게 있어, 이 주제에서 성공한 예란 스위스 군대이다. 스위스의 예비역 민병대들은 엘리트 민병대와 마찬가지로 매우 능동적인 역할을 맡는다. 예비역 민병대들은 상시적으로 소집 가능하며 능동적인 예비역이라 할 수 있다.

39 Jean Jaures, *L'Armée nouvelle*, p. 177.

40 Madeleine Reberiroux, Introduction à Jean Jaurès, *L'Armée nouvelle*.

다. 이러한 문제의식의 핵심에는 매우 중대한 여러 쟁점들이 깃들어 있다. 한편으로 이는 모순을 지속적으로 직면해야 하는 문제이기도 하다. 여기에서의 모순들이란 다음과 같다. 평화를 지키기 위해서는 무장해야 한다는 모순, 합법적 체제를 수호하기 위해서는 예외적 체제를 가동시켜야 한다는 모순, 비폭력을 지키기 위해서는 폭력적으로 억압해야 한다는 모순 등이다. 또 다른 한편으로는 국민군의 필요성에 대한 호소, 또는 국가군으로 여겨지는 국민을 무장시킬 것에 대한 호소란 정치적 경영의 문제만이 아니다. 이것은 경찰에 의한 사회운동에 대한 관리의 문제와도 매우 밀접하게 연결되어 있다. 실질적으로 시민 민병대를 직업군으로 대체하겠다는 것은 조레스의 좋은 의도들에도 불구하고 동지들을 적으로 돌리는 위험을 감수하겠다는 의미이다.

1911년에 출판된 보고서에서,[41] 로자 룩셈부르크는 다음의 난점들을 완벽히 분석해 내고 있다. 『새로운 군대』라는 저서는 프롤레타리아들을 훈련·양성시키는 것에 대한 난점이자 무장한 국민이라는 개념과 민병대 개념 사이의 근본적 차이를 야기하는 난점들을 제기한다. 여기에서 민병대는 독일 사회민주당에 의해 권장된 개념이기도 하다. 룩셈부르크의 관점에서, 조레스는 애국주의적 열정의 과도함을 저질렀다고 할 수 있다. 이러한 애국주의적 열정의 과도함은 법률에 대한

---

41 Rosa Luxembourg, "L'Armée nouvelle de Jean Jaurès", Leipziger Volkszeitung, 9 June 1911, trans. fr. Daniel Guérin, 1971. 페이지 없이 사회주의자 전투 사이트(la Bataille socialiste)에서의 온라인 열람. https://bataillesocialiste.wordpress.com/2008/05/30/larmee-nouvelle-de-jaures-lu-par-rosa-luxembourg/(마지막 온라인 검색일: 2017년 7월).

맹신과 경도의 결과[42]이기도 하다. 그러나 여기에서 법률적 맹신은 사회주의와는 양립 불가능한 것이다. 왜냐하면 사회주의란 법의 텍스트들이 갖는 힘에 대한 소시민적이고 고집스럽지만 민주주의적인, 그러나 광신적이지 않은 믿음을 뜻하는 것이기 때문이다.[43] 또한 조레스가 가진 애국주의적 열정의 과도함으로 인해, 프랑스의 호전적인 이익들에게는 물론 자본주의에 대해서까지 너무 큰 양보를 해버렸다는 사실 자체를 가릴 수는 없게 만든다. 이에 대한 증거로는 조레스의 방어적 전쟁에 대한 옹호를 들 수 있다. 조레스에게 있어, 오직 방어적 전쟁만이 유일하게 공정한 전쟁일 뿐만 아니라 독일 동지들에 대항하기 위한 프랑스 프롤레타리아들의 참여를 합법화할 수 있는 유일한 방법이기도 하다. 그러나 룩셈부르크에게 있어, 공격적 전쟁과 방어적 전쟁 간의 구별은 법률적 추상 개념에 불과할 뿐이다. 과연 누가 어떤 갈등을 방어적이라고 결정할 수 있는가? 그리고 국경을 더 잘 지키기 위해 약한 상대방을 공격하도록 밀고 나가는 유럽의 외교[44]에 대해서는 어떻게 생각하는가? 전쟁 중인 그 어느 국가도 자기 쪽에만 유리한 법을 갖고 있지는 않다. 왜냐하면 "현대의 전쟁들은 정의의 관점에서 평가되거나 방어와 공격의 문서에 대한 도표에 의해 평가되는 것이기 때문이다. … 이러한 복잡한 문제에 휘말려 들어가도록 하는 것과 이 문제에 영향을 받을 위험에 놓인다는 것은 거대한 자본주의 발전의 물질적 힘에 의한 것은 결코 아니다. 오히려 이것은 사회주의적 행동의 힘이라

---

42 Ibid.

43 Ibid.

44 Ibid.

고 할 수 있다".[45]

만약 조레스의 기여도가 사회주의자들에게 의해 전혀 좋게 받아들여지지 않거나 비웃음거리가 된다면, 이것은 노조활동의 평화주의적이며 무정부주의적 운동들로부터 기인한 반군국주의적 입장들과도 명확히 단절되는 일이다. 프랑스의 사회주의자들과 급진 사회당원들에 맞서서, 노동총동맹의 노조주의자들은 훨씬 더 일찍 애국주의적이며 군사적인 시스템에 대한 비판을 진행하였다. 이러한 비판은 조르주 이브토(Georges Yvetot)에 의해 1902년에 발표된 『군인의 새로운 교본』이라는 저서에서 주로 요약되어 나타난다.[46] 여기에서는 국제주의에 대한 주요한 문제가 함축적으로 다루어지고 있다. 군대와 조국 수호, 애국주의와 공권력의 민주화에 대한 토론들은 프롤레타리아들의 결집들과 투쟁들의 국제화에 대한 제한 문제로 귀결된다. 또한 이러한 토론들은 국가주의적·군사주의적인 쟁점들을 강조하기 위해, 자본주의적 생산 형태에 의해 발생되는 폭력들을 비가시화하는 문제로도 귀결된다. "몇몇 이들의 이득을 위하여, 스스로를 죽게 내버려 둔다는 것이 과연 조국을 방어하는 일인 것인가? 어떠한 것에 대한 방어만이 존재하는가? 방어를 구성하는 주요 조건은 공격인가? 누가 우리를 공격

---

45 Ibid. 로자 룩셈부르크는 사회주의자들에게 권리를 일임하길 권장하는 조레스를 비판하고 있다. 그리고 『새로운 군대』라는 저서를 마무리하는 법안에서 조레스에 의해 발전된 헌법적 봉기의 자살적 전략에 대해 언급한다. 그런데 로자 룩셈부르크에게 있어, "어떤 식으로든 법률적 문장들이 자본주의의 권력과 이득보다 더 우세하다는 환상에 몰두한다는 것. 이것은 프롤레타리아가 취할 수 있는 가장 해악적인 정책이다". Ibid.

46 조르주 이브토(1868~1942)는 프루동주의적 무정부주의자이자 1902년 노동총연맹(CGT) 부총장이자, 다음 소책자의 저자이기도 하다. *Nouveau Manuel du soldat: La patrie, l'armée, la guerre*, Fédération des Bourses du Travail, 1905(32pages).

하는가? 왜 우리를 공격하겠는가? 우리의 재산을 가지기 위해서? 그러나 우리는 그것을 갖고 있지 않다."[47] 『사회계약론』[48]과 『공산당 선언』을 주석하면서,[49] 이브토는 자본주의의 집행자인 군국주의라는 "폭력의 종교"[50]를 고발하고 있다. 군대는 겁에 질린 야만인들과 순응자들을 3년 동안 양산해 내기 때문이다.[51] "군인들은 장전된 소총과 총검을 가지고 노동파업 현장에 투입된다. 사장의 탐욕에 의해 일터에서 쫓겨난 노동자들이 있을 장소란 오직 거리뿐이라고 생각될 때에 바로 군인들이 그 거리를 질주하고 돌격하며 누비고 다니는 것이다. 군대가 그들의 소총만으로 자본가에게 도움을 주는 것은 아니다. 군인들은 노동파업현장에서 노동자들을 대체해 버리기도 한다. 그러나 서민의 아들들로 구성된 조국의 군대는 사장의 이득을 위해 일하는 이들과 대립해야만 한다… 그러나 실질적으로 군인은 외국 전쟁에 참여하기를 기다리면서 **사회적 전쟁**에, 특히, 그리고 여전히 이를 위해 사용되고 있다."[52] 군대가 민주화되긴 했지만, 이러한 민주화가 자본주의의 이득을 위해 엘리트들에 의해 조직된 군사적 억압에 대해 제대로 된 제동을

---

47 Georges Yvetot, *Nouveau Manuel du soldat*, p. 7.

48 "모든 이들에게 속해 있는 것이 몇몇 이들에 의해 탈취될 때에 군국주의가 탄생하며, 강제로라도 이를 보존하고자 결심할 때에 군국주의가 생겨나는 것이다." Ibid., p. 7.

49 "우리는 프롤레타리아이다. 즉 우리는 이 사회의 모든 짐과 슬픔을 오늘날 짊어진 이들인 것이다." Ibid., p. 9. 프롤레타리아들은 지켜야 할 어떠한 것도 없다. 이는 『공산당 선언』의 정의법과 중복되는 정의법이다.

50 Ibid., p. 8.

51 이브토는 예전의 교육 기간 또한 고발하고 있다. 왜냐하면 이 기간 동안 아이들을 위한 놀이들과 이야기들이란 어린아이들을 폭력에 적응시키기 위한 전쟁적 연출에 불과했던 것이기 때문이다.

52 Ibid., p. 9. 강조는 인용자의 것.

걸고 있지는 못하다. 오히려 정반대로 이것은 노동운동을 더욱더 잘 무너뜨리기 위한 것, 즉 형제들끼리 서로를 죽이는 싸움을 더욱더 촉진하는 데에 사용될 뿐이다. 서민이 군대 유니폼을 입자마자, 바로 이제 그들이 서민들을 배반하고 마는 것이다. "프롤레타리아-군인은 부자들과 힘 있는 이들을 방어하기 위해 양성된 서민들이다. 그들은 그들의 형제에 대항하고자 장비를 갖추고 무장한 서민들인 것이다."[53]

이브토의 반군국주의 관점은 반유대주의적 사회참여와도 연결되어 있다. 그는 혐오감을 불러일으키는 자료들을 모으는 것에 대해 전혀 주저하지 않는다. 그는 군대 소집된 이들을 타락시키는 실천들을 폭로하기 위해 지식인들과 보수주의 국회의원들, 민족주의자들, 반드레퓌스주의자들과 인종차별주의자들의 말 — 에두아르 드뤼몽 (Edouard Drumon), 샤를 드 프레시네(Charles de Freycinet), 쥘 들 라포스(Jules Delafosse), 프랑수아 코페(François Coppé)를 인용한다. 이것은 악행을 설파하는 학교[54]로 기능하고 있는 군대에 관한 관념을 보다 더 잘 수립하기 위한 것이다. 이러한 악행의 학교인 군대는 시민의 힘찬 힘들을 변질시키고 이를 뿌리 뽑기 위한 것이다. 병영 생활 — 알코올 중독의 삶이자 성 매수의 생활 — 을 마친 시골 청년들과 농촌의 아들들은 여성에 대한 존중을 모두 잃을 뿐만 아니라, 매독에 걸린 채로 집으로 돌아오게 된다. 그런데 여기에서 이브토는 다음

---

53 Ibid., p. 10.
54 아나톨 프랑스(Anatole France)를 참조하자면, 군대는 범죄 학교이다. 그는 다음 작가들의 선문집을 인용한다. 세네카, 에라스무스, 몽테뉴, 롱사르, 보쉬에, 라브뤼예르, 페늘롱, 루소, 볼테르, 지라르댕, 모파상….

과 같이 쓰고 있다. "다른 그 모든 것보다도 더 끔찍한 일은 식민지에서의 군국주의적 행동들이다."[55] 그는 어떠한 특별한 사건을 인용하진 않지만, 프랑스의 젊은 신입병사들을 위협하는 가혹행위들에 대한 대목으로 아주 빠르게 넘어가 버린다. 이러한 가혹행위들은 군사적 명령이나 질서에 복종하지 않았을 때에 일어나는 일들이다. 죄인의 양 엄지손가락을 꽉 죄는 고문 기구는 손가락들과 엄지손가락을 짓이기고 압박하기 위한 고문 기구이다. 입마개 또는 쇠로 만든 배 모양의 재갈, 배설물로 미리 더럽혀진 손수건으로 고정되어 있으며, 입을 가로지르도록 위치된 말뚝 또는 커다란 돌들도 있다. 두꺼비돌 고문이란 아치 모양으로 몸의 형상이 만들어지게 하기 위해, 등 뒤로 발과 손을 묶는 고문이다. 교정 감방이란 굶기고 발가벗겨진 채로 고립된 감방에 군인을 내던지는 고문이다. 발가벗겨진 군인의 다리를 옥죄는 철 고문도 있다. 무덤 고문이란 40센티미터 높이의 텐트 안에 발가벗겨진 채로, 줄에 묶인 군인이 낮에는 열기에, 밤에는 추위에 노출되게 하는 고문이다. 사냥 부대라는 고문은 맨발이거나 군화가 신겨져 있거나 그렇지 않은 상태에서 배낭을 멘 채로 부동자세로 있게 하거나 쇠진되도록 훈련을 강제하는 고문이다. "병영에서 보낸 3년은 깨어 있는 저항가들을 수동적인 야만인으로 만들어 버린다."[56]

이브토는 군인들에게 탈영 또는 깨어 있는 채로 남아 있길 호소한다. 그는 군인들에게 노조를 만들고 서민 대학에 참여하며 그들의 형

---

55 Ibid., p. 14.
56 Ibid., p. 16.

제들에게 총을 쏘지 말 것을 제안한다. "당신들의 형제들을 해하기 위해서 당신들을 감히 무장시키던 이들이 결국 두려움에 떨게 될 것이다. 왜냐하면 당신의 적이란 당신을 착취하고 억압하고 명령하고 속이는 이들이기 때문이다."[57] 이러한 관점에서, 애국주의는 쟁투를 국제화

---

[57] Ibid., p. 32. 우리는 다음에 유의할 수 있다. 특히 전체주의 동맹에 의한 공격 또는 질서 유지를 위한 공권력의 억압들, 바로 이에 대항하고자 프롤레타리아들이 투쟁 중이었던 것이다. 바로 이들을 보호하기 위한 목적으로 민병대 또는 저항적 임무를 가진 자기방어 그룹들을 제창하고자 하는 문제의식이 존재하였다. 이러한 문제의식이란 30년대 자기방어 그룹들과 대중의 자기방어 사이의 대안 속에서 확정된 것이다. 그러나 이러한 대안은 결국 엄격한 치안유지를 구성하는 일로 귀결된다. 또한 이것은 자기방어를 인터내셔널에 의해 권장된 대중적 프롤레타리아 전략과도 같이 이미 역사적으로 한물간 것으로 만드는 일이다. (인터내셔널이란 자본가들과 부르주아적 사회에 대항하기 위해 조직된 프롤레타리아 동맹을 뜻한다.) 한편으로 프랑스 공산주의 운동은 반군국주의적 경향을 띠기에, 자기방어 단체들의 형성에 관한 회의감이 존재하였다. 왜냐하면 이들은 자기방어 단체들도 준군사주의적인 속임수의 일환으로 여겼기 때문이다. 그러기에 이탈리아 전체주의 연맹을 상징하는 검은 유니폼에 대항하기 위한 자기방어의 유일한 유니폼이란 바로 다음과 같다. 이는 공장 노동자의 파란색 작업복이자 건물에서 일하는 이들의 작업조끼이며 가난한 농부와 농경 노동자의 낡고 짧은 코트 또는 두꺼운 빌로드이며 직원과 하급 공무원의 짧은 윗옷과 철도 노동자의 작업복이다." Jean Lagarde, "La lutte de masse antifasciste: Corrigeons les erreurs et renforçons l'activité dans notre travail d'autodéfense", *L'Humanité*, 28 March 1934. 인터내셔널은 자기방어 정책을 노동운동의 조직화를 위한 총체적 양태로 이해하는 입장을 취한다. 이러한 자기방어 정책은 억압적 역할을 강제로 부과받은 군인들과의 형제애적 우호관계를 허가한다. 다른 한편으로 프랑스 공산당 내에서 프롤레타리아의 무장 금지(Paul Vaillant-Couturier, "Qu'est-ce que l'armement du prolétariat?", *L'Humanité*, 28 January 1935)와 전체주의 연맹에 맞서는 당에 대한 필연적 보호의 문제들은 논쟁이 되는 용어들을 약간 변동시키도록 만든다. 극좌파인 국제노동자동맹프랑스지부는 징병에 언제나 준비되어 있는 투쟁의 조직화를 실행했다. 이는 마르소 피베르(Marceau Pivert)에 의해 주도된 것이자 혁명적 운동가들에 의해 고무된 운동이기도 하다. 다시 말해, 프랑스 공산당은 휘장에 의해 상징되고 있는 대중적 자기방어라는 공화당적 개념으로 돌아선 것이다. 이는 피베르주의자들이나 트로츠키주의자들, 치안기관의 구성에 의해 극좌파적으로 조직된 노동자 민병대에 의해 추월당하지 않기 위한 것이다. 그런데 만약 이러한 이들이 공식적으로 전체주의 연맹의 운동가들의 보호를 목적으로 한다면, 사실상 그들은 대적을 피하기 위해 고용된 것이자 시위참여자들은 물론 결집 자체를 틀 지우기 위한 것이다. 이는 경찰진압을 야기

하는 데에 있어서, 최악의 적이라 할 수 있다. 그리고 자신들의 국경을 지키기 위한 국민군이라는 개념은 자본주의에 기여하는 국가적 신화의 일환일 뿐이다.

서프러제트들의 주짓수: 육탄전과 반민족주의

현대의 자기방어에 관한 빛나는 역사 속에서 20세기 초 영국 서프러제트 운동은 준거점처럼 여겨진다. 이 운동의 특정 부분은 여전히 상징적인 것으로 남아 있다. 왜냐하면 이 운동은 법에 의탁하는 것을 거부했다는 점과 반민족주의였다는 점, 바로 이러한 이론적이며 정치적인 입장에 있어서도 상징적이기 때문이다. 어느 정도 한도 내에서, 이것은 현대 페미니스트 운동 지류를 판별해 내는 것이기도 하다. 여기에서 현대 페미니스트 운동 지류는 폭력으로의 이행을 다음과 같이 인식하고 있다. 여성들이 폭력으로 이행한다는 것은 여성을 억압하는 역사로부터 도출된 논리적 결과이자 여성들을 역사 속에서 소수자로 머물도록 만든 국가에 의한 구조적 억압으로부터 기인하는 논리적 도출물이다. 즉 폭력으로의 이행은 직접 행동을 위한 폭력이자 한 치의 타협도 없는 정치적 요구를 위한 폭력이다. 폭력으로의 이행은 여성들이

할 수 있는 시위 참여자들의 과잉적 범람행위들을 없애기 위한 것이다. 이러한 점에서, 다음을 참조하라. Georges Vidal, "Violence et politique dans la France des années 1930: Le cas de l'autodéfense communiste", *Revue historique*, n° 640, 2006/4, pp. 901~922; Philippe Burrin, "Poins levés et bras tendus: La contagion des symboles au temps du Front populaire", *Vingtième siècle*, n° 11/1986, pp. 5~20. 나는 바네사 코다씨오니(Vanessa Codaccioni)에게 감사를 표한다. 그는 이 지점에 관한 참고문헌에 있어서 도움을 주었다.

민법적·민권적 평등을 국가에 요구하는 일이 평화로운 방식으로 국가에게 결코 순순히 전달될 수 없다는 사실과 밀접하게 연결되어 있다. 왜냐하면 바로 국가가 사회적 불평등을 주요하게 제창해 낸 이이기 때문이다. 그리고 정부에게 정의를 요구하는 일은 소용없는 일이기도 하다. 왜냐하면 정부는 사회적 부정의를 제도화하는 첫 번째 심급이기 때문이다. 그러하기에 정부의 보호 아래 들어가려고 하는 것이야말로 커다란 환상이다. 정부는 시민들을 취약하게 만드는 장치들을 생산하고 이를 지지하는 것이기 때문이다. 그리고 우리 자신을 지키기 위해, 이를 국가에 전적으로 맡기는 일이야말로 매우 어리석은 일이라 할 수 있다. 바로 그 국가가 우리를 구타하는 이들을 무장시키는 이이기 때문이다. 여기서 이해해야 할 것은 혁명적이며 국제주의적인 공산주의와 무정부주의로부터 영향을 받은 서프러제트라는 페미니즘 그룹이 어떻게 이러한 정치적 사실을 실천하고 운동화했는가이다. 영국 페미니스트 운동 내에서 이러한 분석적 입장이 페미니스트 운동가들에 의해 어떻게 구체화될 수 있었는가를 이해해야 한다.

19세기 말 영국에서는 개인적 방어 기술이 부흥기를 맞게 된다. 이는 혼합된 여러 무술들로 이뤄진 신체적 실천들의 발명과 전파와도 연결되어 있다. 여러 무술들이 혼합된 신체적 실천들이란 총기 휴대가 엄격하게 통제·제한된 사회에서 실용적이고 효과적인 유럽의 전투 기술과 일본의 전투 기술, 이 둘이 결합된 것이다. 1890년대 동안, 에드워드 윌리엄 바턴-라이트(Edward William Barton-Wright)라는 영국 기술자[58]는 3년 동안 일본에 거주한다. 이 기간 동안 그는 지고로 카노 (Jigoro Kano) 학교에서 유도와 주짓수에 입문한다. 자기방어술에 열 광한 그는 바티수(Bartitsu)라고 이름 붙여진 자기만의 고유한 기술을 고안해 낸다. 1899년에 유럽으로 돌아온 그는 런던에 한 운동 클럽을 열었고 여러 명의 지도자들을 모셔 온다. 주짓수를 위해서는 사다카즈 우에니시(Sadakazu Uyenish)[59]와 유키오 타니(Yukio Tani)[60] 선생을 일본에서 모셔 오고, 지팡이를 가지고 하는 방어술을 위해서는 스위스 에서 피에르 비니(Pierre Vigny)[61] 선생을 모셔 온다. 바턴-라이트는 여 러 기술의 혼합을 통해, 실질적이고도 완전한 자기방어술의 하나로 바 티수를 만들고자 했다. 이 기술은 육탄전을 할 시에, 발과 손, 막대기들 을 모두 결합시킨 것이자 근접 거리 또는 원거리에서의 방어술과 공격 술을 모두 결합시킨 것이다.[62]

---

58 에드워드 윌리엄 바턴-라이트(1860~1951)는 인도에서 태어났으며 독일과 프랑스에서 학업을 수행하였다.

59 그는 주짓수에 관한 유명한 교본의 저자이다. *Text-Book of Ju-Jitsu*, 1905, Alcuin Classics, 2011; https://www.youtube.com/watch?v=eA;;e1wghSA(마지막 온라인 검 색일: 2017년 7월).

60 타니는 윌리엄 뱅키어(Wiliam Bankier)에 의해 조직된 뮤직홀의 공연에서 싸움꾼으로 고용된다. 윌리엄 뱅키어는 주짓수를 대중화하는 데 기여한다.

61 프랑스에서 에밀 앙드레(Emile André)는 다음 책을 출판하였다. Emile André, *100 façons de se défendre dans la rue avec armes*, Paris: Flammarion, 1905. 이 책에서 지팡이와 막대기를 갖고 하는 방어 기술들이 다시 제시되고 있다. 다음 사이트에서 열 람 가능하다. http://www.ffamhe.fr/collectionpalas/Emile_Andre_100_facon_de_se_ defendre_avec_armes.pdf(마지막 온라인 검색일: 2017년 7월).

62 다음 논문을 볼 것. Graham Noble, "An Introduction to E. W. Barton-Wright(1860~1951) and the Eclectic Art of Bartitsu", *Journal of Asian Martial Arts*, vol. 8/2, 1999, pp. 50~61. 1913년에 바티수는 아서 코넌 도일에 의해 대중화된다. 그는 모리아티 교수에 대항하기 위해 소설 『빈집의 모험』에서 바티수를 실행하는 셜록 홈즈

바티수 클럽은 처음부터 여성들에게 열려 있었다. 사다카즈 우에니시와 유키오 타니의 제자들 중에는 윌리엄 게러드(Wiliam Garrud)와 이디스 마거릿 섬서셋-게러드(Edith Margaret Somserset-Garrud)가 있었다.[63] 게러드 부부는 1908년에 사다카즈 우에니시의 도장을 이어받음으로써, 일본 자기방어술 학교를 런던에 열게 된다. 그리고 그들은 주짓수에서 영감을 받은 자기방어 기술에 관한 수업을 여성들에게는 물론 아이들에게도 개방한다. 이러한 선구자적 경험에서 놓치지 말아야 할 것은, 자기방어는 다층적인 폭력에 대항할 수 있는 매우 유용한 기술로 사용된다는 점이다. 다시 말해, 자기방어는 특히 여성들에게 전수되어야 하는 방어 기술 교육이라는 것이다. 공적 공간에서든 사적 공간에서든, 여성들이 그들의 공격자와 단둘이 남아 있는 상황일 때, 여성들에게 필요한 방어 기술에 대한 교육이 바로 자기방어이다. 그런데 매우 빠르게도 이러한 기술들은 이 기술의 적용자인 여성들에 의해 정치적 쟁투에 적합한 것으로 변용되기에 이른다. 왜냐하면 이 기술의 적용자들인 여성들은 여성들의 참정권 획득을 위한 운동에 참여하고 있었기 때문이다. 즉 자기방어 기술은 경찰들의 잔혹한 폭력으로부터 여성들을 방어하기 위해 주로 사용되었다.

게러드 부부는 여러 차례에 걸쳐 공적으로 시범을 보이기도 했다. 그리고 그들은 자기방어술이 여성과 남성이라는 성별 구분 없이 사용

를 연출하였다.

[63] 이디스 마거릿 윌리엄스(1872~1971)는 배스(Bath)라는 지역에서 태어났다. 그녀는 1893년 윌리엄 개러드와 결혼하고 나서 런던에 거주하게 된다. 왜냐하면 그녀의 남편이 도시의 여러 대학들에서 신체적 문화에 관한 훈련가로 있던 곳이 바로 런던이기 때문이다. 1899년에 그는 에드워드 윌리엄 바턴-라이트를 만난다.

가능한 기술임을 보여 주는 소규모 영화들[64]에 출연하기도 했다. 이러한 영화들은 자기방어술의 실효성과 손쉬운 접근성을 사람들에게 권장하기 위한 것이다. 페미니스트협회들은 무술 지도자들에게 자신들을 무술적으로 양성해 줄 것을 요청하기도 한다. 1909년 여성사회정치연맹(Women's Social and Political Union)의 창시자인 에멀라인 굴든-팽크허스트(Emmeline Goulden-Pankhurst)[65]는 회합 때에 윌리

---

64 「주짓수는 노상강도들을 무너뜨린다」(Jiu-Jitsu Downs The Footpads)라는 1907년 앨프 콜린스(Alf Collins)와 이디스 게러드에 의해 연출된 영화는 초기 무술 영화 중 하나이다. http://www.bartitsu.org/index.php/2014/07/jujitsu-downs-the-footpads/(마지막 온라인 검색일: 2017년 7월).

65 여성사회정치연합은 1903년에 설립되었으며 이는 여성들의 투표권과 평등을 지키기 위한 것이었다. 이것은 에멀라인 팽크허스트(1858~1928)에 의해 세워졌으며 팽크허스트의 세 딸들 —— 크리스타벨, 실비아, 아델라 —— 역시 최전방의 운동가들이었다. 여성사회정치연합에 의해 사용된 방법론의 급진성에 대해 비판하는 내부적 반발의 움직임이 있었을 때에, 실비아와 아델라는 여성사회정치연합을 결국 떠나게 된다. 첫 번째 대대적 캠페인의 실패 후, 1905년부터 여성사회정치연합은 "말보다는 행동을!"이라는 강령을 채택한다. 그리하여 여성사회정치연합은 직접 행동과 시민 불복종 —— 장소 점거와 국회의사당 창살에 쇠사슬로 몸 묶기, 공적 또는 사적 건물을 겨냥하는 테러들, 단식투쟁 —— 을 실행함으로써 페미니스트 운동의 행동 목록 자체를 뒤흔들어 놓는다. 이것은 참정권 또는 정치 정당을 위한 페미니스트협회들 대부분은 물론, 언론으로부터 심한 지탄을 불러일으키게 했다. 잔혹한 경찰 진압의 대상이 된 많은 수의 운동가들은 다치거나 체포되었으며 감금되었다. 그녀들은 자신들을 정치범으로 대우해 주길 요구하며 감옥에서 단식투쟁을 감행하였고 이때에 그녀들에게 강제로 음식을 먹이기도 했었다. 1909년 런던을 방문한 간디는 에멀라인 팽크허스트를 만났다. 간디는 이 만남이 있은 지 몇 달 후, 다음과 같이 선언한다. 여성사회정치연합에 의해 수호되고 있는 명분은 정의롭지만 그들의 행동은 비폭력 원리의 반대로 가고 있다고 말이다. 즉 그들의 행동들은 시민 불복종 —— 사티아그라하(Satyagraha, 산스크리트어로 진리의 포옹이라는 뜻)가 근간으로 하는 비폭력 원리와 반대로 가고 있다는 것이다. 전쟁 기간 동안, 여성사회정치연합은 전쟁의 노고에 여성들이 참여하도록 하기 위해 쟁투하기도 했다. 이러한 입장은 에멀라인 팽크허스트, 크리스타벨 팽크허스트와 아델라 팽크허스트, 실비아 팽크허스트 간에 있었던 매우 심각한 이견 생성을 인정하는 일이다. 공산당 인터내셔널에 참여한 공산주의 운동가인 실비아 팽크허스트는 반군국주의적 페미니즘을 옹호하지만, 부르주아적 대의 민주주의에 대해서는 비판을 가한다. 비록 그녀는 1921년에 레닌에 반

엄 게러드를 무술 시범자로 초청하지만, 결국 이디스 게러드가 그를 대신해 회합에 참석하게 된다. 여성사회정치연맹 회원들은 이 기술의 실효성에 대해 매우 깊은 인상을 받게 되는데, 왜냐하면 여성이 전투에서 이 정도 수준의 능력을 보여 줄 수 있다는 사실 때문이었다. 그리하여 여성사회정치연맹 회원들은 매우 빠르게 무술을 위한 아틀리에 ─실습소─를 설치하고 훈련들을 실시하고자 했다. 또한 이디스 게러드는 여성사회정치연맹의 주요한 인물이 되어 간다. 그리고 그녀는 1909년 말, 서프러제트를 위한 자기방어 클럽[66]을 런던의 켄싱턴(Kensington)이라는 구역에서 연다. 이곳에서는 노래와 조각, 그림 수업도 제공되었으며, 자기방어 아틀리에는 매주 화요일과 목요일 밤에 열렸다.[67] 자기방어는 실질적으로 완전한 기술이다. 왜냐하면 이것은 효과적이며 실용적인 전투 기술들의 세트이기 때문이다. 그러나 무엇

대한다는 이유로 공산당 인터내셔널에서 제명당하였지만 말이다. 그녀는 여성사회정치연합의 전략─여성 노동자들의 권리를 희생시키면서 참정권을 우선적으로 주장하는 것을 거부하기에 이른다. 여성사회정치연합은 1917년에 해산된다. 1918년에는 30세 이상의 여성에게 투표권을 인정하는 법이 채택된다. 10년 후에는 21세 때부터 여성들의 참정권이 취득될 수 있게 된다. 다음 책들을 볼 것. Emmeline Pankhurst, *My Own Story*, 1st ed., London: Eveleigh Nash, 1914, 2nd ed., Londre: Virago, 1979; Paula Bartley, *Emmeline Pankhurst*, London/New York: Routledge, 2002. 다음 논문도 볼 것. Katherine Connelly, "Sylvia Pankhurst, the First World War and the Struggle for Democracy", *Revue française de civilisation britannique*, XX-1, 2015, https://rfcb. revues.org/275?lang=fr(마지막 온라인 검색일: 2017년 7월).

66 이에 대한 개막식의 예고는 1909년 12월에 출간된 『여성을 위한 투표권』(*Votes for Women*) 신문에서 이루어졌다. 여성자유연맹(Women's Freedom League)의 운동가들은 여기에서 훈련받게 된다.

67 Elizabeth Crawford, *The Women's Suffrage Movement: A Reference Guide 1866~1928*, London: UCL Press, 2001, p. 240. 다음 책을 볼 것. Tony Wolf, ed. Kathryne Wolf, *Edith Garrud: The Suffragette Who Knew Jujutsu*, 2009.

보다도 자기방어는 새로운 자기실천을 창조하도록 하는 능력으로 작동한다는 점에서 완전한 기술이다. 이는 숱한 정치적·신체적 변화이자 가장 내밀한 변화이다. 여성들의 행동들을 방해하던 옷으로부터 여성들의 몸들을 해방시킴으로써, 여성들에게 신체적 움직임을 전개해 나가게 함으로써, 일상적이고 친근한 사물들 ── 우산, 머리핀, 브로치, 외투, 하이힐 ── 의 사용방식들을 비껴 나가게 변주함으로써, 근육들을 생기 있게 만듦으로써, 거주하며 살아가고 거리를 차지하며 움직이고 균형을 유지하는 몸을 훈련시킴으로써, 페미니스트적 자기방어는 세계와의 관계를 다르게 직조하게 할 뿐만 아니라, 다른 방식으로 존재하는 법을 제창하도록 한다. 페미니스트 활동가들은 스스로를 방어하는 법을 배워 나감으로써, 그녀들에게 고유한 신체 도식을 수정할 뿐만 아니라, 이를 새롭게 창조해 나간다. 이제 그녀들에게 고유한 신체 도식이란 현재 실행되고 있는 페미니스트적·정치적 의식화 과정에 융합되어 있는 것이다.

여성사회정치연맹을 위해, 게러드는 거트루드 하딩(Gertrude Harding)에 의해 지휘되던 기밀 업무를 실행하기에 이른다. 기밀 업무는 보디가드협회 또는 보디가드 여전사들로 불리는 30명의 훈련된 운동가들로 구성되어 있다. 이들은 회합이나 정치행동들을 할 적에, 운동가들을 보호하거나 운동가들의 구속을 막기 위한 이들이다.[68] 이에

---

68 1913년 단식 투쟁 중이었던 감금된 운동가들은 강제로 음식 투여를 당한다. 야만적으로 여겨지는 이러한 실행으로 인해, 정부는 분노에 찬 반대에 직면해야만 했다. 그리하여 정부는 고양이와 쥐 법(Cat and Mouse Act)이라는 것을 채택하기에 이른다. 이것은 수정된 법안으로 감금된 이들을 풀어 주었다가 그들이 힘을 어느 정도 회복하면 다시 그녀들을 잡아들이는 것이다. 이러한 맥락에서, 보디가드협회는 한시적으로 석방된 운동가들

서 보다 발전된 전략들이란 육탄전에 가까운 전투 기술들 ─ 공격을 받아쳐 넘기기, 암바 걸기, 적의 소극적 저항을 이용하기 등 ─ 과 교묘한 계략의 기술들 ─ 여성은 스스로를 방어하지 못한다는 성차별적 편견을 활용하는 것 ─ 을 뒤섞고 있다. 이것은 경찰들은 물론 남성 운동가들, 여성들의 정치적 명분에 적대적인 구경꾼들에게 대항하기 위한 것이다. 이러한 기술들은 기습 효과와 사회적 마비 효과를 노리는 것이자 자신들의 편견에 의해 경계심을 스스로 늦춘 적들을 우왕좌왕하게 만들고 방향상실하도록 만드는 것이다. 예를 든다면, 경찰들이 바지를 붙잡는 데 신경을 쏟도록 경찰들의 멜빵부터 자르기, 우산을 무기처럼 꺼내면서 경찰들 막기, 경찰이 말에 오를 때에 말 공격하기 등이 있다. 이러한 페미니스트들의 직접 행동들은 페미니스트적인 자기방어라는 진정한 전술로부터 기인한다. 이것은 정치적 목적과 물리적 훈련, 행동 계획과 후퇴 계획, 옷 사이에 무기 숨기기, 가장술, 변장술, 조력 네트워크, 비밀무기저장소, 후퇴 장소 등을 수반하는 것이다. 이를 통해 페미니스트의 직접 행동이 도시 게릴라전을 위해 매우 잘 고안된 전략임이 입증된다. 도시에서의 게릴라전 전략들은 직접 행동을 위한 전술을 사용할 뿐만 아니라, 이러한 전술들을 페미니스트적인 정치적 의식화의 매개로서 통합한 것이었다. 이러한 직접 행동들을 실행해 나가는 페미니스트 운동가들은 비록 폭탄을 던지진 않았지만 스스로가 인간 폭탄이 되었다.[69]

이 경찰에 의해 다시 잡히는 것을 막는 것을 목적으로 삼게 된다.
69 "또 다른 말로, 우리는 다음과 같은 것을 믿게 되길 바란다. 개인으로서 자신들을 위해 싸울 습관을 잃어버린 이들, 그들은 그들의 정당이 다수당이 되길 기다리며 그 모든 부

또 다른 말로 이야기해 보자면, 여성사회정치연맹 운동가들에게 있어, 자기방어란 참정권이라는 자신들의 명분을 지키기 위한 숱한 행동목록에서 선택된 하나의 자원에 불과한 것이 결코 아니었다. 왜냐하면 자기방어란 그녀들 자신을 위하여, 그녀들 자신에 의해서, 집단적으로 싸울 수 있게 되었음을 가능하게 해준 것이었기 때문이다. 또한 그녀들의 정치적 명분이 민족주의자에 의해 도구화되는 것을 막게 해준 것이기도 했다. 자기방어는 정치적 인정과 정치적 위상을 획득하기 위한 목적을 위한 수단이 아니다. 이미 자기방어는 그 어떠한 매개도, 그 어떠한 위임도 그 어떠한 재현도 거치지 않고서, 몸을 직접적으로 정치화하는 법이기 때문이다.

또 다른 페미니스트 운동이나 또 다른 페미니스트적 인물들이 설령 그 시대에 자기방어를 실행했었다 할지라도, 그중에서도 가장 두드러지는 여성사회정치연맹 운동가들의 본보기성은 바로 이디스 게러드가 현대 페미니스트 자기방어와 이에 대한 선언문의 가치를 지닌 것을 만들어 냈다는 점에 있다. 1910년 3월 4일에 발표된 텍스트 —『우

정의를 수용하고 만다. 이러한 개인들은 단지 투표소에서 그들의 표들을 쌓음으로써, 진정한 인간 폭탄으로 급변할 수 있다고 믿는 것이다." Voltairine De Cleyre, *De l'Action directe, 1912*, Paris: Editions du Sextant, 2010, p. 53. 볼테린느 드 클레르는 정치적 행동 ─정치적 대표성과 선거 제도 ─와 직접 행동을 구분하고 있다. 그리고 그는 직접 행동을 다음과 같이 정의 내린다. "자신의 삶에서 단 한 번이라도 저항의 권리를 갖는 것에 대해 생각한 모든 이들, 그것을 하려고 두 손으로 용기를 낸 모든 이들, 혼자서 또는 다른 이들과 함께 권리를 요구한 모든 이들, 바로 그들은 이미 직접 행동을 실천하였다." Ibid., p. 17. 직접 행동은 폭력적이거나 평화적인 것일 수 있다. 여기에서 평화로운 직접 행동인 경우, 이것은 정치적 행동이 야기하는 부정의에 대한 수용을 주입받는 것과는 아무런 상관이 없다. 그러기에 직접 행동은 항시 폭력적이다. 이는 "결코 삶은 복종하지 않는다"라는 사실을 표현한다는 점에서 항상 폭력적이다". Ibid., p. 57.

리가 살고 있는 세상: 자기방어!』(*The World We Live in: Self-Defense!*)
에서, 그녀는 페미니스트 자기방어에 관한 실용 철학을 잘 요약하고
있다. 비록 그녀는 여성과 남성 간의 신체적 힘에서 기인하는 불평등
을 인정하고 있긴 하지만, 주짓수에서 발전된 자기방어술이야말로 강
자들에 대항하는 약자들에게 있어, 엄청나게 실질적이며 효과적 기술
이라고 생각하고 있다. 만약 아시아 무술들이 전통적으로 공격자들의
힘을 오히려 그들 자신에게 불리한 것으로 만드는 것임과 동시에, 바
로 이를 이용하는 기술이라면, 여성들에게 있어 이러한 기술의 장려
란 평등을 실현하기 위한 기술이라는 점에서, 매우 정치적인 것이라
할 수 있다. 이디스 게러드에게 있어, 주짓수에서 영감을 받은 방어기
술들은 크게 세 가지 원리들에 입각해 있다. 움직임과 힘에서의 균형
감각, 계략과 기습 기술, 가격타 아끼기가 바로 그것들이다. 그녀는 회
피의 움직임과 공격자의 소극적 저항을 이용하는 법을 가르친다. 이것
은 적의 균형을 무너뜨리게 하고 공격을 피하게 하며, 적들을 바닥에
쓰러뜨리기 위한 것이다. 또한 기습 효과는 적의 소극적 저항을 오히
려 이용하는 것이다. 이것은 적의 소극적 저항을 엇나가게 하고 적에
게 그 어떠한 위험도 없이 다가가 적을 효과적으로 공략하고 조이며,
가격타를 날리기 위한 것이다. 즉 자기방어의 혼합물이란 방어와 공격
이라는 원리 안에 항상 거하고 있다. 가격타에 대해 엄밀히 말하자면,
여기서의 핵심어는 힘 아끼기이다. 공격자의 힘이나 체격, 기술이 어
떻든 간에, 몸에서 취약한 부분들 — 얼굴과 관절들, 기관들 — 은 동
일하기 때문이다. 이디스 게러드는 자기방어를 두 번째 본성처럼 깊게
체화된 기술로서 적극 권장·장려하고자 한다. 왜냐하면 이것 — 자기

방어 — 은 평등 획득을 위한 도구에 그치는 것이 아니라, 평등의 실행과 체화라는 지속적인 과정 자체이기 때문이다.

이러한 관점에서, 그녀의 가르침은 남성들에 의해 쓰여진 여성들을 위한 주짓수의 전통적 교본들이나 논고들과도 경계선을 긋는다. 여기에서 가장 유명한 것은 핸콕 어빙(Hancock Irving)[70]의 교본서인데, 여기에는 전투의 그 어떠한 기술도 소개되어 있지 않다. 이것은 여성들의 주짓수를 스웨덴 체조에 가까운 신체 활동 정도로 축소하고 있기 때문이다. 이 교본의 프랑스어 서문을 적은 라그랑주(Lagrange) 박사는 프랑스 사회에서 이를 가장 주요하게 장려했던 이이기도 하다. 이 교본의 가치는 주류적인 성별 규범성을 결코 문제시하지 않는 데에 있다. 라그랑주는 일본 여성들의 해부학적 신체성을 찬양하고 있다. 일본 여성들은 여성적 우아함의 규범들을 모두 지키면서, 신체적으로도 동양인 남성들과 동등하다는 것이다.[71] 이는 여성 스포츠에 관한 논쟁 속, 가장 전형적인 논거[72] 중 하나이다. 여성들에게 허용될 만한 신체활동이란 여성과 남성 간의 성적 차이가 기입된 몸 — 성별화된 몸을 모호하게 만드는 것으로 귀결되지 않아야 한다는 것이다. 1912년에 쓰여진 샤를 페르댁의 저서도 이와 마찬가지의 논지를 전개하고 있다.[73] 압

---

70 *Le Ji-jitsu et la femme: Entraînement physique au féminin*, Paris: Berger-Levrault, 1906. C.-A.-J. Pesseaud라는 중대장에 의해 번역된 것.

71 Ibid., 서문과 그 이후 페이지, 또한 p. 53을 볼 것.

72 이 문제에 관해서는 아나이스 보용(Anaïs Bohuon)의 작업물 전체를 볼 것. 나는 이 자료집으로 나를 이끌어 준 아나이스 보용에게 깊은 감사를 표한다.

73 Charles Pherdac, *Défendez-vous mesdames: Manuel de défense féminine*, Paris: Rueff, s. d.

자크(Abzac) 공작부인에 의해 쓰인 서문에서 품위의 규칙은 잘 표명되어 있으며, 이러한 품위의 규칙에 대한 끊임없는 상기를 통해 방어 기술이 갖는 위험성과 우려의 지점들이 상쇄될 수 있다는 것이다. "남성들이여, 안심하세요! 여성은 스스로를 방어하는 것을 배우면서도 남성들에게 헌신하는 일을 결코 거부하지 않을 겁니다."[74] 군사적 또는 스포츠적 훈련을 가르치는 남성 지도자들, 그들에 의해 여성들에게 전수된 자기방어란 주로 초보적이며 불완전한 기술들로 한정되어 있거나 너무 간략하게 설명되어 있거나 매우 체화하기 어려운 것으로만 제한되어 있었다. 그럼에도 불구하고 이러한 출판물은 육탄전의 공격 결과를 좌우하는 것이 더 이상 육체적 힘이 아니라는 것, 오히려 이를 좌우하는 것은 여성들을 붙잡아 두어 왔던 무지 자체이며, 이러한 무지의 첫 번째 희생자가 바로 여성들이라는 사실과 여성들이 스스로를 방어하는 것을 배울 수 있다는 점 등을 생각하도록 했다는 점에서는 가치가 있다. 여성들의 자기방어 입문 능력에 관한 토론이 열린다면, 이 시기에 작성된 논문들, 기사들 — 이것이 비판적인 것이든 비꼬는 것

---

74 이것은 미셸 브루스에 의해 인용된 것이다. Michel Brousse, *Les Racines du judo français: histoire d'une culture sportive*, Bordeaux: Presses universitaire de Bordeaux, pp. 280~281. 미셸 브루스는 유용하게도 다음을 상기시키고 있다. 주짓수와 유도를 실행하는 몇몇 프랑스 여성들은 그 당시에 경쟁 시합에 참여하는 것이 허가되었다. 그리하여 그녀들 중 몇몇은 검은 띠를 취득하기도 했었다. 1957년 연맹에서 이것을 결정적으로 없애기 전, 여성 남성 혼성 시합과 여성 챔피언십이 1955년 모로코에서 조직되기도 했다. 1957년은 여성들이 경쟁 시합에서 열외되었으며, 여성들이 검은 띠를 더 이상 취득 불가능하게 된 시기이다. 연방 의사들은 다음과 같이 주장한다. 여성들의 운동은 기술적 실행에서 뛰어나야 하며, 나아가 움직임의 기교와 부드러움만이 여성들의 성별에 적합한 것일 뿐만 아니라 여성들의 우아함을 유지하도록 한다는 것이다. Ibid., pp. 281~282.

이든 간에 ── 의 총체는 무술에 관한 그 당시의 실질적 열광들을 입증해 주고 있다. 왜냐하면 이것은 실질적인 현실에서의 권력관계를 무산시키는 것이기 때문이다.[75] 몇몇 출판물들은 여성들의 자기방어의 사회적 유용성을 더욱 명백하게 찬양하는데 이것은 여성들의 건강을 위한 이유 때문만이 아니라, 이것의 실질적인 방어 능력 때문이다.[76] 페미니스트 자기방어술과는 다르게, 여성적인 자기방어의 논고들과 교본들은 몸에 관한 또 다른 정책을 예증하고 있다. 전투적 기술, 무술의 실효성은 모순적 명령들에 의해 항시 무화되어 왔기 때문이다. 여성들은 신체에 관한 문화에 접근할 수 있어야 하며, 예방적인 자원들도 누릴 수 있어야 한다. 왜냐하면 이러한 것들은 여성들에게 건강을 유지하도록 만들 뿐만 아니라, 보호의 기술들을 배우도록 만들기 때문이다. 그러나 이 모든 것들은 반드시 여성이 여성으로 남아 있어야 한다는 조건, 궁극적으로는 무방비 상태의 몸으로 남아 있어야 한다는 조건하에서만 가능한 것이다.

미국이나 유럽에서 주짓수는 1920년대부터 『주짓수에 관한 비밀

---

75 다음 논문들을 볼 것. Willy, "Jiu-Jitsu féminin", *L'Auto* nº 1878, 6 December 1905; Michel Corday, "Le sport et la femme", *L'Auto* nº 2199, 23 October 1906.

76 "Le Jiu-Jutsu: comment une femme peut se défendre", *La Femme d'aujourd'hui*, July 1905. 이 글은 잘 예증된 논문 하나에 지면을 할애하고 있다. 3년 후 이것은 장-조제프 르노에 의해 작성되고 설명된 다음의 긴 자료에 실리게 된다. Jean-Joseph Renaud, "La défense féminine", *V.G.A.*, nº 533, 5 December 1908. 이것은 오데옹 마드므와젤 디디에(Odéon Mademoiselle Didier)라는 배우와 루지에-도르시에르(Rouzier-Dorcières)라는 유명한 결투 펜싱선수이자 스포츠 저널리스트에 의해 만들어진 것이다. 이것은 주짓수 실행 장면들을 연출하고 있다. 이것은 20세기 초의 무술들 간의 분쟁들 ── 그리스 로마로부터 영향 받은 싸움 기술들과 일본 무술들 간의 분쟁 ── 에서, 주짓수를 옹호하는 입장을 취한다.

스러운 책. 자기방어 완벽 강좌』(*The secret Book of Ju-jitsu: A Complete Course in Self-Defense*)의 출간과 함께, 실질적으로 열광적인 반응들을 얻게 되었다. 이 책은 A. C. 스미스(A. C. Smith) 중대장에 의해 쓰여진 것이다. 스미스 중대장은 1916년 일본에서 검은 띠를 딴 최초의 미국 시민이자 조지아주의 콜롬버스에 있는 베닝 캠프의 보병 학교에서 육탄전 기술을 가르치는 교관이기도 하다. 1942년에 윌리엄 E. 페어베른(Wiliam E. Fairbairn)은 여성들의 자기방어에 관한 두 가지 교본을 출판한다. 그중 하나가 『손대지 마!』(*Hands Off!*)[77]라는 책인데 이 책은 엄청난 성공을 누리게 된다. 이 저자는 군사 교관이기도 한데, 그는 영국 군대의 장교로 복무했고 2차 세계대전 동안 영국 첩보부로 가기 전, 상하이에서 폭동 진압 부대를 지휘하기도 했다.[78] 즉 페어베른이 고안한 자기방어 시스템이란 주로 식민지에서의 억압적이며 권위적인 군대문화로부터 나온 것이다. 주짓수 지도자들 곁에서 배운 자기방어술은 식민 피지배자들로부터 파생된 지식들이 식민 지배자들에 의해 포획되어 버린 표본적 사례이기도 하다. 그리하여 이는 식민 지배의 억압적인 틀 속에서 오히려 식민 피지배자들을 박해하기 위한 용도로 사용되기도 했었다. 이러한 과정들은 곧 본토에서 민간 사회로 전파되어 나갔다. 이것은 하위주체로부터 기인한 이국적이면서도 상대적으로

---

77 Wiliam Ewart Fairbairn, *Self Defense for Women and Girls*, London: Faber and Faber, 1942(48pages). 사실상 같은 해에 출간된 두 번째 저서는 첫 번째 저서를 수정한 버전이다. *Hands Off!: Self-Defense for Women*, New York/London: Appelton-Century Company(41pages).

78 윌리엄 이어트 페어베른(1885~1960). 전쟁 후에 그는 싱가포르에서 경찰 특별팀의 교관이 되었다.

폄하된 지식들로 여겨졌기에, 백인 여성들에게 가르쳐질 만한 것으로 고려되었다. 또한 이것은 서구 남성성에 대한 적응과 식민주의적 재해석에 의해 드러나고 개선된 예상 밖의 덕목들을 갖춘 새로운 지식이기도 하다.

윌리엄 페어베른은 20세기 육탄전에 관한 이론가 중 가장 위대한 이들 중 한 명이라 할 수 있다. 여성들이 자주 직면하는 몇몇 상황들에 대한 적합하고도 매우 효과적인 기술들에 관한 묘사가 그의 교본에서 발견된다. 협소한 장소 또는 복도에서, 첫 번째 데이트 약속에서, 대기실 등에서 일어나는 성추행의 시도들, 절도, 목조르기가 일어났을 때에 관한 기술들이다. 이러한 기술들이 발생시키는 실질적 효과란, 여성들이 처한 상황의 현실성에 입각한 고찰, 이를 수반할 때에만 비로소 보장될 수 있다. 여기에서 수반되어야 할 고찰이란 방어적 기술들의 실효성에 관한 고찰이자 자기방어의 원칙 자체에 대한 고찰이기도 하다. 그러나 이러한 고찰은 필연적으로 한계를 내포한다. 왜냐하면 과연 어느 관점으로부터 현실이 정의되는가의 문제가 존재하기 때문이다. 윌리엄 페어베른은 특공대 작전 경험을 바탕으로 전투적 지식을 도출해 낸다. 그는 주로 식민지에서의 질서 유지를 위한 틀 속에서, 자기방어 시스템을 구축해 낸 이다. '방어된 것'이라는 이름하에 대중화된 그의 지식은 여러 무술들의 혼합물인 육탄전 기술들에 근간해 있다. 또한 그는 칼을 가지고서 하는 공격술과 방어술의 전문가 중 한 명이자 특공대 칼의 발명가이기도 하다. 그런데 그의 방어 시스템의 원리들 중 하나가 땅 위에 쓰러뜨려지는 것을 어떻게든 피하는 데에 있으며, 땅에서 스스로를 방어해야만 하는 데에 있다. 이러한 측면에서,

이 방어 시스템은 성적으로 공격당할 수 있는 여성들이 처한 현실에는 덜 부합하는 것이라 할 수 있다. 이것은 스스로를 방어해야만 하는 여성들 또는 주류적인 성적 규범에 부적합한 다른 사회적 소수자 그룹들, 그들이 직면하는 대부분의 폭력들에 있어서는 훨씬 덜 현실적인 것으로 평가될 수 있다. 달리 말하자면, 이 방어 시스템은 이러한 사회적 소수자들에 의해 경험되는 폭력의 현실에서는 그리 적합하지 않은 것이다.

1차 세계대전은 페미니스트 운동들[79]뿐만 아니라, 페미니스트적 자기방어가 발전하는 것을 유럽사회에서 멈추게 만들었다.[80] 반면 2차 세계대전 동안 여성들의 자기방어술은 새로운 도약기를 맞이하게 된다. 강력한 프로파간다의 대상이 된 여성들은 전쟁을 위한 노고를 유지하기 위해 공장으로 대거 동원된다. 그녀들은 남자들처럼 일할 수 있는 용감하고도 강한 여성들로 사회에 의해 호명된다. 그러나 이러한 호명은 무방비 상태의 여성성이라는 주류적 규범과는 도무지 함께 갈 수 없는 것이다. 그러하기에 이 사회는 여성들에게 싸우는 법과 무례한 남성들의 주먹에 주먹으로 대응하는 법을 가르치는 공공 캠페인을 대대적으로 펼친다. 여기에서 무례하고도 불성실한 남성들이란 전

---

79 다음 책들과 논문을 볼 것. Françoise Thebaud, *Les Femmes au temps de la guerre de 14*, Paris: Stock, 1986; Laurent Kleiman, "Les Congrès féministes internationaux mille neuf cent", vol.7/1, 1989, pp. 71~86; Christine Bard, *Les Filles de Marianne. Histoire des féministes 1914~1940*, Paris: Fayard, 1995. 같은 시기 동안 미국에서의 영국 서프러제트 운동의 영향력에 대해서는 다음 논문을 볼 것. Sandra Adickes, "Sisters, Not Demons: The Influence of British Suffragists on the American Suffrage Movement", *Women's History Review*, vol. 11/4, 2002, pp. 675~690.

80 1925년부터 이디스 게러드는 교육을 멈추고 그녀의 도장도 문을 닫게 된다.

선에 소환되지 않은 이들이자 방치된 소녀들과 어머니들, 아내들의 취약성을 이용하고자 하는 이들을 말한다. 민족주의적 맥락이 강요됨에 따라, 자기방어와 여성들의 자긍심이란 사회에서 합법적인 것이 될 뿐만 아니라, 조국의 합일과 힘을 형상화할 수 있는 지속적으로 계승할 만한 가치로서의 위상마저 갖추게 된다. 리벳공 로지라는 이름과 더불어, "우리는 할 수 있다!"(We can do it!)라는 슬로건하에, 1980년대부터 수천 번이나 우회되고 매우 폭넓게 재확산된 이미지가 바로 이를 증명한다. 사실상 우리는 여기에서 두 가지의 서로 다른 시각적 요소들을 뒤섞고 있다.[81] 1942년 J. 하워드 밀레(J. Howard Millet)가 웨스팅 하우스 회사의 전쟁 생산 협력 위원회를 위해, "우리는 할 수 있다!"라는 오리지널 이미지를 만들었으며, 이는 여성 노동자를 재현하기 위한 것이었다. 이 이미지는 제럴딘 호프(Geraldine Hoff)라는 제철공장에 들어간 17세 젊은 여성을 모델로 하고 있다. 이미지 속 젊은 여성 노동자는 결단력에 가득 찬 눈빛으로 작업복을 입고 있으며, 빨간 반다나를 착용했으며 화장한 상태이다. 이와 동시에, 이미지 속 젊은 여성 노동자는 자신의 이두근을 자랑스럽게 드러내는 중이다. 사실상 이 벽보는 그 당시만 해도 지역적으로 매우 한정된 방식으로 확산되었다. 이는 여성 노동자들을 제철 공장에 동원하기 위한 것이자, 그녀들에게 보다 더 생산적이 되길 장려하기 위한 것으로 숱한 홍보물 시리즈들의 참조물에 불과한 것이었다. 리벳공 로지는 1943년 5월 『세터데이 이

---

81 다음 책을 볼 것. Maureen Honey, *Creating Rosie the Riveter: Class, Gender and Propaganda during World War II*, University of Massachusetts Press, 1984.

브닝 포스트』지에 실린 노먼 록웰(Norman Rockwell)의 작품이다. 이 작품은 히틀러의 『나의 투쟁』(Mein Kampf) 사본을 발로 짓밟고 있음과 동시에, 무릎 위에 대갈못 총을 놓아둔 채로 점심시간에 샌드위치를 먹고 있는 미국 여성 노동자를 재현하고 있다. 그녀는 앉아 있는 상태이며, 근육질인 데다가 빨강머리에 작업복을 입고 있다. 록웰은 자신의 모델인 메리 도일(Mary Doyle)이라는 열아홉 살짜리 전화기 공장 노동자에게 특정 포즈를 요구하였다. 여기에서 요구된 포즈란 1509년 식스틴 성당에서 미켈란젤로에 의해 그려진 예언자 이사야의 자세를 재생산하기 위한 것이었다.[82] 미국 여성들을 매우 문제적인 여성성의 유형[83]으로 연출하고 있는 이러한 애국주의적 도상은 스스로를 방

---

82 1980년대에 발견된 이 두 가지 포스터들의 공모관계가 현대적 페미니스트 아이콘을 만들어 내게 된 것이다. 이러한 재현물들은 전쟁 기간 동안 미국 애국주의의 상징으로 남아 있을 뿐만 아니라, 여성인권에 있어서 퇴행적인 효과를 나타내는 상징으로도 남아 있다. 왜냐하면 대부분의 여성들은 전쟁이 끝나자마자, 섬유공장 또는 그녀들의 집으로 되돌아갈 강요받아야 했거나, 그녀들의 노동자로서의 노하우는 물론 그녀들의 자기방어의 매뉴얼들도 잊도록 강요받아야 했기 때문이다. 새로운 전업주부에 대한 순종적이면서 타협적인 관점 아래, 인종차별적이며 가부장적인 생활방식의 이상향이 생산되었다. 그리고 이 —— 전업주의라는 이상향 —— 를 권장하기 위해, 1950년대는 더욱더 이러한 것들 —— 자기방어와 노동자로서의 노하우 —— 에 망각적인 시기가 되어 버렸다.

83 이러한 캠페인들의 시각적 요소는 처음 보기에는 매우 전복적인 것처럼 보인다. 그러하기에 이것은 1980년대, 특히 1990년대와 2000년대에 들어 몇몇 레즈비언과 퀴어, 페미니스트 지류들에 의해 폭넓게 재전유될 수 있었던 것이다. 여성들, 특히 용접공 여성 노동자이거나 여성 리벳공들, 또는 무기 공장에서 일한 여성들은 괴상한 연출에도 불구하고, 국가적 통합을 입증하는 것들이었다. 그녀들은 과도하게 남성화되어 있었는데, 이는 그녀들이 남성들의 부재에도 불구하고 조국을 가동시키는 자랑스럽고도 강인한 여성들임을 보여 주기 위한 것이었다. 이와 동시에, 매우 이성애규범적인 여성성의 몇몇 허식들은 여전히 잔존해 있었다. 이러한 허식들은 남성화된 여성성이라는 위반성이 특정 시간 동안에만 허용되는 매우 한시적 성격을 띤다는 점을 국가에게 안심시키기 위한 것이기도 했다.

어하는 법을 배워야만 한다는 필요성과 소녀와 여성들을 대상으로 하는 자기방어 매뉴얼의 필요성을 권고하는 출판물의 물결과도 같이 가는 것이다. 이처럼 여성들에게 자기방어를 장려하는 이유의 이면에는 젊고 근육질이며 근면한 여성성을 적절히 가치화하는 민족주의적이며 자본주의적 쟁점들이 도사리고 있음을 반드시 인식해야만 한다. 왜냐하면 노동자 여성성은 권장된 시간 동안 한시적으로만 규범적인 것이기 때문이다. 이러한 여성성의 규범은 언제든지 가정주부라는 부르주아적인 이상, 본질적으로 백인적인 이상에 의해, 매우 빠르게 대체될 수 있기 때문이다.

자기방어의 유언들

싸우면서 죽기: 바르샤바 게토의 봉기

점령자는 당신을 몰살하기 위한 2막으로 넘어갈 것이다.

제발 의식 없이 죽으러 가지는 말기를.

당신 스스로를 방어하라.

도끼든, 지렛대든 칼이든 무엇이든 집어 들어라

당신의 집에 바리케이드를 쳐라.

당신을 붙잡도록 그들을 그냥 내버려 두지는 말 것.

당신들이 싸울 때에만, 비로소 생존의 기회를 얻게 될 것이다.

제발 싸우기를![1]

---

1 Document des Archives Ringelblum, 426, Ring II/333/Mf/ZIH-802; USHMM-57. 이
자료들의 폴란드어 번역은 이안 자노비츠(Ian Zdanowicz)가 맡았다. 그에게 깊은 감사를
표한다. 이안 자노비츠는 나에게 이 자료들이 있다는 것을 알려 주었고 이를 번역해 주기
도 하였다. 또한 토미 케다르(Tommy Kedar)에게도 감사드린다. 그는 여러 소중한 출처들
에 관심을 갖게 해주었다.

바르샤바 게토(ghetto)의 지형학적 배치를 들여다보자면, 장소에 따라서는 1층 또는 2층 건물 높이에 이르는 담을 지으며, 이 담은 모든 게토를 포위하고 있다. 이러한 지형학적 배치는 담 내부에서 일어나는 일들을 은폐하기 위해 만들어졌다. "2층에서, 우리는 다른 쪽—회전목마와 사람들—을 볼 수 있었다. 그리고 우리는 음악소리도 들을 수 있었다. 우리는 아무도 모르게 사라져 버리는 것에 대해 매우 두려워하고 있었다. 우리의 존재는 물론 우리의 전투, 우리의 죽음을 그 누구도 알아차리지 못한 채 사라져 버릴 것에 대한 두려움 말이다. 왜냐하면 이 담은 너무도 두터워서 그 어떠한 소음도 이 담을 넘지 못할 것이기 때문이다."[2] 게토 안에서, 나치들은 지하실에 숨어 있는 이들을 찾아내고자 할 때에, 목소리의 음파를 감지해 내는 장치들을 사용한다. 이러한 감지 장치에 저항한다는 것은 곧 침묵한다는 것이다. 침묵은 끊임없는 추적에서 살아남기 위한 사활이 걸린 요구이기도 하다. 그리고 그것은 동시에 무우주론(無宇宙論)적인 죽음, 세계 바깥에서의 죽음의 성질을 띠는 것이기도 하다.[3]

구체적으로 게토에서 자기방어를 조직한다는 것은 무기를 축적함과 동시에 이를 잘 숨겼다가 모든 생존자들을 재무장시키는 데에 있

---

2 Hanna Krall, *Prendre le bon Dieu de vitesse*(interview with Marek Edelman), in Marek Edelman and Hanna Krall, *Mémoires du ghetto de Varsovie: un dirigeant de l'insurrection raconte*, préface de Pierre Vidal-Naquer, trans. du polonais et textes annexes de Pierre Li et Maryna Ochab, Paris: Editions du Scribe, 1983, p. 71.

3 나는 여기에서 한나 아렌트에 의해 발전된 무우주론(acosmisme)의 개념을 차용한다. Hannah Arendt, *Les Origines du totalisme*, 1951, III, *Le Système totalitaire*, trans. Jean-Loup Bourget, Robert Davreu and Patrick Lévy, revised by Hélène Frappat, Paris: Points, 2005.

다. 그리고 이는 폴란드인의 저항 조직망을 소집하기 위한 것이다. 즉 이는 게토 내부에 탄환들과 권총들, 수류탄을 들여오게 하기 위한 것이다.[4] 또한 매복을 조직함으로써 나치 친위대원으로 구성된 순찰대의 무기들과 유니폼을 회수하기 위한 것이기도 하다. 바로 이것은 폭발물들과 같은 수공업적인 무기들을 만들어 냄으로써, 바리케이드와 은신처, 터널, 벙커를 구축함으로써, 전투에 단련된 몸을 만들어 냄으로써[5] 가능한 것들이다. 사실상 우리는 게토를 전쟁터로 변모시켜야만 했다. 다시 말해, 죽음만을 기다리는 곳이 된 이 곳, 세계 바깥으로 밀려난 이 시공을 전투의 장으로 전환시켜야만 했다. 왜냐하면 이 게토는 지속적인 대량 검거로부터 살아남은 이가 오직 죽음만을 기다리던 곳이자 무방비 상태의 유령들에 불과했던 곳이기 때문이었다. 1942년 9월 메나헴 키르셴바움(Menachem Kirszenbaum)은 다음의 메시지를 게토 바깥에 있는 이들에게 전달하고자 했다. "우리는 독일에 전쟁을 선포한다. 이것은 지금까지 있어 왔던 그 어떤 전쟁포고 중에서도 가장 절망적인 것이 될 것이다. 왜냐하면 이것은 싸우면서 죽을 권리를 유태인

---

4 라르미아 크라조와(L'Armia Krajowa)는 나치 점령에 대항하는 폴란드인들의 저항을 위한 가장 큰 조직이다. 이 조직은 90개의 권총들과 함께 탄환들을 제공했으며 600개의 수류탄들과 15킬로그램의 플라스틱 폭탄들과 몇 개의 경기관총들을 제공했다. 폴란드 노동당은 10개의 소총들과 30개의 권총들을 제공하였다…. 적어도 우리는 폴란드 저항군에 의해 제공된 도움이 최소한이었다는 점과 유태인 투사들이 비극적으로 고립되어 있었다는 점을 말할 수 있다. Henri Minczeles, *Histoire générale du Bund: Un mouvement révolutionnaire juif*, Paris: Denoël, 1995, p. 339.

5 Oneg Shabbath라는 자료는 다음 책에서 인용되고 있다. Yisrael Gutman, *The Jews of Warsaw, 1939~1943: Ghetto, Underground, Revolt*, Bloomington: Indiana University Press, 1989, pp. 349~350.

들이 과연 획득할 수 있는가를 보기 위한 것이기 때문이다."[6] 이제부터 폴란드 헌병들, 나치 친위대들과 그들의 동맹군들은 게토 안에 들어오게 될 때마다 두려움을 떠안아야 할 것이다. 이제부터 그들은 자신들의 삶 역시 위험에 처해질 수 있음을 자각해야만 할 것이다. 그들이 마주치는 여자, 남자, 어린이라는 살아 있으면서 이미 죽은 자들이 바로 무기를 가진 잠재적 저항군임을 인식해야만 할 것이다.[7] 이러한 관점에서, 자기방어에의 호소는 물론 전장과 전쟁, 무장 봉기의 용어들은 유령에 불과했던 이들, 오직 죽음만을 기다리던 이들을 재인간화하는 과정으로서의 성격을 띠게 된다. 이것은 게토 안의 삶들에 대한 오마주이기도 하다. 생존자들이 스스로를 극적으로 전환하여 선택한 폭력이란, 침울한 장례식의 기도문과도 같다. 왜냐하면 그 어느 누구도 이러한 폭력적 전환이 비극적 연출임과 동시에, 전쟁에 대한 패러디라는 것을 의심하지 않을 것이기 때문이다. 전투에 임하는 자들은 그 어떠한 생존의 기회도 갖지 못할 것이다. 왜냐하면 게토 안의 사람들과 그들을 감금한 이들 간의 엄청난 힘의 불균형은 이미 도를 넘었기 때문이다. 그럼에도 불구하고 그들은 이 싸움이 마치 결말이 정해져 있지 않은 전투인 것처럼 행동함으로써, 그들의 죽음을 그저 수동적으로 수용하는 것을 막고자 한다. 그리하여 이러한 죽음이 도래시키는 그 깊은 허무의 심연을 피하고자 하는 것이다.[8]

---

6 이것은 다음 책에 의해 인용되었다. Henri Minczeles, *Histoire générale du Bund: Un mouvement révolutionnaire juif*, p. 339.

7 다음 책을 볼 것. Yisrael Gutman, *The Jews of Warsaw, 1939~1943*, pp. 315~316.

8 하홀 L. 아인호나에 의해 인용된 『ZOB의 투사들, 히르쉬 베르린스키(Hirsch Berlinski)의 일기』를 볼 것. Rachel L. Einwohner, "Availability, Proximity, and Identity in

1942년 10월 말, 여러 모임에 의해 게토 안의 적극적 저항들을 조직하는 구성원들이 결집되기에 이른다. 전투를 위해 구성된 유태인 조직은 바르샤바 게토의 방어를 조직하기 위한 것이다.[9] 1943년 1월, 이 구성원들은 게토 안에 전단지를 게시한다. "우리는 인간으로서 죽을 준비가 되어 있다."[10] 이러한 가장 비극적인 상황에서, 인간 존엄의 문제란 손에 무기를 든 채 죽을 것에 대한 호소로서 표현된다. 왜냐하면 싸운다는 것, 어쩌면 생존한다는 것은 죽음에 대항하는 선구자들이 된다는 의미이기 때문이다.

봉기와 저항, 반격[11]에 참여한 게토의 투사들과 거주자들의 이야기들, 연설문에는 두 가지 다른 어휘들이 밀접하게 얽힌 채 존재하고 있다. 이것은 선포된 갈등에 대한 것이자, 자기 자신의 방어에 관한 것이다. 이는 자기 자신의 죽음을 선택하는 것에 대한 수호행위이자 자신의 인간다움에 대한 수호행위인 것이다. 그리고 이는 이미 형이 선고되어진 자기 자신에 대한 방어이다. 나아가 이것은 전투의 폭발에 항시 내재해 있는 삶의 원리에 대한 방어이기도 하다.

"이것은 항시 죽는 것에 관한 문제였다. 이것은 결코 사는 것에 대

the Warsaw Ghetto Uprising: Adding a Sociological Lens to Studies of Jewish Resistance", Judith M. Gerson and Diane L. Wolf, *Sociology Confronts the Holocaust*, Durham, London: Duke University Press, 2007, p. 286.

9 다음 책을 볼 것. Yisrael Gutman, *The Jews of Warsaw, 1939~1943*, p. 287. 또 다른 군대 조직이 만들어지는데 이것은 유태인 군사 연맹(Zydowski Zwiazek Wojskowy, ZZW)이다.

10 Ibid., p. 305.

11 우리는 저항군이면서 시인인 블라디슬로 슬랭겔의 텍스트를 읽어 볼 수 있다. Wladyslaw Szlengel, "Contre-Attaque" I et II, *Ce que je lisais aux morts*, Paris: CIRCE Editions, 2017. 이 책에서 처음으로 이 텍스트가 프랑스어로 번역되었다.

한 문제가 아니었다. 그렇다면 우리는 과연 이것을 비극으로 부를 수 있는가? 왜냐하면 비극은 항시 선택을 함축하기 때문이다. 어떠한 것이 너에게 달려 있어야 한다는 것으로부터 비극이 탄생하기 때문이다."[12] 그러나 더 이상 이 선택이 자기 자신의 생존에 관한 것이 아닐 때에, 이러한 선택을 복원하기 위한 가능성의 조건들이란 과연 무엇이란 말인가? 비록 우리가 이러한 조건들 속에서도 선택의 문제를 상기시키고 있다고 가정할지라도, 이것은 더 이상 삶과 죽음 사이의 선택이 아니다. 이것은 단지 죽음의 유형들에 대한 선택일 뿐이다. 또한 이것은 윤리적 입장을 구성하는 일이자, 삶에 대한 가치를 수호한다는 의미이다. 여기에서 자기 자신의 죽음을 선택한다는 것은 몰살당한다는 의미라기보다는 싸우면서 죽는다는 것을 뜻한다. 전투를 위한 유태인 조직의 구성과 이를 권장하기 위한 공산주의 그룹들과 유태인 민족주의 그룹 간의 기나긴 협의를 상기시키면서, 마레크 에델만(Marek Edelman)은 다음과 같이 적고 있다. "대부분의 사람들은 봉기에 찬성했다. 왜냐하면 인간 존엄의 측면에 입각해서 보자면, 맨손으로 죽는 것보다는 두 손에 무기를 든 채 죽는 것이 더 아름다운 것이자, 더 합당한 것이었기 때문이다. 그리하여 우리는 단지 이러한 협약을 받아들이기만 하면 되는 것이었다. 전투를 위한 유태인 조직기구에서 우리는 단지 220명에 불과했다. 우리는 과연 이것을 봉기라고 말할 수 있는가? 오히려 이것은 우리를 목 따러 오는 것을 그저 내버려 두지 않겠다는 것에 더 가깝지 아니한가? 즉 이는 본질적으로 자신이 죽는 법을 선

---

12 Hanna Krall, *Prendre le bon Dieu de vitesse*, p. 70.

택하는 것에 관한 것이었다."[13] 자기 자신을 방어하겠다는 결심을 비로소 내린다는 것[14]은 어떠한 명분이나 특정 영토 또는 민족과 희망을 수호하기 위한 것은 아니었다. 유태인들이 손에 든 무기들은 자신의 삶이 아닌 자신의 죽음을 수호하기 위한 것이었다. 그리고 이것은 자기방어를 위해 선택된 것이었다. 무엇보다도 여기에서 주요하게 다루어지는 문제란, 삶을 정치화하고자 하는 또 다른 양태에 관한 것이다. 다시 말해, 이는 자살보다는 전투를 더 선호하는 문제에 관한 것이다. 왜냐하면 대부분의 저항자들에게 있어, 자살이란 나치들에게 겨누어졌어야 할 총알들을 낭비하는 일이기도 했기 때문이다.[15]

그리하여 목에 총알이 겨누어진 채 처형당하거나 질식사당하는 것보다는 손에 무기를 들고 죽어야만 한다는 생각, 적어도 맨손으로라도 전투를 하면서 죽어야 한다는 생각[16]이 만연했던 것이다. "우리는

---

13 Ibid., p. 74.

14 엄격히 말하자면 이것은 주로 대적하는 조직들을 특징짓는다.

15 "한 친구가 있었다. 따사롭고도 예쁜 금발 소녀였다. 그녀의 이름은 미라(Mira)였다. 그는 5월 7일에 그녀와 함께, 프란시스칸스카(Franciszkanska) 거리에 있는 우리 집으로 왔다. 그리고 그는 5월 8일에 밀라(Mila)라는 거리에서 그녀를 죽였다. 그리고 그는 서로를 쏘았다. 유렉 윌느(Jurek Wilner)는 이렇게 소리쳤다. '같이 죽읍시다!' 루텍 흐로블라트(Lutek Rotblat)는 자신의 엄마와 딸을 죽였으며, 모든 이들은 서로를 쏘기 시작했다. 이 일에 성공하게 됨으로써, 여기에서 살아남은 이들은 겨우 몇 명에 불과했다. 다시 말해 80명이 자살했던 것이다. '이것은 그들이 반드시 행해야만 했던 일이었다.' 그는 이렇게 연이어서 말했다. '민족이 소멸되어 갔으며, 그들의 군인들이 죽어 갔다. 이것은 상징적 죽음이다.' 너에게도 이 일은 맘에 들어야만 할 것이다. 바로 이와 같은 상징을? 루흐(Ruth)라는 한 소녀가 우리와 함께 있었는데, 그녀는 죽기 전, 7발이나 쏘았다. 복숭아빛 피부를 가진 굉장히 아름다운 소녀가 6발을 그만 낭비하고 말았던 것이다." Hanna Krall, *Prendre le bon Dieu de vitesse*, p. 70.

16 1943년 1월, 전투를 위한 유태인 조직은 500명의 사람을 거느리고 있었다. 새로운 대량 소탕작전이 있었고 그중에서 80명의 전사만이 살아남았다. 마레크 에델만은 다음

우리 삶을 구할 수 있다고는 생각하지 않았다. 왜냐하면 이 생각은 여러모로 매우 실현되기 어려운 것처럼 여겨졌기 때문이다. 그러나 명예롭게 죽거나 손에 무기를 든 채 죽어야 한다고 생각했다."[17] 우리는 바로 여기에서, 죽음의 윤리학(thanatoéthique)에 대해 비로소 말할 수 있다. 죽음의 윤리학이란 나치의 생명정치에 감히 맞서는 일이다. 나치의 생명정치란 산업적으로 조직된 수백만 명의 대량학살이자 인구 전체를 죽음에 노출시키는 것을 뜻한다. 이에 반해, 죽음의 윤리학이란 죽음에 삶의 가치들을 재건하는 심급, 이것의 위상을 부여하는 일이며, 바로 이러한 실천들의 총체를 뜻한다.[18] 이미 살해가 예고된 몸에

과 같이 이야기한다. "정확히 말하자면, 나는 너에게 이렇게 말하고 있다. 불길이 뿜어져 나오는 대포들은 단지 10개에 불과했다···. 아니엘르비치(Anielewicz) 그룹은 바르샤바 게토의 광장인 움쉴라그플라츠(Umschlagplatz)에 무기도 없이 내몰리게 되자, 맨손으로 싸우기 시작했다. 18세의 친구이자 인쇄공인 펠츠(Pelc) 그룹은 움쉴라그플라츠에 내몰리게 되자, 열차에 오르는 것을 거부했다. 트레블링카(Treblinka)의 사령관인 반 오펜(Van Oppen)은 그들을 그 자리에서 총살했다. 그렇게 죽은 이들이 60명이었다." Hanna Krall, *Prendre le bon Dieu de vitesse*(interview with Marek Edelman), Marek Edelman and Hanna Krall, *Mémoires du ghetto de Varsovie: un dirigeant de l'insurrection raconte*, p. 111.

17 Emmanuel Ringelblum, "'Little Stalingrad' defends itself", ed. Joseph Kermish, *To Live with Honor and Die with Honor!: Selected Documents from the Warsaw Ghetto Underground Archives "O.S" ("Oneg Shabbath")*, Jerusalem, 1986, pp. 599~600.

18 자기 자신을 무장한 방어란 모든 영웅적인 미학과는 다소 동떨어진 윤리적 도전을 상징하는 것이었다. 그러나 1943년 4월 30일에 출간된 폴란드의 또 다른 지하신문에서는 다음과 같은 견해가 표명된다. 스스로를 방어한다는 것은 손에 무기를 들고 죽는다는 것이며 이러한 생각은 유태인들을 국민으로 변화시키는 일이다. "독일인 살인자들에 의해, 도살장으로 끌려가는 무리이자 무방비 상태인 주민들에서, 드디어 유태인들은 싸우는 국민의 수준으로 올라선 것이다. 비록 그들이 그들 자신의 존재를 위해 싸우지 않는다 할지라도 ─적의 절대적 우월성에 관한 문제가 아니다─ 그들은 국민적 존재의 권리를 입증해 보여 준 것이었다." Yad Vashem Archive, O-25/25. 다음에 책에서 인용되었다. Yisrael Gutman, *The Jews of Warsaw, 1939~1943*, p. 404. 이러한 죽음의 윤리학

게 자신의 고유한 인간성을 회복하게 만드는 수단이 바로 죽음인 것이다. 1943년 4월 19일에 나치는 마지막 생존자들의 완전 소탕을 위해 게토 안으로 들어간다. 그들은 수천 명의 여성과 남성, 이미 싸울 준비가 되어 있으며 매우 격렬한 저항으로 맞서는 이들을 발견한다. 그리하여 우리는 다음 기사를 읽을 수 있다. "유태인들은 맞서 싸웠으나 이 싸움은 그들의 삶을 위한 것이 더 이상 아니었다. 왜냐하면 독일인들에 대항하는 그들의 전쟁에는 희망이 없었기 때문이다. 즉 그들의 전쟁은 삶 자체가 아닌 삶의 가치를 위한 것이었다. 이것은 죽음으로부터 그들을 구한다는 의미가 아니었다. 죽는 방식에서만큼은 벌레가 아닌 사람으로서 죽고자 하는 것이었고, 이를 통해 18세기 이후 처음으로 그들은 더 이상 모욕당하지 않을 수 있게 되었다. 이로써 바르샤바 게토는 끝이 아닌 시작이 되었다. 왜냐하면 벌레가 아닌 인간 존재로서 죽은 이는 결코 헛되이 죽은 것이 아니기 때문이다."[19]

이와 동시에, 마레크 에델만은 무장 전투의 신화화에 대해, 매우 비판적 입장을 취하기도 한다.[20] 그는 이것을 상징적 죽음으로 부른다.

은 국가적 신화의 소재를 제공해 줄 것이다. 피해자와 영웅의 관계를 변증법화하는 적절한 민족주의적 수사학을 위해, 이 신화의 첫 번째 의미는 최종적 서사의 구축 속에서 소진될 것이다.

19 이것은 폴란드 재부흥 전선(Front Odrodzenia Polski)의 가톨릭 젊은이에 의해 출간된 신문이다. 이것은 이스라엘 거트먼에 의해 인용되기도 한다. Yisrael Gutman, *The Jews of Warsaw, 1939~1943*, p. 406. 비록 동일한 적에 관한 것일지라도, 우리는 다음과 같은 생각에 유의해야 한다. 폴란드 재부흥 전선(FOP)에게 있어, 독일군과 유태인 간의 전쟁은 독일과 폴란드인을 대립시키는 전쟁과 같지 않다는 생각을 확인할 수 있다.

20 다음의 고전적인 책을 볼 것. Jesse Glenn Gray, *Au Combat: Réflexions sur les hommes à la guerre*, 1959, trans. fr. Simon Duran, Paris: Tallandier, 2012. 이 책은 전쟁 장면에서 실행되고 있는 매혹에 대해 길게 다루고 있다. 이것은 칸트의 숭고 개념을

한나 크롤은 에델만의 분노를 이렇게 전한다. "많은 이들은 내가 다음과 같이 생각하고 있다고 비난한다. 유태인 강제 소환 열차 안에 끼어 있는 이들보다, 손에 무기를 들고 싸운 이들이 더 우월한 이들이라고 여긴다는 것이다. 이것은 내가 생각하는 바이자 모든 이들이 생각하는 바이기도 하다. 그러나 에델만은 이것이 매우 어리석은 생각이라고 말한다. 가스실에서의 죽음이 전투에서의 죽음보다 덜 가치 있는 것은 결코 아니기 때문이다. 오히려 정반대로 이러한 죽음 — 가스실에서의 죽음 — 이 더 끔찍한 것이라고 그는 소리친다. 왜냐하면 총의 방아쇠를 당기며 죽는 일이 훨씬 더 쉽기 때문이다. 다시 말해, 이렇게 죽는 것이 폴라 리프시츠(Pola Lifszyc)의 어머니보다는 더 쉽게 죽는 일이기 때문이다. … 어떤 이가 전투 속에서 죽는 걸 보는 일이 폴라 리프시츠의 어머니가 강제소환 열차에 오르는 것을 보는 것보다는 훨씬 더 쉬운 일이다."[21]

레옹 파이너르(Léon Feiner)는 러시아와 폴란드에 있는 유태인노동자연맹[22]의 비밀 정보원이자 구성원이었다. 그는 바르샤바에서 아

참조하는 것이다. 즉 그는 전투의 과도한 미학화 방식에 대한 적합한 예시를 제시한다. 이러한 과도한 미학화는 현재적이며 영웅적인 남성성의 규범, 이를 지속적으로 구성하기 위한 것이다.

21 Hanna Krall, *Prendre le bon Dieu de vitesse*, p. 93.

22 "유태인노동자연맹(Bund)은 1897년 10월 7일에서 9일에 빌나(Vilna)라는 도시 근처에 세워졌다. 유태인 새해의 축제 동안, 지역 조직이자 지하신문들에 있는 12명의 노조 대표들은 러시아와 폴란드에서 유태인 노동자들의 일반 동맹을 제창하였다. 11명의 남자들과 3명의 여자들, 그들 대다수가 노동자들이자 지식인들이었다. 표면화된 목적은 러시아 사회 민주주의 정당의 구성에 있었다. 이러한 관점에서, 이것은 바로 이러한 목표를 달성하기 위한 유태인 노동자들의 결집이었던 것이다. 이 연맹은 폴란드 서부에 존재하는 굳건하고도 유일한 사회주의 조직이 되었다. 유태인노동자연맹의 창립과 함께, 유

리아인인 것처럼 가장하였기에, 게토 밖에서 살아남을 수 있었다. 그는 세계적 무관심 앞에서 다음과 같이 선언한다. "우리는 게토의 방어를 조직하였다. 게토가 지켜질 수 있다고 생각해서가 아니라, 이 세계가 우리의 전투가 갖는 깊은 절망을 저항행위이자 세계에 대한 강력한 비판으로 보길 원했기 때문이었다."[23] 레옹 파이너르는 폴란드 저항군들과 동맹군들에게 폴란드 유태인들의 몰살과 게토에서 투사들이 처한 상황에 대해 여러 번 경고했었다. 런던에 망명 중이던 폴란드 정부 내부에 있는 유태인노동자연맹 대표에게 정보를 전달해 준 이가 바로 그이기도 했다. 노동자연맹 대표인 아르투르 지기엘보임(Artur Zygielbojm)은 1943년 4월 19일에서 30일까지, 즉 바르샤바 게토에서 봉기가 한창일 때에 버뮤다에서 열린 콘퍼런스에 참여했다. 그리고 그는 이곳에서 모든 수단과 방법을 동원하여 미국과 영국 정부들을 이 사안에 대해 결집시키고자 노력하였다. 그러나 결국 1943년 5월 12일

태인 프롤레타리아 기구에도 새로운 시대가 열린 것이다. 이 기구가 존재하던 두 번째 해와 세 번째 해 동안에, 유태인노동자연맹은 14개의 공장과 44개의 경제 분과에서 312번의 파업을 지휘하였다. 그리하여 2만 7천 890명의 노동자들은 157개의 파업에 참여하였다…. 그리고 새로운 관계양상들이 사회주의 운동에 참여하는 이들 간에 일어나기에 이른다. 우리가 이를 변모라고 말하는 것이 결코 과도하지 않을 정도이다. 왜냐하면 사회 민주주의 운동가는 순수성과 이상의 추구를 통해, 그들의 일상적 동지들과 명확히 구분되는 이들이기 때문이다. 그들이 다다르고자 하는 순수성과 이상의 추구는 일상의 수많은 세부 항목들 속에서도 드러난다. 몸의 위생, 의복의 청결, 천박한 대화들의 거부, 음탕한 말과 욕설의 거부. 이렇게 새로운 형태의 행동들은 노동자들과의 관계 속에 배어들게 되며, 유태인 노동운동의 지류 형성에서 이것의 역할은 결코 간과할 수 없다. 그리하여 여성…은 동등한 이이자 동지가 된다." Nathan Weinstock, *Le Pain de misère: histoire du mouvement juif ouvrier en Europe*, coll.[Re]découverte, t. 1, Paris: La Découverte, 2002, p. 116과 그다음 페이지들. 극심한 억압이 있기 전, 유태인 노동자 연맹은 1906년에 3만 3천 명의 구성원을 갖게 된다.

23 Henri Minczeles, *Histoire générale du Bund*, p. 339.

지기엘보임은 런던에서 자살하고 만다. "영국과 미국은 무방비 상태에 있는 수백만의 존재들이 몰살당하는 것을 그저 바라보는 데에 그침으로써, 어린이들과 여성들, 늙은이들에게 가해지는 가혹행위들을 수동적으로 관찰하는 것에 그침으로써, 이 중대한 범죄자들의 공모자가 되었다. … 나는 더 이상 이 침묵을 지킬 수가 없다. 유태인 민족 중 남아 있는 이들이 이렇게 죽어 가고 있는 와중에, 나는 도무지 더 이상 살아갈 수가 없다. 나는 이 죽음을 통하여, 그리고 나의 온 힘을 다하여, 유태인 민족의 몰살에 대항할 뿐 아니라, 자유로운 세계의 수동성과 침묵에 대항하길 원하는 바이다."[24]

바르샤바 게토에서의 봉기와 이것이 함축하고 있는 죽음의 윤리는 소극적인 영웅주의를 생산해 낸다. 또한 이것은 운명론과 함께 가는 것임과 동시에, 강렬한 의지를 드러내는 것이기도 하다. 여기에서 강렬한 의지란 우리가 바로 공포로부터 살아남은 자이자, 이 세계의

---

24 Ibid., p. 342. 베르나르 골트슈타인(Bernard Goldstein)은 자신의 동료의 자살을 다음과 같이 설명하고 있다. "게토의 봉기가 최고조에 달했을 때에, 우리는 폴란드의 지하 라디오 방송을 통해 절망적인 SOS를 내보냈다. '우리는 죽어 가고 있다. 우리는 절멸될 것이다. 우리의 힘은 고갈되고 있다. 우리는 맨손으로 갑옷으로 무장한 적에 대항해 싸우고 있다.' 이것은 히틀러주의에 대항하는 싸움 속에서 세계를 향해 도움을 호소하는 메시지였던 것이다. 그러나 우리에게 도달한 유일한 답변은 다음과 같은 것이다. '아르튀르 지겔바움(Arthur Ziegelbaum)이 자살했다!' 이것은 그에게 있어, 유일하게 가능했던 구조의 방식이자, 전쟁 중인 세계의 중심이었던 런던으로부터 우리가 받을 수 있는 유일한 구조 방식이었다. 우리의 대표자는 미국과 영국에게 간청하고 구걸해야 했으며, 그들을 위협해야만 했다. 그는 고통받으며 호소했으나 결국 죽음에 가까운 침묵에 부딪혀야만 했다. 그의 절박한 경고들과 호소, 기도들은 그의 목소리를 끝내 듣지 않으려는 닫힌 귀들에 부딪힐 뿐이었다." *Ultime Combat*, Paris: Zones éditions, http://www.editions-zones.fr/spip.php?page=lyberplayer&id_article=81(마지막 온라인 검색일: 2017년 7월).

혐오스럽기 짝이 없는 무관심은 물론, 말살로부터 살아남을 것이라는 강렬한 의지의 표명이다. 마레크 에델만은 다음을 강조한다. 싸우면서 죽는다는 것은 무엇보다도 타인들과 자신의 동료들을 향해 솔선수범을 보여 주기 위한 행위였다는 것이다. 무기를 손에 들고 죽는 것에 이미 준비된 이들의 스펙터클이란 공포에 질려 있는 게토의 세계를 무기력으로부터 벗어나도록 하기 위한 방법이었다.[25] 또한 싸우면서 죽는다는 것은 다음을 위한 유일한 방법이기도 했다. 즉 하나의 공동체가 그들의 구성원보다 더 오래 살아남아 있기 위한 유일한 방법이었던 것이다.

민족적 교리와도 같은 자기방어

유태인 운동에서 자기방어에 관한 정치적 역사는 유태인 박해에 대항하는 쟁투와도 밀접하게 연결되어 있다. 주로 이것은 19세기 말과 20세기 초 — 1881~1883년, 1903~1907년, 1917~1921년 — 에 러시아에서 일어났다. 1881년 오데사에서, 알렉산더 2세의 암살이 있은 후, 유태인에 대한 박해가 대대적으로 벌어진다. 이에 대항하기 위해 대학생위원회의 주도하에 제창된 것이 자기방어의 첫 번째 그룹들 중 하나였던 것이다. 150명 정도의 사람들, 노동자들, 상인들, 대학생들이 모여 있는 이 그룹은 몽둥이와 쇠몽둥이로 무장하였으며 예브라이스카

---

25 "중요한 것은 총을 쏘는 일이었다. 이것은 반드시 보여 주어야만 할 일이었다. 그러나 이것은 독일인들에게 보여 주기 위한 것은 아니었다. 왜냐하면 이 점에서는 독일인들이 우리보다도 더 강했기 때문이다. 즉 우리는 이것 — 총을 쏘는 것 — 을 모든 다른 이들에게 보여 주어야만 한다." Hanna Krall, *Prendre le bon Dieu de vitesse*, p. 68.

이아 드루이나(Yevraïskaïa Drujina) —— 유태인 근위병이라는 뜻 ——
라는 이름을 갖게 된다.[26] 1897년에 이 운동이 제창된 때부터 유태인노
동자연맹이 유태인 박해에 대항하는 자기방어 그룹들의 주요 조직기
구가 된다. 이 연맹은 유태인 혁명 사회주의자들의 입장을 취하며 방
어적 폭력을 권장하였다. 이는 유태인 구역들과 주민들의 보호는 물
론, 전 세계적 단위에서의 프롤레타리아의 조직화와 교육 행동들을 결
합하기 위한 것이다. 또한 이것은 프롤레타리아들을 분열시키고자 하
는 반혁명주의적 이데올로기인 반유태인주의를 강력히 고발하였다.
베사라비아(Bessarabie)의 키치네브(Kichinev)에서 있었던 비극적 유
태인 박해가 있기 전부터, 반유태주의적 수탈들은 군대와 경찰들이라
는 적극적 공모자들에 의해 부추겨졌었기 때문이다. 유태인노동자연
맹 운동가들이 무장 방어를 조직화하는 것에 맞서, 유태인 박해주의자
들을 오히려 무장시켜 주고 보호해 주었던 이들은 바로 군대와 경찰
들이었다. 유태인 사회주의자 노동자들이 권장하는 이러한 자기방어
의 전략은 비유태인 노동자들과 비유태인 조직들에 의해서도 지지받
을 뿐만 아니라, 이에 대거 참여하게 만들었다. 1902년 8월, 폴란드 남
부에 위치한 쳉스토호바(Czestochowa)에서 유태인 박해가 이어지자,
유태인노동자연맹은 그들이 활동하는 어디에서나 자기방어 그룹들
을 구성하기 위한 대대적 정책을 펼치기 시작한다. 이로부터 몇 주 후,
『디 아르바이터 쉬타임』(*Di Arbeiter Shtime*)이라는 연맹주의자 신문

---

26 Nathan Weinstock, *Le Pain de misère: histoire du mouvement juif ouvrier en Europe*, coll. "[Re]découverte", Paris: La Découverte, 2002.

은 1902년 10월 30일 제30호에서 조직의 자기방어에 관한 진정한 선언문을 게재하기에 이른다. 폭력에는 폭력으로 답해야만 한다. "우리는 손에 무기를 들고서 싸워야만 하며 우리의 마지막 핏방울까지 전투해야만 한다." 그러나 이러한 행위화로의 이행, 이를 이해하기 위해서는 무엇보다도 분석틀이 명확하게 정초되어야 한다. "무지한 기독교 군중들에게 보편적인 자유에 대한 사상과 사회주의 사상들을 전파하기 위해서는, 우리는 우리에게 가능한 모든 것들을 실행해야만 한다. 왜냐하면 이러한 사상 전파는 오늘의 적들을 친구로 전환시켜 줄 것이며 우리에게 우리의 이상을 위한 전투의 동지들을 공급해 줄 것이기 때문이다."[27] 유태인노동자연맹에 의해 조직된 그룹들은 맨손 또는 무장한 채로 자기방어하는 법을 훈련받는다. 이 기간 동안 러시아에서 공통적으로 실행된 전투 기술들 중 하나는 맨주먹의 복싱을 통한 매우 공격적 형태를 띠는 것들이다. 이것은 어떠한 규칙도, 어떠한 심판도 없는 전투로서 쿨라치니 보이(kulachnyi boi)라고 불린다.[28] 이 그룹들은 몽둥이와 말뚝, 도끼와 쇠몽둥이와 칼로 무장했으며 총기류 조작과 폭발물 제조를 훈련받는다. 이뿐만 아니라, 러시아 황제와 러시아 제국을 위한 비밀경찰에 잠입해 들어간 요원들을 겨냥하는 암살단 조직

27 Henri Minczeles, *Histoire générale du Bund*, p. 95. 다음 책들을 볼 것. Henry J. Tobias, *The Jewish Bund in Russiam from Its Origins to 1905*, Stanford University Press, 1972; Yitskhok Laybush Pertz, *Les Oubliés du Shtetl: Yiddishland*, 1947, Paris: Plon, 2007.

28 다음 책을 볼 것. Stephen P. Frank, *Crime, Cultural Conflict, and Justice in Rural Russia, 1856~1914*, University of California Press, 1999, pp. 157~158.

훈련도 받게 된다.[29] 이 그룹들은 유태인 박해가 일어날 경우, 이에 개입하여 유태인들을 보호하는 그룹들을 구성하려는 목적을 띤다. 이 그룹들은 총파업 또는 시위 때에 동원된 치안기구와의 대적을 통해서 동시적으로 획득된 여러 노하우들을 결집시킴으로써, 유태인 보호와 개입을 위한 그룹들을 만들어 나가고자 한다.

이와 같은 방식으로, 노동자이자 유태인 민족주의자 조직들도 자기방어를 위한 그룹들을 형성하게 된다. 이 조직들은 준산업화된 지역이나 수공업 지대에서 대대적 모집을 감행하는데, 이 지역들은 유태인 노동자연맹이 덜 존재하는 곳 — 러시아 남부, 우크라이나, 폴란드 일부지역 또는 크림 반도 — 이기 때문이다. 동시적으로, 또는 대조적으로 유태인노동자연맹이나 국제주의적 사회주의에서,[30] 사회주의적 유태인 민족주의란 이미 포알리-치온(Poaley-Tsiyon) 당 안에 1901년부터 연합되어 있는 것이었다. 이는 유태인 공동체의 보호에 보다 치우쳐진 자기방어라는 또 다른 개념을 발전시키는 일이다. 그러나 이것은 프롤레타리아 안에서의 반유태주의 프로파간다에 대항하는 쟁투에 대해서는 회의적인 편이라 할 수 있다.

29 이 질문은 폭력과 방어적 폭력 간의 구별에 관한 질문이기도 하다. 이러한 맥락에서, 자기방어와 테러리즘 간의 엷은 경계가 구멍 나게 된다. 1901년 네 번째 대회의에서 유태인노동자연맹은 테러리즘적 행동을 금하는 해결안을 채택한다.

30 이러한 대립이 친목과 화해들까지 은폐해서는 안 된다. 1909년에 비엔나에서 있었던 정당 대회의에서 다른 유태인 노동자 정당들과의 화해는 보로호프(Borokhov)라는 러시아 포알레이 자이온(Poalei-Zion) 당 대표의 영향력하에 투표에 부쳐졌다. 이는 팔레스타인의 포알레이 자이온 당원들의 격렬한 비난을 불러일으켰는데, 왜냐하면 이것은 당 프로그램에서 팔레스타인적 측면을 포기하는 것이라는 비난을 들었기 때문이다. 그리고 다음과 같이 선언한다. "우리는 팔레스타인을 위한 정당이 아니라, 유태인 프롤레타리아를 위한 당이다." 그리하여 러시아 당은 유태인 민족주의 기구를 떠나게 된다. 다음

키치네브에서의 유태인 박해[31] 사건은 전환점으로 작동한다. 1903
년 4월 6일과 7일, 유태인 부활절 축제기간 동안 유태인들이 신생아
들을 제례 의식의 일환으로 살해한다는 부당한 혐의[32]가 반유태주의
적 선동을 통해 매우 집요한 캠페인의 방식으로 퍼뜨려지게 되었다.
그리하여 무장한 무리와 경찰에 의해 선동된 2천 명의 군중들이 유태
인 5만 명이 살고 있는 키치네브로 들이닥친 것이다. 150명의 유태인
자기방어 그룹은 경찰에 의해 행동이 저지되었으며, 경찰들은 자기방
어 그룹의 몇몇 이들을 체포함과 동시에 그들의 분산을 강제했다.[33] 34
명의 남자들과 일곱 명의 여성들, 아기 둘이 몰살당했으며 100여 명의
부상자들과 1500채 이상의 집과 상점들이 약탈당했다. 수많은 여성들
과 소녀들이 강간당했으며, 몇몇은 가슴이 잘리는 등 고문당해야 했었
다. 또한 아이들은 잔인하게 난도질당해야 했다.[34] 이 사건에 대한 러
시아의 유태인 정당들과 유태인 조직들의 반응은 물론 지식인들의 반
응,[35] 세계 언론들의 반응[36]들은 매우 뜨거웠다. 그럼에도 불구하고 유

책을 볼 것. Nathan Weinstock, *Le Pain de misère*, p. 238과 그다음 페이지들.

31 4월 21일 계엄령을 선포하기 전까지, 수탈은 며칠 동안 근처 도시들과 다른 구역들에서
지속된다. Monty Noam Penkower, "The Kishinev Pogrom of 1903: A Turning Point
in Jewish History", *Modern Judaism*, vol. 24, n° 3, 2004, pp. 187~225, p. 188.

32 Ibid., p. 189. 유태인 말살을 알리는 캠페인은 지역 유태인 종교당국에 의해 경찰에게 고
발된다. 그러나 경찰은 이러한 말살을 막기 위해 아무것도 하지 않았다.

33 Ibid., p. 187.

34 Ibid., p. 188.

35 Ibid., p. 190. 1881년과 1883년에 걸쳐 학살이 있을 때에, 침묵을 지키고 있었던 레옹 톨
스토이(Léon Tolstoi)는 키쉬네브에서의 끔찍한 사건들을 고발하기에 이른다. 막심 고리
키(Maxime Gorki)는 에세이 모음집을 출간한다. 이 책의 수입은 학살 피해자들에게 돌
아갔다.

36 *New York Times*, 28 April 1903을 볼 것.

태인들을 몰살한 그 어떠한 살인자도 자신의 미래에 대해 걱정할 필요가 없었다. 증거들을 수집하기 위해 유태인 기구들에 의해 구성된 위원회가 있었음에도 불구하고, 이에 대한 조사는 날림으로 해치워졌고, 이에 대한 법정 소송도 실효성이 전혀 없었기 때문이다. 해임 나먼 비아릭(Hayim Nahman Bialik) 시인은 한 달이 넘는 기간 동안 200페이지 이상의 서류에 기입될 사진들과 증언들을 모을 수 있었다. 이것은 상트페테부르크에서 있을 조사위원회 차원에서 출간될 예정인 서류였다. 이 작업에 영감을 받은 그는 1904년에 「몰살의 도시」(La Ville du massacre)라는 시를 적는다.

너는 어두운 고미 다락방에 올라갈 것이다.

너는 어둠 속에 머무를 것이다…

죽음의 공포가 이 그림자 속을 아직도 떠돌 것이다.

모든 구멍들로부터 눈동자들이 솟아오른다.

누가 너에게 침묵의 눈길을 내리꽂을 것인가…

이것은 박해받는 자들의 정신들이다.

낮은 천장 아래 저 구석에 쭈그리고 앉아 있는…

바로 저기에서, 무기들이 그들을 겨냥해 맞추었었다.

그들이 그들의 눈으로 이것을 확인하고자 여기에 다시 돌아온 것이다.

그들의 불필요한 죽음, 이것의 모든 고통들

그들 존재의 모든 고난들.

그들은 떨면서 매달려 있다, 그들의 은신처 속에서.

그들은 저항하고 있다. 그들의 눈동자들은 의문을 제기한다. 대체 왜

우리가 죽어야만 했었나?···[37]

이 긴 시는 피해자들의 수동적 수용성을 상징하는 것으로 남아 있다. "수치는 고통만큼 크다. 어쩌면 고통보다도 수치가 더 클지도 모른다." 이 시는 많은 이들에게 깊은 인상을 오랫동안 남겼다. 이 시는 러시아어와 이디시어로 번역되자마자 커다란 성공을 거둔다. 어조에도 불구하고, 보다 정확히 말해 이 어조로 인해, 이 시는 공포에 찬 절망에서 저항의 비명으로 이행해 가는 것이 되었다. 이러한 저항의 비명은 자기방어에 대한 호소이기도 하다. 빌나라는 지역에서 포알리-치온 정당의 한 사람인 마이클 헬펀(Michael Helpern)은 신입회원 모집을 조직한다. 그뿐만 아니라, "수치를 기억하시오!"[38]라는 슬로건 아래, 자기방어 그룹들의 훈련을 통괄한다.

1903년과 1905년 사이에 유태인노동자연맹과 포알리 치온 정당 사이의 활발한 협업은 음성적으로 이루어진다. 이 두 조직들은 B.O(Boevie Otriady)라고 불리는 자기방어를 위한 십여 개의 그룹들을 조직하기에 이른다. "군사적이며 준군사적 훈련들의 회합들은 안

37 Robert Weil, "Hayim Nahman Bialik, poète de la renaissance de la langue hébraïque", *Mémoires de l'Académie nationale de Metz*, 1986, pp. 109~127, p. 118. 다음 책도 볼 것. David Roskies ed., *The Literature of Destruction: Jewish Responses to Catastrophe*, The Jewish Publication Society, 1989; Michael Stanislawski, *Zionism and the Fin de Siècle*, Berkeley: University of California Press, , 2001, p. 183과 그다음 페이지들.

38 Monty Noam Penkower, "The Kishinev Pogrom of 1903: A Turning Point in Jewish History", p. 193. 다음 책도 볼 것. Shlomo Lambroza, "Jewish Responses to Pogrom in Late Imperial Russia", Joshua Reinharz, *Living with Antisemitism: Modern Jewish Responses*, Brandeis University Press, 1988.

전한 장소에서 열린다. 예를 든다면 드니아프르(Dniepr)섬이 있다….
유태인 박해가 예상될 때에, 자기방어 그룹들은 전화로 연락했었고 반
격을 준비하기 위해 모였다. 이것은 빌나와 바라샤바(Varsovie), 로스
토프(Rostov), 민스크(Minsk), 고멜(Gomel) 또는 드빈스크(Dvinsk)에
서도 사정이 마찬가지였다. 자기방어 그룹들은 젊은 노동자들과 목수
들, 철물공들, 정육점 주인들과 또 다른 동업조합들로 구성되어 있었
다. 그들은 여러 차례 경찰들에 대항하며 싸웠으며 체포된 그들의 동
료들을 풀어 주기도 했었다."[39] 1905년에 자기방어 그룹들은 42개의
도시에서 활동한다.[40] 수탈의 잔혹성과 강력함에도 불구하고, 유태인
조직들의 방어 전략은 반유태주의 폭력에 저항하였다. 또한 이 방어
전략은 유태인 박해들을 예방하도록 만들거나 몇몇 유태인 박해들이
일어나지 못하도록 저지하기도 했었다.[41] 그러나 경찰에 의한 박해와
운동가들의 감금과 강제수용, 노동자 운동에 대한 억압, 점점 더 어려

---

39 Henri Minceles, *Histoire générale du Bund*, p. 98.

40 https://www.jewishvirtualibrary.org/judaica.ejud_0002_0018_0_17990.html(마지막
온라인 검색일: 2017년 7월).

41 1903년 가을 고멜 지역에서 있었던 유태인 박해는 유태인노동자연맹과 포알레이 자이
온에 의해 동시적으로 구성된 자기방어 그룹들에 의해 저지된다. 200명의 투사들은 군
중들은 물론 공모자들인 군대와 경찰들도 밀어내기에 이른다. 지토미르(Zhitomir) 지
역에서 1905년 5월에 유태인노동자연맹의 자기방어 그룹들은 사회에 널리 퍼져 있던
공포를 제한하기에 이른다. 그러나 29명의 사람들은 학살당하고 150명이 부상당한다.
1905년 가을, 혁명 기간 동안, 에카테리노슬라브(Ekaterinoslav) 지역에서 유태인노동
자연맹과 포알레이 자이온의 자기방어 그룹들과 유태인 대학생 조직들은 반유태인적
인 군중들을 밀어내고 유태인 구역들을 방어하기에 이른다. 그러나 비유태인 노동자 구
역들도 수탈과 방화에 위협당하기는 마찬가지였다. 그들은 유태인 거주지와 상업지역
을 약탈하는 데 성공한 유태인 박해주의자들을 추적한다. 다음 논문을 볼 것. Theodor
H. Friedgut, "Jew, violence and the Russian Revolutionnary Movement", *Studies in
Contemporary Jewry*, vol. XVIII, 2002, pp. 43~58, pp. 52~53.

워지는 사회적 조건들과 혁명적 맥락들은 자기방어 그룹들을 점진적
으로 뒤흔들기 시작했다. 1903년에서 1905년 동안 유태인 박해로 인
한 일련의 살인적 행위들은 미국을 향한 주요한 이주의 물결 — 두 번
째 알리야(Aliyah)로 불리는 것 — 을 불러일으켰으며 보다 낮은 비율
로는 팔레스타인으로 향하게 했다. 그리하여 러시아에서 자기방어 그
룹들에 참여한 많은 유태인 민족주의 운동가들은 팔레스타인에서 그
들의 노하우를 영속시키게 된다.

　　이러한 맥락 속, 자기방어에 관한 두 가지 개념 간에 분열이 일어
나게 된다. 숱한 억압에도 불구하고, 러시아에서 그들의 행동노선을
유지하고자 노력했던 유태인노동자연맹과 유태인 민족주의 정당들,
그리고 시오니즘이라는 유태인 민족주의 내부에서도 자기방어 개념
에 대한 분열이 일어난다. 사실상 시오니즘이라는 유태인 민족주의는
1) 사회주의적·문화적 지류들과 2) 극보수적이며 민족주의적·전체주
의적인 그룹들 간에 치열한 갈등의 무대가 된다. 사회주의적·문화적
지류들은 이데올로기 전투에서 패배하였다. 패배자와 승리자를 동시
에 낳은 이러한 이데올로기 전투에 의해 군사화되었으며 테러리스트
적이며 식민주의적인 유태인 민족주의가 태동하게 된 것이었다.

　　젊은 작가이자 저널리스트인 지브 블라디미르 자보틴스키[42]는 위
에서 언급한 비아릭의 히브리어 시를 러시아어로 번역한다. 그는 매
우 활동적인 유태인 민족주의 운동가로 1900년대에 오데사에서 자

---

42 그는 1880년 우크라이나에서 태어나 1940년에 미국에서 죽었다. 다음 책을 볼 것.
Vladimir Zeev Jabotinsky, *Histoire de ma vie*, trans. Itshak Lurçat, Les Provinciales,
2011.

기방어 그룹들을 조직한다. 1차 세계대전 동안에는 영국인들과의 동맹을 권장하며, 팔레스타인 정복을 위한 준군사적 파벌 ─ 유태인 군단 ─을 제창한다. 그는 1920년 4월 봉기 때에도 예루살렘의 마카베오 스포츠 클럽에서 훈련받은 예루살렘의 자기방어 그룹들의 선봉에 선다. 영국인들에 의해 15년의 징역형을 선고받았다가 그다음 해에 결국 풀려난다.[43] 그리고 런던에 머물다가 파리로 돌아간다.[44] 1925년에 지브 블라디미르 자보틴스키는 수정주의적 유태인 민족주의 정당을 만든다.[45] 이 정당의 본부는 파리에 위치해 있다. 이 정당은 유태인 민족주의 운동의 전체주의적이며 극우적인 정당을 구현하기 위한 것이다. 자보틴스키는 이스라엘에서 주류적이 된 자기방어의 민족주의적이며 권위주의적 개념을 만든 위대한 사상가 중 한 명이기도 하다. 그는 민족주의적이며 권위주의적 자기방어 개념을 지속적으로 적용하고 권장해 나간다. 그리고 1923년 11월부터는 『강철로 된 성벽』[46]이라는 텍스트 속에서 이를 이론화한다. 그가 정의 내리는 유태인 민족주

---

43 다음 책을 볼 것. Ilan Pappe, *Across the Wall: Narratives of Israeli-Palestinian History*, I. B. Tauris, 2010, p. 115와 그다음 페이지들.

44 1921년에 그는 유태인민족주의자세계조직의 구성원으로 선출된다. 이 세계적 조직은 영국 당국과의 타협 여부로 인해, 그에 의해 강력히 비판된 기구이기도 하다. 그는 시몬 펫리우라(Simon Petlioura)라는 추방된 반볼셰비키주의자이자 반유태인주의자인 우크라이나 정부 수장과 비밀 협약을 맺었다는 이유로, 이 기구에서 결정적으로 열외되고 만다. 다음 책을 볼 것. Marius Schatiner, *Histoire de la droite israélienne: de Jabotinsky à Shamir*, Paris: Editions Complexe, 1999, p. 69와 그다음 페이지들.

45 2년 전, 블라디미르 자보틴스키는 베타르(Brit Yosef Trumpeldor, 요세프트럼펠도르연맹)를 세운다. 이것은 수정주의적 유태인 민족주의당의 젊은 조직으로 빠르게 변모해 간다.

46 https://archive.org/stream/TheIronWall-ZionistRevionismFormJabotinsky/ToShamir/Ironow_djvu.txt(마지막 온라인 검색일: 2017년 7월).

의 개념은 일체의 균열도 없는 공격적인 유태인 군대를 구성하기 위한 것이다. 오직 이 개념만이 비대칭적인 힘의 관계를 아랍인들에게 강제적으로 부과할 수 있게 한다. 이 개념은 유태인 국가의 새로운 국경들을 아랍인들에게 강제함으로써, 이에 대한 굴종을 도모하기 위한 것이다. 자보틴스키의 이 개념은 방어조직인 하가나(Haganah), 이르군 하가나(Irgoun Haganah) ─ 팔레스타인의 유태인 지하 민병 조직 ─ 에 의해 확정적으로 부과된다. 1920년에 그는 엘리야후 걸롱(Eliyahou Golomb)과 함께 방어조직의 공동 창설자가 된다. 그는 하쇼머(Hashomer) ─ 수호자 ─ 출신이며 같은 해에 하쇼머를 해산시켜 버린다. 하쇼머는 1909년에 이스라엘 쇼하트(Israël Shohat)에 의해 창설되었던 작은 혼성부대로, 이슈브(Yishouv)의 자기방어 임무를 위한 것이다. 이슈브란 1880년부터 유태인 민족주의에 대한 기획틀 속에서 팔레스타인에 이주한 유태인 민족들을 가리킨다. 하쇼머는 오트만령의 공권력에 의한 억압에 직면해 있었다. 1920년대부터 하가나는 유태인 민족들을 더 이상 방어할 임무는 없지만, 이슈브의 발전을 보증해야 할 임무를 갖는다. 그리고 하가나는 아랍인들에 대항하기 위한 저항과 무장 그룹들을 목표로 하는 준군사적·공격적 민병대로 점진적으로 발전해 나간다. 영국인들은 유태인들에게는 물론, 아랍인들에게 팔레스타인에서 자율적으로 군대를 조직하는 것을 금하였기에, 하가나의 존재는 공식적이진 않았다. 그러나 이슈브의 많은 유태인들은 영국의 보충 경찰 ─ 1936년에 영국인들에 의해 세워진 유태인 경찰력인 노트림(Notrim)에 참여한다. 여기에서 그들은 맨손의 전투 ─ 주짓수 ─ 에 대한 훈련을 연마하며 반게릴라적 군사 기술들에 입문한다. 그리고 그들은 1938년에 제창된 특별 야간 부대라는 틀 속에서 공격적 전투에 입문하게 된다. 여기에서 특별 야간 부대란 아랍인 대봉기 때에 오드 찰스 윈게이트(Orde Charles Wingate)라는 친유태인 민족주의자 영국 장교의 명령하에 있던 특별 부대를 가리킨다.[47]

게다가 1931년에 하가나와의 분열로 인해 민족주의 하가나가 태동하기에 이른다. 그리고 1937년부터는 이르군 츠바이 레오미(Irgoun Tzvai Leoumi)라는 민족주의 군사 기구가 태동한다. 이러한 분열은 지금까지 하가나 안에서 법령으로 포고된 신중함의 윤리적 원칙에 대한 갈등의 결과물이기도 하다. 신중함이라는 윤리적 원칙에 의거해서 본다면 반격은 아랍 민족들에 대한 방어적인 것으로만 엄격하게 제한되어야 하기 때문이다.[48] 1937년부터 이 기구는 이르군으로 변해 갔고 점점 더 급진화되어 갔으며 아랍 민간인에 대한 살인적 테러마저 저지르게 된다.[49] 베타(Betar)라는 유태인 민족주의 계열의 급진적 유태인 젊

---

47 Ibid. 그는 버마 작전 동안 친디트(chindits) ─2차 세계대전 동안 영국군의 특별 부대의 리더들 중 한 명이었다. 그는 버마 작전 동안 최전방과는 거리가 먼 공격 작전들을 실험하였다. 많은 이스라엘 정치인들이 여기에 속했었다. 그중에 모셰 다얀(Moshe Dayan) ─1955년부터 1958년까지 차할의 수뇌부 수장이자 1967년 국방부 장관─과 이갈 알론(Ygal Allon) ─1941년 팔마의 첫 번째 공동 지도자이자 1961년과 1977년 사이에 여러 번 장관이었던 인물─이 있다.

48 자중과 신중함의 윤리적 원칙은 정치적 원칙이기도 하다. 왜냐하면 1936년과 1939년 사이에 일어난 사건 동안 공식적으로 금지되긴 했지만, 영국인들이 하가나 투사들의 무장을 허용해 준다는 조건하에 있는 것이었기 때문이었다.

49 이와 같은 이데올로기적 관점에서, 스턴(Stern) 그룹 ─극우 시오니스트파의 하나를 대표하는 것─은 영국 당국을 겨냥하는 테러를 저지른다. 이것은 독일 나치와 유사하게 되기까지 한다. 스턴 그룹은 아브라함 스턴(Avraham Stern)이라는 제창자의 이름에서 따온 것으로 리하이(Lehi)로 불리기도 한다. 리하이는 lehomei herouth leIsrael의 약자로, 1940년에 세워진다. 이것은 1939년 영국 당국과의 휴전과 2차 세계대전의 선포 동안, 이르군과의 분열로 인해 탄생한 것이다.

은이 운동과 자보틴스키에 가까운 유태인 민족주의 지류의 발현 조직
들은 자보틴스키의 가르침들을 넘어서고 마는 행동을 추구하기 시작
한 것이다. 자보틴스키는 자신의 군대에게 전략적 이유에서라도 영국
인들과 등지지 말 것을 주의시켰다. 공격적인 자기방어란 맹목적인 테
러 전략으로는 결코 만족될 수 없는 것이기 때문이다. 공격적 자기방
어를 위해서라도 무정부주의적이며 극단적인 행동들에 불필요한 에
너지를 소비·분산시켜서는 안 된다. 이러한 극단적이고 무정부주의
적인 행동들은 사실상 적의 무화에 있어, 매우 미약한 효과만을 가질
뿐이다.

이스라엘인들의 육탄전에 관한 철학, 이것의 기본은 민간적인 영
역을 지속적이며 위급한 폭력이 지속되는 공간으로 정의 내리는 것으
로부터 성립된다. 자보틴스키는 유태인 박해에 의해 러시아에서 위협
받는 유태인 민족의 상황을 아랍 테러리스트 또는 팔레스타인 민족에
의해 괴롭힘당하는 이스라엘의 유태인 군인 또는 민병대의 상황으로
갑작스레 전환시켜 버린다. 이로써 자기방어는 폭력의 세계에서 존재
하는 법으로 탈바꿈해 버린다. 여기에서 폭력의 세계란 개인들에게 전
투 기술의 강도를 효과적이며 매우 빠르게 조정하도록 허가해 주는 곳
을 말한다.[50] 그리고 이러한 폭력의 세계에서는 개인을 향한 폭력이 어
떠한 일이 일어나더라도 실행되게 만드는 곳이기도 하다. 테러리즘에
대항하는 전쟁으로 여겨지는 식민지적 갈등의 맥락에서, 폭력의 세계

---

50 다음 논문을 볼 것. Einat Bar-On Cohen, "Globalisation of the War on Violence: Israeli Colse-Combat, Krav Maga and Sudden Alterations in Intensity", *Social Anthropology: Anthropologie Sociale*, 2010, 18/3, pp. 267~288.

는 항시 위험과 접촉해 있는 상태를 의미한다. 또한 이 세계는 후퇴의 상태가 아닌 육탄전의 상태[51]이다. 나아가 폭력의 세계는 항시 갑작스러운 공격들에 반응할 준비를 하는 일이자 모든 물리적·감각적·감정적[52]·환경적 자원을 활용한다는 의미이며, 폭력의 외부적 원천을 가능한 한, 가장 빠르게 무력화시키는 일이자 모든 상황과 맥락, 모든 유형의 위협과 적에 적응하는 것을 뜻한다. 아직 구성 중인 국가라는 단계에서 이루어지는 자기방어 정책은 방어적 자기실천의 총체를 정의 내리는 일이기도 하다. 이러한 방어적 자기실천의 총체는 반사적 반응들과 근육적 긴장, 감정적 연결의 내재성 속에서 살아갈 것을 우리에게 강제한다. 이는 곧 사회적 관계와 역사적 상황, 의도, 의미와 맥락의 복합성에 관한 모든 숙고를 중지하도록 강제하는 일과도 같다. 총력전과 공포의 우주론에 봉사하는 세계의 궁핍화[53]는 방어적 개인을 무기이자 치명적 몸의 현상학 안에 가두어 버린다. 또한 세계의 궁핍화는 자기방어를 자기 자신의 몸의 차원에서 폭력의 강도를 실질적으로 통치하고자 하는 정책으로 변모시키는 일이기도 하다.

---

51 자기방어의 주요한 생각들 중 하나는 안전거리에 대한 통념을 해체하는 데에 있다. 즉 멀리 떨어져 있다는 것은 취약하다는 것이다. 예를 든다면 손이나 발의 가격타의 조준선에서는 그러하다. 공격자의 몸에 최대한 붙어 있는 것이 오히려 그의 취약점 — 목과 생식기, 관절 — 을 가격할 수 있는 기회를 마련해 준다.

52 생리학적이며 감정적 작업은 크라브 마가의 특징 중 하나이다. 빠르게 반응하는 것을 배우기, 근육적으로 준비된 채로 있기, 자신의 두려움을 공격을 위한 시그널로 볼 것, 자신의 두려움을 방어의 장애물로 보지 말 것. 전투의 내적 변화에서, 자신의 근육은 물론 자신의 감정과 자신의 정동과 호르몬을 이용하는 것이다. 이것은 모든 이득을 도출할 수 있도록 하기 위한 것이다.

53 Einat Bar-On Cohen, "Globalisation of the war on violence: Israeli Colse-Combat, Krav Maga and Sudden Alterations in Intensity", p. 269.

크라브 마가의 계보학

이미 리첸펠드(Imi Lichtenfeld)는 크라브 마가(Krav Maga)라는 오늘날 큰 성공을 누리고 있는 자기방어 기술의 발명가이다. 리첸펠드는 1910년 오스트리아와 헝가리 제국하에 있는 슬로베니아의 부다페스트(Budapest)에서 태어났다. 그의 가족은 슬로베니아의 브라티슬라바(Bratislava)에 살았고, 리첸펠드 역시 그곳에서 자랐다. 그의 형제인 사무엘 리첸펠드(Samuel Lichtenfeld)는 열세 살에 서커스에 합류하여 여러 체조 기술과 전투 기술에 입문한다. 그는 스무 살 즈음에 무리의 구성원으로 통과되어, 전투 프로그램과 힘을 증명하는 프로그램을 맡게 된다. 그가 브라티슬라바로 다시 돌아왔을 때에, 헤라클레스라는 근육 강화 운동과 싸움을 위한 첫 번째 클럽을 만든다. 그리고 부장 형사로 경찰에 합류하여 경찰 병력들에게 자기방어 기술을 훈련시키기도 한다. 이 기술들은 주로 교착 상태와 체포 상황에서의 자기방어 기술에 관한 것이다. 1928년에 그는 슬로베니아 체전의 주니어 선수권 대회에서 수상한다. 그다음 해에는 성인 경기에서 국가 대표 선수권을 얻게 되고, 체전과 복싱 선수권 대회에 나가게 된다. 그리고 체조에서는 세계 선수권 대회에 나간다. 이와 동시에, 그는 체코슬로바키아에서 대형 극단의 단원들에게 체조를 가르치기도 하고, 여러 연극에서 역할을 직접 맡기도 한다. 1930년대의 반유태주의적 과격파의 도래에 맞서, 이미 리첸펠드는 유태인 박해 때에 공격당한 도시 속 유태인 구역들을 지키기 위한 방어에 참여한다. 그리고 그는 브라티슬라바에서 자기방어 그룹의 선두를 맡는다. 전체주의적인 민병대들과의 대적 상황에서 그는 육탄전 기술들을 실험하기도 한다. 이러한 육탄전 기술에 대한 실험의 여정은 이미 획득된 복싱 기술과 전투 기술에 대한 탈스포츠화[54]의 과정과도 유사하다. 이를 통해, 복싱 기술과 전투 기술들은 스포츠에서 자기방어로, 링에서 거리로 이동하게 된다.

1940년에 이미 리첸펠드는 슬로베니아를 떠나 400여 명의 슬로베니아 유태인 난민들과 펜초(Pentcho)라는 팔레스타인에 도달하기 위한 마지막 배에 오른다. 이 배는 유태인 민족주의 우파의 주요 당에서 임대한 것이었다.[55] 리첸펠드는 팔레스타인에 가기 위해 2년의 시간을 들였다. 그 사이에 배는 여러 번 붙잡혔고 그리스 해안가에 좌초하기 전에 격리당하기도 했다. 영국 배에 의해 구조된 리첸펠드는 이집트의 알렉산드리아 유태인 병원에서 치료받기 위해 여러 달을 보낸다. 그다음에 그는 체코 군대에 입대하여 영국 사령관의 명령하에 놓이게 된다. 그리고 그는 중동 지역 — 리비아와 이집트, 시리아와 레바논 — 의 여러 전선에서 전투에 임하였다. 1942년에는 팔레스타인 출입 허가증을 획득하며 하가나에 합류하기에 이른다.

바로 여기에서부터 크라브 마가의 역사가 탄생하게 되는 것이다. 이 역사는 유태인 국가의 건국 신화와도 연결되어 있다. 이스라엘 군대를 구성하게 될 군대 안에서 발전된 자기방어 시스템의 역사는 리첸펠드를 통해 이상적 서사의 소재를 발견하게 된 셈이다. 이 한 사람의

---

54 다음 논문을 볼 것. Benoit Gaudin, "La Codification des pratiques martiales: Une approche socio-historique"; Maarten Van Bottengurg and Johan Heilbron, "Dans la cage. Genèse et dynamique des 'combats ultimes'", *Actes de la recherche en science sociale*, 179/2009. pp. 32~45.

55 http://collections.ushmm.org/search/catalog/pa1163386(마지막 온라인 검색일: 2017년 7월).

신화적 생애를 통해, 이상적인 서사의 소재는 다음의 두 가지를 연결시키고자 했다. 이는 전체주의의 급부상과 박해받고 있는 민족들에게 가해진 수탈에 맞서는 1) 유럽의 유태인 젊은이의 저항, 그리고 2) 여러 곳으로부터 공격받는 것으로 그려지는 신의 섭리에 의한 한 국가의 탄생, 이 둘을 연결시키고자 한 것이다. 여기에서 이 국가는 오로지 자기 민족의 유일한 힘만을 통해서 자신의 존재와 권위, 국경을 스스로에게 부과하고자 한 것이었다. 즉 이 새로운 민족 전체는 군대처럼 전투 중이다. 이 새로운 민족은 방어전에서 공격전으로의 이행을 통해, 자신의 영웅주의를 찬양하고 있다. 자기 자신을 방어한다는 것은 전진해 나가며 영토를 획득해 나가는 일이자 적을 그 중심부에서부터 겨냥해 나가는 일이기 때문이다. 자기 자신을 방어한다는 것은 수단의 경제에 따르는 일로서 매우 빠르고도 효율적이며 적을 무력화시키는 공격들에 참여할 것을 요구하는 일이다. 우리가 여기에서 상정할 가설이란 다음과 같다. 육탄전에 관한 몇몇의 전술적 개념들은 가장 큰 규모의 군사적 전술정책의 근간이 되었거나 적어도 이에 관한 프로파간다적 언어에 영감을 주었다는 것이다. 크라브 마가는 공격적 방어와 정복 전쟁의 국가적 이데올로기를 상징한다. 여기에서 정복 전쟁이란 자신의 존재를 보증하기 위해 모든 것에 대항하여 자기방어를 해야만 하는 상황에 놓인 국가처럼 군대가 정의되는 맥락, 그 속에서 전개된 것이다.

1941년 하가나 내부에서 전문적 엘리트 부대가 만들어진다. 이는 팔마(Palmah, Plougot haMahatz)라는 돌격대이다. 이 엘리트 부대는 공격적 자기방어라고 불리는, 목표가 정해진 테러리스트적 행동을 실행하기 위한 것이다. 병참술을 실행하기 위한 수단의 부족으로 인해 훈련은 자주 나무 무기로 이루어지기도 한다. 아직도 생성 중인 이 군대는 육탄전 기술의 발전과 특별 훈련 프로그램의 고안을 지속해 나간다. 같은 해에, 카팝(Kapap, Krav panim el panim)이라는 정면대결 전투훈련의 양성이 하가나와 팔마 안에서 실행된다. 게르숀 코플러(Gershon Kopler)에 의해 주짓수와 복싱이, 예후다 마쿠스(Yehuda Markus)에 의해 주짓수와 유도가, 메이셸 호로비츠(Maishel Horowitz)에 의해 몽둥이와 검술[56]의 훈련이 양성된다. 이들은 거의 모두가 특별 야간 부대에서 복무했던 이들이다. 다음 해 리첸펠드는 무사 조하르(Musa Zohar)에 의해 팔마로 선발된다. 그리고 그는 카팝의 교관이 되어 주짓수와 복싱, 검술을 가르친다. 공격적 자기방어에 관한 전략적 몇몇 개념들은 미래적 차할(Tsahal, Tsva hagana leisrael)이라는 이스라엘 방어군의 수뇌부 안에서 형식화되었다. 차할은 1948년에 이미 존재하고 있던 준군사적 조직들의 총체가 융합됨으로써 만들어진 것이다.[57]

---

56 노아 그로스(Noah Gross)의 인터뷰를 볼 것. http://www.your-krav-maga-expert. com/Krav-Maga-History-Interview.html(마지막 온라인 검색일: 2017년 7월).

57 벤 구리온(Ben Gourion)은 국민군을 상상했다. 그리고 그는 병역의무를 유태인 국가를 구성하기 위한 주요 수단으로 정의했다. 왜냐하면 이것은 결집과 사회적 통합, 연대를 가능하게 하는 것이기 때문이다. 이러한 맥락에서, 여성들의 군 징집은 부분적으로 병역의무가 허가된 주요 역할을 맡기 위한 것이거나, 군복을 입을 수 있는 나이대 남성의 부족으로 인한 것이었다. 병역의무는 국민적 공동체를 생산해 낼 수 있는 유일한 애국주의적 원형이라 할 수 있다. 언어와 역사, 유태인 문화는 물론 무기조작법과 군대 규율을 배우는 곳이 바로 군대이기 때문이다. 사실상, 그리고 표면상으로는 여성, 남성 혼성부대이지만 이스라엘 군대는 주류적 남성성의 규범을 생산해 냈다. 이러한 제도는 기존의 제도적 실천들을 정상화하고 가부장제의 현 상태에 자발적으로 동의하도록 만들기 위

차할은 적을 무력화시키는 매우 빠른 공격에 특히 탁월하였다. 이는 적의 조직을 파괴하고 적의 방향성을 잃게 만드는 것이자 적을 충격에 빠뜨리는 것이다. 그리고 차할은 공격적 행동의 협업 면에서도 매우 탁월하였다. 이러한 공격적 행동들은 더 이상 여성과 남성 혼성부대가 아닌,[58] 남성 단독 부대의 도움을 받아, 사활이 걸린 적의 중심부를 무력화시키는 데에 그 목적이 있다. 최전선의 답보상태를 방어·수호한다는 고전적 개념을 희생시켜서라도, 혼성이지 않은 이 군부대는 육탄전에 대비하여 과도한 훈련을 받는다. 차할은 응급조치로 가동되는 군대, 또는 즉흥적으로 만들어진 군대라는 평판에도 불구하고, 식민정책의 틀 속에서 새로운 자기방어의 군사적 전술을 실험해 나간다. 이로써 차할은 세계에서 가장 효과적인 반봉기 전술 중 하나로 수출·인증될 수 있는 상태에 놓이게 된다. 차할의 원리들이 어디에, 누

한 의미 체계와 가치 체계를 구성하기 위한 것이다. Orna Sasson-Levy, "Construcing Identities at the Margins: Masculinities and Citizenship in the Israeli Army", *The Sociological Quarterly*, vol. 43, n° 3, 2002, p. 374.

58 Martin Van Creveld, "Armed but not dangerous: women in the Israeli Forces", *War in History*, vol. 7, n° 1, 2000, pp. 82~98. 저자는 트라우마적 사건으로 인해 여성들이 모든 전투부대들에서 빠지게 된다는 사실을 상기시키고 있다. 1947년 12월에 팔마의 여성과 남성 혼성부대는 함정에 빠져서 몰살되고 만다. 여성 전투원들의 시체는 며칠 뒤에 매우 잔인하게 훼손된 채 발견된다. 이것은 다음 논문에서 인용된 것이다. Vincent Joly, "Note sur les femmes et la féminisation de l'armée dans quelques revues d'histoire militaire", *Clio*, n° 20, 2004, pp. 135~145(마지막 온라인 검색일: 2017년 7월). 이스라엘 군대는 공식적으로는 여성과 남성 혼성이다. 그러나 군사 훈련을 받을 시, 여성들이 받는 훈련은 남성들의 훈련과 구분된다. 여성들은 주로 행정적 업무를 부여받으며 명령하는 직위에 도달할 수 있는 유일한 소수들이기도 하다. 특수부대의 존재에도 불구하고, 1949년에 만들어진 여성부대는 2001년에 결국 없어지게 된다. 이 사안에 대한 대략적 개괄을 위해서는 다음 논문을 볼 것. Ilaria Simonetti, "Le service militaire et la condition des femmes en Israël", *Bulletin du Centre de recherches français à Jérusalem*, n° 17, 2006, pp 78~95(마지막 온라인 검색일: 2017년 7월).

구에게 적용되는가는 전혀 중요하지 않다. 개인에게든, 그룹에게든, 민병대에게든 또는 군대에게든, 민간인에게든, 또는 군인에게든, 성폭력 범죄든, 경범죄든, 또는 테러에 적용되든 간에, 이 원리는 항상 같기 때문이다. 이를 통해, 이스라엘은 안전사회에 대한 조작적·통제적 모델이 되기에 이른다.[59] 이 모델은 안전한 시민의 원리로 구축될 자기방어술에 대한 준군사적 경험으로부터 만들어진 것이다.

1949년에 육탄전이라는 의미를 지닌 크라브 마가라는 용어가 나타난다. 이 용어는 카팝과 동시에 사용된다. 1953년에 리첸펠드는 35개의 기본 기술로부터 육탄전 시스템의 체계화를 제창한 이들 중 한 명이다. 육탄전 시스템의 기본이 되는 기술적 원리란 다음과 같다. 이것들은 지속적으로 갱신되며 시험되는 것이자 직면한 상황의 현재성에 적응해야 하는 것이다. 1958년에 그는 크라브 마가에 관한 군사 교관 총책임자가 된다. 크라브 마가는 차할 안에서 방어적 전투 시스템의 공식적 이름처럼 확정적으로 부과되었으며 군대를 이익이 되는 수출상품으로 만들어 주었다. 1964년에[60] 리첸펠드는 군대를 떠나 네타냐(Netanya)에서 크라브 마가의 첫 번째 민간 클럽을 세우게 된다. 이 민간 클럽은 크라브 마가의 기본적 원리들을 고안해 낸다. 이 원리들

---

59 "정착되고 있는 중인 안전사회들, 이것들은 서로 논쟁적이거나 일탈적인 것처럼 보이는 다양하고도 상이한 모든 행동의 연속체들을 관용적으로 허용하고 있다. 그러나 이러한 행동들은 위험한 사고처럼 여겨지는 행동이나 사람, 사물을 제거해야만 한다는 조건하에서만 용인된다." Michel Foucault, *Dits et Ecrits*, II, Paris: Gallimard/Quarto, p. 386.

60 이작 그린베르그(Izhac Grinberg)는 크라브 마가에 대한 또 다른 역사학자로서 1963년의 날짜를 적고 있다. http://www.kravmagainstitute.com/instructor-development/historu-of-krav-mage/.

은 네 가지 주요한 요구조건에 따라 분석될 수 있다. 1) 상황과 맥락에 대한 적응력, 2) 방어의 효율성, 3) 크라브 마가를 실행하는 이들의 보편성, 4) 국가적 문화의 전파[61]가 바로 그 네 가지 요구이다. 1980년대부터 크라브 마가는 전 세계에서 가장 현실적인 육탄전의 방어적 전투 시스템 중 하나로 여겨질 뿐만 아니라, 이익을 가장 많이 생산할 수 있는 이스라엘제 상품 중 하나로 여겨진다. 그러나 크라브 마가는 자기 실천이자 시민의 실천이며 국가적 문화에 해당한다는 점에서, 또 크라브 마가의 일반화가 세계를 지탱하는 방식이자 오직 이것만이 이 세계에서 유일하게 가능한 존재 양태처럼 부과된다는 맥락에서 이것은 단순한 상품 그 이상인 것이다. 크라브 마가의 현재적 성공이 자기 자신

---

61 민간사회에서 크라브 마가의 발전과 이것에 관한 교리들은 매우 드문 것이다. 다치지 말 것, 겸손하게 있을 것 — 불필요한 갈등과 과잉행동을 하지 말 것, 항상 자신의 감정과 정동을 사용할 것, 정신수련을 발전시킬 것, 재빠르게 행동할 것 — 제때에, 적절한 장소에서 적합한 행동을 할 것, 상황과 자신의 자원들을 최대한 유리하게 사용할 것, 가능한 한 가장 효율적이 되어서, 굳이 죽일 필요가 없도록 할 것. 이러한 여덟 가지 원리들은 크라브 마가의 전투적 기본원리들을 요약하고 있다. 부상당하는 것을 피할 것, 항시 위험을 계산할 것 — 자기방어의 원리, 전투적 몸의 자연적 움직임들과 신체적 반응들을 사용할 것 — 자신의 본성을 거스르는 지나치게 세련화된 기술들을 체화하지 말 것, 적절하게 이를 실행하거나 체화할 수 있을 시간을 가질 것, 정확한 방식으로 응수할 것 — 균형 잡혀 있으며 상황에 적합하며 항시 공격하며 방어할 것, 적을 무력화시킬 수 있는 적의 취약 부위들을 항시 가격할 것 — 대적의 국면에서 취해야 할 시간과 에너지의 절약, 사용가능한 모든 사물들을 사용할 것, 어떠한 규칙도 지키지 말 것 — 스포츠적이며 윤리적이며 기술적인 어떠한 제한도 지키지 말 것. 다음 책들을 볼 것. Imi Sde-Or(Lictenfeld) and Eyal Yanilov, *Krav maga: How to Defend Yourself Against Armed Assault*, Berkeley, Frog, Tel-Aviv: Dekel Publising House, 2001, pp. 3~4; Gavin De Becker, *The Gift of Fear and Other Survival Signals that Protect Us From Violence*, New York: Delta, 1997. 에마뉘엘 르노(Emmanuel Renault)에게 감사를 표한다. 그와 나눈 무술에 관한 의견 교환은 물론, 참고문헌을 알려 준 것에 대해서도 감사드린다.

을 방어하기 위한 매우 조작적이며 매우 현실적인 기술로 명성이 높은 기술이라는 사실에 의해서만 설명되진 않는다. 크라브 마가의 전파와 더불어 사실상 다루어져야 할 문제란 바로 다음과 같다. 각 개인이 살아가고 있는 세계라 할 수 있는 민간사회가 방어문화에 의해 크게 변화하고 있으며 이러한 방어문화가 매우 일반화되어 있다는 사실 말이다. 만약 크라브 마가가 현실적인 전투 기술이라면, 이 기술은 현실을 생산해 내는 것이어야만 한다. 그리고 이때의 현실이란 이 기술만이 이 세계에서 유일하게 가능한 살아갈 만한 입장처럼 여겨짐을 뜻한다.

크라브 마가는 치안유지를 위한 공권력에 의해 전 세계로 팔려 나간다. 크라브 마가는 그 실효성이 인증된 기술로서 이에 대한 다양한 부산물을 낳는다. 크라브 마가는 두 가지 근본 원리에 의해, 예전의 반봉기 기술들을 뒤엎거나, 이 기술들을 보완하기 위해 나온 것이다.

첫 번째로 방어적이며 공격적인 육탄전은 치명적인 무기 사용을 비가시화하도록 만든다. 무력 개입 장면이 방송을 탈 때에, 치명적 무기들은 분노의 여론을 잠재적으로 유발시키는 요소이기 때문이다. 그러나 이제 우리는 한정된 기술을 가지고서도 다른 몸을 움직이지 못하도록 만드는 치명적 무기로 몸 자체를 변화시킬 수 있게 됨으로써 치명적 무기 사용을 비가시화한다. 질식과 기절, 마비를 일으키는 신체의 고정 부위들에 대한 해부학에 따라, 몸 자체가 치명적인 무기가 될 수 있기 때문이다. 방어적이며 공격적인 육탄전도 치명적이지 않은 무기들로 여겨지는 보충물과 연장물 —— 톤파와 테이저건, 플래시 볼, 개 —— 을 치명적인 몸과 연결시킴으로써 치명적 무기 사용을 효과적으로 비가시화한다. 마티우 리구스트(Mathieu Rigouste)는 이러한 죽이기에는 충분하지 않은 무기들[62]이 공권력에 의한 정당방위의 권리를 연장한다는 명분 아래, 합법적인 살인 시장을 구성하고 있음을 입증하였다.

두 번째로, 육탄전 기술의 전파는 공권력과 무질서한 상태 간에 거리를 두도록 하던 역사적 과정을 송두리째 바꾸어 놓았다. 이 과정은 주로 방어적 수동성의 원리들을 거친다.[63] 예를 든다면 시위가 발생할 시에, 경찰의 바리케이드와 침투용 바리케이드가 이에 해당한다. 또한 이 과정은 분산 기술에 의한 자기구속의 원리[64]와 타격행위의 폭력성을 물대포와 같은 도구에 위임하는 원리도 거친다. 치안 유지를 위한 기술들의 권장과 전파는 육탄전의 일반화 전략과도 연결되어 있다. 나아가 치안 유지 기술의 권장과 전파는 새로이 갱신된 남성성의 규범을 운반하는 것이자 치명적인 접촉과 충격, 침입과 침투, 도발과 모욕, 조직 파괴[65]를 특화하는 것이다. 그리고 이 기술들의 권장과 전파는 경찰의 몸을 공격적인 몸으로 변화시키기 위한 것이다.

---

62 Mathieu Rigouste, *La Domination policière*, Paris: La Fabrique, 2012, p. 211.

63 파트리크 브뤼네토(Patrick Bruneteaux)는 프랑스 본국의 치안유지를 위한 역사를 통해, 다음을 증명하고자 한다. 예를 든다면 이러한 기술들은 돌격의 경우, 일탈의 위험을 최소화하는 것을 목적으로 한다는 것이다. 다음 책을 볼 것. Patrick Bruneteaux, *Maintenir l'ordre*, Paris: Presses de Science-po, 1996, p. 173, p. 225. 질서 유지를 위해, 우리는 다음 책도 읽어볼 수 있다. David Dufresne, *Maintien de l'ordre*, Paris: Hachette, 2007.

64 Patrick Bruneteaux, *Maintenir l'ordre*, p. 105.

65 다음 책을 볼 것. Lesley J. Wood, *Mater la meute: La militarisation de la gestion policière des manifestations*, 2014, trans. Eric Dupont, Montréal: Lux éditeur, 2015. 같은 책에서 마티외 리구스트가 쓴 후기인 「폭력의 전반적 시장」(Le marché global de la violence)을 볼 것.

여기에서 경찰의 공격적인 몸이란 이러한 변화 과정으로부터 기인하는 산물이자 공포라는 화학작용의 결과이기도 하다. 경찰은 이러한 공포 속에 살고 있으며, 이러한 공포를 일반화하는 데에 기여하고 있다.[66] 공포의 일반화는 억압적 역학의 일환이자 주류적 남성성의 새로운 규범과 이 규범의 경계를 구축하는 일이다.[67] 다시 말해, 여성화되어 있으며 비겁한 남성성의 가치로 여겨지던 공포가 이제는 남성적 자원으로 변모한 것이다. 이러한 남성적 자원인 공포에 의해, 아주 작은 화학적 신호도 자기방어에 항시 준비된 몸을 형성하도록 촉진한다. 또한 공포는 근육의 경련과 발작을 공격을 위한 자극으로 변모시킨다.

이스라엘 민간사회에서 크라브 마가의 일반화, 그리고 '모든 좋은 방어는 동시에 공격이다'라는 공격과 방어이론의 일반화, 이 두 가지 일반화들은 실제 상황에서 자기방어술의 문자와 정신을 구성하는 것이다. 자기방어술의 문자와 정신은 이스라엘 정부의 군사 전략을 구성하는 근본적 원리 중 하나이자 국가적 신념의 위상으로까지 상승된 것이다. 바로 자기방어술의 문자와 정신을 통해, 시민성에 대한 논쟁적이며 남성적인 비유가 전파된 것이다. 이러한 비유는 폭력에 대한 권

---

66 프랑스에서는 반범죄 부대(BAC)의 개입이 공포와 불안정성을 사회에 야기한다. 이러한 분위기 속에서, 저항 또는 반란의 전술들은 마치 이에 대한 반응처럼 여겨진다. "공포는 불가피한 것이다." 센생드니 지부의 반범죄 부대에 4년 동안 몸 담아 온 크리스토프는 이렇게 말한다. "설령 경험이 있다 할지라도, 우리는 결코 무엇을 맞닥뜨리게 될지를 알지 못한다." "개인들의 손에 쥐어질 수 있는 모든 것들, 인도의 조각들이나 시멘트 블록, 위에서 던져진 포석에 의해 우리는 언제든 놀라게 될 수 있다." Mathieu Rigouste, *La Domination policière*, p. 168.

67 새로운 형태의 주류적 남성성은 전투적 스포츠들, 자기방어 또는 규칙 없는 현실적이며 폭력적인 모든 전투 기술, 방어적 습속이 된 것들에 대한 경향성을 더욱더 고무시킨다.

리는 물론, 식민화에 대한 권리의 합법성을 자기방어의 원리로부터 도출해 내기 위한 것이다.

오늘날 이스라엘은 시민적이며 민간적인 정치 모델의 일환으로 전 세계에 걸쳐 폭넓게 자신의 모습을 드러내고 있다. 이러한 모델은 지금까지 안전 국가를 위기에 처하게 하거나 실패하게 만든 테러리스트의 위협[68]에 맞서는 정부 차원의 변화를 구체화하도록 한다. 최종적 위협은 덕목처럼 세워진 공포에 대한 일반적인 선동행위를 통해 나타난다. 이러한 위협은 이에 맞서는 실질적인 정책들을 통해 통제 아래에 놓이게 된다. 그러나 이러한 정책들의 생산은 개인들을 보호해 주고 수호해 주기보다는, 오히려 민간사회를 지속적으로 불안정하게 만드는 것이다. 이러한 정책들은 여러 방면에서 매우 경제적인 것인데, 왜냐하면 이 정책들은 같은 개인들에게 자기 자신을 방어할 책임은 물론, 폭력의 사용을 체화할 책임, 방어적 몸이 되는 것에 대한 책임 또한 양도하고 있기 때문이다. 방어적 몸들은 필요할 경우에, 얼굴 없는 적의 통제와 감시가 부과되어 파편화되어 있는, 치명적이며 전투적인 부대로 자신의 몸을 변모시킬 것을 허가한다는 의미이다. 나아가 방어적 몸들이란 안전이라는 명목하에, 지속적으로 공포에 의해 통치되는 것을 허가한다는 의미이다.

---

68 Mchel Foucault, *Dits et Ecrits*, II, p. 384.

정부 또는 정당방위의 비독점

홉스 또는 로크, 자기방어에 관한 두 가지 철학들

현대적 자기방어에 관한 첫 번째 개념은 사회계약의 철학들 속에서 발견된다. 자기 자신에 의한 자기방어는 스스로를 보존하고자 하는 자연법과 자유 개념을 공통적으로 참조하고 있다. 그리고 이러한 자기방어는 토머스 홉스의 철학적 인류학의 핵심이기도 하다. 만약 홉스의 첫 번째 목적이 주권적 힘에 의해 폭력을 제거하는 일이라면, 홉스의 철학은 인간 안의 폭력에 대해 결코 이해할 수 없을 것이다. 왜냐하면 인간 안의 폭력은 실증적 형태 아래, 그 어떠한 법제적 인공물에 의해서도 전적으로 무화될 수 없는 필연성으로 나타나기 때문이다.

　『리바이어던』에서 각자가 갖고 있는 자유 ──자기보존을 위해 모든 수단을 사용할 자유 ──는 자연법으로부터 기인한다. 자연의 법칙에 의한다면, 자기보존이란 어느 누구도 피해갈 수 없는 의무이다. "그들의 삶을 파괴로 이끄는 일을 하거나 그들의 삶을 보존할 수단을 제거하는 일은 사람들에게 금지된 것이다. 또한 그들이 가장 잘 보호받는 이들일 수 있다는 생각을 제거하는 것도 금지되어 있다."[1] 바로 이러한 보존의 명령과 보존의 자유로부터 자연 상태에서의 사람들 간의 절대적 평등이라는 조건이 도출되는 것이다. 이러한 평등이란 자기 삶을 지키기 위해 사용된 각자의 자원들 ── 힘과 계략, 지능과 연대 ── 의 측량할 수 있으면서도 상대적인 특징의 결과이기도 하다. "바로 이러한 능력들의 평등으로부터 궁극적 평등이 도출되는데, 이때의 평등이란 우리의 목적을 달성할 수 있다는 희망 속에 자리해 있다."[2] 자기 삶의 보존을 위해 일반화된 운동과 자신의 신체 수단을 통해 자기 몸을 방어하는 운동은 안전을 확증하는 일과는 거리가 멀다. 오히려 이러한 운동들은 죽음의 위험 앞에서는 모두가 동등하다는 사실로 축소될 수 있는 평등, 이를 강화하는 것일 뿐이다. 이를 통해, 자기방어란 자기 삶의 보존을 위해, 타인을 해칠 수 있는 실질적 능력에 의해 구체화된다.

자기 삶을 보존하고자 하는 일반화된 경향은 무한한 자기방어의 실천을 통해 표현된다. 바로 이와 같은 성격으로부터 매우 다양하게 표현되는 자기방어의 기술이 출현하는 것이다. 이러한 자기방어의 실천들은 긴급 상태에 놓여 있다는 점에서 모두 합법적이다. 이러한 관점에서, 방어적 폭력을 사용하는 것의 합법성과 불법성의 문제가 홉스

---

1 Thomas Hobbes, *Léviathan*, 1651, Première Partie, ch. XIV, trans. François Tricaud, Paris: Dalloz, p. 128.
2 Ibid., ch. XIII, p. 122.

에 의해 제거된다.[3] 그러나 이러한 만인에 대한 만인의 방어상태로부터 지속적인 불안정과 살기 힘든 상태가 도출되는 것이다. 이러한 전쟁과도 같은 상태는 『리바이어던』의 13장에서 정의되고 있다. 이러한 상태는 실질적인 전투[4]만을 독점적으로 참조하는 것이 아니라, 전투에의 경향성 또한 참조하고 있다. 이러한 상태는 그들 자신의 기지나 그들 자신의 힘에 의해 제공되는 안전 외에는 그 어떠한 다른 안전장치도 없이 살아가야만 하는 이들, 바로 그들의 시간성을 묘사하는 전투에의 경향성인 것이다.[5]

'전투에 대한 교활한 경향'으로 명명하고자 하는 바란 전투로 인한 대적들의 결말을 과신하기 위한 것은 아니다. 이러한 경향성이란 자신에게 오롯이 집중하는 운동처럼 여겨진다. 그런데 이때의 '자기'란 이러한 운동보다 먼저 존재하는 것은 아니다. 왜냐하면 '자기'란 방어적 운동의 지속적인 결과로서 나타나는 것이기 때문이다. 이와 같은 운동은 모든 자기실천 ──육체적이고 지성적이며 상상적·감정적·언어적인 자기실천들 ──을 타인들에 대적하는 방어로만 그 방향성을 한정 짓도록 한다. 바로 이러한 점에서 전투에 대한 경향성이란 도약하는 주체의 탄생임과 동시에 방어적 노고가 항시 강제됨으로써 이러한 도약이 오히려 소진적이 되기도 한다.

---

3 "합법과 불법, 정의와 부정의에 대한 관념들은 여기에서 다루어지진 않는다. 공통의 권력이 없는 곳에서는 법도 없다. 법이 없는 곳에서는 부정의도 없다. … 결국 이러한 상태는 최종적 결과를 낳는다. 그 어떠한 것에 대해서도 소유권이나 지배권이 없다면, 내 것이나 너의 것과 같은 구분조차 없다." Ibid., p. 126.

4 Ibid., p. 124.

5 Ibid.

홉스의 정치적 인류학은 방어적 폭력을 맹목적 경향으로 만드는 일과는 거리가 멀다. 여기에서 맹목적 경향이란 시대착오적 방식을 통해 방어적 폭력을 본능적 경향으로만 특징짓는 것을 뜻한다. 왜냐하면 자연 상태에 놓인 인간들의 조건이란 맹목적인 것이 아니라, 이치에 맞고 체계적인 자기방어의 실행과 매우 밀접하게 연결되어 있기 때문이다. 이와 같은 자기방어의 체계적 실행들은 평화의 추구 속에서도 나타날 수 있다. 홉스는 평화의 추구를 의무로부터 기인하는 정의로 규정한다. 또한 자기방어의 체계적 실행들은 숱한 무기들을 추구하는 과정 속에서, 수단과 방법을 가리지 않고 자신을 방어하고자 하는 것으로 나타나기도 한다.[6] 또 다른 말로 하자면, 자연법은 나의 삶을 보존하기 위한 항구적이며 체계적인 노력들을 내가 원하는 모든 것과 내가 할 수 있는 모든 것을 할 자유로 탈바꿈하는 것이다. 그러나 이러한 자연법은 불가능할 뿐만 아니라, 불가침의 절대적 영역 안에 있는 것이다. 1)어떠한 방해도 없이 자연법을 실행한다는 것의 불능성, 2)스스로를 먹잇감으로 탈바꿈하지 않고서는, 즉 나의 본성 자체와 내 인간성을 구성하는 것을 거부하지 않고서는 자연법을 포기한다는 것의 불능성이 존재한다.[7]

---

6 Ibid. 그다음 페이지들도 볼 것. "각자에 대한 불신으로 인하여, 그 어떠한 이도 자기 자신을 확정적으로 보증할 만한 이성적인 방법이란 모든 다른 이들보다 먼저 앞서 나간다는 것, 즉 계략이나 폭력에 의해 모든 다른 이들의 주인이 되도록 하는 방법만이 오직 있을 뿐이다. 이것은 그 자신을 위험에 처하게 할 매우 강력한 다른 힘이 더 이상 발견되지 않을 때에야 비로소 가능하다. 자기 자신의 보존 그 이외에는 아무것도 존재하지 않으며 일반적으로는 그렇다고 생각된다." Ibid., pp. 122~123.

7 여기에서 피에르-프랑수아 모로(Pierre-François Moreau)는 인간의 인간성에 대한 쟁점을 완벽하게 겨냥하고 있다. "만인은 만인에 대한 늑대이다"라는 표현에도 불구하고, 홉

홉스는 바로 이러한 모순으로부터, 사회적 계약이 가능한 조건들을 고안해 내고 있다. 모든 이들은 그들에게 고유한 자연법과 자기 자신을 방어하기 위해 적합하다고 여겨지는 모든 것을 사용할 자유를 가진다. 그런데 이러한 자연법과 자유들을 유일하게 권한을 가진 이를 위해 함께 포기할 때에만, 각자의 삶은 실질적이며 효과적인 방식으로 보장될 수 있다. 『리바이어던』에서 주장되는 권력의 위임성에도 불구하고, 자기 자신의 보존을 위해 집중된 운동은 결코 꺼뜨려지지 않는 것이다. "우리는 연결되어 있다. 그리고 우리는 사형에 처해지는 이들 또는 아주 작은 형벌이라도 부과된 이들을 사수 ─ 활 쏘는 이들 ─ 에 의해 둘러싸이게 만들 수 있다. 여기에서 이것이 보여 주고자 하는 바란 그 어떠한 계약도 범죄자들이 받는 형벌에 대해 그들이 저항하지 않을 것을 범죄자들에게 강제한다고 재판관들이 생각하고 있지 않다는 점이다."[8] 홉스는 이것을 『시민』이라는 저서에서 '저항할 권리'로 명명한다. 이러한 저항할 권리가 특권처럼 여겨져서는 안 된다. 왜냐하면 이것은 그 누구도 저지할 수 없는 생의 도약이라는 억압할 수도 없고 나무랄 수도 없는 경향으로부터 도출되는 권리이기 때문이다. 홉스는 같은 논고 ─ 『시민』 ─ 에서, 간수에 저항하는 죄수의 유

스의 자연 상태는 모든 측면에서 동물성·자연성과 구분된다. 그러나 이것은 자연에 대한 인간의 우위성을 함축하는 것이 아니다. 홉스에게 있어서 모든 것은 몸이며, 모든 것은 몸들의 움직임에 의해 설명되기 때문이다. 홉스에게 있어 인간이란 "반자연적 효과들을 생산하는 자연적 존재이다. 어떠한 의미에서, 인간이 사고하는 바의 모든 노력은 이 넘어설 수 없는 모순을 파악하는 것을 목적으로 한다". Pierre-François Moreau, *Hobbes: Philosophie, science et religion*, Paris: PUF, 1989, p. 44, pp. 54~55 또한 볼 것.

8 Thomas Hobbes, *Le Citoyen ou les fondements de la politique*, 1642, trans. Samuel Sorbière, GF, 1982, pp. 109~110.

명한 예를 통해 노예의 문제를 다뤄 보고자 한다. 그는 전통적인 논거들을 다시 다루면서, 전쟁의 권리와 연결되어 있는 노예의 권리에 대해 언급한다. 전쟁포로들은 협약에 의해 무사한 생명을 보장받는 대가로, 그들의 정복자들을 섬기는 것에 동의할 수 있다. 그러나 홉스는 여기에서 매우 중요한 부분을 명확하게 밝히고 있다. "모든 자유를 박탈당한 채, 매우 힘든 종속 상태 속에서 고통받는 노예들, 족쇄에 연결되어 있거나 감옥에 갇힌 채로 있는 노예들, 또는 형벌의 일종으로 공공장소에서 강제 노역당하는 노예들, 이러한 이들은 나의 현재적 정의방식 안에 포함되는 이들이 아니다."[9] 왜냐하면 이러한 노예들이란 협약이 아닌 강제적 힘에 의해 복종하는 이들이기 때문이다. "그러하기에 철학자는 자신의 논변을 지속한다. 만약 그들이 도망치거나 설령 주인의 목을 딴다 할지라도, 이들이 자연법에 어긋나는 일을 저지른 것은 아니다."[10] 그러나 이러한 백지 위임의 경우에 대해서는 유의하도록 하자. 이 시대에는 매우 드문 경우이지만, 여기에서의 노예제는 전쟁 패배자의 운명이자 공정한 전쟁의 문제로만 접근해서는 안 된다. 그렇다고 노예제를 홉스가 동시대인으로 있는 대서양 횡단적인 노예제라는 매우 거북한 제도[11]에 대한 참조만으로 접근해서도 안 되는 것이다. 엄격히 말해서 홉스는 저항의 권리를 합법화하는 일과는 거리가 멀다. 그는 자기방어의 경향성이라는 인간이라면 도무지 물리칠 수 없는 성

9 Ibid., pp. 181~182.
10 Ibid., p. 182.
11 다음 책과 논문들을 볼 것. Orlando Paterson, *Slavery and Social Death: A Comparative Study*, Harvard University Press, 1985; Eleni Varikas, "L'institution embarrassante", *Raisons Politiques*, n° 11, 2003, pp. 81~96.

격, 또는 이것의 개화시킬 수 없는 성격을 인정하고 있을 뿐이다. 그리하여 이것은 노예제도의 합법성 또는 불법성을 사유하고자 하는 문제가 아니라 노예해방적 실천들과 저항적 실천들이 갖는 폭력의 불가피성을 확인하는 문제인 것이다.

홉스의 유물론적인 인류학에 따르면 자기보존을 위한 자연법은 다른 이들보다 오직 몇몇 이들만이 누리는 태생에 따른 특권적인 자기권리로 축소되지 않는다. 홉스는 자기보존을 위한 자연법을 각자가 동등하게 실행하고 있는 보편적 경향성으로 정의 내리고자 한다. 17세기와 18세기 동안, 자연 상태에 관한 담론들은 잘못된 제도들에 대한 비판의 일환으로 자주 기능하였다. 홉스 또한 이 규칙을 위반하지는 않는다. 그러나 그에 따르면 잘못된 제도들은 인간 본성을 변질시키는 것이 아니라, 오히려 정반대로 본성의 부산물을 유지시키는 데에 있다. 또 다른 말로 하자면, 정치적 제도들이란 자연 상태와 명확하고도 확정적인 결렬을 실행하지 않았다는 것이다. 그러나 과연 이것은 가능한가? 정치 제도들은 결함을 갖고 있을 뿐만 아니라, 민간사회의 무질서를 양산하는 것이기에, 민간사회에 폭력이 존속하게 된다. 그의 입증을 따라가게 되면, 우리는 왜 홉스가 자신의 독자층 ─ 자연 상태를 매우 비극적으로 묘사하는 것에 대해 회의적일 것으로 의심되는 이들 ─ 에게 호소하고 있는가를 비로소 이해할 수 있게 된다. 의심 많고 설득하기 어려운 모든 사람들은 자기 자신을 되돌아볼 수 있는 자들이다. 그들은 여행을 떠날 때에, 스스로를 무장하거나 안전하게 수행받길 원한다. 자러 갈 때조차 의심 많은 모든 이들은 자신의 집 문을 걸어 잠그며 자신의 집 안에서조차 열쇠로 금고를 잠그고 있다. 그들에게 가해진 부당한 일을 복수해 줄 수 있는 법은 물론 무장한 공공 관리가 존재한다는 사실을 알고 있음에도 말이다.[12]

영국사회와 제도들에 관한 홉스의 비판은 이 사회에 보편적으로 존재하고 있는 방어적 염려를 묘사하는 것이다. 이러한 비판은 사회적 대립들에 관한 정치적 권력의 효과들, 또는 이것의 효과 없음으로 인한 정치권력의 오작동을 겨냥한다. 신중함의 습관과 불신의 습관, 전투적 기지의 습관, 누가 살아남을 것인가에 관해 항상 계산해야만 하는 이성과 몸의 피로, 이 모든 것들은 편집증적인 자기-되기와 주체화의 증상이라 할 수 있다. 이러한 편집증적인 자기-되기란 국가에 의해 아직 종속되지 않은 상태라 할 수 있다. 이때에 국가란 많은 이들에게 두려움을 유발시킴으로써, 민간 안전에 필수적인 강압적 힘을 드러내고 이 힘을 강제적으로 실행할 수 있는 것이다. 만약 홉스 철학의 모든 노력이 개인 간의 관계에 내재한 폭력마저 평화롭게 만들 수 있는 유일하고도 절대적이며, 계약에 의해 제정된 합법적인 주권권력의 개념화에만 집중한다면, 이러한 폭력은 민간적 삶의 영역에서 결코 전적으로 제거될 수는 없을 것이다. 왜냐하면 민간 영역에서 안전한 상태란 모든 이들의 의지적 복종과 동의를 조건으로 하기 때문이다. 그러나 폭력은 결코 전적이며, 확정적인 방식으로 정치적인 것의 바깥에서만 존재하는 것일 수 없다.

홉스의 인류학에 대한 해석의 쟁점은 자기방어가 자기 자신과의

---

12 Thomas Hobbes, *Léviathan*, p. 125.

관계에 대한 가장 단순한 표현방식 중 하나임을 입증하는 데에 있다. 여기에서 자기 자신과의 관계란 생의 도약과 신체적 움직임에 내재적인 것으로 이 움직임들을 시간 속에서 지속하기 위한 것이다. 이것은 방어를 위한 신체적 전술과 저항을 위한 능숙한 노력에 의해 주체성이 어떻게 직조되는가를 포착하는 문제이다. 이러한 전술과 노력은 개인과 개인 간의 역경이라는 실질적이며 상상적인 모험에 직면하는 일이기도 하다. 그리고 이와 동시에, 이러한 전술과 노력은 국가에 의해 꼼짝 못 하게 된 권리의 주체를 설립하는 일이 애써 제거하거나 은폐하고자 하는 물질적 상황에 직면하는 일이기도 하다. 그런데 존 로크는 이와는 전혀 다른 해석을 제안하고 있다. 이러한 관점에서 자기방어의 주체에 관한 정의방식에 있어, 드러나게 될 대조적 효과란 매우 인상적일 것이다. 그렇다면 내가 보존하고자 하는 '자기'란 과연 누구인가?

로크에 의해 제안된 자연 상태 속 인간들은 홉스의 견해와 마찬가지로, 자연적으로 동등한 이들로 상정된다. 그러나 이러한 평등은 자기 자신을 마음대로 처분할 수 있는 권력, 즉 우리가 소유하고 있는 것을 마음대로 처분할 수 있는 권력에 대한 평등한 배분처럼 여겨진다. 다시 말해, 이러한 권리는 틀 지워진 것이며 자연법의 한계 내에서 실행되는 것이다.[13] 적어도 피조물의 주인[14]인 신은 몇몇 피조물에게는 지배할 권리를, 다른 피조물에게는 복종의 의무를 부여했다는 것이다.

---

13 John Locke, *Traité du gouvernement civil*, 1690, trans. David Mazel, Paris: GF, 1992–*Du Gouvernement civil: De sa véritable origine, de son étendue et de sa fin*, ch. II, p. 143.

14 Ibid.

이러한 관점에서 그들의 몸을 소유하는 자들과 자연적으로 이러한 소유권을 박탈당한 이들이 존재하게 된다. 바로 이러한 근본적 구별로부터, 자유를 실질적으로 부여하는지의 여부가 결정된다. 비록 로크가 자유에 관한 한, 각자의 평등한 권리를 주장하고 있음에도 불구하고 여전히 그는 매우 다양한 차별적 조항들을 도입하고 있다.

자기 자신을 마음대로 처분할 수 있는 자유란 근본적으로 자기 자신을 보존할 의무에 복종함을 뜻한다. 또한 이러한 자유는 보다 폭넓게는 인간 종의 보존에 협조하라는 명령에 복종하는 일이다. 사람들이 그들을 창조해 낸 전지전능한 제작자[15]인 신에 속하는 피조물로 머문다는 가정하에서, 자기 자신은 물론 자신의 재산을 마음대로 처분할 수 있는 자유란 향유의 권리처럼 이해될 수 있다. 향유의 권리란 자신의 몸과 자신의 재산을 보존하기 위한 목적 속에서, 이것을 이성적이고도 자유롭게 사용하는 것을 허가하는 일이다. 즉 자기 자신을 보존한다는 것은 주체의 소유물처럼 정의되는 자기 자신의 몸에 관한 것이다. 오직 신만이 나의 인격과 몸을 절대적으로 소유할 수 있기에 이것은 상대적인 소유권이자 타고난 소유권이기도 하다. 자신의 고유한 몸은 다른 모든 소유권의 근간이 된다. 자신의 고유한 몸은 자연을 바꾸는 것을 허가하는 일로서 다른 재산들을 내 것으로 삼는 것을 자신에게 허가하는 일이다. 그러하기에 몸은 소유권에 해당한다. 이러한 몸의 사용은 사물들에 관한 자신의 권리를 증가시킬 수 있는 권리의 주체를 제창하는 일이다. 왜냐하면 "각각의 인간은 자기 자신의 고유한

---

15 Ibid.

인격에 관한 특수한 권리, 즉 그 어떠한 다른 이들에 의해서 주장될 수 없는 자기 자신만의 고유한 권리를 갖기 때문이다. 그리고 자신의 몸을 통한 작업과 자신의 손에 의한 작품은 자신의 고유한 자산이다".[16]

로크는 자기보존을 위해 자기 자신을 마음대로 처분할 수 있는 권력에 관하여 재판권의 권력을 덧붙이고 있다. 이러한 재판권의 권력은 로크적 의미의 주체성의 사법적이며 철학적 형태를 훨씬 더 강화하기 위한 것이다. 바로 여기에서, 자기 자신을 보존할 의무와 자유가 홉스적 관점과는 근본적으로 다른 방식으로 개념화되고 있다. 홉스에게 있어, 자기 자신의 보존이 몸에 내재적인 경향처럼 정의되었다면, 로크에게 자기 자신의 보존이란 복수하는 것의 합법성 또는 불법성에 전적으로 달려 있는 것이다. 그러나 홉스에게 자기방어란 언제나 합법성의 문제 너머에 있는 것이다. 자기보존은 법이라는 인공물을 항상 실패하게 만들거나 적어도 위기에 처하게 만드는 물질적 실효성의 표현이기 때문이다. 그러하기에 여기에서의 합법성이란 자연적 또는 실증적 합법성에 관한 것이다.

이와 반대로, 로크에게 있어 방어란 나 자신의 소유권이 내게 부여하는 첫 번째 권리의 합법성의 문제, 이에 의해 부과된 틀 바깥에서는 결코 생각될 수 없는 것이다. 이러한 관점에서 자기방어의 모든 행동과 모든 표현은 권리에 비추어 질문될 수 있다. 그리하여 자기방어는 정당방위의 권리로 축소되고 만다. 모든 문제는 어떠한 주체가 자기 자신을 방어하기에 합법적이며, 또 어떠한 주체가 그렇지 아니한가

16 Ibid., ch. V, p. 163.

를 아는 데에 있다. 이 문제는 방어 행동의 유형이 아니라, 결국 방어하는 자의 위상에서 그 해결책을 발견할 수 있도록 만든다. 오직 주체, 권리의 주체이자 자유로운 주체, 즉 재판권의 권력을 합법적으로 주장할 수 있는 소유자만이 자기 자신을 방어할 수 있는 권리를 가질 수 있게 된다. 이것은 마치 자신의 소유권에 대한 침해에 대항하여, 각자가 자기 자신을 서로서로 방어하고자 하는 것과도 같다.[17]

로크적 자연 상태에서, 만약 내 소유권이 침해되거나 그렇게 될 위협에 놓이게 될 때, 또는 타인의 소유권이 이와 같은 운명에 처할 때에, 재판권의 권력은 나 스스로 정의를 구현하는 것, 즉 판단하고 처벌하는 일을 허가한다. 이와 같은 방식으로 신은 우리에게 우리 자신의 몸에 대한 향유의 권리를 부여하였으며 이것의 소유자임을 선언하도록 만들었다. 신은 우리에게 벌할 권리만이 아니라 죽일 권리, 즉 우리 스스로를 판정자로 선언할 권리를 부여한 것이다. 그리하여 사람들은 자연법과 그들의 소유권을 침해하는 어느 누구에게라도 이성적이고도 합법적인 방식으로 벌을 내릴 수 있게 된다.

이러한 관점에서 로크는 저지른 범죄와 이 범죄로 인해 받게 되는

---

17 모든 해악적이며 위험한 피조물들에 대항하여 소유자 간에 동맹을 맺을 자연적 권리가 존재한다. Ibid., p. 148. 이러한 권리는 로크의 다음과 같은 원리를 참조하는데, 그것은 자기 자신의 보존은 항시 인간 종의 보존과 연결되어 있다고 생각하는 원리를 말한다. Ibid., pp. 144~145, p. 149. "각자는 자신이 가진 권리 —— 인간 종을 보존하고자 하는 권리이자 이를 위해 그에게 가능한 모든 것을 이성적으로 실행할 권리 —— 를 가진다. 이러한 권리들을 통해, 범죄를 또다시 저지를 수 있는 가능성을 제지하고자, 각자는 범죄를 처벌할 수 있는 권력을 갖게 된다. 여기에서 인간 종은 그들 인격의 소유자인 존재이자 그들이 취득한 것의 소유자인 존재, 이것의 총체로 명확하게 정의된다. 그리고 타인의 소유물을 훔침으로써 자연법을 어기는 다른 이들은 그들 스스로를 인간 종으로부터 열외시키는 것이다. 이로써 그들은 용어의 첫 번째 의미에서 보존 가치가 없는 이들이다.

형벌 간의 균형의 원칙, 이를 반드시 지켜야만 한다는 처벌의 권리를 권장하고 있다. 그러나 그는 타인의 소유권을 침해하는 일 ── 그것이 타인의 몸에 대한 폭력 또는 타인의 재산에 대한 침해든 간에 ── 은 자연법과 신에 대한 위배이자 자기 자신을 인간성으로부터 열외하는 일로 간주한다. 이것은 처벌권의 사용에서 절제를 옹호하고자 하는 바는 아니다. 로크는 두 가지 ── 1) 범죄자의 살육 정신과 불공정한 폭력, 그리고 2) 재산을 지킬 권리와 복수할 수 있는 모든 소유자들의 합법적 권리 ── 를 대립시킨다. 범죄자들은 "그들의 행동을 통해 만인에 대한 전쟁을 선포한 것이다. 그러하기에 그들은 결과적으로 어떠한 안전도, 어떠한 사회도 존재하지 않는 맹수나 사자, 호랑이처럼 이 사회에서 제거되어야만 한다".[18] 또한 도둑질은 전쟁, 즉 사회적 전쟁을 선포하는 일처럼 정의된다. 다시 말해, 로크는 도둑질이라는 맹목적인 전쟁을 도둑들에 대한 진정한 사냥행위로 전환시켜 버린다. 맹목적인 전쟁이란 소유자와 도둑 간의 전쟁이라기보다는, 가난하고 이질적이며 종속적인 도둑의 몸에 대한 사냥행위에 가깝다.

어느 누군가가 도둑질의 혐의가 있다면, 그는 다른 어떤 사람에 의해서도 합법적으로 처벌받을 수 있을 뿐만 아니라, 동물처럼 다루어질 수 있다. 소유자의 소유권에 대한 모든 침해행위는 폭력을 합법적으로 사용하도록 소유자에게 허가하기 때문이다. 이러한 폭력은 단순히 엄격하게 방어적이기만 한 폭력 ── 즉각적이며 균형 잡혀 있으며 합법화된 폭력 ── 으로만 여겨지진 않는다. 이러한 폭력은 예방의 목적을

---

18 Ibid., p. 149.

가진 모범적 폭력으로 정의된다. 주류적 근대 주체성의 도식과도 같은 소유의 권리란 밀접하게 연관되어 있는 두 가지 특권 — 보호의 권리와 재판의 권리 — 을 내포하고 있다. 이러한 관점에서, 스스로를 보존한다는 것은 처벌할 수 있다는 의미이다.

로크 철학에서, 내가 나 자신을 지킨다는 의미는 나의 자산과 소유물을 구성하는 것을 지킨다는 것, 즉 나의 몸을 지키는 일이다. 왜냐하면 자기 자신의 고유한 몸이란 한 인격을 정의 내리는 것이자 설립하는 것이기 때문이다. 자기 자신의 몸이란 권리의 주체에 의해 실행된 정의로운 행위의 대상을 가리킨다. 자기방어의 주체는 권리들의 담지자로서의 '나'를 뜻한다. 그리고 이때의 첫 번째 권리란 자기 몸의 소유권을 뜻한다. 소유관계 안에서, 그리고 소유관계에 의해 구성되고 설립된 주체는 자기 자신을 보존하고자 하는 행동보다도 먼저 존재한다. 소유자의 위상, 그리고 이로부터 논리적으로 도출되는 판정자의 위상은 자기방어의 실효성과 합법성의 조건이 된다.

모든 질문은 다음으로부터 출발한다. 스스로를 방어할 수 있는 합법적 권리의 주체로 과연 누가 인정될 수 있는가? 1)그들 자신의 소유자인 개인들이자 결과적으로는 권리의 주체인 자유로운 주체들과 2)도둑질이 존재의 조건 자체가 될 상태에 놓인 다른 이들, 바로 이 둘 간의 급격한 구별이 존재하기 때문이다. 모든 종류의 이러한 도둑들이 보호받지는 않는다. 왜냐하면 우리는 그들에게 그들의 고유한 몸과 권리, 자아를 더 이상 인정하고 있지 않기 때문이다. 즉 그들은 더 이상 인격이 아닌 것이다. 살아남기 위해서, 도둑질하기로 예정된 몸이라 할 수 있는 그들에게 있어, 방어한다는 것은 여전히 도둑질함을 의미하기 때문이다. 자기보존에 있어서, '자기'란 근대 주체성을 정초하는 의식적 자기의 성격을 띤다. 로크에게 있어, 자기방어에 있어서 '자기' 란 그가 주체화하고자 하는 의식이라는 개인적 정체성과 공명하는 것 이다. 다시 말해, 자기란 스스로에 대해 성찰할 수 있는 '나'인 것이다. 왜냐하면 이러한 '나'는 자기행동과 추억, 자기생각과 의지, 자기제스 처와 움직임의 아주 작은 것에 대한 소유권을 획득하기 위한 끊임없는 과정 속에서 갱신되는 것이기 때문이다. 다른 이들에게 있어, 자연의 혜택을 누리는 인디언이나 노예, 하인, 여성과 아이, 가난한 사람, 범죄 자와 흉악범이란 그들 자신으로부터 박탈당한 몸이자 인격이 없는 이 에 해당한다. 이러한 관점에서, 그들의 존재란 근본적인 자아의 바깥 에 놓여 있는 것이다.[19]

만약 로크에게 있어 자연 상태가 전쟁 상태로 뒤바뀐다면, 갈등 상 황은 더욱더 폭력적이 될 것이다. 왜냐하면 1) 재판권과 보존의 특권 을 누리는 이들, 즉 그들 자신의 소유자이자 판정자인 주체와 2) 그렇 지 아니한 다른 이들, 이 둘 간의 분열이 이미 존재하고 있기 때문이다. 정치적인 사회의 첫 번째 목표란 각자의 소유권과 재판권을 보존하고 모든 소유자가 그들의 몸과 재산을 누리도록 보장하는 것이다. 우리는

---

19 "몸을 갖는다"는 것은 자기 자신과의 소유관계를 전제하고 있다. 그리고 이것은 다음을 전제한다. 자기 자신이라는 것은 자기가 자신의 것이라는 정체화 과정과 비슷하다. 또는 여전히 자기 자신을 뒤돌아본다는 것은 자기 자신으로의 귀환과도 같다. 존 로크에게 있 어, 개인적인 정체성과 의식의 문제에 관하여는 다음 책을 참조할 것. John Locke, *Essai sur l'entendement humain*, 1671, trans. Jean-Michel Vienne, II, ch. 27, Paris: Vrin, 2002. 이 문제에 관한 내 입장은 베르트랑 귀이아르메(Bertrand Guillarme)와의 몇 년에 걸친 우정 어린 토론과 논쟁 덕분이다. 나는 여기에서 그에게 감사를 표한다.

이러한 목적을 위해 법제적 권력을 제창했다. 그러하기에 이러한 법제적 권력이 갈등에 대한 판결을 내리고, 형벌을 결정하는 것이다. 정치적 사회가 소유권의 존중과 공통적인 정의를 보장할 수 있을 때에만, 소유자는 그들의 재판권이라는 근본적 권리를 포기하게 된다. 그렇다면 소유자들은 과연 재판권을 포기하는 것인가? 완전히 그렇다고는 볼 수 없다. 오히려 그들은 이러한 권리를 위임하는 것에 가깝다. 다시 말해, 소유자들은 항시 책임을 물을 수 있는 입장이다. 비록 로크가 계약을 결렬할 수 있는 가능성 자체를 제한한다 할지라도, 그는 이러한 계약 결렬의 가능성에 의해 모든 가능한 공동체가 약화될 수 있음을 이미 알고 있다.[20] 만약 정치적 사회가 자신의 근본적인 임무에 실패해 더 이상 소유자들의 안전을 보장할 수 없게 된다면, 모든 주체는 자신의 재판권을 지금 당장 실행하고자 이 권한을 다시 가질 수 있다. 바로 이러한 특권으로부터 소유주의적인 개인주의 전통은 자기방어의 권리를 다음과 같이 생각하는 것이다. 이는 로크와 부분적으로 반대되는 생각이기도 하다. 소유주의적인 개인주의 전통에서 자기방어의 권리란 양도할 수 없으며, 개인이 다른 이에게 위임할 수도 없는, 그러나 공권력과는 나눠 가질 수 있는 정당방위의 권리처럼 여겨지기 때문이다.

이러한 위임의 개념으로부터 논의를 출발함으로써 논쟁을 구성하는 전통적 용어들이 전도되고 만다. 문제는 자기방어의 개인적 권리를 정부에게 위임하는 일이 아니다. 오히려 정부가 시민들을 향해 폭력을

---

20 이것의 목적은 각자의 보존과 모든 이들의 보존에 있다. 이 점에 관해서는 로크의 논지 전개가 이루어진 9장과 14장을 볼 것. John Locke, *Traité du gouvernement civil*.

실행할 권리를 양도받고 유지하는 것에 관한 문제이다. 우리는 이러한 역전이의 두 가지 주요 양태들을 상기해 볼 수 있다. 첫 번째 논리는 안전의 권력을 위임하는 것에 관한 것이다. 공권력이란 군대보다도 무장한 시민들로 구성된 민병대에 입각해 있다. 또한 공권력은 민병대의 도움을 통해, 군대를 강화하고자 하기 때문이다. 이것은 사립 경찰 또는 준군사적이며 억압적인 장치의 표본적 예이기도 하다. 두 번째 논리는 왕의 권력에 관한 것으로 정의의 권력을 위임하는 것에 관한 것이다. 권력 기관은 형벌을 내릴 수 있는 처벌의 특권을 면하고 있으며, 이러한 처벌 내릴 수 있는 특권을 몇몇 주체에게로 확장시키고 있다. 이것은 준사법적 장치와 무기 휴대에 관한 국가적 법제도의 표본적 경우이기도 하다. 이 두 가지 경우에서 위임의 논리는 방법과 수단을 절약하기 위한 전략성을 띤다. 이는 국가가 합법적 폭력을 독점한다는 가설을 더욱더 복잡한 것으로 만든다. 설령 자신이 가진 권한의 일부분을 덜어 낸 국가라 할지라도, 이것이 그 국가의 약점 또는 결점을 드러내는 것은 결코 아니다. 비록 우리가 너무도 쉽게 그렇다고 생각하는 경향이 있긴 하지만 말이다. 즉 우리는 다음과 같이 생각할 수 있다. 국가는 자기가 가진 특권의 다수를 외주화함으로써, 아주 적은 비용으로도 치안 유지를 보장하고 있다는 점이다. 이러한 권한의 위임은 시민에 대한 지속적인 불심검문을 거치는 일이자 그들 중 몇몇을 합법적인 판정자로 만드는 일이기도 하다.

복수하기: 민병대와 사법 협동조합

자기보존을 위한 자연법은 로크적 전통에 의해 정의되어 왔다. 그리고 자기보존을 위한 자연법은 법에 의해 정해진 권리 안에서, 바로 그러한 권리에 의해 구체화되었다. 여기에서 법에 의해 정해진 권리란 무장한 자기방어의 권리에 관한 것이다. 이러한 권리는 앵글로색슨적 사법문화를 구성하는 것으로, 자기 안에 매우 다른 표현들을 내포하고 있다. 이러한 권리에 대한 매우 다른 표현들, 그리고 이에 대한 정치적 쟁점들은 자기방어 개념을 역사화하기 위해 매우 결정적인 요소이다.

무장한 자기방어의 권리는 1689년 영국의 권리 선언문 제7항에서 정의되고 있다. 그리고 이 권리는 미국 헌법에서 거의 똑같이 계승된다. 이러한 권리의 근간은 군사적 병력과 경찰력을 일으키기 위해 왕국의 사람들을 무장시킬 필요성으로부터 도출된다.[21] 이처럼 군사적 병력과 경찰력을 일으키는 일이란 칼과는 다른 무기를 소유해야 하는 각각의 주체들의 의무를 수반하는 것이다. 영국에서 무기 휴대는 1689년 모든 신교도인들에게 근본적 권리처럼 자리 잡는다. 그리고 무기 휴대는 자기방어의 권리와 연결되어 있는 의무처럼 개념화된다.[22] 그 당시의 동시대인들은 자기방어의 권리를 저항과 자기보존의 자연법으로부터 기인하는 것으로 정의 내리고 있기 때문이다.[23] 이때부터 무

---

21 영국은 19세기 초에서야 경찰력을 구성한다. 런던 경찰국 ── 이것의 첫 번째 구역의 이름을 딴 스코틀랜드 야드(Scotland Yard) ── 은 1829년에 창립된다.

22 "저항하는 주체들은 그들이 처한 삶의 조건에 적합한 방어의 무기들을 법이 허용하는 대로 가질 수 있다."

23 Williams Blackstone, *Commentaries on the Laws of England*, 1765~1769, I, I, "On the Absolute Rights of Individuals", http://avalon.law.yale.edu/subject_menus/

장한 자기방어의 권리란 절대주의를 예방하기 위한 수단 중 하나인 의회 군주제의 철학적 역사 틀 속에서 접근된다. 비록 이것의 정확한 의미나 구체적 실행에 관해서는 몇몇 모호한 구석이 남아 있긴 하지만 말이다. 무장한 자기방어의 권리란 오직 시민 민병대 안에서만 행사되어야 하는가? 또는 무장한 자기방어의 권리란 억압에 대항하여 스스로를 방어하고 스스로의 삶을 보존하기 위한 한 개인의 양도할 수 없는 자연법에 해당하는가? 또는 이 권리는 사실상 부유한 극소수만이 소유할 수 있는 특권일 뿐인가? 19세기와 20세기 동안, 영국은 민간인들의 무기 휴대의 권리를 틀 지우기 위한 몇몇 법률을 이미 갖추고 있었다. 이것은 왕국 안에서의 총기류 증식과 무정부적 사용에 대해 일시적으로 대처하기 위한 것이다. 그러나 이러한 법률들은 무장한 주민들이 일으키는 사회적 무질서도 해결하지 못할 뿐 아니라, 자기방어의 정치적 문제들도 해결하지 못한다. 그러나 이러한 법률들의 합법성 자체에 대해서는 제대로 된 이의 제기가 이루어지진 않는다. 또 다르게 말하자면, 영국에서 무장한 자기방어란 의회라는 현명한 지성에 의해 틀 지워진 권리의 일환으로 남게 된다. 왜냐하면 의회란 주체를 대표하는 것이자, 주체의 특권 —— 그들의 판정자 되기와 같은 특권 —— 의 개인화와 자율화를 제한하는 것이기 때문이다.

이처럼 개인의 무장이 정의되고 제한되는 그 순간에도, 시민들의 재판권은 여전히 논쟁 중이던 사안이다. 19세기 말까지 소송 비용은

blackstone.asp(마지막 온라인 검색일: 2017년 7월).

고소인의 몫이었는데, 그 비용이 너무나도 비싸서 가장 부자인 사회 구성원만이 사법 절차를 실질적으로 취할 수 있었다.[24] 항거 사태는 나라를 뒤흔드는 것이었고 시민 그룹은 비싼 소송 비용과 사람들과 재산의 보호에 관한 법률의 불충분성을 논하고자 공적 회합을 소환하기도 한다. 바로 이러한 회합들로부터 기소 협회가 탄생하게 된 것이다.[25] 이 협회의 구성원들은 돈, 인적·물적 수단을 공동으로 함께 넣어 둘 것을 약속하는 문서에 서명한다. 이것은 조사와 고소, 법률 자문, 체포와 범죄인과 경범죄자의 구금과 체포 등에 필요한 비용을 확보하기 위한 것이다. 뿐만 아니라, 이 그룹의 구성원들은 서로를 돕는 일에도 참여한다. 서로를 돕는 일이란 소유물에 대한 상호적 감시와 증언, 정보 공유, 훔친 상품이나 재산을 사지 않을 것에 대한 맹세 등이 있다. 이 협회들은 사법적 협동조합에 가깝다. 이것들은 자구적 정의를 위한 협회라기보다는 사람들과 재산의 보호를 위한 상호공조조합에 더 가깝다. 자구적 정의를 위한 협회들은 미국에서 발전된 것이다. 기소 협회들의 경우 이미 존재하고 있는 법이나 사법 시스템을 대체하는 것이 아니라 오히려 보충하기 위한 것이다. 18세기 말부터 이러한 사법적 협동조합

---

24 18세기 중반까지 소송금액의 총합은 시민에게 부과되었다. 1752년에는 소송대상에 의해 출자된 금액에 해당하는 예비비용 구성을 대비하는 법제도가 채택된다. 하지만 이 금액은 충분하지 않았다. 이러한 상황은 미셸 푸코가 상기시키는 것처럼 프랑스와 비교할 만하다. Michel Foucault, *La Société punitive, Cours au Collège de France 1973*, Paris: Seuil/Gallimard, 2013, lesson of 14 January 1973, p. 126과 그다음 페이지들.

25 Craig B. Little and Christopher P. Sheffield, "Frontiers and Criminal Justice: English Private Prosecution Societies and American Vigilantism in the Eighteenth and Nineteenth Centuries", *American Sociological Review*, vol. 48, n° 6, 1983, pp. 796~808, p. 797과 그다음 페이지들.

은 주로 사회에서 가장 가난한 집단 출신으로 구성된 정찰대에게 감시라는 하찮은 임무를 하청 주기도 했다.[26]

영국에서는 19세기 전반에 걸쳐 매우 규제적인 사회의 틀 속에서 자경단 시민들로 자가 조직된 그룹들이 나타나게 된다. 은행들에 자금 맡기기, 현 회원에 의한 신입회원 선거, 도시 밖이나 지역 또는 도둑질 이외의 다른 사건들로 인한 소송 비용을 위한 보증금, 개인 경호원의 고용… 바로 이러한 협회의 문서 보존을 통해, 1839년에 이미 사법적 협회구성원이 500명 이상이었다는 것을 가늠할 수 있다.[27] 그리고 이러한 문서 보존은 사적 소유권은 물론 자본주의 시스템과 연결된 실천의 범죄화에 의해 발생된 경제적 이익과 발전을 가늠할 수 있게 한다. 만약 국가가 이러한 사법적 협동조합들의 자유로운 흐름을 내버려 둔 것이라면, 이것은 결코 국가가 약해서가 아니다. 오히려 이것은 국가적 실행을 합리화하는 방식이자 지속적 절차의 틀 속에서 이루어진 것이라 할 수 있다. 이러한 관점에서 무장한 자기방어의 권리에 관한 역사는 사적인 사법 조직의 역사와도 밀접할 뿐만 아니라, 자유주의 국가의 계보학적 성격을 띠기도 한다. 나아가 무장한 자기방어의 역사는 주류적 근대 주체성을 정의 내리는 것이다. 주류적 근대 주체성이

---

26 사립 경찰의 출현과 경제적 장소에서의 방어에 대한 현대적 시장의 어마어마한 발전, 이 둘 간의 연속적 관계는 구축 가능하다. 경비원과 안전·감시를 위한 또 다른 요원은 주로 서민계층의 인종화된 사람 중에서 고용된다. 이 지점에 관해서는 다음 논문을 볼 것. Frédéric Peroumal, "Le monde précaire et illégitime des agents de sécurité", *Actes de la recherche en sciences sociales*, 2008/5, n° 175, pp. 4~17.

27 Craig B. Little and Christopher P. Sheffield, "Frontiers and Criminal Justice: English Private Prosecution Societies and American Vigilantism in the Eighteenth and Nineteenth Centuries", p. 800.

란 자신은 물론 자신의 소유권을 방어할 수 있는 자율적인 사법능력과 무술능력에 의해 특징지어지는 표준적인 시민 형상에 초점을 맞추고 있다. 사실상 이러한 사법적 협회들은 매우 강제적인 틀을 만들어 냈고, 바로 이러한 강제적 틀 안에서 무장한 자기방어의 권리를 생각해야만 한다. 사법적 협회들은 1) 왕국의 방어를 위한 시민 민병대가 구성되는 틀 속에서 무장해야만 하는 고전적 의무에 근간한 것임과 동시에, 2) 자기보존과 자기재판권에 대한 개별적 권리에 대한 해석에 입각해 있는 것이다. 이러한 사법적 협회들은 왕정 당국을 보완하여 치안을 유지해 나가는 지역적 장치들을 구성하는 것이었다. 이러한 경우에 이 장치는 기업가적 모델을 자기방어로 확장시킨 예, 더 정확히 말하자면 "기업가적인 주도행위를 범죄적 정의의 영역까지 확장하는 예"[28]에 해당하는 것이지, 자기방어 영역을 사회 및 국방의 문제로 확장시킨 사례는 아니다. 이로써 우리는 사회적으로 급부상한 상인 계급의 이득에 봉사하는 장치 앞에 놓여 있다. 이는 마치 중세시대의 상업 협동조합 또는 프랑스에서 같은 시기에 전개된 농민들의 자기방어 그룹들과도 같은 것이라 할 수 있다.[29] 그룹으로 모인 개인들은 집단적 방식

---

28 Ibid., p. 801.

29 1973년 1월 17일의 콜레주 드 프랑스 수업에서 미셸 푸코는 다음 텍스트를 주석한다. Guillaume-François Le Trosne, *Mémoire sur les vagabonds et sur les mendiants*, publié en 1764. 정치적 경제에 관한 이 텍스트에서는 개인들을 강제하는 노동, 이것의 일반화된 절차의 틀 속에서 경범죄가 문제시되고 있다. 이 텍스트에서 르 트론은 방랑벽을 표적으로 삼는다. 왜냐하면 그에게 있어서, 방랑벽이란 농민들이 당하고 있는 여러 도둑질의 원천이기 때문이다. 그는 농민 공동체에게 무장한 자기방어를 권장하는데 이것은 기마경찰대를 보완하기 위한 것이다. 이것은 다음 책에서 인용되고 있다. Michel Foucault, *La Société punitive*, p. 47과 그다음 페이지들.

을 통해, 무장한 자기방어의 권리를 실행할 수 있었다. 이로써 고립된 판정자들을 만들어 내는 특권의 원자화는 피할 수 있게 된다. 이러한 협회들은 자본가 계급의 특권을 폭넓게 강화하는 것이기도 하다. 자본가 계급은 법 위에서 움직이는 것이 아니라, 법과 함께 자기방어의 준사법적 장치[30]를 설립하면서 움직이기 때문이다. 이러한 협회들은 법제적 권력과 대립이 아닌 조화를 이루면서 그들의 기능을 효율적으로 완수했다. 이 협회들은 시민들 간에 존재하는 근본적인 구별의 원리를 더욱 강화해 나간다. 왜냐하면 오직 소유한 이들만이 자기방어의 자연법을 충분히 실행할 수 있는 이였기 때문이다.

대서양 반대편에 있는 미국의 정치문화 속에서, 자기방어권을 둘러싼 해석적 위기야말로 매우 뜨거운 논쟁을 불러일으킨 것이다. 고전적인 이데올로기적 입장으로부터 기인한 이 두 진영은 서로 대립하기에 이른다. 이 두 입장들은 법제도는 물론 유럽의 메트로폴리탄에서 진행된 경험, 논쟁, 이 모든 것과 참조적 인용관계 안에 있다. 이 두 입장들은 또 다른 쟁점들을 출현시키기에 이른다. 1) 총기류의 사적인 사용과 휴대를 금지하길 원하는 이들은 무장한 자기방어의 권리를 잘 조직된 민병대의 틀 안에 포함시켜야 한다고 생각한다. 그러나 자기방어를 민병대에 포함시켜야 한다는 생각은 2) 무장한 자기방어의 권리를 민병대들의 역사와는 구분되는 것으로 여기는 이들과는 전적으로 반대되는 것이며, 무장한 자기방어의 권리를 미국 시민권을 구성하는 것으로 여기는 이들과도 반대되는 것이다. 어떠한 실증적 법률도 이 권

---

30 Ibid., lesson of 14 February 1973, p. 129.

리를 제한하거나 조건 지을 수는 없기 때문이다. 그러나 이 두 가지 입장은 근본적인 생각들 —— 법은 시민으로부터 근간한다는 생각과 국민, 즉 각각의 시민은 본래적인 법제적 심급으로 남아 있다는 생각 —— 에서 서로 만나게 된다.

식민통치 시대 동안 미국 민병대들의 기나긴 역사는 미국 민병대들이 무장한 자기방어의 권리에 대한 첫 번째 원천으로 생각되진 않았음을 보여 준다. 단지 미국 민병대들은 이러한 권리의 표현 중 하나로만 여겨졌던 것이다. 이러한 민병대는 자체적으로 구성된 것이었다. 여기에서 무장할 수 있는 권리란 각자의 양도할 수 없는 권리를 가진 개인들과 이러한 개인들의 집합체라는 점에서 그 합법성이 도출되었다.[31] 영국을 거쳐 미국에서, 18세기 말과 19세기 말 사이에, 무장한 자기방어의 권리는 식민지 영토로의 전환으로 인해 확실한 변형을 겪게 된다. 모든 시민에게 있어 무기를 들 수 있는 권리, 그리고 자신과 재산을 방어하기 위해 자신의 유일한 판단에 의지할 수 있는 권리란 자기방어의 권리에 대한 새로운 표현방식이다. 그리고 이러한 권리들은 미국 법의 합헌성과 미국이라는 젊은 시민성을 구성하는 것이기도 하다. 시민들이 이를 위해 결집하거나 연합하는 일은 그 어느 것도 바꿀 수 없다. 왜냐하면 이것은 개별적 권리의 실행 가능한 것들 중 하나로 단

---

31 "법이 쓰여진 것이든 아니든 간에, 국민으로부터 이러한 법이 도출되는 것처럼, 그리고 국민이 국가에 의해 다스려지는 것을 수락하기 위해서는 어떠한 규칙들이 존재해야 하는 것처럼, 살인을 저지른 한 사람에게 사형을 내리는 것에 대한 국민의 만장일치는 이를 합법적 행위로 변모시켜 버린다." Niles Register(Missouri, 1834). 다음 책에서 인용되었다. Wiliam C. Cuberson, *Vigilantism: Political History of Private Power in America*, New York: Greenwood Press, 1990, p. 5.

지 남아 있을 뿐이기 때문이다. 이러한 개별적 무기는 애덤 스미스의 보이지 않는 손의 전형적인 구현이자 사회를 만드는 것이기도 하다.

자기방어란 미국사회에서 상상된 정치 공동체[32]의 성격을 적극적으로 띠고 있다. 이로써 자기방어는 공동체의 구성원과 미국 시민을 영원한 선구자처럼 호명하는 방식이기도 하다. 개척자로 불리는 영원한 선구자들은 국가의 설립자와도 같이 재현된다. 그들은 야생적이며 적대적인 자연의 영토 위에 도시를 건설하였고, 야만인으로 여겨지는 미국의 선주민을 몰살했으며, 식민 정부에 의해 강요된 실증법과 오래된 유럽의 권위를 거부했다. 이로써 그들은 항시 무장해 왔던 스스로의 힘에 의해 모든 위험으로부터 스스로를 지켰으며 국경확장을 도모한 것이었다.[33] 즉 자기방어는 사실상 미합중국의 사회적·인종적·식

---

32 다음 책을 볼 것. Benedict Anderson, *L'imaginaire national*, 1983, trans. Pierre-Emmanuel Dauzet, Paris: la Découverte, 2006.

33 frontier라는 용어는 프랑스어에서 차용한 것이다. 이것은 국경에 대한 신화를 참조하며 대서부라는 탐색해야 하고 문명화시켜야 하는 거대한 영토를 향한 개척자들의 행진, 이에 대한 영광스러운 이야기를 지칭하고 있다. 국경은 식민 지배자들의 발걸음 아래 지워지고 마는 저 너머의 것으로 남아 있다. 1890년 미국 인구조사국은 확정적으로 국경이라는 개념을 폐기한다. 태평양까지 이르는 영토의 총체는 이미 획득된 것처럼 여겨지기 때문이다. 즉 국민이 대륙처럼 재현되는 것이다. 1893년 '미국역사에서의 국경의 의미'라고 이름 붙여진 콘퍼런스에서, 프레더릭 잭슨 터너(Frederick Jackson Turner)는 미합중국의 민족주의에 적합한 신화적 이야기를 제공한다. 그는 국경에 관한 테제를 전개시키며 전형적인 미국적 기질에서 기인하는 것에 대해 정의 내리고자 한다. 개척자 세대가 서쪽으로 팽창해 나간 것은 다음의 이유에서이다. 그들은 야생성을 길들일 줄 알 뿐만 아니라, 바로 여기에서 자신의 자발성과 독립성을 만들어 낼 수 있는 새로운 시민 유형을 생산했기 때문이다. 이러한 새로운 유형의 시민은 새로운 어려움에 맞서 자연에 홀로 대항할 뿐만 아니라, 자신의 능력과 고유한 자원을 발견할 줄 알았다. 이것은 스스로를 방어하게 함은 물론 살아남도록 해준 것이었다. 많은 정치적 담론에서 자주 사용되는 참고문헌인 『새로운 국경』(*Nouvelles Frontière*)은 공간의 정복이자 가난에 대한 대항이며 평화를 향한 행진으로 지칭된다. 1960년 7월 15일 민주당 정당 대회에서의 존 F. 케네디

민주의적 역사의 근본적 구성 요소 중 하나이다. 또한 자기방어는 자기 자신을 정당화하는 수사학적 힘을 구성하는 것이기도 하다.[34]

무기 휴대의 권리는 미합중국의 헌법에 관한 열 가지 개정에 속한다. 이 권리는 1791년 12월 15일에 인준된 권리들의 표결 법안이기도 하다.[35] 이에 대한 분석의 첫 번째 층위는 이러한 권리선언과 분야에 관하여 매우 제한적으로 여겨지는 지역적 또는 연방적 법제도를 대립시키고 있다. 그런데 만약 두 번째 개정안이 다른 주들 또는 연방법들에서 채택된 수많은 법규에 의해 역사적으로 보장받고 있는 것이었다면,[36] 사실상 이 개정안은 1875년과 1939년, 2008년이라는 단 세 번에 걸쳐서만 헌법적 토론의 대상이 되었을 뿐이다.

1875년 미국 대(vs) 크루생크 사건에서 대법원 판결은 매우 중요했다. 이것은 루이지애나주에서 1873년 4월 13일에 생긴 콜팩스

공천 수락 연설을 볼 것.

34 다음 책을 볼 것. Howard Zinn, *Histoire populaire des Etats-Unis*, 1980, trans. Frédéric Cotton, Marseille: Agone, 2002.

35 "자유국의 안전에 있어서 필수적이라 할 수 있는 조직화된 민병대, 국민이 무기를 소유하고 휴대할 권리는 위반되지 않을 것이다."

36 "1927년의 연방법은 미국 우편 서비스에 의한 무기 운반을 금지하고 있다. 그러나 이것은 개인 운반업자에 의한 무기 운반에 관한 것은 아니다. 1934년의 연방법은 경기관총과 소총, 산탄총과 같은 유형의 무기에 세금을 무겁게 부과한다. 1938년 연방법은 무기공에 대한 허가증을 제창한다. 가장 중요한 법인 1968년 총기 통제법은 무기 교역을 규제한다. … 그리고 이 법은 국민 중 몇몇 범주—정신지체 장애인과 범죄자, 미성년자—에게 무기에 대한 접근권을 금지한다. 1993년에 브래디(Brady)법은 잠재적 구매자의 사법적 전적과 정신병력의 통제를 의무화한다…. 이러한 법들은 일관되며 비교적 완벽해 보인다. 그러나 불행하게도 무기 구매량이 너무도 부분적이어서 이러한 법률들은 불필요한 것이 된다." Didier Combeau, "Les Américains et leurs armes. Droit inaliénable ou maladie du corps social?", *Revue française d'études américaines*, n° 93, 2002, pp. 95~109, p. 101.

(Colfax) 몰살 사건 이후 일어난 일이다. 연합 군대의 베테랑이자 자유로운 흑인들로 주로 구성된 루이지애나주의 공화파 민병대는 도시 재판소를 지켰다. 그러나 이 흑인 민병대는 민주당에 의해 도구화된 KKK단과 근접한 백인 리그에 속하는 준군사적 그룹에 의해 패배하고 만다. 그리하여 50명에서 150명 사이의 사람들이 밤사이에 포로가 되거나 몰살당한다. 단지 몇 구의 시체들만을 되찾았을 뿐이었고 대부분의 시체는 강가에 던져지거나 불태워졌다. 1876년 대법원 판결은 다음을 상기시키고 있다. 두 번째 개정안에서의 무기 휴대는 이제 모든 시민을 위한 권리가 되는데, 이는 법 앞에서의 시민 평등을 보장하는 미국 헌법의 14번째 개정에 의한 것이다. 이 권리는 15번째 개정에 의해 이전의 노예들에게도 해당하는 것이 된다.[37] 그러나 대법원 판결은 스스로를 방어할 수 있는 흑인의 자유를 침해한 KKK단 구성원을 법적으로 기소할 권한을 갖고 있지 않음을 명시한다. 대법원 판결은 연방 정부에게만 규율에 따르도록 강제할 수 있을 뿐이지, 연방주에 대해서는 그렇게 할 수 없기 때문이다. 연방주는 개인들의 자유를 통제하는 것으로부터 자유롭다.[38] 그로부터 1세기 후인 2008년 판결은 결

---

37 1857년의 드레드 스콧(Dred Scott) 대 샌드퍼드(Sandford) 대법원 판결은 자유민이거나 노예인 모든 흑인 개인에게 무기 휴대 권리를 박탈하는 것을 인정하였다. 여기에서 무기 휴대권은 미국 시민에게만 독점된 권리라는 의미이다. 미국 남북 전쟁 이후 노예 법전의 이름으로 결집된 여러 정책은 남쪽 주 대부분에서 이러한 결정을 확인하도록 한다. 이것은 14번째와 15번째 개정안을 무시하는 것이다.

38 1939년의 미국 대 밀러(Miller) 판결은 또다시 민병대의 문제로 되돌아오게 만든다. 이 판결은 이 문제에 대한 새로운 답변을 제공하는 듯하며 다음과 같은 결론을 내리고 있다. 몇몇 종류의 무기는 잘 조직된 민병대의 효과적이면서도 규칙적인 훈련에 있어서 필수적이지 않다. 다른 말로 하자면 이 판결은 다음을 확인해 준다. 무장한 정당방위의 권리는 시민 민병대로 한정된다는 것이다. 그러나 이 판결은 모순적 해석들에 문을 열어

국 이러한 방향성을 재확인하고 있다. 이 판결에서 대법원은 컬럼비아 관할 법원을 처벌하는데, 그 이유는 한 개인에게 자기 집에서의 총기류 소지를 금지했기 때문이다. 비록 총기류의 사적인 사용과 소지에 관한 문제가 최근 미국의 정치적 논쟁의 핵심에 자리한다는 사회적 맥락에도 불구하고, 이러한 역사적 판결은 2세기도 더 된 논쟁에 종지부를 찍게 만든다. 이것은 두 번째 개정안이 시민들에게 그들 자신의 방어를 위해 무기를 휴대하고 소유할 권리를 보증한다는 것을 확인하고 있다.[39]

미국에서 무장한 자기방어란 양도할 수 없는 개별적 권리에 해당한다. 이러한 역사에서 무장한 자기방어의 권리란 국가 수호를 위한 집단적 결집의 가능성의 조건처럼 나타난다. 자구적(自救的) 정의 또

주는 셈이다. 그리고 이것은 개인 무장에 관한 한 각각의 주가 허용적인 법제도를 채택할 수 있는 자유처럼 개인 무장에 관한 개인들의 자유에 대해서도 근본적인 문제를 제기하고 있지 않다. 이 판결은 1934년 법의 후속조치라고 할 수 있다. 이 법률은 금지 기간 동안 피 터지는 여러 사회적 사건 단신 이후에 채택된 것이다. 1929년 2월 14일 성 발렌타인 대학살, 7명의 희생자를 낸 이탈리아와 아이슬란드 갱단 —— 알 카포네(Al Capone)와 버그 모란(Bugs Moran) 간의 경기관총과 산탄총에 의한 복수전이 이러한 사회 단신들에 해당한다.

39 이 토론의 전반에 관하여 우리는 다음을 참조할 수 있다. Robert E. Shallope, "The ideological origins of the Second Amendement", *Journal of American History*, vol. 69, 1982, pp. 599~614; Lawrence Delbert Cress, "An Armed Community: The Origins and Meaning of the Right to Bear Arms", *The Journal of American History*, vol. 71, n° 1, 1984, pp. 22~42; Michael A. Bellesiles, "The Origins of Gun Culture in the United States, 1760~1865", *The Journal of American History*, vol. 83, n° 2, 1996, pp. 425~455; Don Higginbotham, "The Federalized Militia Debate: A Neglected Aspect of Second Amendment Scholarship", *The William and Mary Quarterly*, vol. 55, n° 1, 1998, pp. 39~58; Saul Cornell and Nathan Kozuskanich eds., *The second Amendement on Trial: Critical Essays on District of Columbia v. Heller*, University of Massachusetts Press, 2013.

는 자구적 범죄 통제 운동과 같은 민병대의 역사는 이 운동들이 자기 방어를 실행하는 본원적 장소들처럼 여겨져서는 안 되며, 오히려 이 운동들에 자기방어의 확장에 해당한다는 것을 보여 주고 있다. 자경주의라는 이름 아래 결집한 이러한 운동들은 몇몇 예외를 제외하고는 거의 모든 이에게 무장한 자기방어 또는 준군사적 자기방어를 권장할 뿐만 아니라, 보수주의적이며 인종주의적인 수사학의 틀 속에서 비합법적인 정의를 권장하고 있기 때문이다.

자경주의 또는 인종주의적 국가의 탄생

미국에서 '자경단원'이라는 용어는 스페인어에서 차용된 것이며 프랑스어로는 '정의의 수호자, 판정자'라는 의미로 공통적으로 번역된다. 이 용어는 라틴어 vigilans를 계승하는 것으로 프랑스어로는 '야경꾼'이라는 단어를 낳는다. 이것의 용례는 자경단원 남자를 가리키기 위한 것으로 1824년 미주리주에서부터 이에 대한 용례가 확인된다. 그러나 이것의 용례는 자경단이라는 표현의 틀 속에서 19세기 후반에 더 자주 사용된다. 1760년대 말부터, 미국의 동쪽에서 서쪽 국경까지, 자경단 그룹은 지속적으로 발전해 나간다.

　식민지 루이지애나주에서 그들 중 한 명이 쓴 자경단원에 대한 첫 번째 텍스트가 발견된다. 자경단의 영광을 위해 쓰인 이 텍스트에서, 스스로를 판정자로 선언한 시민들의 무장 방어적 폭력 사용을 정당화하는 이론화 작업을 읽어 낼 수 있다.[40] 1861년에 알렉상드르 바르드

---

40 다음 책을 볼 것. Hubert Howe Bancroft, *Popular Tribunals*, San Francisco: History

(Alexandre Barde)는 프랑스어로 『아타카파스[41]에서의 자경단의 역사』(Son histoire des comités de vigilance aux Attakapas)라는 책을 쓴다. 저자는 1842년 루이지애나주에 도착한 식민 지배자이다. 그는 루이지애나주에서 언론인의 직업을 가졌으며 가끔씩 대농장의 백인 아이들에게 선생님 역할을 하기도 한다. 그의 텍스트는 자경주의 현상이 인종화되는 것을 구체화하는 자료이자 식민지적 폭력에 관한 자료이며 식민지적 폭력의 낭만화·소설화에 관한 자료이기도 하다는 점에서 탁월하다. 이 텍스트는 백인 판정자들을 영웅시하는 지표를 본질적으로 구축해 내고 있다.

민주당에 가까운 알렉상드르 바르드는 1859년, 남북전쟁을 예고하는 문제들이 터지던 때에 아타카파스에 합류한다. 그는 이 지역에서 증식하던 자경단들에 참여하였고 자경단에 관한 역사가가 된다. 그러나 이러한 자경단이 루이지애나주에서 탄생한 것은 아니다. 자경단들은 동쪽 연안[42]에서 형성되었다가 미국의 대서부로 19세기 전반에 걸

Co, 1887. 저자는 여기에서 국민에 의한 정의의 불법적 관리라는 관념을 정초해 내기에 이른다. 이것은 다음의 국민적 주권과 혁명의 권리라는 두 가지 원칙에 대한 자경주의를 뜻한다.

41 알렉상드르 바르드(1811~1863). 아타카파스는 본래 미국의 선주민을 가리킨다. 이것은 스페인 식민 지배자들에 의해 명명된 것으로 미국 선주민들의 소위 식인종적 행위를 참조하고 있다. 아타카파스 민족은 18세기 전반에 걸쳐 유럽인들에 의해 전파된 전염병으로 인해 몰살당한다. 아타카파스라는 이름은 그들의 영토 ── 현재 루이지애나주의 남서쪽 ── 를 가리키는 것이 된다.

42 미합중국의 자경단원에 의한 첫 번째 운동은 공통적으로 1760년대에 남캘리포니아에서 발견된다. 이것은 규제 전쟁을 참조했으며 규제적 운동의 이름하에 있었다. 규제 전쟁은 1765년과 1771년 사이에 영국 식민 지배하의 북캘리포니아에서 일어났다. 이 전쟁은 노동자 계급과 식민 지배 엘리트, 대지주, 부패한 지방 정부를 대립시킨다. 이러한 에피소드는 미국 혁명의 주요한 사건 중 하나로 여겨진다. 이러한 맥락에서 1765년과

쳐 점차적으로 형성된 것이었다. 이 그룹들은 주로 여성과 남성 혼성 그룹이 아닌 남성 단독그룹들이며, 부유한 남성과 지주, 농장주, 수공 업자, 법률가 또는 지식인과 사적 소유권의 방어에 결부된 모든 이들로 구성되어 있다. 이들은 최소 10명 이하에서 최대 6천 명에까지 이를 수 있었는데, 1856년 샌프란시스코에서는 6천 명이 모인 경우가 있었다.[43] 아메리카 영토의 식민 지배 전반에 걸쳐 남성 그룹은 방어적 민병 대로 구성되어 있었다. 이러한 방어적 민병대는 사법적이며 경찰적인 재판권이라는 예외적 권리를 스스로에게 하사하였다. 이러한 관점에 서 자경주의는 사실상 비합법적이면서도 직접적인 행동의 역사에 있어 가장 대대적인 표현 중 하나라 할 수 있다. 또한 자경주의는 노예제 폐지 반대는 물론 미국의 인종차별적 테러리즘과 범죄에 대한 가장 대대적인 표현 중 하나이기도 하다. 고전적 논변에 따르자면 자경주의는 정치제도의 초기 상태이거나 결함이 있거나 오작동하는 정치적 제도의 징후처럼 정의된다. 그러나 이러한 고전적 논변과 반대로 여기에서 채택된 관점은 오히려 다음을 보여 준다. 자경단원들은 통치성의 결함이 아닌 통치성의 합리화 논리에 이미 기입되어 있다는 사실 말이다.

바르드는 『자경단들에 대한 역사』에서 식민주의의 황금시대에 대한 도표를 제시한다. 식민주의의 황금시대란 프랑스인과 선한 기독교

1769년 사이에 남캘리포니아에서 소지주 그룹이 규제자로 자체적으로 구성되었고 도둑과 밀렵꾼, 깡패로 여겨지는 이들에 대항하려 했다. 다음 책을 볼 것. Ray Abrahams, *Vigilant Citizens: Vigilantism and the States*, Policy, 1998.

43 다음 책을 볼 것. Richard Maxwell Brown, *Stain of Violence: Historical Studies of American Violence and Vigilantism*, Oxford University Press, 1975, p. 134와 그다음 페이지들.

인, 좋은 아버지와 노동자가 땅을 비옥하게 만들었으며 평화 속에서 살았다는 시대를 뜻한다.[44] 그러나 이러한 목가적 재현 방식은 황금시대의 추락을 더욱더 강조하기 위한 것에 불과하다. 백인 식민 지배자의 첫 번째 세대는 가족을 구성하며, 온화함과 관용을 통해 가족적 정의를 구현하는 자들이다. 바르드에 따르면 그 누구도 처형되지 않았는데, 모든 이들이 형제이자 사촌, 친구, 이웃이며 함께 자란 이들이었기 때문이다. 그런데 바르드에게 있어 이러한 정의는 모든 범죄보다 오히려 더 나쁜 것이었다. 이러한 정의는 정의의 모든 원리를 무화하고 자신들의 장군과 장교, 군인에게 진정한 범죄의 군대를 발전시키도록 만들었기 때문이다.[45] 그리하여 모든 이들이 단 하나의 목표만을 향하게 된다. 그것은 바로 도둑질이다. 소와 말, 돼지가 몇 달 만에 눈처럼 녹아내려 버렸다. 아랍인의 노략질도 이러한 도둑질보다는 훨씬 덜 가혹할 것이며 이 약탈보다는 덜 격렬한 것이었다. 초원의 도둑들이야말로 배심원의 공모와 그들의 약점에 의해, 이 사회에 굳건히 자리 잡게 된 이 사회의 진정한 적들이었던 셈이다. 다시 말해, 이 사회는 스스로의 손으로 그들을 부수어야만 했던 것이다.[46]

---

44 "용기와 정직성, 명예는 충만한 땅에서 번창하였다. 오렌지 나무가 열대 지방에서 번창하는 것처럼 말이다. 아타카파스 마을의 보잘것없는 종탑을 굽어보는 십자가는 사회적 삶과 예수 그리스도에 의한 삶에 있어 완숙한 영혼들과 땅에게만 오직 자신의 그늘을 드리워준다는 사실을 자랑스러워해야만 했었다. … 흑인 그 자신은 도둑질을 알지 못했다." Alexandre Barde, *Histoire des comités de vigilance aux Attakapas*, Saint-Jean Baptiste(Louisiane): Imprimerie du Meschacébé et de l'Avant-Coureur, 1861, pp. 8~9. 강조는 인용자의 것.

45 Ibid., p. 12.

46 Ibid., p. 15.

저자는 미국 식민지의 원형적 정의(justice)라고 할 수 있는 가족주의를 넘어, 온화함의 파국적 실행에 관한 두 가지 원인을 파악해 내고 있다. 특정 증인이나 배심원 등을 기피할 수 있도록 하는 거의 무한정에 가까운 권리는 그 어떠한 변호사도 모든 배심원을 파면할 수 있도록 한다. 이 권리는 배심원들 대신에 무지한 이, 공모자 또는 부패한 이를 그 자리에 대신 앉히기 위한 것이다. 또한 모든 배심원들 간에 의견 일치가 있기 어려움에도 불구하고, 거의 자동적으로 무죄를 함축하는 판결에 대한 만장일치의 원칙을 실행하기 위한 것이다. 바로 이러한 맥락에서 루이지애나주에서 자경단의 역사가 시작된 것이다. "이것은 백 번이고 예견된 속죄의 날인 것이지 복수의 날은 아니다. 만약 무기를 사용한다면, 법정은 더 이상 그 이름을 가질 자격조차 없다. 우리는 위험한 계층들에게 그 책임을 물어야 한다. 우리가 페이지들을 넘겨 본 위험한 계층들의 과거에 관한 책에 대해서도 책임을 물어야 한다. 진정한 정의의 저울과도 같이, 매우 공정하고도 잔혹한 저울 위에서 측정하게 될 그들의 처벌받지 않은 행동들에 대한 책임을 반드시 물을 것이다. 그러나 이번에 우리는 다음과 같은 확신에 차 있다. 이 저울이 굳건하고도 확실한 자의 수중에 들어가 있다는 확신 말이다. 그리고 여기에서 나타나는 용맹한 힘이란 모든 활동의 어려움에도 비견할 만한 것이다."[47] 자경단원들은 "조국의 정화를 위해 싸우러 온 것이었다".[48] 바르드는 대중적 상상력에 그 자신의 환상을 투사한다. 그리

47 Ibid., p. 23.
48 Ibid., p. 23, p. 208.

하여 젊은 여성들에게 열렬히 사랑받는 자경단 수장과 그가 이끄는 자경단의 판정자들은 잘생겼을 뿐만 아니라 무장했으며 냉혹한 이들처럼 묘사된다.[49]

그런데 단순한 농민들이 영웅적인 판정자로 어떻게 탈바꿈할 수 있단 말인가? 바르드는 이렇게 질문하고 있다. 정직한 시민으로 구성된 자경단이 정의를 대체하는 건 합법적인 일인가? 바르드에게 있어 민간적 정의란 더 이상 존재하지 않기 때문이다. 바로 이러한 정의의 잿더미 위에서 자경단이 존재하게 된다. 그러나 판정자가 곧 판사인 것은 아니다. 오히려 자경주의는 갈등에 대한 사법적 해결을 신속 처리하는 졸속 양태들을 제창하는 일에 가깝다. 이러한 양태는 공정성과 모순의 모든 원칙에 대한 거부이자 무죄 추정의 원칙에 대한 거부에 입각해 있다. 극소수를 보호한다는 명목하에 있는 이러한 소송들은 유료이며 벌받길 기다리는 죄인들만이 존재할 뿐이다. 엄격하게 말해, 자경주의에서는 판사들이 존재하지 않으며 소송절차의 체계는 물론, 범죄와 경범죄, 악행에 대한 복잡한 체계화도 존재하지 않는다. 경범죄의 경우, 조치 대상이 되는 이는 이미 죄인이며 미리 앞서서 그들은 유죄일 뿐이다. 그리고 처벌에는 단지 세 가지 수위만이 존재한다. 일반적으로 24시간에서 일주일 이내라는 정해진 기간 안에 잘못을 바로 잡아야 할 의무가 있으며, 만약 이 기간을 넘어갈 시에는 추방과 채찍질이 내려지고, 재범일 경우에는 목매달아 버린다. 중범죄의 경우, 자경단은 이에 대한 유일한 방어수단을 다음과 같이 예고하는데 그것은

---

49 Ibid., p. 24.

바로 교수형이다.[50] 19세기 말 자경단 대부분은 채찍질과 추방, 목매달기를 사용하였다. 그들은 백인 식민 지배 사회에 위협이 되거나 달갑지 않은 모든 이들을 그들의 연방주 영토에서 쫓아내 버린다. 분리주의 전쟁의 전제가 더더욱 영향력을 갖게 되는 이러한 맥락 속에서 자경단은 남부 연방주에서 증식하게 된다. 자경단은 인종적 질서를 구축하기 위한 것이다. 이러한 조직은 백인 우월주의 이데올로기를 구현하기 위한 군대와도 같다. 즉 백인이 사회를 정화해야만 한다는 것이다.[51]

결국 자경주의가 절대적으로 치욕을 주고자 하는 이는 과연 누구인가? "변호사들은 여기에 들어오지 못할 것이다."[52] 바로 변호사들이다.[53] 자경주의는 단 하나의 방어만을 강제한다. 이는 적들에 대항하는 사회에 대한 방어이자 국민과 공동체의 구성원에 대한 방어이다. 그들의 적은 절대적으로 무방비 상태에 놓여 있는 이들이다. 자경단은 자기방어를 정당방위로 번역하는 가장 순수한 표현인 셈이다. 범죄에 대항하여 스스로를 지킨다는 것은 선험적으로 이미 정당한 일이며, 바로 이러한 원리는 모든 폭력을 미리 정당화해 버리는 일이기 때문이다. 자경주의의 역사는 공통적으로 혼란한 시기에 대한 응답처럼 분석된다.[54] 이러한 혼란의 시기 동안 예전의 질서는 중지되었고 해체되었으며 뒤엎어진다. 이때는 새로운 질서가 아직 제창되지 않은 때이다. 그

---

50 Ibid., pp. 27~28.

51 Ibid., p. 44.

52 Ibid., p. 28.

53 모순의 법칙: "다른 입장에 있는 쪽을 경청하라."(Audiatur et altera pars.)

54 알렉상드르 바르드는 자경주의의 신화적 에피소드로 프랑스 대혁명을 지속적으로 인용한다.

런데 자경주의는 다음과 같을 때에 생겨났다. 소송대상자와 판사, 변호사를 정의 내리는 관념조차 맹렬히 공격당하여, 이것이 더 이상 작동 가능하지 않을 때에 자경주의가 생겨난 것이다. 이러한 의미에서 판정자는 실질적으로 판사는 아니다. 오히려 판사는 그들의 적들처럼 여겨졌다. 그들은 판사의 자리가 비었을 때에도 그들을 대신해 행동하거나 판사의 이름으로 행동하진 않았다. 판정자들은 단지 판사들의 소멸을 위해 노력하였던 것이다. 그들은 스스로를 경찰이자 군인, 법원 서기이자 집행관, 간수이자 사형 집행인으로 여겼다. 알렉상드르 바르드가 이 사실에 기뻐하며 스스로 쓴 바와 같이, 자경주의는 정의로부터 기인한 것이 아니라 전쟁으로부터 기인[55]한 것이며, 더 나아가 사냥으로부터 기인하는 것이기 때문이다. 즉 자경주의는 이 사회에서 반드시 제거해 버려야 할 깡패들[56]과 가난한 자들, 유해한 자들에 대한 사냥 행위이다.[57]

이러한 관점에서 우리는 다음과 같은 사실을 인정해야만 한다. 자경주의의 역사는 정의에 관한 고전적 개념과도 확실한 경계선을 긋는다는 점을 말이다. 더 상세히 말하자면, 이것은 국가에 대한 철학적 역사와도 경계선을 긋는다. 또한 자경주의의 역사는 외국 권력당국에 의해 존중받는 권리의 체제, 이에 의해 정당화되고 중앙집권화된 사법적 장치들의 강제에 의해 구성된 국가 관념과도 경계선을 긋는다. 그 이

---

55 Ibid., p. 32. 이러한 관점에서 자경주의는 민간적 정의라기보다는 군사적 재판소에 더 가까운 것이다.

56 Ibid., p. 29.

57 Ibid.

유는 영웅의 형상과는 다소 모순을 일으키는 또 다른 역사적 판본이 자경단원에 의해 제시되고 있기 때문이다. 이러한 영웅의 형상은 정치철학에서 공통적으로 문제시되기도 했다. 고전적으로, 17~19세기에 영웅적인 권리 또는 힘의 권리는 법 이전의 시기에서나 중요한 것이다. 국가가 자리매김하기 전, "인간의 법이 존재하지 않았을 때에나 말이다". 『새로운 과학』[58]이라는 저서에서 이를 이론화한 비코(Vico)는 이렇게 쓰고 있다. 헤겔에 의해 계승된 영웅들의 권리란 국가 이전의 폭력을 특징짓는 것이자 힘의 독단을 대체하는 권리의 국가를 제창하기 위한 폭력이기도 하다.[59] 영웅은 사회 계약론의 철학자들에 의해 자연 상태로 이론화되었던 것에 종지부를 찍는 이다.[60] 또한 국가가 발생하였을 때에 판정자들은 시대착오적이라는 이유로 무대를 떠나야만 한다.[61] 그러나 자경주의에 의해 판정자라는 형상의 현실은 또 다른 운동을 생각하도록 만들었다. 여기에서 영웅들의 권리란 국가의 성립과 동시에 사라져 버리는 것이 아닌, 만들어지는 중인 국가적 사법 시스템과 대립되는 것처럼 받아들여졌다. 이러한 영웅들의 권리는 사법 시스템 대신 제도화되기 위한 것이다. 이것의 사후적 효과, 즉 국가 이

---

58 Giambattis Vico, *La Science nouvelle*, ed. Jules Michelet, Oeuvres Complètes, t. 2, Paris: Librairie Classique de Louis Hachette, 1835, pp. 265~266.

59 Grégoire Chamayou, "'Le jour des représailles', Théories de la vengeance et de la révolution aux XIX ème siécle", ed. Jean-Claude Bourdin et al., *Faire justice soi-même: Etudes sur la vengeance*, Presse universitaires de Rennes, 2010, pp. 156~170, p. 159.

60 *Principes de la philosophie du droit*, § 350, W7, 507, trans. J.-Fr. Kevégan, Paris: PUF, 2003, p. 436. 그리고 § 93의 주석. 나는 여기에서 그레구아르 샤마유를 독해하고 있다.

61 Ibid.

후에 사라져 버리는 것이 아닌, 다시 돌아오게 된 영웅적 권리의 효과란 다음과 같다. 비록 그 국가가 초기의 형태에 불과할지라도 국가에 반발하고 이를 뒤집어엎어 버림으로써, 또 다른 법률적이고 사법적인 합리성의 부과를 목적으로 하는 것이 영웅적 권리의 효과인 것이다. 이러한 영웅적 권리의 효과는 고전적인 문제의식을 이동시킨다. 공통적으로 자연 상태로 환원되는 자경주의는 자구적 정의의 표본적 표현이기도 하다. 자경주의는 국가에 맞서 자연의 질서를 재부과하는 것과도 같기 때문이다. 그런데 이러한 자연으로의 회귀라는 생각을 통해, 우리는 사실상 엄격하게 말하자면, 인종적인 국가의 새로운 설립, 즉 인종을 권리의 창립 요소로 합리화하는 형태에 참여하고 있는 것이다. 또한 (고전적 정치철학에서는 자경단원이 국가의 성립과 동시에 사라지지만) 미국의 역사에서는 왜 자경단원이 정치적 무대에서 결코 퇴장한 적이 없었던가를 비로소 이해할 수 있게 된다. 이들은 베단타 철학의 무한한 순환을 구현하는 것도, 그렇다고 공적 정의의 부재 속 사적 복수의 구현도, 과거 질서를 뒤엎을 수 있는 혁명적 상황의 징후인 것도 아니다. 오히려 판정자는 인종적 국가의 위인이라는 표본적 형상을 구성한다. 즉 자경단원들은 인종의 병리적인 화신을 현재화하는 이들이다. 그들은 순진하고도 단순한 사람들의 상징이다.[62] 초기의 판정자들은 식민 지배 민족의 역사적 특징에 부합하는 바를 제도화함으로써, 백인 우월주의를 구체적으로 실현하였다. 『법철학』이라는 저서에

---

62 Hegel, *Leçon de 1822~1823 sur la philosophie de l'histoire*, trans. M. Nienenstock et al, Paris: Le Livre de Poche, 2009, p. 449.

서 헤겔은 위인들이 죽임당하거나 판결당하고, 강제수용당하는 불행한 종말을 맞는다는 점을 상기시킨다.[63] 새로운 세대의 자경단원은 미국의 근현대사 속에서 첫 번째 세대의 자경단원을 대체하고 있다. 이것은 자경주의에 대한 기념임과 동시에 공인의 형태이다. 즉 자경주의는 시민성의 모델이 된 것이다. 미국의 모든 좋은 시민들은 경계심 있는 시민이다. 판정자는 미국 국민의 위대한 수호자이자 조국 수호에 늘 준비된 영웅이다. 자경주의 문화란 백인 인종 서사의 결을 제공하는 것이자 이를 지속적으로 현재화하는 것이다.

바르드의 텍스트는 몇백 년간에 걸쳐 제공되어 온 판정자 철학의 근본적 요소를 매우 이르긴 하지만 잘 응축시켜 내고 있다. 이것은 가장 현대적이며 대중적인 문화적 재현물과도 같다. 정의에 관한 고전적인 비유 — 공정성의 원칙을 보장하는 두 눈을 가린 여성 — 의 재현물과는 정반대로, 판정자의 형상은 눈이 아닌 얼굴이 가려져 있다. 그리고 그는 탁월한 남자임과 동시에 몸으로 구현된 자이자 현실적이며 욕망할 만하며 편파적이고 냉혹한 이이기도 하다. 고전적인 정의에 대한 비유적 형상은 소송 대상자들보다 우위에 놓여 있는 것이자 그들 사이에 있는 것처럼 여겨진다. 이러한 형상은 소송 대상자들의 인격이나 개성을 고려하는 것이 아닌, 오직 그들의 행동만을 고려함으로써 맹목적인 동시에 공정한 방식으로 결정하고 판단하는 것처럼 여겨진다. 그러나 이와는 정반대로, 자경단원의 형상, 가려진 판정자의 형상은 사회의 한가운데에서 진화하는 것이다. 범죄자를 발가벗김으로써,

---

63 Ibid., p. 165.

자경단원들이 수호한다고 믿는 바로 그 사회 말이다. 자경단원은 처벌적 의지와 인종적 정의를 구현해 내는 이들이다. 이러한 인종적 정의란 백인사회와 그들의 가족, 그들의 사적 소유권에 대한 위협이자 자연적 적들로 여겨지는 이들, 바로 그들을 처형하는 정의에 다름 아니다. 고전적 의미에서의 정의는 공적인 것이자 대낮의 것이지만, 자경단원은 밤에 활동하는 자들이다. 그들의 활동은 신의 이름과 정직한 이들의 수호 또는 자신들과 같은 인종을 가진 여성들의 명예라는 명목하에 이루어진다. 판정자가 쓰고 있는 가면은 자신의 뿌리와 자신의 진정한 정체성을 가리기 위한 것이다. 이때의 진정한 정체성이란 노동자이자 평화로운 농부이며 선한 기독교인이자 가족의 좋은 아빠이며 평범한 시민이라는 정체성을 뜻한다… 그러나 이것은 그의 시선과 눈을 오히려 강조하는 일이기도 하다. 왜냐하면 눈과 시선이란 그를 행동하도록 만드는 명목이라고 할 수 있는 합리성의 유일한 특징이기 때문이다. 다시 말해, 밤은 전지전능한 혜안의 관념을 강화하는 것이다. 짙은 어둠에도 불구하고 반드시 추방해야 하거나 처벌해야 할 이들의 진정한 본성을 꿰뚫어 볼 수 있는 전지전능한 혜안 말이다. 이로써 우리는 뛰어난 혜안을 가진 사람의 이미지와 눈이 먼 맹목적 정의를 대립시키기에 이른다. 우리는 이러한 뛰어난 혜안의 행동들이 가진 살인적 폭력성을 지우고 이를 낭만화해 버리고 만다. 이러한 낭만적 서사화는 깡패와 도둑, 암살자, 강간범과 범죄자를 추격한 후, 이들의 정체가 곧 백인 영웅에 의해 낱낱이 밝혀지는 것을 목적으로 한다. 이러한 영웅인 자경단원은 이 사회에서 순수하지 않은 이들, 즉 백인이 아닌 이들을 처형하는 국가에 대한 비유이기도 하다.

백색 정의

린치에서 정당방어까지: 흰색 실로 꿰매진 거짓말

미국 서부 국경에서 자경단이 출몰한 것은 린치의 실행과 직접적으로 연관되어 있다. 린치라는 표현 자체가 미국 혁명 시기(1765~1783) 동안 찰스 린치(Charles Lynch)에 의해 만들어진 자경단의 역사와 결부되어 있기 때문이다. 버지니아주의 입법관들은 찰스 린치와 그의 사람들에게, 말 도둑과 또 다른 강도를 근절하기 위한 전권을 위임했다. 이 법은 위험이 임박했다는 이유로 그들에게 법을 준수하지 않을 것을 허가할 뿐만 아니라 그들의 그 어떠한 행위들도 정당화하는 것이었다. 린치법은 남부 주[1]에서도 노예나 흑인 저항자[2]에게 그랬던 것처럼, 부랑자와 외국인, 백인 중 반체제주의자를 박해할 목적으로 사용되었다.

---

1 Wiliam D. Carrigan, *The Making of a Lynching Culture: Violence and Vigilantism in Central Texas, 1836~1916*, University of Illinois Press, 2006.
2 Frederick Douglass, "Lynch Law in the South", *The North American Review*, vol. 155, n° 428, 1892, pp. 17~24.

린치의 실행은 19세기 말 자경주의의 역사 속에서 항시 출현해 온 것이다. 그렇다면 군중에 의해 반복된 자발적 수탈행위는 KKK단의 전형적 경우처럼 조직된 그룹에 의해 저질러진 린치들과 구분된다. 그런데 군중에 의해 저질러진 범죄의 경우는 비이성적이며 혼용(渾融)적인 복수심에 의해 움직이는 대중과 연관된 폭력이다. 우리는 이러한 폭력의 자발적이고도 정신착란적인 행동에 대해 질문을 던져야만 한다. 우리는 많은 연구를 통해서 군중이라는 모호한 용어 뒤에 과연 누가 숨어 있는지에 대한 자료를 수집할 수 있었다. 이뿐만 아니라, 1880년과 2차 세계대전 사이에 발생한 린치가 일상적 삶의 장면을 구성하는 것이자 정상적으로 여겨진 사회적 행동양식이었음을 증명하였다. 목매달아 죽이거나, 산 채로 화형시키거나, 신체를 훼손하거나, 고문해서 죽일 한 사람을 중심으로 한 도시 또는 한 마을의 인구가 결집하기도 했다. 이러한 구경거리에 아이들도 참석할 수 있도록 휴교령이 내려지기도 했다. 그뿐만 아니라, 어른들은 아이들이 죽임당한 자의 가죽을 벗기는 놀이를 하도록 그냥 내버려 두기도 했었다. 가족들은 사형당한 시체들이 내걸린 나무 그늘 아래에서 처형 후의 피크닉을 즐기기도 했었다.[3] 이처럼 군중에 의한 린치행위는 평범하기 그지없는 사회적 삶 속에서 결코 특별한 상황이 아니었다. 19세기와 20세기 즈음, 많은 대중적 린치행위에서 군중, 특히 민간사회는 비공식적으

---

3 Hilton Als et al., *Without Santuary Lynching Photography in America*, Twin Palms, 2000. 다음 사이트를 볼 것. http://withoutsanctuary.org/. 또한 Amy Louise Wood, *Lynching and Spectacle: Witnessing Racial Violence in America*, University of Carolina, 2009를 볼 것.

로 형 집행을 도맡아 왔다. 민간사회에 의한 이러한 비공식적인 형 집행은, 유죄로 추정되는 수감자를 그 어떠한 보호도 없이 군중에게 내맡겨 버린 사법제도의 적극적 협조 또는 방임적 태도로 인해 부추겨진 것이었다.[4]

아프리카계 미국인에게 가해진 린치 대부분은 먼저 비방과 고발 또는 루머 ── 대부분의 경우에 백인 여성에 대한 강간 루머 ── 가 있었고, 이어서 체포와 수감, 그리고 재판이 있었다. 사법 절차의 정상적 진행을 무시해 버렸던 이들은 주로 백인 인종차별주의자 협회와 연루된 자경단원이었다. 그들은 스스로를 방어할 수조차 없는 이들을 벌줄 수 있는 권리를 군중에게 부여했다. 즉 자경단의 판정자 그룹이 추격행위의 선봉에서, 그들의 행위를 완성시키기 위한 무기로 썼던 것이 군중이었다. 민간사회는 처벌권에 의해 더욱 강화된 치명적 힘처럼 여겨졌고 이러한 민간사회가 바로 군중이 되었다. 그리하여 정의로운 범죄를 솔선한 행위와 미국적 정의를 완성시켰다는 상징적 인정들은 마법처럼 군중에게로 귀속된다.[5] 이러한 의미에서, 우리는 두 종류의 린

---

4 린치를 반대하는 조직들이 남긴 기록물에 따르자면, 백여 개의 린치 사건 중 절반 이상에서 경찰 병력이 수감자를 군중에게 내어 주는 데 적극적으로 참여했다고 한다. 그리고 나머지 중 90퍼센트 이상의 경우, 경찰 병력이 이를 철저히 묵과했음을 알 수 있다. Jacquelyn Dowd Hall, *Revolt Aganist Chivary: Jessie Daniel Ames and the Women's Campaign Aganist Lynching*, Columbia University Press, 1993, p. 139.

5 1935년 화가 조 존스(Joe Jones)는 미국식 정의, 즉 백색 정의라는 제목을 가진 자신의 그림 중 하나를 뉴욕에 처음으로 전시한다. 이는 KKK단에 의해 저질러진 참혹성을 고발하기 위한 것이었다. 이 그림은 밤의 풍경을 담아내고 있다. 이 그림의 첫 번째 구도에는 강간당하고 목매달린 아프리카계 미국인 여성의 축 늘어진 몸이 있다. 그리고 이 그림의 두 번째 구도에는 두건을 쓴 살인자들이 서 있다. 죽은 흑인 여성 옆에는 죽을 때까지 짖어대는 앉아 있는 개 한 마리가 있으며 불타는 집이 있다.

치 ─ 비이성적 린치와 조직적 린치 ─ 를 구분하기보다는, 군중을 형성시킨 사회적·역사적 토대[6] 위에서 린치에 의한 살인이란 정지된 예외적 시간성에 속하는 것이 아님을 알 수 있다. 이 살인은 자경주의 문화와 적극적인 야경꾼이라는 실질적인 존재에 의해 특징지어지는 일상적이며 사회적인 삶의 성격을 전적으로 띠는 것이기 때문이다. 이러한 살인은 백인 통합을 의례적으로 확인시켜 주는 성격을 띠기도 한다.[7] 다른 한편으로는, 구분되지 않는 한 덩어리인 군중에 의해 저질러지는 대중적 린치를 지속적 참조점으로 삼음으로써, 이러한 군중의 살인적 행위를 알 수 없는 것으로 남게 만듦으로써 우리는 정작 린치행위를 통해 정치적으로 무엇이 꾸며지고 있는가를 놓칠 수 있다. 왜냐하면 이러한 린치들은 양도할 수 없는 개인의 권리인 자기방어와 인종의 수호, 이 둘 간의 이행이 이루어지는 장소이기 때문이다. 린치행위는 더 이상 흑인 개인 또는 백인 개인을 겨냥하는 것도, 대부분의 흑인을 겨냥하는 것도 아니다. 린치행위는 모든 흑인,[8] 그들이 어디에 있든

---

6 재클린 다우드 홀은 다음을 강조한다. 대부분의 경우 존경할 만한 시민과 사회적 유력인사 그룹, 종교적·행정적 권위를 가진 대표자와 사업가에 의해 군중이 지휘되고 소집되었다는 것이다. 마찬가지로 시골에서는 린치가 주로 여름 동안에 농장주에 의해 지휘되었다. 왜냐하면 여름은 흑인 농경 노동자에게 있어 밭에서 일하기 가장 힘든 시기였기 때문이며, 린치의 공포는 생산성에 대한 협박의 형태를 실행하기 위한 것이었기 때문이다. "지금이 시즌이다"라는 조지아주 신문 사설의 문구가 이를 알려 주고 있다. 린치 예방을 위한 남부여성협회는 1936년 1월 13일과 14일 자의 남부여성협회 신문에서 이를 고발하고 있다. 재클린 다우드 홀이 이를 인용하고 있다. Jacquelyn Dowd Hall, *Revolt Against Chivalry*, p. 140.

7 Ibid., p. 141.

8 95퍼센트의 린치는 1920년대 미국 남부 주에서 일어났다. 같은 시기, 백인 희생자의 비율은 32퍼센트에서 9퍼센트로 넘어간다. Ibid., p. 133. 아이다 B. 웰스가 린치행위의 규모에 대한 첫 번째 통계조사 중 하나를 실행한다. Ida B. Wells, *Red Record: Tabulated*

간에 바로 모든 흑인들을 겨냥하는 일이기 때문이다. 그 결과 모든 흑인은 언제나 군중에 의해 죽임당할 수 있는 특화된 개체로 전락해 버린다. 그리하여 19세기와 20세기 즈음, 살인자 백인 군중은 "우리, 백인 아메리카"를 표식하는 정치적 주체로 구현되기에 이른다. 자경단원들이 충성스러운 기사처럼 그들에게 속한 여자들의 명예를 지키고자 한다면, 그들은 자신들의 인종을 수호한다는 명목으로 그들의 정의를 완성시키는 노고를 군중에게 기꺼이 내어 줄 것이다.

자경주의와 이것이 실어 나르는 정치적 문화란 항상 다음과 같은 이해의 지평을 구성하는 것이다. 이는 자기방어라는 유사 사법 체계의 논리 속에서 합법적이 되어 버린 범죄행위를 이해하도록 만드는 지평이기도 하다. 또한 이는 인종주의적 역사의 구체적 틀 안에서, 백인 여성들의 강간 문제가 수천 명의 무고한 이들을 처형할 수 있는 기소사실로 점차 변모해 가는 것을 이해하게 만드는 지평이다. 1892년에 발간된 『남쪽 공포들』이라는 고전이 된 텍스트 — 이 텍스트는 콘퍼런스에서 나온 것 — 에서, 아이다 B. 웰스[9]는 다음을 확인하고 있다. 남북 전쟁 동안 어떠한 특수한 조처 — 남부 주에 있는 농장에 홀로 남

Statistics and Alleged Causes of Lynching in the United States, 1895. 우리는 이것을 여기에서 열람할 수 있다. https://fr.scribd.com/document/46487102/The-Red-Record-by-Ida-B-Wells. 아이다 B. 웰스의 조사들의 총체에 대해서는 다음 책을 볼 것. Ida B. Wells-Barnette, On Lynching, Humanity Books, 2002.

9 Ida B. Wells, Southern Horrors: Lynch Law in all Its Phases, The New York Age Print, 1892. 우리는 여기에서 이 텍스트를 열람할 수 있다. http://www.archive.org/stream/southernhorrors14975gut/14975.txt. 아이다 B. 웰스(1862~1931)는 노예제 폐지주의자인 페미니스트 활동가이자 교사이며 저널리스트로서 린치 반대운동의 가장 중요한 인물 중 한 명이다. 다음 책을 볼 것. Paula J. Giddings, Ida: A Sword Among Lions. Ida B. Wells and the Campaign Against Lynching, Harper Paperbacks, 2009.

겨진 백인 여성을 흑인 남성의 잠재적 공격으로부터 보호하기 위한 조처 ─ 도 마련되지 않았다. 그러나 남북 전쟁 말기 이후처럼 강간을 저지른 것으로 의심되는 흑인 남성들을 그 어떠한 지장도 없이 그토록 많이 린치했던 적은 없었을 것이다. 백인 여성의 명예를 지킨다는 명목으로 한 공동체를 그렇게 많이 살해하고 고문했던 적은 없었을 것이다. 이러한 상황에서 소위 피해자와 가해자는 부차적 인물들에 불과하다. 여기에서 중요한 것은 1) 방어하는 자와 2) 보호받는 자, 그리고 3) 무방비 상태로 내버려진 자, 즉 죽여도 되는 자, 이 셋 간의 관계였던 것이다. 아이다 B. 웰스가 확인한 바에 의하면, 이러한 사건 대부분의 경우에 많은 여성들이 고발당한 자의 결백을 주장하였고 오히려 그들을 공격한 것은 백인 남성들이었음이 증명되기도 했다. 백인 여성들은 흑인 남성들로부터 그 어떠한 공격도, 그 어떠한 모욕도 겪지 않았다.[10] 그녀들은 산 채로 불타거나 죽거나 목매달리거나, 범죄로 기소된

[10] 여성들은 남성들을 사형에 처하게 하는 강간 또는 공격의 혐의로 남성들을 고소하면서, 또는 이러한 고소들을 부인하지 않음으로써, 의식적으로 거짓말을 하기도 했다. 에멧 틸(Emmett Till) 사건이 이를 증명한다. 2007년 캐럴린 브라이언트(Carolyn Bryant)는 에멧 틸의 암살 재판에서 그녀가 거짓말을 했다는 사실을 50년이 지난 후에야 인정했다. 그녀가 다음과 같이 선언했을 때에, 에멧 틸은 14세의 아프리카계 미국인 청소년이었다. 그녀는 자신의 미시시피주 식료품 가게에서 에멧 틸에 의해 언어적·신체적으로 공격당했으며 죽는 것이 두려웠다고 주장했다. 1955년 8월 28일, 에멧 틸의 시체는 강가에서 발견되었고 잔혹하게 훼손되었다. 캐럴린 브라이언트의 남편인 로이 브라이언트(Roy Bryant)와 그의 이복 동생은 에멧 틸의 살인자들이었지만, 같은 해 9월 12일에 있었던 재판 ─ 12명의 백인 배심원으로 구성된 ─ 에서 무죄 판결을 받았다. 이 사건은 린치 반대 운동은 물론 미국 민권 운동에서도 주요한 사건을 구성한다. 에멧 틸의 어머니는 장례식 기간 동안 아들의 관이 열려 있기를 고집했기 때문이다. 이 청소년의 사체 사진은 전국은 물론 외국으로도 퍼져 나갔으며 미국의 인종차별적 시스템에 대항하는 전 세계적 운동을 촉발시켰다. 1960년 에메 세제르(Aimé Césaire)는 자신의 『수갑 채우기』(Ferrements)라는 모음집에서 에멧 틸을 기억하기 위한 시를 바쳤다. 1962년에 밥

흑인 남성들과 우정관계 또는 연인관계, 가끔 성적인 관계를 맺었거나 그러길 욕망하기도 했었다. 그녀들은 이러한 관계에서 아이를 임신하기도 했다. 미국 남부의 백인 여성들은 흑인 남성들을 사랑했었고 이 흑인 남성들은 백인 여성들을 보호한다는 명목으로 고문당해야만 했었던 것이다. 그리고 흑인 여성들은 백인 남성들에 의해 강간당했지만 그 어떤 재판관도 백인 남성들을 범죄행위로 기소하지 않았다.

아이다 B. 웰스는 그녀의 발언에서 그 어떠한 희망도 표명하고 있지 않다. 미국 남부는 결코 정의의 땅이 될 수 없는데 왜냐하면 사법 시스템이 너무도 부패했기 때문이다. 사법 시스템은 백인 남성 가해자들의 결백을 입증하기 위해, 또는 흑인 남성 피해자들에 반대하는 살인마적 군중을 더욱 날뛰게 하는 데에 모든 것을 주력하고 있었다. 그녀는 린치에 의해 위협받던 남성 중 유일하게 죽지 않은 경우란 그들이 무장해 있었거나 스스로를 방어했던 경우뿐이라는 사실을 강조한다. "공격당한 아프리카계 미국인이 도망치는 데에 성공했던 단 하나의 경우란 바로 그가 무장했거나 스스로를 방어하기 위해 자신의 무기를 사용했을 때뿐이었다. … 항상 가해자이기만 하던 백인이 자신 역시 패배할 수 있는 커다란 위험에 놓여 있음을 알게 된다면, 아프리카계 미국인의 삶을 패배시키려 할 때마다 그들의 삶에 대한 존경심을 더욱더 갖게 될 것이다. 그러나 아프리카계 미국인이 소리치고 후퇴하며 간청하면 할수록, 그는 더욱 그렇게 해야만 할 것이다. 그리고 그는

딜런은 「에멧 틸의 죽음」이라는 노래를 작곡하였다. 이것은 존 바에즈(Joan Baez)에 의해 리메이크된다. 다음 책을 볼 것. Timothy B. Tyson, *The Blood of Emmet Till*, Simon & Schuster, 2017.

더욱더 상처받고 모욕당하며 린치당할 것이다."[11] 이로써 아이다 B. 웰스는 흑인들에게 무장을 통한 자기방어를 할 것을 호소하기에 이른다.

남북 전쟁 기간 전반과 재건의 시기로 불리는 전쟁 후의 시기 동안, 모든 사회적 계층의 여성과 흑인 여성 및 백인 여성의 보호에 관한 문제는 많은 미국 페미니스트협회와 여성협회의 정치적 의제에서 가장 주요한 지점 중 하나였다. 남부 주에 있는 많은 수의 여성협회가 결집하였다. 이러한 결집행위는 여성들에게 민법적·민권적 권리에 대한 접근을 금지해 오던 법제도들에 대항하고 기혼 여성들을 그들의 남편 소유로 만드는 법제도에 대항하기 위한 것이었다. 예를 든다면 조지아주에서 여성은 자기 옷의 소유자로조차 인식되지 않았기 때문이다. 이러한 여성협회들은 가정 폭력에 대한 보호 장치 — 남편이 여성에 대해 갖는 법률적이고 경제적이며 성적인 절대적 권력을 제한하기 위한 장치 — 를 요구하였다.[12] 흑인 남성이든 백인 남성이든 간에, 여성들을 그들로부터 보호하기 위한 것이 여성협회라면, 이것의 쟁점은 여성의 법률적·사회적·상징적 보호의 필요성을 고찰하는 데에 있다. 나아가 이것의 쟁점은 새로운 여성성의 규범을 권장하는 데에 있다. 여기에서 새로운 여성성의 규범이란 더 전투적이고 덜 이성애 중심적이며 성적 공격에는 덜 노출된 것이자 남성들이 처벌받지 않고 아무렇지 않게 강간할 수 있는 일이 덜 발생할 수 있게 되는 것을 뜻한다.

노예제 폐지주의자인 아프리카계 미국인 운동가들과 페미니스트

---

11 http://www.archive.org/stream/southernhorrors14975gut/14975.txt.
12 다음 책을 볼 것. Crystal Nicole Feimster, *Southern Horrors: Women and the Politics of Rape and Lynching*, Harvard University Press, 2009, p. 62와 그다음 페이지들.

운동가들이 결집할 때에, 백인남부연합 페미니스트들 또한 정치적 의제를 형성하게 된다. 이 시기 동안, 그들의 담론에는 흑인 남성에 대한 자동적 낙인이 아직 포함되어 있지는 않았다. 1880년대의 리베카 L. 펠턴(Rebecca L. Felton)이라는 인종분리주의자 운동가의 경우가 이를 증명한다. 그녀는 소녀들과 여성성의 보호를 위한 캠페인을 제창한 이들 중 한 명으로, 성관계에 동의할 수 있는 소녀의 법제적 연령에 관한 여성기독교인절제연맹(Woman's Christian Temperance Union)의 청원을 주로 지지하였다. 이 캠페인의 목적은 성관계에 동의할 수 있는 소녀의 법제적 연령을 10세에서 18세로 올리는 데에 있다. 여성기독교인절제연맹은 백인 권력자들의 부패를 주로 고발하는 여성 기독교인의 열성적 설파에 의해 고무된 것이었다.[13] 성관계에 스스로 동의할

13 텍사스에서 여성기독교인절제연맹의 캠페인이 있을 적에, 이 연맹의 회장인 헬렌 스토더드(Helen Stoddard)은 성적인 동의의 합법적 나이를 상향 조정하기 위한 자신의 참여를 정당화하고자 흑인 소녀들을 직접적으로 인용한다. 이러한 인용행위는 그보다 더 명백할 수는 없을 것이다. "우리 마을의 거리를 지날 적마다, 그리고 혼혈아를 볼 때마다, 나는 유색인종의 젊은 소녀들에게는 보호가 더 필요하며, 앵글로색슨 남성에게는 법률적 규제가 더 필요하다고 생각한다. 이러한 법률은 지배적인 인종으로 태어난 그 ─ 백인 남성 ─ 가 소유하고 있는 성스러운 유산과 존엄성을 그가 제대로 알아보도록 돕고자 하는 것이다." Ibid., p. 72. 지역적으로 볼 때 여성기독교인절제연맹은 흑인 여성들을 자신들의 동류집단에 들어오도록 했던 매우 드문 여성협회 중 하나였다. 이 연맹은 가정의 보호와 교화를 위해 움직이는 것이지만 사실상 가장 가난한 사회적 계층의 사회적·성적·인종적 통제의 심급과도 비슷하다. 여성의 성적 동의에 관한 캠페인은 알코올 중독 반대 운동 ─ 금지 정책의 옹호 ─ 과 함께 가는 것이자 성매매 반대 운동 ─ 이 기구는 성매매를 서민계층 여성들이 주 희생자인 성폭력의 결과로 정의 내린다 ─ 과도 같이 간다. 그뿐만 아니라 이 캠페인은 가족적 가치들의 권장 ─ 아프리카계 미국인 가족과 혼혈아인 혼외자식도 대상으로 하는 것 ─ 과도 같이 간다. 이 운동은 지배적인 여성성의 몇몇 규범적 가치를 발전시키고자 애쓴다. 이것은 백인 모성의 가치를 중심으로 정의되는 것이다. 이러한 주류적인 여성성의 규범은 노예제 시기로부터 기인한 흑인 여성성에 대한 인종차별적 재현물들과 거리를 두고자 애쓴다.

수 있는 여성의 법적 연령에 관한 캠페인은 거의 주로 백인 남성을 겨냥하는 수사학을 쓴다. 백인 남성들이 흑인 소녀와 흑인 여성에게 성폭력을 저지르는 이들이기 때문이며, 흑인 소녀와 흑인 여성은 그들의 인종과 사회 계층적 종속으로 인해 더욱 취약한 이들로 여겨지기 때문이다.[14] 펠턴은 물론 많은 수의 백인 페미니스트들에게 있어 백인 남성이 흑인 여성을 강간하는 것은 도덕적 결함이자, 흑인 여성에 대한 비존중으로 받아들여졌다. 이뿐만 아니라 이는 백인 여성에 대한 모욕이기도 한데, 왜냐하면 이는 백인종의 우월성에 대한 침해를 뜻하기 때문이다.[15] 성적인 동의에 관한 캠페인은 물론 더 폭넓게는 보호의 권리를 취득하기 위한 여성들의 결집들과 이로부터 기인한 정치적 요구들의 총체가 실효성이 전혀 없는 것이었다고 한다면,[16] 그 이유는 이러한 운동들이 백인 남성들을 주로 겨냥하는 것이었으며 남부 연합의 제도들과 유력자들의 부패를 덮기 위한 실천의 일환으로 린치행위들이 기능하였음을 강력히 고발해 왔었기 때문이었다.[17]

---

14 1880년대에 리베카 L. 펠턴에 의해 조직된 첫 번째 결집행위들은 아프리카계 미국인인 애덜라인 매독스(Adaline Maddox)라는 청소년의 유죄판결에 뒤이어 나온 것이다. 애덜라인 매독스는 애틀랜타의 판사에 의해 50센트를 훔쳤다는 이유로 5년간의 강제 노역에 처해진다. 이러한 강제 노역들은 감옥들에서 주로 실행된다. 매우 미약한 경범죄들을 이유로 감옥에 들어온 대부분의 수감자 중 많은 이들은 흑인 청소년이며, 그들은 감옥에서의 학대와 가혹행위들에 의해 죽게 된다. Ibid., p. 65.

15 Ibid., p. 71.

16 조지아주에서 여성의 성적 동의의 합법적 연령을 10세에서 14세로 올리기 위해서는 1918년까지 기다려야만 한다.

17 "농장의 여성"(Woman on the Farm)이라는 1897년의 유명한 연설은 남부 연합의 여러 신문들에 의해 재생산된다. 이 연설에서, 리베카 L. 펠턴은 다음의 생각 — 흑인 남성들이 강간의 경향성을 갖는다 — 을 거부한다. 그녀는 여성에 대한 강간을 백인 남성들의 책임으로부터 기인하는 것으로 생각한다. 백인 남성들은 그들의 아내들에게 법률적 보

그러나 흑인 강간범의 신화 구축에 남부 여성들의 스피커가 된 리베카 L. 펠턴과도 같은 많은 수의 백인 페미니스트들이 참여하기도 했었다. 이러한 신화는 19세기 말과 20세기 중반까지 아프리카계 미국인을 린치하고 살인한 행위를 처벌하지 않도록 만든 주요 요소이기도 했었다. 이렇게 그녀들은 인종차별적인 이데올로기의 수사학적인 큰 줄기의 초안에 기여하게 된 셈이었다. 흑인 해방으로 인한 사회적·경제적 효과들이 자유민으로 태어난 새로운 흑인 세대에 의해 구체화되어갈 때에, 백인 우월주의자들은 이 초안을 파고들기에 바빴다. 이와 같은 시기에, 흑인-짐승-강간자라는 편견적 재현물들이 일반화되기에 이른다.[18] 몇몇 백인 페미니스트 운동가는 흑인 남성이 백인 여성

호는 물론 사회적 권리를 충분히 허가하고 있지 않기 때문이다. 그녀는 백인 남성에 의한 흑인 유권자의 수단화를 고발한다. 백인 남성들은 아프리카계 미국인 남성 역시 인간이자 형세들이라고 믿도록 만들었기 때문이다. 이것은 그들을 속이기 위한 것이자 그들이 백인 남성과 동등한 이들이자 백인 여성에 대한 권리를 갖는다는 환상을 주조해 내는 것이었다. 그녀의 연설의 결론은 다음과 같다. 백인 남성들이 그들 스스로 책임지는 것을 원치 않는 한, 그리고 그들 스스로 그들의 행동과 정치적 실천을 교화하지 않는 한, 나아가 여성들에게 권리들을 주지 않는 한, 그들은 그들의 부패와 비도덕성을 정당화할 뿐만 아니라, 환상을 유지하고자 린치행위를 지속할 것이다. 이 연설은 다음 문장으로 끝맺는다. "만약 필요하다면 일주일에 몇백 번 정도는 린치하십시오." 이 연설의 일부분은 모든 남부 주 신문들의 첫 페이지에 큰 제목과 함께 연이어 중계된다. "리베카 펠턴은 다음과 같이 선언한다. 린치하십시오, 일주일에 백 번은 린치하십시오!", 이것은 다음 책에서 크리스탈 니콜 파임스터에 의해 인용된다. Chrystal Nicole Feimster, *Southern Horrors*, p. 127.

18 우리는 필립 알렉산더 브루스에게 감사해야 한다. 왜냐하면 그는 이러한 신화에 이론적 정당성을 부여해 주었기 때문이다. Philip Alexander Bruce, *The Plantation Negro as a Freeman: Observations on His Character, Condition, and Prospects in Virginia*, New York: Putnam's Sons, 1889. 1890년부터 아프리카계 미국인 남성에 대한 린치행위는 눈에 띄게 급증하였다. 즉 우리는 이러한 린치의 실행을 인종차별적 죽음집행의 기술로 만들고 만 것이다. 사실 확인을 넘어 이러한 신화가 성별화된 외국인 혐오주의의 형태 —— 백인 여성들의 흑인 남성에 대한 공포를 발전시켰다는 것 —— 를 양산했었다.

에게 실질적인 위협이라는 생각을 승인하기도 했었다. 그리고 이를 통해 여성에 대한 더 많은 보호의 권리를 요구했었다. 이러한 편견이 모든 여성의 섹슈얼리티를 인종주의적으로 통치하는 것만을 목적으로 하는 것은 아니다. 이는 포스트 노예제를 옹호하는 남부에서 흑인 엘리트의 발전을 저지함으로써 인종주의적이며 성적인 노동 분업에 대한 통제를 유지하기 위한 일이기도 했다. 1900년부터 백인 중산층 계층의 상징적이며 사회적인 혜택에 접근 가능하도록 교육받은 아프리카계 미국인이 존재하기는 했었지만, 그들 역시 흑인 노동자와 소상공인 또는 흑인 농경 노동자와 마찬가지로 강간에 대한 고소의 위협으로부터 결코 자유롭지 않았다. 민주당 백인 우월주의자들은 백인 여성에 대한 보다 손쉬운 접근을 위해 흑인 남성들이 교육 시스템을 이용하고 있다고 주장하기도 했다.[19]

린치 기간의 초반부에 해당하는 기간 동안 아이다 B. 웰스는 살인마적인 백인 군중의 동기를 이해해 보고자, 강간 사건이 야기하는 피할 수 없는 화에 관해 참조하고자 노력했다.[20] 그러나 그녀는 곧 이러한 설명방식을 빠르게 포기한다. 『남쪽 공포들』이라는 제목의 콘퍼런스

Diane Miller Sommerville, *Rape and Race in the Nineteenth-Century South*, The University of North Carolina Press, 2004. 다이앤 밀러 소머빌은 위에서 언급된 자신의 책에서 보다 상세한 방식으로 흑인 남성들의 재현물이 유통된 방식과 이러한 재현물이 어떠한 한도 내에서 남부 연합 여성 협회들 속에 편입하게 되었는지, 그리고 어떻게 여성들이 이 재현물에 동조하게 되었는가를 묻고 있다.

19 다음 책을 볼 것. Glenda Gilmore, *Gender and Jim Crow: Women and the Politics of White Supremacy in North Carolina, 1896~1920*, University of North Carolina Press, 1996.

20 Jacquelyn Dowd Hall, *Revolt Against Chivalry*, p. 79.

가 있기 몇 달 전, 1892년 3월에 발행된 『멤피스 프리 스피치』라는 신문의 사설에서 그녀는 자신의 흑인 친구들 세 명의 린치에 대한 조사가 있었던 3개월 후 이 사건에 대해 강력히 반발한다. 이 세 명의 흑인 친구들은 식료품 가게 주인들로 세 명의 백인 여성을 강간했다는 혐의로 고발당한다. 이것은 그들과 경쟁관계에 있었던 백인 상인들에 의해 선동된 허위 고소였다. 아이다 B. 웰스는 다음과 같이 결론짓는다. 강간은 변명에 불과했으며 이 문제의 핵심은 아프리카계 미국인들에게 시민권과 교육, 소유권과 부에 접근하는 것을 저지함은 물론, 모든 사회적 계층 상승의 길을 막음으로써 그들을 종속 상태에 묶어 두기 위함이었다는 것이다. 군중의 화는 극화 장치에 불과했으며, 흑인들이 백인 여성을 강간한다는 주장은 억측에 가까웠고 흰색 실로 꿰매어진 거짓말에 불과했다.[21]

여성들을 보호해야만 한다

린치 반대운동의 주요 인물인 아이다 B. 웰스는 수사학적 양보를 전혀 하지 않는 매우 드문 연설가 중 한 명이다. 린치에 관한 그녀의 정치적 분석의 고유성은 흑인 남성의 학살과 흑인 여성의 강간을 같은 이론적 틀 속에서 주장한다는 데에 있다. 그녀는 여성시대클럽(Woman's Era Club)[22]과 같은 흑인 페미니스트 여성 운동을 선도하는 협회들 일부에

---

21 Ibid., pp. 78~79. "흑인 남성이 백인 여성을 강간한다는 오래된 이야기는 이 지역의 그 누구도 믿지 않는다."

22 (여성시대클럽은) 1892년 조지핀 세인트 피어 러핀(Josephine St. Pierre Ruffin)에 의해 세워진 것이다. 그녀는 자신의 부계 혈통에 의해 마르티니크 출신으로 알려져 있다. 그녀는 저널리스트이자 흑인들의 권리들을 위한 아프리카계 미국인 페미니스트 운동가이

의해 지지받기도 했지만, 공격적인 태도를 이유로 또 다른 페미니스트 그룹들에 의해 비판받기도 했다. 이러한 비판은 흑인여성협회와 백인여성협회 모두를 아우르는 운동을 구축해야 한다는 명목 아래 그녀에게 제기된 비난이기도 하다. 이러한 비난은 백인여성협회들에게 어느 정도 양보를 해주어야 한다는 입장을 함축하고 있다.[23] 그럼에도 불구하고 아이다 B. 웰스는 자신의 입장을 끝까지 견지한다. 강간을 백인 여성만의 문제로 만드는 일과 린치를 흑인 여성만의 문제로 만드는 일은 여성운동 안에서 그 어떠한 동맹도 생산해 내지 못하는 것이기 때문이다. 오히려 이것은 살인마적인 성차별주의와 인종차별주의적 시스템을 유지하게 만드는 일이다.

앞으로 제기해야 할 문제란 다음과 같다. 누가 살인마적인 군중을 보호하고 있는가? 그리고 이러한 군중에 대항하기 위해 스스로를 어떻게 방어할 것인가? 1900년대부터 흑인 강간범 신화는 실질적으로 기능하고 있다. 그리하여 우리는 주로 거세와 같은 고문의 실행과 피해자 살해에 관한 의례된 체계화 형태에 참여하게 된다. 1916년 텍사스주의 웨이코(Waco)[24]에서 일어난 제시 위싱턴(Jesse Washington) 살해사건은 가장 견딜 수 없는 린치장면들 중 하나로 남아 있다.

며 1894년 아프리카계 미국인 여성들이 필자이자 대상 독자인 첫 번째 신문 『여성 시대』(The Women's Era)를 창간한다. 그리고 1895년에는 전국연합으로 유색인종여성협회를 조직하기에 이른다.

23 다음 책을 볼 것. Chrystal Nicole Feimster, *Southern Horrors*, p. 110.

24 웨이코는 남부 주의 다른 도시들에 비해 현대적이면서도 온건한 도시처럼 여겨지는데, 그 이유는 주로 교육받은 흑인 중산층의 역사적 존재 덕분임과 동시에 린치행위를 금지하는 텍사스의 법제도 덕분이기도 하다.

1916년 5월 8일, 루시 프라이어는 자기 집에서 죽은 채 발견되었다. 그녀의 강간에 대한 소문은 웨이코에서 매우 빠르게 돌았으며, 프라이어가에 의해 고용된 17세 농장 소년인 제시 워싱턴이 곧장 의심의 대상이 된다. 그리하여 재판 비슷한 것이 5월 15일에 열린다. 배심원들과 피고 측 변호사들은 재판관들과 마찬가지로 워싱턴의 유죄를 모두 확신하고 있었기에 그는 사형에 처해졌으며 법정에 출석한 이들에게 넘겨지고 만다. 법정 바깥에는 마을의 모든 유력자도 끼여 있던 거대한 군중이 그를 기다리고 있었다. 그들은 이미 화형대 아래 집결해 있었다. 제시 워싱턴은 그들에 의해 칼에 찔리고 거세당한 후, 두 시간 동안 화형대 위에서 고문당했으며 손가락과 발가락도 잘렸다. 그의 사체 조각은 기념품처럼 팔려 나갔고 고문장면을 담은 사진은 마을의 관광 홍보를 위한 경치 좋은 엽서 형태로 퍼져 나갔다.

전미유색인종지위향상협회(National Association for the Advancement of Colored People)는 살인 사건이 있은 지 몇 주 후, 마을의 흑인 주민과 백인 주민을 대상으로 조사를 실시했다. 이 일을 계기로 W. E. B. 두보이스는 1916년 7월 『위기』(Crisis)라는 신문에 「웨이코 공포」라는 제목의 글을 발표한다. 두보이스는 이 글의 마지막 부분에서 린치 산업 반대 운동을 조직할 것을 호소하고 있다.[25]

이러한 공포의 의례화는 린치 대항 운동을 강화시켰다. 흑인페미

---

25 W. E. B. Dubois, "Waco Horrors", supplémen à *Crisis*, vol. 12, n° 3, juillet 1916. 여기에서 열람 가능하다. http://credo.library.umass.edu/view/pageturn/mums312-b163-i124/#page/7/mode/1up. 1885년과 1916년 사이에 전미유색인종지위향상협회는 2843건의 린치행위에 대해 조사를 펼친다(마지막 온라인 검색일: 2017년 7월).

니스트협회들에 의해 주도된 캠페인과 청원의 커져만 가던 반향이 이를 증명한다. 이러한 캠페인과 청원은 여론을 통해 분노의 감정을 형성했다. 1930년대 초반부터 린치 반대 운동은 남부 연합 협회들의 몇몇 대표자는 물론 몇몇 신문과 종교 조직 대표자의 지지 또한 얻게 된다. 이러한 대표자들은 린치를 백인 여성의 강간에 대한 합법적 응답 행위가 아닌 인종차별적 범죄로 규정하고 있다. 백인 우월주의자 여성협회의 경우, 백인 운동가인 제시 대니얼 에임스(Jessie Daniel Ames)는 1930년 11월 첫 번째 반-린치협회를 만든다. 이것이 바로 린치 예방을 위한 남부여성협회(Association of Southern Women for the Prevention of Lynching)이다. 사실상 이 협회는 인종차별적인 인종분리주의에 의해 명확히 구조화되어 있는 것으로 여성이라는 용어도 오직 백인 여성만을 의미한다. 이 협회는 백인 여성들로만 독점적으로 구성되어 있으며 오직 그녀들에 관한 것만 다룰 뿐이다. 그러나 백인 협회로서는 처음으로 흑인 남성들은 린치에 대한 책임이 없으며 그들은 본래적으로 강간범으로 태어난 것이 아니라는 것을 선언한다. 이 협회는 흑인 남성 말살을 고발하면서, 인종차별적 폭력에 대항하는 쟁투와 여성들의 성적 착취에 대항하는 쟁투에 참여하고 있다. 여기에서 이 협회가 이해하고 있는 여성들에 대한 성적 착취란 인종화된 표현들 속에 있는 것이자 단일화될 수 없는 복수적인 것이라 할 수 있다. 왜냐하면 백인 여성들에 대한 성적 착취 또는 흑인 여성들에 대한 성적 착취는 동일한 방식으로 구체화되지 않기 때문이다. 그리하여 제시 대니얼 에임스는 여성들, 사실상 백인 여성들이 그녀들의 이름으로 저질러

지는 범죄들 앞에서 더 이상 침묵하지 않을 것임을 주장한다.[26] 린치 예
방을 위한 남부여성협회의 보도 자료에 따르면, 이 협회는 모든 종류
의 린치 —— 이것이 일어나게 된 정황이 무엇이든 간에 —— 를 반대하
는 남부연합여성협회로 소개되고 있다.[27] 노예제 폐지를 옹호하는 이
신문은 이 소식을 열정을 갖고서 환영한다. "최근 백 년간 이 사회에는
남부 연합 여성들의 정숙함이 린치행위로부터 보호받고 있다는 믿음
이 널리 퍼져 있었다. 이러한 만연한 믿음에도 불구하고, 남부 연합 여
성들은 흑인 남성들을 겨냥하는 화형과 밧줄에 의한 여성 보호조치를
근절코자 린치 반대 운동을 제창한 것이다."[28]

사실상 제시 대니얼 에임스는 수년간에 걸쳐, 기사도적인 규약에
반대하고자 결집하였었다. 기사도적인 규약이란 19세기 이후로 미국
남부 주들에서 매우 중시된 것이었다. 이는 여성성의 규범적 가치들을
구현하는 것으로 백인 여성에게 숙녀처럼 행동하길 강제하는 것이다.
정숙함, 신앙심, 우아함과 유약함이 바로 백인 여성성의 규범적 가치
들이다. 백인 여성들은 숙녀가 됨으로써, 진짜 여성이 됨으로써만 남
성의 보호 아래 놓일 수 있다. 그러나 명확히 말하자면 그녀들은 이러
한 규범에 복종하기 때문에, 남성들이 보호해 주어야 할 이성애중심적
인 존재들로 변모하고 마는 것이다. 백인 여성들은 숙녀일 때에만 여
성이라는 위상은 물론, 이러한 여성이라는 위상으로부터 기인한 사회
적·상징적 혜택들에 접근할 수 있다. 아프리카계 미국인 여성은 이

26 Jacquelyn Dowd Hall, *Revolt Against Chivalry*, p. 164.
27 Ibid.
28 Ibid.

러한 혜택들에 대한 권리를 주장할 수조차 없지만, 백인 여성은 아이러니컬하게도 스스로의 행동에 대해서는 책임질 수 있는 미성년 상태로 남게 된다. 왜냐하면 그녀들 사이에는 숙녀인 이들과 숙녀이지 않은 이들 — 지배관계를 이유로 숙녀일 수 없는 이들 — 간에 항시 차별과 폭력의 가능성이 존재하고 있기 때문이다. 예를 든다면 노예제[29] 또는 인종분리주의 정책에 반대하고자 결집했던 여성들이 이 경우에 해당한다. 그녀들은 아프리카계 미국인 남성들을 보호한 자들로, 백인 남성에 의해 강간당하거나 주류적 백인 계급에 속하는 여성에게 종속되어 있는 흑인 여성과 마찬가지로 차별받거나 폭력을 당할 수 있는 이들이다.

스스로를 취약하고도 유약하며 무방비 상태로 만들어야 한다는 명령, 백인의 미래 속에서 스스로를 구축해 내야만 한다는 명령, 이러한 명령들은 백인 여성으로 인정받기 위한 조건들을 명확히 정의 내리고 있다. 그러나 모든 유색인종 여성은 이러한 정의방식으로부터도 열외되어 있다. 엄격히 말하자면 그녀들은 이미 전적으로 무방비상태로 내버려 두어진 이들인 것이다. 1894년 보스턴에서 만들어진 흑인페미니스트협회 중 가장 첫 번째이면서도 가장 중요한 협회 중 하나인 여성시대클럽은 흑인 여성에게 가해진 폭력의 비가시화 문제를 지적한다. 흑인 여성은 피해자조차 될 수 없으며, 제대로 처벌조차 되지 않는 조직적 강간의 표적이 되기 십상이기 때문이다.[30] "우리는 흑인 흉악범

---

29 다음 책을 볼 것. Elizabeth Fox-Genovese, *Within the Plantation Household: Black and White Women of the Old South*, University of North Carolina Press, 1988.

30 이 지점에 관해서는 아프리카계 미국인 소설가의 소설을 볼 것. Pauline Hopkins,

이 존재하지 않는다는 것을 주장하고자 하는 것은 아니다. 천함은 인종에 의해 독점되는 것이 아니기 때문이다. 우리는 남부 주에서 백인 남성들에 의해 끔찍한 폭력을 당한 두 흑인 소녀의 이야기를 공포에 떨며 읽었다. 우리는 흑인을 공격하는 백인들에 대한 흑인들의 모든 린치행위 또한 개탄해야 마땅하지만, 사실상 우리는 그럴 기회조차 없다. 만약 이러한 공격자들 —— 백인 남성 —— 이 처벌받아야만 한다면, 오히려 이는 기적에 속하는 일일 것이다."[31]

어느 정도의 한도 내에서 여성이 된다는 것은 백인종을 구현해 내는 매개체로 기능함을 뜻한다. 남성들은 그들 여성들의 명예를 수호함으로써 인종적으로 독점적이며 자연화된 사회적 그룹을 생산해 낼 수 있었기 때문이다. 이러한 인종차별적인 장치에 문제제기를 하지 않으면서, 린치 예방을 위한 남부여성협회에 의해 주도된 기사도 정신에 대한 봉기란 백인 여성의 방어를 백인 가부장제의 계보로부터 추출해 내기 위한 것이었다. 백인 가부장제의 계보란 자경단원의 문화에 의해 구조화된 정의의 관념과도 같다. 이러한 추출행위는 여성들의 방어가 여성이라는 유일하고도 단 하나의 책임감으로부터만 기인하는 일이 되도록 하기 위한 것이다. 그리하여 자경단원의 판정자들은 인종차별적인 암살자처럼 나타나게 된다. 린치 예방을 위한 남부여성협회는 역사적 행동을 통해 인종차별적 수탈에 내재해 있는 성차별적 수사학을 해체하는 작업을 진행하였다. 이러한 해체 작업은 백인 여성의 성

Contending Forces, 1900, Oxford University Press, 1991.

31 조지핀 세인트 러핀의 딸인 플로리다 러핀(Florida Ruffin)의 연설은 다음 책에서 인용되고 있다. Chrystal Nicole Feimster, *Southern Horrors*, p. 108.

적 온전성을 지킨다는 명목으로, 더 정확히 말하자면 몇 세기에 걸친 백인 남성성의 주류적 규범을 명목으로 아프리카계 미국인 남성들의 살인을 더 이상 정당화할 수 없도록 만드는 것이었다. 백인 여성이 더 이상 보호되어야만 하는 이들이 아니라고 한다면, 또한 그녀들이 그녀들의 충실한 기사들에 의해 보호되는 것을 거부한다면, 백인 남성들에 의한 수탈행위는 그 실체가 무엇인지 곧 드러내고 말 것이기 때문이다. 즉 이러한 수탈행위는 다름 아닌 야만성에 불과한 것이다.

그러나 남부 연합의 부르주아 계급 백인 여성에게 있어, 이러한 해체 작업의 쟁점은 결코 인종을 해체하는 데에 있지 않았다. 오히려 이 작업의 쟁점은 인종의 새로운 생산양태를 결정짓도록 하는 또 다른 백인 여성성의 규범을 생산해 내는 데에 있었다. 다르게 말하자면, 지배 계급에 속하는 남부 연합 백인 여성들이 전적으로 새로운 여성이라는 정치적 주체화 형태를 주도한 이들이었다면, 바로 그녀들이야말로 인종화된 페미니스트 주체를 정치적 장에서 생산해 내는 이들이자, "우리 백인들"이라는 인종화된 주체화의 성질을 항시 띠는 이들이었던 것이다. 때문에 여성들에 대한 보호를 수사학적으로 도구화하는 일이 백인 여성에 대한 객체화로 결론 나버리는 일은 결코 그대로 내버려 두어서는 안 되는 일이다. 백인 여성의 객체화란 백인 우월주의 이데올로기에 오염된 주체로 머문다는 의미이다. 오염된 주체인 그녀들은 인종 수호를 위한 정치의 주체임과 동시에 대상이기도 하다. "여성을 보호하는 법률들은 사회에서 특권화된 여성을 통제하기 위한 결정적 기술이라 할 수 있다. 나아가 이러한 법률들은 피부색이 밝은 이와 어두운 이, 아내와 창녀, 착한 소녀와 나쁜 소녀 간에 구별을 짓는 것이다. 그리고 이러한 구별에 의해 보호받지 못하는 이에 속하는 여성의 타락과 취약성을 강화하기 위한 결정적 기술이기도 하다."[32]

여성에 대한 보호는 인종차별적인 장치와 시스템에서 자주 사용되는 소재로 남아 있다. 이러한 소재는 20세기 전반에 걸쳐 역사적으로 다양한 표현을 갖는다. "여성을 보호해야만 한다"는 이러한 격언의 역사화는 하위주체 연구와 식민지 연구에서처럼 페미니스트 인식론과 이론에서 주요한 연구 대상이기도 하다. 가야트리 C. 스피박(Gayatri C. Spivak)은 『서발턴은 말할 수 있는가?』라는 자신의 저서에서, 주체성의 제국주의적 생산에 관한 비유를 정의 내리기 위해 다음의 매우 유명한 표현을 제시한다. "백인 남성은 유색인종 여성을 유색인종 남성으로부터 구한다."[33] 미국의 포스트 노예주의적 맥락과 비교해서, 스피박이 제시하고 있는 식민주의적 맥락에서 달라진 바란 우리의 여성들과 그들의 여성들 간의 구별법이 영토 바깥에서의 구별법으로 달라졌다는 점이다. 그리고 모든 여성, 특히 선주민 여성과 선주민 남성에게 가해지는 폭력을 부과하는 담론적 가능성 역시 바뀌었다. 우리는 레일라 아메드(Leila Ahmed)에게 감사해야만 한다. 왜냐하면 그녀는 식민지 이집트의 사례를 통해 적극적으로 여성 보호라는 담론적 주제를 상반된 이데올로기적 효과를 낳는 장치로 문제시한 이이기 때

32 Wendy Brown, *States of Inquiry: Power and Freedom in Late Modernity*, Princeton University Press, 1995, p. 170.
33 Gayatri Charkravorty Spivak, *Les Subalternes peuvent-elles parler?*, 1998. trans. Jérôme Vidal, Paris: Amsterdam, 2009, p. 74.

문이다. 첫 번째로 이 장치는 선주민 여성을 그들의 남성들로부터 구해 주는 것을 허가한다. 이는 여성에 대한 존중과 백인종의 우월성, 문명이라는 이름하에 선주민 여성에게는 물론 선주민 남성에게 가해지는 모든 수탈행위를 합법화하는 것이다. 두 번째로 이 장치는 본국에 있는 백인 여성들의 민법적·민권적 쟁투와 결집을 방해하는 것이다. 보호는 사실상 존중받기에 충분하다고 여겨지는 여성하고만 관련 있는 것이지, 규범을 벗어나는 해방과는 거리를 둔 것이기 때문이다. 제국주의적 가부장제의 선구자들에 따르자면, 규범에서 벗어난 해방이란 백인종의 변질과 퇴락의 징후처럼 여겨지며, 성차의 소거라는 성격을 띠는 것이기 때문이다.[34]

21세기 초반에도, 여성들을 보호해야 한다는 명령은 여전히 유효한 것이다. 이러한 명령에 직면한 페미니스트 운동들은 "우리 여성의 이름하에 그러지는 말 것!"이라고 답하면서, 자신들을 이해시키고자 애쓴다. 이러한 상황은 페미니즘의 정치적 역사 한가운데에서 존재하는 갈등의 확인이기도 하다. 이것은 1)인종차별적이거나 민족주의적인 정치 주체와 공모하거나 이에 대해 너그러운 다수의 경향과 2)자본주의적 명령들에 복종하는 것에 이의를 제기함은 물론, 갱신된 제국주의적 이데올로기에 이의를 제기하는 무리, 이 둘 간의 갈등이다.[35] 게다

---

34 다음 책과 논문을 볼 것. Leila Ahmed, *Women and Gender in Islam: Historical Roots of a Modern Debate*, Yale University Press, 1992; Karima Ramdani, "Femmes modernes et de traditions musulmanes. Traduction de la modernité coloniale dans les rhétoriques féministes anticolonialistes", *Comment s'en sortir?*, n° 1, 2015(온라인 저널, http://commentsensortir.org/numeros/numeros-parus/numero-1/).

35 http://nextgenderation.collectifs.net/projects/notionournames/francais.html.

가 "여성들을 보호해야 한다!"라는 격언 또한 변질된다. 오직 몇몇 여성만이 보호할 만하게 남아 있고, 다른 여성들은 모든 보호로부터 항시 박탈당해 있다면, "여성들을 보호해야 한다"라는 이 문장은 오직 현대적 권력관계들이 누락된 부분만을 정의 내리는 것에 불과하기 때문이다. 사실상 앞에서 언급한 1번과 2번 그룹에 속하지 않는 세 번째 사회적 그룹은 복합적 분화의 절차에 따라 이제부터 구성되는 것이라 할 수 있다. 이 그룹은 자기 자신의 보호를 유일하게 보증할 수 있는 자로 인정받음과 동시에, 문명 또는 인종, 국민을 수호하는 주체로서 생산된 이들처럼 인정받는 여성 그룹을 가리킨다. 여성들이 군대에서, 특히 전투 부대에서 존재해 온 역사는 실험적인 소수자의 계보학적 성질을 띠는 것이다. 이러한 현상의 표본적 극장이 바로 아부 그라이브(Abu Grahib) 감옥이다. 미국 군대의 여성 군인들을 극화하고 있는 이곳에서의 고문 사진들은 2003년과 2004년 사이에 찍힌 것이었다. 이제부터 미국 여성 군인들은 미합중국의 수호를 위한 정치적 주체들로 여겨짐으로써, 조국의 자기방어의 권력을 위임받게 된다. 그리하여 그녀들은 "우리, 미국"을 생산하기 위한 전투적 훈련을 받았다. 여기에서 "우리, 미국"이란 이슬람의 적에 대한 참혹한 모욕주기를 목적으로 함과 동시에, 미국사회 자체를 그 대상으로 하는 것이다. 백인 우월주의의 이데올로기에 오염된 주체인 그녀들은 여성들로 호명됨과 동시에 객체화된 채로 남게 된다. 성별 간의 평등이 문명화된 원리가 된 조국에 속하는 그녀들은 해방된 여성이다. 또한 현대 백인의 자본주의적 여성성의 주류적 규범을 구현한다는 의미에서, 그녀들은 페미니스트 여성으로도 호명된다.[36] 이러한 여성성의 규범은 인종의 새로운 경계들을 구성하기 위해 일반화된다. 전통적으로 남성적이라고 여겨져 왔던 직업군 — 특히 평등정책의 보증물처럼 여겨지는 군인 직업 — 의 여성화, 이에 관한 문제의식은 여기에서 무엇이 꾸며지고 있는가를 정작 가리고 만다. 이러한 새로운 장치는 여성들의 보호는 물론 인종의 보호와 인용적 참조관계를 맺고 있음과 동시에, 이에 대한 전적으로 새로운 표현을 구성하고 있다. 더 이상 우리 여성을 보호하는 문제가 아닌 것이다. 이와 마찬가지로 그들의 여성을 보호하러 간다는 것도 더 이상 시의적인 문제가 아니다. 이제는 적군 남성으로부터 우리를 보호하기 위해, 우리의 여성을 적진으로 들여보내는 것, 바로 이에 관한 문제이기 때문이다. 이제 우리 여성이 문명화된 지배를 위한 최종 무기가 된 셈이다. 코코 푸스코라는 예술가는 이 여성들이 다른 이들과 마찬가지의 군인들인 것처럼, 또는 그녀들이 성별 체제의 소수자들을 대상으로 하는 긍정적 차별의 정책적 효과이기만 한 것처럼 여겨짐으로써 전선으로 보내진 것은 아니라는 점을 강조하고 있다. 그녀들은 특정한 형태의 여성성을 생산하고 수행하기 위해 훈련되었다. 이때의 여성성이란 적에 대항하기에 가장 효과적인 무기처럼 여겨지는 형태를 가리킨다. 그런데 그녀들이 대항하고자 하는 적의 수뇌부는 본질적으로 성차별적이면서도 조심스럽고, 성소수자 차별적이면서도 야만적인, 그리하여 비인간적인[37] 남성성의 형태를 구현한다고 확신되는

36 다음 책을 볼 것. Nina Power, *La Femme unidimensionnelle*, 2009, trans. Nicolas Vieilles-cazes, Paris: Les Prairies ordinaires, 2010, p. 23과 그다음 페이지들.
37 "아부 그라이브 감옥이 있는 부대 장군인 제니스 카펀스키(Janis Karpinski)의 이야기를

것들이다.[38] 바로 이러한 적을 파괴하기 위해, 여성 군인에 의한 모욕주기의 장면과 계간행위의 장면, 음란한 추행 —— 정혈(생리혈)과의 접촉, 속옷과의 접촉, 신체적 접촉 —— 의 장면, 강간과 고문의 장면이 상업적 포르노그래피의 규칙을 그대로 따르고 있을 뿐만 아니라, 젊은 금발 여성을 의식적으로 이용하고 있는 것이다.[39] 여기에서의 문제란 덜 치명적인 방식 —— 마치 여성 군인이 덜 폭력적인 것처럼 —— 으로 수감자의 몸에 상처 입히는 일이다. 그리고 이러한 방식은 죄수들의 온전성과 존엄성을 침해하는 문제이자 수감자의 심리적 방어를 파괴시킴과 동시에 아랍 민족의 사기를 파괴하기 위한 것이다. 체계화된 군사

읽으면서 나는 적잖이 당황했다. 왜냐하면 그녀는 진정한 페미니스트 혁명을 군대 내에서 이룬 세대의 구성원처럼 스스로를 여겼기 때문이다." Coco Fusco, *Petit manuel de torture à l'usage des femmes-soldats*, 2008, trans. François Cusset, Paris: Les Prairies ordinaires, 2008, p. 75.

38 이 문제의식에 관해서는 다음 책들을 볼 것. Judith Butler, *Vie précaire*, 2004, traduction Jérôme Rosanvallon et Jérôme Vidal, Paris: Amsterdam, 2005; Judith Butler, *Ce qui fait une vie.* 섹슈얼리티의 용도에 관하여, 주로 미군들에 의해 사용되는 고문 속에서 계간(鷄姦)행위에 대한 집착이 존재했었다. 다음 책을 볼 것. Judith Butler, *Humain, inhumain: Le travail critique des normes(entretiens)*, trans. Jérôme Vidal et Christine Vivier, Paris: Amsterdam, 2005, p. 150과 그다음 페이지들.

39 코코 푸스코는 캐일러 윌리엄스(Kayla Williams) 중사가 쓴 보고서를 참조하고 있다. 윌리엄스는 모술(Mossoul)에 있는 수용소에서 심문에 참여했던 이다. "심문을 담당한 군인들은 수감자를 데려와서는 그들의 옷을 벗긴다. 그 후 그들은 그의 남성성에 대해 비웃을 것과 그의 생식기에 대해 놀려 댈 것을 여성 중사에게 요구한다." 그리고 "수감자에게 그가 지금 금발 미국인 여성이 보는 앞에서 모욕당하는 중이라는 것을 상기시킨다". 여기에서 덧붙여야 할 것은 여성 군인들이 유혹적인 옷은 물론 화장과 하이힐을 사용했다는 사실이다. 그녀들은 심문 장소에서 모든 종류의 성적으로 공격적인 행동들을 사용했는데, 스스로를 애무하기도 했고 탈의하기도 했으며 죄수들에게 강제적인 접촉을 하기까지 했다." Coco Fusco, *Petit manuel de torture à l'usage des femmes-soldats*, pp. 61~62.

전략에 속하는 "성별 체제적인 기술들",[40] 이러한 기술들의 틀 속에서 의식적으로 반복되는 성폭력은 새로운 형태의 자경단원, 즉 새로운 형태의 여성 판정자들을 생산해 낸다. 국가 수호의 진정한 주체들인 고문관 여성 군인들은 적군의 거세를 위한 새로운 장치처럼, 백인적이며 자본주의적·기독교적인 남성성의 주류적 규범에 봉사하는 지배의 기술처럼 객체화되고 만 것이다. 아부 그라이브에서 의식적으로 고안된 이 실험은 전 세계적으로 미국의 자경주의 문화의 현재성이 무엇인가를 보여 준다.

"여성들을 보호해야만 한다"라는 문장은 2세기에 가까운 수탈행위들을 특징짓는다. 여기에서 수탈행위란 그들의 여성과 백인종을 보호한다는 명목하에, 유색인종 남성이 충실한 백인 기사에 의해 몰살당해야 한다는 뜻이다. 그러나 이제부터는 "여성들을 보호해야만 한다"라는 문장 뒤에 새로운 격언의 윤곽이 마련되고 있다. "이제 우리 여성들이 우리를 보호하고 있다…. 그리하여 그녀들은 우리의 문명을 수호한다는 명목으로, 당신들의 남성들을 계간(鷄姦)하러 갈 것이다."

---

40 나는 이 표현을 테레사 드 로레티스에게서 차용했다. Teresa De Lauretis, *Technologies of Gender: Essays on Theory, Film and Fiction*, Indiana University Press, 1987. 이 책의 첫 번째 챕터는 프랑스어로 마리 엘렌느 부르시에(Marie-Hélène Bourcier)에 의해 번역되었다. Teresa De Lauretis, *Théorie queer et cultures populaires: De Foucault à Cronenberg*, Paris: La dispute, 2007.

자기방어: 국민들에게 힘을!

비폭력 끝장내기: 무장하든지, 아니면 너 자신을 해치도록 놔두어라![1]

"이제부터 윈체스터(Winchester) 소총은 모든 흑인 가정에서 명예로운 자리를 가져야만 할 것이다." 1892년 아이다 B. 웰스가 개시한 이 문구는 새로운 결집의 정신을 잘 요약하고 있다.[2] 인종차별이라는 불법적 폭력에 대항하기 위한, 무장한 자기방어의 합법성에 관한 문제의식, 인종분리주의 시스템에 대항하기 위한 쟁투의 운동들에 무기 도입을 호소하는 것, 이것들은 흑인 민족주의 역사의 중심에 놓여 있다.

---

1 Amiri Baraka(태어날 때 이름은 Everett LeRoi Jones, 1943~2014), *Arm Yourself or Harm Yourself: A Message of Self-Defense to Black Man*, 1967(단막극). 1960년대 중반, 아미리 바라카는 민법적·민권적 운동을 위한 통합주의적·평화적 입장에 대하여 가장 비판적인 지식인이자 예술가 중 한 명이었다. 그는 폭력 사용을 호소하는 혁명적 시를 생산했다. 폭력은 백인 아메리카의 부정의에 대항하기 위한 쟁투의 유일한 수단이었기 때문이다. 1965년의 「블랙 아트」(Black Art)라는 시가 이를 입증하며 이 시는 흑인 예술과 문학 운동의 선언문이 된다. 다음 책을 볼 것. Jerry Gafio Watts, *Amiri Baraka: The Politics and Art of Black Intellectual*, New York: New York University Press, 2001.

2 http://www.archive.org/stream/southernhorros14975gut/14975.txt.

1910년대 말과 1920년대 전반에 걸쳐, 할렘 르네상스 운동에 참여한 많은 수의 지식인과 예술가, 저널리스트는 자기방어를 옹호하는 논단을 발표한다. 이 논단은 "(착하고 비굴하며 순종적인) 엉클 톰은 이제 죽었다"는 것을 선언한다. 마커스 가비는 인종차별적인 전쟁이 전국과 전 세계에 불이닥치고 있다는 점과 아프리카계 미국인들이 전투를 위해 뭉쳐야 한다는 것을 인정해야만 한다고 생각했다. 그리고 그는 1919년 10월 다음과 같이 적고 있다. "우리가 분열되어 있는 한, 전 세계의 백인 군중은 계속해서 흑인을 린치하고 화형시킬 것이다. 이 나라에서는 물론 다른 나라에서도 모든 흑인이 함께 봉기하기 시작한 바로 그날, 일본의 황인종에 대해 공포를 느끼는 것과 마찬가지로 흑인종 앞에서 공포에 질린 백인을 비로소 보게 될 것이다. 4억 명의 흑인들은 지금 그들의 압제자들에게 워털루 전투를 부과하기 위해, 전 세계적으로 조직되어야만 한다…. 민주주의를 위한 전쟁이 겨우 끝나자마자, 최근에 일어난 수많은 봉기는 미국과 영국을 뒤흔들었다. 이러한 백인에 대항하는 봉기는 앞으로 더 많아질 것이다. 결과적으로, 모든 국가의 흑인이 실행해야 할 최선의 일이란, 전투에는 전투로, 그것도 지옥의 전투로 답하는 것을 준비하는 것이다."[3]

2차 세계대전은 부인할 수 없는 전환점을 마련하였다. 늙은 유럽을 짓누르던 전체주의에 대항하는 쟁투 속에서, 미국은 전 세계적으로 모범적인 민주주의 국가처럼 보였다. 그러나 정작 이때에 미국 본토에

---

3 Marcus Garvey, *Negro World*, 11 October 1919, ed. Theodore G. Vincent, *Voices of a Black Nation*, New Jersey: Africa World Press, 1973, p. 139.

서는 인종차별적 수탈행위가 더 이상 변호될 여지가 없을 정도에까지 이르렀다. 흑인운동의 선도적 협회들은 일본과 유럽 최전방에 참가했던 아프리카계 미국인 군인과 미국에 거주하는 멕시코인 군인을 계속해서 모집함으로써, 반란을 조직하기에 이른다. 전미유색인종지위향상협회의 리더들은 전쟁 이후가 린치 반대운동과 민법적·민권적 운동들의 전환점이 될 것이라는 것을 완벽히 이해하고 있었다. 그리고 그들은 인종분리주의적인 짐 크로(Jim Crow)식 민주주의의 모순들에 대한 캠페인을 대대적으로 개시한다. 1947년 전미유색인종지위향상협회는 커다란 반향을 불러일으키는 청원을 UN에 제출한다. "러시아가 미국을 위협하는 것이 아니라, 인종분리주의적인 미시시피가 미국을 위협하고 있다."[4] 그리하여 린치 반대 운동은 전 세계적으로 반향을 얻게 된다.[5] 이 운동은 백악관의 관심마저 불러일으키는데, 33대 미국 대통령인 트루먼 대통령은 우리의 시민권에 관한 문제가 이제 세계적

---

4 Timothy B. Tyson, *Radio Free Dixie: Robert F. Williams & the Roots of Black Power*, University of North California Press, 2001, p. 52. 이 청원은 전미유색인종지위향상협회를 위해 레슬리 S. 페리(Leslie S. Perry)가 쓴 유엔 보고서를 동반한다. 이것의 발췌문은 전 세계 언론에 의해 재생산된다. 예를 든다면, 우리는 이것의 일부분을 다음 자료를 통해 검색할 수 있다. *Quatrième Internationale*, November–December 1947, vol. 8, n° 9, https://www.marxists.org/history/etol/newspape/fi/volo8/noo9/perry.html(마지막 온라인 검색일: 2017년 7월).

5 로버트 화이트(Robert White)는 전미유색인종지위향상협회 내에서 운동을 이끈 주요 인물 중 하나이다. 그는 언론인이자 백인 지식인이며 할렘 르네상스 운동의 제창자 중에서 주요한 인물이다. 그는 다음 말을 통해, 세계무대에 대한 토론을 개진하고 있다. "우리는 다음의 증거를 갖고 있는 것에 만족하고 있다. 미국이 다른 나라들에게 자유와 민주주의에 대해 권장하는 것을 정작 스스로에게는 적용하고 있지 않았음에 대한 증거 말이다." Ibid., p. 52.

정치의 문제가 되었다는 점을 인정했다.[6] 1954년 부통령인 리처드 닉슨은 "미국에서의 각각의 차별적 행동들이…외국 국가를 위해 일하는 스파이가 하는 짓만큼 미국을 심각하게 상처 입히는 일이다"[7]라고 선언했다.

몇 년 후, 남부 주에서 인종차별 철폐를 위한 쟁투 속 민법적·민권적 운동들이 사법적 승리들을 최근 거두었음에도 불구하고, 남부 주의 인종분리주의 시스템은 항시 굳게 닫힌 채로 잔존하고 있었다. 백인 우월주의 이데올로기가 여전히 지속됨은 물론, KKK단을 자청하는 무수히 많은 민병대의 출현을 통해 백인 우월주의 이데올로기는 오히려 갱신되기까지 한다.[8] 바로 이러한 상황에서, 인종차별을 극적으로 폭로하는 사건인 키스 법정 사건(Kissing Case)이 일어난다. 이 사건은 자기방어 정치에 대한 인정을 나타내는 사건이다. 이 사건은 노스캐롤라이나주에 있는 먼로(Monroe)라는 도시에서 1958년 10월 말에 일어났

6 Ibid.

7 Ibid.

8 1954년에 있었던 브라운 대(vs) 교육 위원회에 관한 대법원의 역사적 판결에도 불구하고, 남부의 몇몇 주들은 미시시피를 본따 인종분리주의적 장치를 그대로 유지하고 있었다. 앨라배마의 몽고메리시 버스 보이코트 캠페인에서의 승리는 백인들의 시위와 KKK단 또는 백인 우월주의자 그룹의 힘을 입증하는 계기이자 그들에 의한 수탈행위를 강화하는 계기가 되었다. 남캐롤라이나주의 찰스턴(Charleston)에서 1만 2천 명에서 1만 5천 명에 이르는 시위가 1956년 9월 신문에 의해 보고된다. 다음 신문을 볼 것. *News and Courier*, 21 September 1956. 1958년 북캐롤라이나주의 먼로에서는 KKK단 시위와 십자가로 된 장작더미를 불태우는 일이 백여 건에 이르게 된다. 다음 기사를 볼 것. *Monroe Enquirer*, 17 March 1958. 이것은 다음에 의해 인용된다. Timothy B. Tyson, "Introduction", Robert F. Williams, *Negroes With Guns*, Wayne State University Press, 1998. 2002년 판은 온라인에서 검색 가능하다. http://sonsofmalcom.blogspot.fr/2007/06/special-robert-f-williams-series-part-2.html (마지막 온라인 검색일: 2017년 7월).

다. 시시 서턴(Sissy Sutton)이라는 여덟 살의 백인 여자아이는 며칠 전, 그녀가 흑인 남자아이 중 한 명의 볼에 입을 맞췄다고 자신의 엄마에게 말한다. 이 흑인 남자아이들은 며칠 전 다른 아이들과 함께 놀면서 오후를 보냈던 이들이었다. 그때 함께 놀았던 대부분의 아이들은 백인이었으며 열 살이 채 되지 않는 아이들이었다. 이 이야길 전해 듣자마자 이 소녀의 가족은 무장한 군중을 결집시켜, 이 두 남자아이를 죽이고 그 어머니들을 린치할 목적으로 두 남자아이가 사는 구역으로 쳐들어갔다. 이 두 남자아이는 아홉 살의 데이비드 퍼지 심슨과 일곱 살의 제임스 하노버 톰프슨이다. 이 두 남자아이는 결국 강간혐의로 경찰에 의해 폭력적으로 체포당하게 된다. 감옥에 갇힌 그들은 가족을 볼 수 없다는 금지 조치와 더불어 그들을 변호하기 위해 아프리카계 미국인 협회에 의해 급파된 변호사들조차 만날 수 없었다. 그리고 그들은 며칠 동안 학대당하고 폭행당한다. 또한 그들의 어머니들도 박해당한다. 그녀들은 하녀라는 직업을 잃게 되었을 뿐만 아니라, 도시의 백인 주민에 의해 괴롭힘당했고, KKK단에 의한 살해협박까지 당한다. KKK단은 밤에 그들 집 앞까지 와서 거대한 십자가에 불을 질렀고, 하노버 집안의 개를 죽였고, 그들 집의 창가와 집 정면에 총을 겨누기도 했다. 11월 4일 이 두 남자아이는 판사 앞에 섰으며, 판사는 이 사건을 인종차별 철폐의 부정적 효과처럼 다루었다. 다시 말해, 이 사건은 흑인과 백인이 함께 다니는 학교의 인종적 혼합정책과 백인 여자아이들을 위협하는 위험으로부터 기인한 직접적 결과처럼 여겨졌다. 피고인 측 변호사의 참석이 아예 없었을 뿐만 아니라, 대립적 논쟁은 물론 원고와의 대면 한 번 없었음에도, 판사는 이 두 어린 소년들에게 성폭력을 저지른 죄와 미풍양속을 해친 죄를 선고하였다. 그리하여 그들은 21세가 될 때까지 흑인들을 위한 소년원 ─ 흑인들을 위한 모리슨 교육 학교 ─ 에 감금되는 징역형에 처해지고 말았다.

　먼로라는 도시의 전미유색인종지위향상협회 지부는 해체 위기에 놓여 있었으며 단 6명의 단원들이 있었다. 키스 법정 사건이 있기 2년 전, 이 지부는 마지막 있는 힘을 다해, 로버트 F. 윌리엄스(Robert F. Wiliams)라는 새로운 회장을 선출하기에 이르렀다. 그는 공산주의 운동가로 운동의 전투적 갱신을 약속할 뿐만 아니라, 운동에 대한 철학과 정치에 대한 급진적 변화를 도모했다. 그에 의해 운동이 전투적으로 갱신됨으로써, 1년 안에 200명의 신입단원이 모이게 된다. 신입 단원들 대부분은 전미유색인종지위향상협회가 관례적으로 뽑아 왔던 중산층이나 교육받은 계층이 아니라, 노동자 계층에 속하는 이들이었다. 윌리엄스는 백인 우월주의적 민병대들과 남부 주 연합의 인종차별에 반대하는 전쟁에 몇 대에 걸쳐 참여한 가족 출신이자 2차 세계대전의 옛 전투병이자 해군에 속했던 이다. 그의 이러한 배경이야말로 무기조작을 위해, 완벽하게 양성될 만한 가치를 지닌 것이다.[9] 아프리카계 미국인 운동의 논쟁적이며 상징적인 인물이 될 만한 상황에 놓이게 된 윌리엄스는 전미유색인종지위향상협회의 지역 지부를 진정한 전

---

9 http://sonsofmalcom.blogspot.fr/2007/06/special-robert-f-williams-series-part-2. html.

10 Julian Mayfield, "Challenge to Negro Leadership: The Case of Robert Williams", *Commentaire*, April 1961, p. 298. 이것은 다음에 의해 인용된다. Timothy B. Tyson, "Introduction".

투부대[10]로 만들어 놓았다. 이 전투부대는 주로 경험 많은 베테랑들[11]로 구성되어 있었으며 인종적 부정의와 보이지 않는 제국——두 번째 부활 이후의 KKK단을 지칭하는 용어——을 끝장내고자 했다.[12]

전미유색인종지위향상협회의 전국 지도자들이 "섹스 법정 사건"[13]으로 여겨지는 것에 대해 개입하는 것을 거부할 때에, 로버트 F. 윌리엄스는 인종적 부정의에 대항하는 쟁투위원회를 뉴욕에 설립하기에 이른다. 이로써 키스 법정 사건은 전 세계적 스캔들로 변모한다.

---

11 그가 전선에서 다시 돌아왔을 때에, 윌리엄스의 어릴 적 친구이자 그와 같은 옛 전투병이었던 베니 몽고메리는 주급 지불을 거부하던 백인 고용주와 싸우다가 결국 그를 살해하고 말았다. KKK단을 피해 다니던 몽고메리는 경찰에 의해 체포당했고 살인 혐의로 판결을 받아 롤리(Raleigh)의 중앙 감옥 가스실에서 처형당한다. 장례식을 치르기 위해 그의 유해가 가족들이 있는 먼로로 반환될 때에, KKK단은 몽고메리의 시체가 그들 것임을 흑인들에게 알려 주고자 했다. 그리하여 KKK단은 도시의 길거리에 그의 시체를 전시할 목적으로, 시체를 탈취하기 위한 길에 오른다. 대부분이 베테랑인 여러 흑인 운동가들 중에는 로버트 F. 윌리엄스도 있었다. 이 흑인 운동가들은 이러한 시체 탈취행위에 반대하는 조직화를 결심한다. 총으로 무장한 채, 몽고메리의 빈소 앞에서 KKK단의 살인마적 행렬을 기다리던 흑인 운동가들은, 이러한 백인 민병대를 쫓아내는 데 성공한다. 몇 해에 걸쳐, 로버트 윌리엄스와 그의 동지들은 전국소총협회에 가입하게 된다. 이 협회는 매우 논쟁적인 것으로 역사적으로 예비역 베테랑들에게 열려 있는 곳이자, 그들에게 훈련을 허가하는 곳이기도 하다.

12 우리는 공통적으로 KKK단을 두 시기로 구분할 수 있다. 1865년에서 1877년까지가 첫 번째 설립 기간이며 이 기간 동안 KKK단은 금지당한다. 화이트 리그와 같은 다른 백인 우월주의 그룹들이 그 계보를 잇는다. 두 번째 시기는 1906년 『씨족 구성원』(*The Clansman*)이라는 토머스 딕슨(Thomas Dixon)의 소설을 각색한 데이비드 워크 그리피스(David Wark Griffith)의 1915년작 영화 「국가의 탄생」(The Birth of a Nation)의 성공에 의해 특징지어진다. 1924년에는 천만 명에 이르는 단원을 갖고 있다고 주장할 정도로 막대한 성공을 거둔 시기가 바로 이 두 번째 시기이다. 이 기간은 워싱턴으로부터의 명백한 지지를 누리던 기간이기도 하다. 그러나 1928년에 KKK단은 다시 금지당한다. 2차 세계대전 이후, KKK단은 기반을 되찾고자 노력했지만 그들의 영향력은 남부 주로 한정된다.

13 이것은 주로 로이 윌킨스(Roy Wilkins)라는 반공산주의적 전미유색인종지위향상협회의 리더에 의해서였다. 그는 블랙 파워에 가장 대립적인 인물 중 한 명이기도 하다.

그는 주로 유럽에서 구성된 위원회에 기대어 이 사건에 대한 폭넓은 공론화 전략을 실행했다. 유럽에서 구성된 위원회는 이 아이들을 석방시킬 목적으로 린치 반대 운동을 위해 결집하였다. 이뿐만 아니라, 윌리엄스는 아이들의 운명에 무관심한 전미유색인종지위향상협회에 압력을 가하는 전략 또한 실행한다. 이미 이 사건에 대해 주의가 환기된 전 세계 언론은 이 사건을 위해 결집한다. 그중에서 특히 영국 『런던 뉴 크로니클』(London New Chronicle) 신문의 조이스 에깅턴(Joyce Egginton)이라는 여성 기자가 찍은 사진에 의해 키스 법정 사건은 하나의 상징이 된다. 이 여성 기자는 사진기를 가지고서 두 어린 소년이 갇힌 감옥에 잠입하였고, 사회 복지사처럼 행사함으로써 소년들의 사진을 찍는 데에 성공한다. 이 사진은 1958년 12월 15일 자의 신문 일면의 탐사 보도를 동반하는 것으로 아이들이 처한 참혹한 상황을 잘 보여 주었다. "왜?"라는 제목이 붙은 이 사진은 여러 유럽 신문에 의해 재생산됐다. 이 탐사 보도 이후 톰프슨과 심슨의 변호를 도맡은 전 세계적 위원회가 생겨난다. 이 위원회는 미국의 인종차별적 폭력을 고발하는 공공 캠페인을 이끌어 냈으며 워싱턴에 수천 개의 분노의 편지를 보내도록 만든다.

키스 법정 사건은 인종분리주의적 시스템에 대항하는 쟁투의 역사에서 전환점을 마련해 준다. 이 전환점은 로버트 윌리엄스에 의해 구현된 두 가지 전략적 변화에 의한 것이다. 첫 번째로 반식민주의 운동의 맥락 속에서 미국의 인종차별적 정치에 대한 조직적 고발 행위는 인종분리주의를 제국주의의 구성요소에 해당하는 것으로 이해하도록 만든 것임은 물론, 흑인 소수자를 대상으로 저질러진 수탈행위를 내부적 식민주의처럼 이해하게 만든다. 이를 통해 키스 법정 사건은 백인 미국의 야만성에 대항하는 전투의 상징이 된 것이다. 두 번째로, 키스 법정 사건은 동정적인 감정의 특성과는 정반대로, 민권 운동 안에서의 평화적 저항 전략과 평화적 리더십을 위기에 빠뜨린 주요 사건이기도 하다. 노스캐롤라이나주 또는 국경 근처의 남부 주들에서는 흑인 여성, 흑인 남성, 흑인 여아, 흑인 남아에 대한 강간사건과 살인사건이 지속됨으로써 무장 저항이 조직되기에 이른다. 로버트 윌리엄스에게 있어 무장한 자기방어로의 이행은 KKK단이라는 무장 분파 백인 우월주의에 대항하기 위한 대대적 전쟁 속 유일한 생존 전술에 해당한다. 이로써 로버트 윌리엄스는 흑인 거대 운동조직의 차원에서 비주류적 입장을 채택한 셈이었다. 윌리엄스에게 있어 무장한 자기방어에의 호소는 마틴 루서 킹(Martin Luther King)의 반대자처럼 여겨지도록 할 만한 가치를 지닌 것이었다. 그뿐만 아니라, 무장한 자기방어에의 호소는 전미유색인종지위향상협회로부터 1959년 제명당하고 FBI에 의해 박해당할 만한 의의마저 지닌 것이었다.[14] 공산주의자들에 의해 잠입

---

14 로버트 윌리엄스는 납치 혐의로 인해 위험한 범죄자처럼 여겨졌으며, 1961년에는 쿠바로 망명할 것을 강제받는다. 그는 여기에서 자신의 가족과 함께 4년을 머문다. 쿠바에서 그는 흑인 국제주의를 발전시켜 나간다. 흑인 국제주의란 반제국주의와 흑인 민족주의를 연합하는 세계적 혁명을 고안해 내는 일이다. 그는 허베인(Havane)에서 1961년과 1965년까지 라디오 프리 딕시(Radio Free Dixie)라는 라디오 방송국을 창립한다. 그는 이 기간 동안, 음악은 물론 담론들도 전파시키며 주로 와트 봉기 동안 저항을 호소하는 담론을 유통시켰다. 그는 미국에서의 혁명적 지류에 영감을 주는 일을 지속하였고 주로 혁명적 행동운동(Revolutionary Action Movement)들에 영감을 줬다. 혁명적 행동운동(RAM)은 1961년 민권운동을 위한 기구의 대학생 단원들에 의해, 오아이오주에서 창설된다. 그들 중 도널드 프리먼(Donald Freeman), 맥스 스탠퍼드(Max Stanford)와 완다 마셜(Wanda Marshall)은 『블랙 아메리카와 혁명적 행동운동 스피커들』(*Black America*

당했다는 혐의를 가진 전미유색인종지위향상협회는 반공산주의적 정책들을 실행하기 시작하였다. 이러한 반공산주의 정책들은 어느 정도의 관록과 체면치레를 하기 위한 것으로, 반제국주의적 운동가들은 물론 이 운동의 첫 번째 수장인 윌리엄스를 겨냥하는 것이었다. 윌리엄스는 W. E. B. 두보이스의 지지를 얻었으나,[15] 대부분의 흑인운동조직으로부터는 배척당했다. 그럼에도 불구하고 그는 흑인운동의 주요한 정치적·지성적 인물이자 공산주의적 자기방어라는 정치 철학의 제창자가 되는 상황에 놓여 있었다. 공산주의적 자기방어라는 정치철학은 몇 년 후, 블랙 파워의 호소 속에서 충분히 구체화되기에 이른다.

et RAM Speakers)이라는 신문을 이끌게 된다. 그들의 행동은 대학 내에 폭넓게 자리 잡게 된다. 1964년 피스크(Fisk)에서의 혁명적 행동운동(RAM)은 흑인 민족주의에 관한 아프리카계 미국인 대학생들의 첫 콘퍼런스를 조직하기에 이른다. 그리고 그들의 이론적 생산은 매우 큰 영향력을 갖게 되는데, 이는 보비 실(Bobby Seale)이라는 자기방어를 위한 블랙 팬서의 미래적 인물에게도 영향을 끼친다. 다음을 볼 것. Robin D. G. Kelley et Betsy Esch, "Black Like Mao: Red China and Black Revolution", ed. Manning Mrarable, *The New Black Renaissance: The Souls Anthology of Critical African-American Studies*, 2005, Routledge, 2016, p. 39와 그다음 페이지들.

15 자기방어에 관한 두보이스의 입장은 아이다 B. 웰스에 의해 주장된 입장에 속한다. 1906년 백인 주민들이 애틀랜타의 거리들로 쏟아져 나올 때에, 두보이스는 다음과 같이 쓰고 있다. "만약 백인 군중이 캠퍼스—내가 가족과 함께 살고 있는 곳—에서 체포되었다면, 나는 주저 없이 그들의 내장이 잔디밭에 폭발되도록 만들었을 것이다." 이것은 다음에 의해 인용된다. Timothy B. Tyson, *Radio Free Dixie*, p. 211. 1961년 로버트 F. 윌리엄스의 제안에 따라 W. E. B. 두보이스는 「쿠바. 아프리카계 미국인에 의한 의식 선언」(Cuba. A Declaration of Conscience by Afro-American)이라는 텍스트에 서명한다. "왜냐하면 우리는 억압을 경험했기 때문이며, 다른 미국인들보다도 더 많이 고통받았기 때문이며, 우리 스스로의 해방을 위해 독재에 대항해 항시 싸워 오고 있기 때문이다. 그러하기에 우리, 아프리카계 흑인들은 억압적 힘에 저항하기 위해 우리의 목소리를 드높일 권리와 의무가 있다. 이러한 억압적 힘이 혈연과 공통적 유산을 통해 연결되어 있는 자유로운 국민을 짓밟고 있는 것이다." Ibid., p. 242. 신문에 실린 이 선언문은 어미리 버라카, 줄리언 메이필드(Julian Mayfield), 마야 안젤루(Maya Angelou), W. E. B. 두보이스와 그의 동반자인 셜리 그레이엄(Shirley Graham)에 의해 서명된 것이다.

키스 법정 사건은 1950년대 전반 미국을 휩쓴 극단적인 반공운동 인 매카시즘의 측면에서, 반공적 선전활동과 반공정치의 징후였다. 이 러한 반공적 징후들은 전 세계적 흑인운동의 대척점에 있는 남부 주 의 연합 언론들의 유일한 논지이기도 했다. 이뿐만 아니라, 이러한 반 공적 징후들은 아프리카계 미국인들의 민권운동 내부의 분열을 격화 시킴으로써 이 운동들을 갈라지도록 만든 요인이었다. 국가적 정치의 전략처럼 폭력을 사용하는 것에 관한 문제는 흑인 협회들의 주요한 지 도부들과 갈등을 일으키는 지점이 된다. 이 협회들의 지도부는 무장한 자기방어를 지지하는 여성, 남성 지식인들과 여성, 남성 운동가들을 공산주의와 친밀한 관계에 놓여 있는 이들이라고 비난하고 있었기 때 문이다. 반공주의적인 이 협회들은 인종적 소수자에 대한 통합 정치를 특화하면서도, 제국주의에 대항하는 쟁투들과 연합하는 일에 대해서 는 지속적으로 거리를 뒀다. 이뿐만 아니라, 반공주의적 흑인협회들은 전 세계적 차원의 반식민주의 운동들과 해방을 위한 혁명 운동들과 연 대에서 결렬하는 것을 지속했다.

로버트 F. 윌리엄스의 전투적인 행동과 인종적 부정의에 대항하 는 쟁투위원회 덕분에, 데이비드 심슨과 제임스 톰프슨은 1959년 2월 13일, 조건부로[16] 석방된다. 1962년 쿠바로 망명한 윌리엄스는 『총을

---

16 교정 및 훈련 위원회의 임원은 1959년 1월 2일에 아이들의 조건부 석방을 용인한다. 그 는 유죄 선고를 받은 이 아이들의 행동이 부모에 대한 규율을 지키지 않거나 불복종하 거나 반항적이어서는 안 된다는 것을 상기시킨다. 그런데 만약 이것이 조건부 석방과 평 생에 걸친 사회적 통제에 해당한다면, 이는 곧 아이들의 어머니들에 관한 것이기도 하 다. 아이들의 어머니들은 아들의 감옥행에 대한 잘못을 책임져야만 하기 때문이다. 가족 들은 소년들을 무시해서는 안 되며 그들에게 보호와 도움, 합당한 돌봄을 제공해야만 한

든 흑인』(*Negroes With Gun*)이라는 저서를 출판한다. 이 저서에서 그는 무장한 자기방어에 관한 테제들을 전개시켜 나간다. 그는 이 책에서 남부 주 인종 전쟁의 격돌 장면을 인상적인 방식으로 묘사하고 있다. 비폭력적인 직접 행동의 전략과는 반대되는 자기방어, 이에 관한 철학적 입장들이 이 책에서 구체적으로 전개된다. 1961년 6월, 흑인들에게 금지된 먼로시의 마을 수영장 근처에서 수차례에 걸친 결집운동을 하는 동안, 흑인 운동가들은 무장한 백인들의 발포에 의해 조준당하게 된다. 여러 번에 걸쳐, 윌리엄스와 전미유색인종지위향상협회의 또 다른 운동가들은 경찰서에 고소장을 제출하길 시도하지만, 먼로시의 경찰서장은 이 상황에 대해 매번 그 어떠한 것도 보지도 듣지도 못했었다고 주장한다.[17] 이러한 부조리한 상황은 흑인 주민 또는 흑인 운동가들에게 가해진 각각의 폭력적 행동이 있을 때마다 지속적으로 반복된다. 이 이야기는 백인 권력당국의 조직적인 부인 전략을 보여 준다. 이러한 부조리한 상황에 개입하길 거부하는 일과 백인들이 무엇을 하든지 그대로 내버려 두는 일은 경찰의 비폭력적인 직접 행동에 의한 역설적 효과를 구성한다. 이러한 경찰의 비폭력적인 직접 행동은 흑인 조직과 흑인 운동가의 자기방어에 원천적인 공격행위라는 새로운 죄

다. 또한 소년원에서의 생활은 이 아이들을 발전시켰고 행동을 개선시켰으며, 이제 가족이 이러한 조치를 지속적으로 따르고 계승해야 한다는 것이다. 다음을 볼 것. Timothy B. Tyson, *Radio Free Dixie*, p. 125. 아이들은 위원의 다음 논평과 함께 한 달 후에 석방된다. "이 두 소년들의 어머니들이 엄마로서의 책임을 질 것을 원하는 바이다." Ibid., p. 135.

17 이것은 여러 이야기들 속에서 지속적으로 반복되는 상황이다. 흑인들의 방어를 선제적인 공격행위로 보이도록 만드는 것이자, 백인에 의한 공격행위를 부인하기 위한 것이다.

목을 붙이기 위한 것이다. 윌리엄스는 백인들이 외친 흑인을 향한 증오의 고함을 다시 옮겨 적고 있다. "이 흑인들을 죽여라! 그들을 죽여라! 흑인들에게 휘발유를 들이부어라! 이 흑인들을 불태우라!" 이날 집결한 군중의 광기어린 고함 앞에서 윌리엄스와 다른 운동가들은 린치를 피하고자 그들의 차로 급히 피신하는 것 말고는 다른 선택의 여지조차 없었다. 그리하여 그들은 결국 소총을 꺼내 들게 된다.

"윌리엄스는 말한다. 이 사람들이 알고 있지 못하는 것은 바로 우리가 무기를 갖고 있다는 사실이다. 노스캐롤라이나주의 법은 무기들을 숨기지 않는 한, 차에서 무기를 운반하는 일을 허가하고 있다. 나는 두 자루의 권총과 한 자루의 소총이 있다. 다른 이가 우리를 때리기 위해 팔을 들어 올렸을 때, 나는 45구경 권총을 꺼내 들고, 그 어떠한 말 한마디 없이 그의 얼굴 정면에 겨누었다. 그는 권총을 바라보면서 그 어떠한 말 한마디 없이 우리에게서 점점 멀어지기 시작하였다. 군중 속 어느 누군가가 우리를 향해 권총의 방아쇠를 잡아 당겼고 사람들은 히스테릭한 박수를 다시 치기 시작했다. '흑인들을 죽여라! 그들을 죽여라! 그들에게 휘발유를 들어부어라!' 천박한 이들은 내 자동차의 지붕 위로 돌을 던지기 시작했다. 나는 차 문을 열고서 땅에 발을 디딘 후, 이탈리아제 소총을 손에 들고서 일어섰다."[18]

자기방어의 권리에 관한 한, 윌리엄스가 취하는 입장은 철학적으로 고전적인 입장이라 할 수 있다. 그는 미국 수정 헌법 제14조가 노스

---

18 Robert F. Williams, *Des Nègres avec des fusils,* in *La Révolution aux Etats-Unis?*, Paris: Maspero, 1966, original version published in 1962, trans. Guillaume Carle, pp. 153~154.

캐롤라이나주에서는 무시되고 있으며,[19] 연방 정부가 의도적으로 미국 수정 헌법 제14조에 대한 준수를 하지 않는다고 생각했다. 더 나아가 이 주의 법정들은 KKK단의 운동가들에 의한 수탈행위는 물론 수탈행위를 저지른 또 다른 인종차별적 민병대들과 이들을 지지하는 주민들을 처벌하지 않고 그저 내버려 뒀다. 바로 이러한 사실은 법정을 정의를 실행하기에 부당한 곳으로 만들어 버린다. 다르게 말하자면 백인에 의해 저질러진 폭력은 합법적이지만 부당한 것이라면, 이에 대한 반격으로 실행되는 흑인의 폭력은 불법적이긴 하지만 정당한 것이다. 윌리엄스는 다음과 같이 쓰고 있다. "문명화된 사회에서 법은 강자에 의해 약자가 이용당하는 것을 억제하기 위한 것이다. 그러나 남부 주의 사회는 문명화된 사회가 아닌 정글 사회로 우리를 정글의 법칙으로 되돌아가도록 강제한다."[20]

아메리카 사회에서 흑인들을 위한 정의가 존재하지 않는 한, 자기방어의 활용은 윌리엄스에 의해 적극적으로 권장된다. 더 정확히 말하자면, 여기에서 실행되는 정의란 백인적 정의로서 흑인들을 죽음이라는 최대치의 위험에 노출시키는 것이다. 흑인들에 대한 살인은 처벌받지 않으며, 이러한 백인적 정의는 오히려 흑인 살해의 공모자에 가깝다. 경찰은 흑인 주민을 보호할 수 없을 뿐만 아니라,[21] 더 최악인 점은 바로 경찰이 흑인들을 암살자들에게 의도적으로 넘겨준다는 사실이다. 이러한 의미에서 자기방어는 자기 자신의 삶을 지키기 위한 마지

---

19 Ibid., p. 164.
20 Ibid., p. 170.
21 Ibid.

막 방어막이자 흑인들이 그들의 인간성 자체를 수호하기 위한 수단이 된다.[22]

월리엄스가 주장하는 자기방어의 철학은 사회계약론의 고전적인 몇몇 테마를 그대로 차용하고 있다. 그는 자기방어 개념과 자기 자신과 재산에 대한 소유주처럼 여겨지는 자기 자신에 대한 방어, 이 둘 간의 연관성을 끊어 버린다. 이로써 그는 자기방어를 소유주의적인 개인주의의 전통으로부터 이탈시켜 버린다. 그렇다고 자기방어가 미리 앞서서 존재하는 권리의 주체에 입각해 있는 것도 아니다. 또한 자기방어가 보존의 권리와 재판의 권리를 정당하고도 자연적으로 소유한 한 개인에게 의존해 있는 것도 아니다. 만약 주체가 존재한다면, 안전한 삶을 갖기 위해 집중해 있으며 몰두해 있는 운동 속에서 비로소 주체가 생산되고 도래하는 것이다.

그는 그를 다음과 같이 비난하는 이들——윌리엄스가 폭력을 옹호하며, 억압을 유발하는 인종분리주의적 권력당국들에 본의 아니게 이득이 되는 행동을 하고 있다고 비난하는 이들——에게 이렇게 답한다. 자기방어란 폭력에 대한 사랑이 아니라, 정의에 대한 사랑이라고 말이다.[23] 이러한 의미에서, 윌리엄스는 자기방어의 전략과 비폭력 전술을 대립시키고 있지 않다.[24] 왜냐하면 그에게 있어 자기방어란 비폭력이 임계점에 도달한 순간 개입하는 것이기 때문이다. 여기에서 비폭력이 임계점에 도달한 순간이란, 이러한 비폭력의 전술을 지속하는 것

22 Ibid., p. 216.
23 Ibid., p. 66.
24 Ibid., p. 220.

이 곧 자살행위로 변모할 때를 뜻한다.[25] 그리하여 윌리엄스는 비폭력에 대한 선서를 단호히 거부한다. 왜냐하면 이러한 비폭력에 대한 맹세는 폭력에 똑같이 폭력으로 대응하게 된다거나 자기방어가 오히려 흑인들에 대한 억압을 악화시킨다는 이유로, 현재 흑인들이 당하고 있는 숱한 수탈과 공격 앞에서도 스스로를 방어하는 일을 흑인 운동가들에게 금지시키는 일이기 때문이다.

여기에서 우리는 폭력과 비폭력에 관한 논쟁의 한가운데에 놓이게 된다. 또한 우리는 지배자 계급의 여성과 남성에 의한 폭력이 피지배자 계급의 여성, 남성에게 전염되는 것에 관한 문제의 중심에 서게 된다. 폭력의 사용은 공통적으로 다음의 두 가지 논거에 의해 거부되고 있다. 먼저 피지배 계급의 여성과 남성이 지배자 계급의 여성과 남성으로 변모하도록 만든다는 권력자에 대한 모방과 모사 효과의 이름으로 폭력 사용이 거부된다. 또는 지배자 계급의 여성과 남성의 폭력을 멈추기보다는 오히려 이를 두 배로 늘리는 반응성의 강화라는 위험의 이름으로 폭력 사용이 거부된다. 로버트 윌리엄스에 따르면 이러한 논쟁은 지배의 이데올로기부터 기인하는 것이자, 억압받는 여성들과 남성들을 무장해제시키기 위한 또 다른 방식에 불과하다. 바로 이로부터 원칙상의 비폭력 전략에 대한 강건한 반대가 일어난다. 윌리엄스는 그의 저서에서 폭력을 역사의 태동으로 보는 전형적인 맑시즘적 정의법을 채택하고 있다. 더 구체적으로 그는 폭력을 사회 변동과 역사성 자체의 원리로 보는 정의법을 채택한다. 백인들의 인종차별적 잔혹성

---

25 Ibid.

에 맞서, 그는 비폭력과 자기방어가 유용하게 조합될 수 있다고 생각하긴 하지만, 오직 폭력만이 인종적 억압과도 같은 근본적인 삶의 요소를 바꿀 수 있다고 여긴다.[26] 윌리엄스에게 있어, 방어적 폭력의 전략이야말로 유일하게 권력관계를 심층적으로 바꿀 수 있는 봉기의 역학인 것이다. 비폭력적인 직접 행동 전략은 공공 운송수단들을 인종적으로 혼합되게 만들 수는 있지만, 인종차별적 시스템은 물론 인종차별적 시스템이 재생산해 내는 사회적·경제적 폭력을 근본적으로 파괴할 수는 없기 때문이다.[27] 결국 윌리엄스에게 있어 민권운동에 의한 폭력의 활용은 갈등의 한가운데에서, 입장을 취하도록 하는 것이다. 또한 그들의 삶과 자유를 방어하고자 하는 이들을 공격함으로써, 자신들의 특권을 수호하고자 하는 이들에게 전쟁을 선포하게 만드는 것이 폭력의 활용인 것이다. 그러하기에 윌리엄스는 스스로를 국제주의자로 소개하지, 스스로를 흑인 민족주의의 대표자로 소개하진 않는다. 그에게 있어, 주요한 문제란 민족을 수호하는 것이 아니라 보편적 정의를 수호하는 것이었기 때문이다.[28] 윌리엄스가 쿠바에서 이러한 방침에 대해 적고 있을 적에, 프란츠 파농 또한 알제리와 뉴욕에서 여러 차례 병원을 오가며 임박한 자신의 죽음과 민족 해방을 위한 쟁투들의 위급성

---

26 Ibid., p. 209.
27 "몽고메리에서의 버스 보이콧 운동은 순수하게 평화적인 행동의 가장 행복한 경우를 상징한다. 그러나 우리는 다음을 잊어서는 안 된다. 흑인들이 버스 앞자리에 앉아 여행할 수 있는 이 마을에서 또 다른 흑인들은 굶어 죽기도 했다는 사실을 말이다. 즉 이 보이콧은 제한된 승리를 허가했을 뿐이다." Ibid., p. 216.
28 윌리엄스는 반유대주의적 박해와 나치즘에 대항하는 쟁투, 제국주의에 대항하는 베트남인의 쟁투, 쿠바에서 식민주의에 대항하는 아프리카계 민족의 쟁투를 참조하고 있다.

속에서도 폭력적 행동의 철학을 고안해 내고 있었다.

블랙 팬서: 정치적 혁명인 자기방어

로버트 윌리엄스의 텍스트는 자기방어를 위한 블랙 팬서의 주요한 이
론적 원천으로 기능하게 된다. 이 텍스트들은 1960년대에 폭넓게 출
간, 전파, 번역된다. 미국 공산주의 운동의 핵심 인물[29]이자 무장한 자
기방어에 관한 사상가인 윌리엄은 비폭력 철학을 포기하고자 하는 민
권운동의 전환점에 큰 영향을 미친다. 폭력적인 직접 행동의 공공연
한 활용은 1960년대를 특징짓고 있다. 이뿐만 아니라, 1960년대는 쟁
투 중인 몸들의 기호학과 연결되어 있는 정치적 주체화 양태를 도래시
킨다. 이러한 기호학은 흑인운동 너머로 널리 전파될 수 있는 것이었
다. 키스 법정 사건이 있은 지 몇 년 후, 젊은 운동가인 제임스 메러디
스(James Meredith)는 1966년 6월 미시시피강을 따라 그 어떠한 무기
나 보호도 없이 자신의 의지 하나만을 갖고서 공포에 대항하는 행진을
시작했다. 그러나 이렇게 비폭력적인 그가 총격을 당한 사건은 루서
킹 목사에 의해 지금껏 권장되어 오던 비폭력 저항 전략을 결정적으로
포기하게 만드는 것이었다. 이 총격으로 인해, 민법적·민권적 운동의
여러 리더들[30]은 공포에 대항하는 이 행진을 지속시키기 위한 양태들

---

29 쿠바로 망명한 이후, 윌리엄스는 마오쩌둥의 초대로 중국으로 향한다.
30 다음 협회들을 대표하는 것으로는 1960년에 설립되고 스토클리 카마이클(Stokely
   Carmichael)에 의해 대표되는 학생비폭력조정위원회(SNCC), 남부기독교인리더십회의
   (SCLC), 마틴 루서 킹에 의해 대표되는 미시시피자유민주당(MFDP), 1947년에 플로이
   드 맥키식(Floyd McKissick)과 제임스 파머(James Farmer)에 의해 대표되는 인종 간의
   운동이자 인종평등을 위한 의회(CORE), 인권을 위한 의료위원회(MCHR), 매우 논쟁적

에 대해 결정 내려야만 했다. 이 수천 명의 사람들을 동원하여 행진은 다시 시작되었고, 그들은 학생비폭력조정위원회(Student Nonviolent Coordinating Commitee)의 한 구성원인 스토클리 카마이클 앞에서 블랙 파워[31]에 대한 역사적 호소를 개진한다. 이 행진은 다양한 운동들 간의 불화를 넘어서서 역사적인 무대가 되는데, 바로 이 행진 이후로 폭력에 대한 두 가지 정치적 논리가 공론장에서 대립하게 되는 계기가 마련되기 때문이다. 민권운동의 역사에 관한 최근 작업들은 1966년으로 공통적으로 추정되는 적극적 비폭력 전략과 방어적 폭력의 전략 간의 대립이 과도하게 단순화된 관점으로부터 기인하는 측면이 있었음을 명확히 보여 주었다. 예를 든다면, 마틴 루서 킹이 방어적 폭력의 활용, 즉 자기방어에 반대하진 않았다는 것은 매우 흥미로운 지점이다. 그러나 1966년 6월 행진이 있던 그날, 루서 킹은 대놓고 무장한 채 시위하고 있는 운동가들을 용인하진 않는다. 왜냐하면 이러한 운동가들이 경찰들에게 "죽여도 되는 권리"[32]를 부여하게 만듦으로써, 다른 이들마저 위험에 처하게 만든다고 생각했기 때문이다.

그런데 바로 이 지점에서, 루서 킹에 대한 반대가 주로 미국계 흑인을 중심으로 한 정치-종교적 협회인 이슬람국민노선에 의해 구체

인 방어와 정의를 위한 집사들(Deacons for Defense and Justice)인 1964년 루이지애나 주에서 형성된 무장 자기방어 그룹이 있다. 이 그룹들은 운동가들, 주로 KKK단에 대항하는 인종평등을 위한 위원회(CORE)의 운동가들을 보호하기 위한 것으로 시위 행렬의 보호를 보장하고자 한다.

31 "지금부터 우리가 말하기 시작할 것은 바로 블랙 파워에 관한 것이다."
32 이 지점에 관해서는 다음을 볼 것. Christopher B. Strain, *Pure Fire: Self-Defense as Activism in the Civil Rights Era*, University of Georgia Press, 2005, p. 116.

화된다. 말콤 엑스(Malcom X)에게 있어 킹에 의해 권장된 비폭력 철학이란 무장해제를 유도하는, 흑인에게 백인에 대항하여 스스로를 방어하지 말라고 말하는 금기와도 같았다. 말콤 엑스는 이러한 비폭력에 대한 강요가 흑인과 흑인 간의 관계에 관한 것이 아니라, 인종 간의 관계, 즉 백인과 흑인에 관한 것이기만 하다는 것을 지적한다. 즉 킹은 흑인들 서로에게 폭력적이지 말 것을 말하는 게 결코 아니라는 것이다. 그러나 말콤 엑스에게 있어 흑인끼리 폭력적이지 말라는 것만이 정치적으로 유효한 비폭력 강령에 해당한다. 왜냐하면 흑인 간의 비폭력이야말로 흑인 연대와 통합성을 구축하게 만드는 일이기 때문이다. 말콤 엑스에게 있어 백인들에 의해 존경할 만하다고 여겨졌던 유일한 흑인 교섭 상대자가 킹 목사였다는 점은 결코 사소한 일이 아니다. 또한 킹의 운동이 백인들에 의한 엄청난 경제적 지지와 심리적 지지를 획득할 수 있었던 운동이었다는 점과 백인들이 허락한 유일한 운동이었다는 점도 간과할 만한 일이 아니다. 킹은 흑인들에게 스스로를 방어하지 말 것을 호소함으로써 "그 스스로가 백인들을 위한 최적화된 무기가 된 것이다. 흑인에게 가혹행위를 가하길 원하는 백인이 지금까지 이 땅에서 가져 본 적 없었던 최적의 무기가 바로 킹이다. 백인이 흑인을 공격하길 원할 때조차 흑인은 킹의 비폭력 철학으로 인하여, 스스로를 방어할 수조차 없게 되어 버렸기 때문이다. 킹은 당신은 싸워야 한다고 결정되어 있지 않을 뿐만 아니라, 당신 자신을 방어해야 한다고 결정되어 있지 않다"는 어리석은 철학을 권장했던 것이다.[33] 비폭력은 운

---

33 Malcom X and Kenneth B. Clark, *James Baldwin, Malcom X, Martin Luther King:*

동을 위해 결집한 흑인 그룹들의 윤리적이며 정치적인 내부 원리로 이해되고 한정되어야만 한다. 비폭력은 생성 중인 소수자 그룹인 '우리'에 전념하기 위해서만 의미가 있는 정치적 주체화 양태인 것이지, 지배 계급에 대항하기 위한 전투와 저항을 위한 실천은 결코 아니다.

킹의 패배는 로버트 윌리엄스, 스토클리 카마이클, 일라이자 무하마드(Elijah Muhammad), 그리고 1965년 사망함으로써 트라우마를 남긴 말콤 엑스에 의해 발전된 테제들을 유리하게 만들었다. 킹의 패배는 방어적 폭력으로 이행하기 위한 확고한 결단력을 가진 운동가들로 구성된 새로운 세대의 도래를 나타낸다. 이 운동이 맞이하게 된 위기 속에서[34] 전투적 신체의 여러 참여형태와 봉기하는 몸의 기호학에 대한 재정의, 이 둘 간의 갈등으로부터 기인하는 문제들이 제기된다.

그러나 비폭력을 주장하는 주체들은 결코 수동적이지 않다. 그들은 행동 속에 그들의 몸을 참여시키고 있으며 그들 자신과 그들의 권리 수호를 위한 대적행위에 참여하고 있기 때문이다. 이는 몸 자체가 저항의 형태를 구현하는 것으로 엄청난 에너지를 요하는 일이다. 이러한 저항을 위한 가능성의 조건으로는 절대적인 희생과 무제한적 저항, 결코 반응하지 않기 위한 자기 자신에 대한 망각이 있다. 명시적으로 말하자면 이 세 가지 조건을 통해서 운동가의 몸은 공격행위의 비열한 폭력성이 그대로 드러나게 하는 인화판이 되는 것이다. 비열한 폭력성의 출현은 도덕적인 효과 —— 이 폭력은 도무지 참을 수 없으며 부당하

Nous les nègres, 1963(trans. fr., Maspero, 1965), Paris: La découverte, 2007, p. 67.
34 전략과 폭력의 사용에 대한 불화들, 말콤 엑스의 죽음, 와트에서의 봉기들은 모두 1965년 같은 해에 일어난다.

다는 것 ─ 와 정치적 효과 ─ 이 폭력은 불법적이라는 것 ─ 와 심리적 효과 ─ 이 폭력은 이를 저지른 이의 눈에서조차 생지옥으로 나타난다는 것 ─ 를 동시적으로 낳아야만 한다.[35] 그러나 이 전략이 이미때가 지난 운동으로 판단되는 측면이 있는데, 여기서의 문제점은 이러한 비폭력적인 직접 행동들이 끝이 없는 인내의 형태 속에서 저항하는몸을 극화시킨다는 점이다. 일정 부분에서 비폭력적인 자기방어와 폭력적인 자기방어는 수동성과 능동성, 약함과 힘 간의 대립구조에 의해구분되는 것이 아니다. 이것들은 적극적인 방어의 시간과 이것이 갖는효과의 시간성에 의해 구분된다. 다르게 말하자면 역사에 관한 두 가지 다른 이해방식이 여기에서 맞붙게 되는데, 첫 번째 이해의 방식이란 쟁투의 긴 시간성을 공식적으로 인정하는 일이다. 이는 폭력을 기나긴 인내 속에서 역사의 흐름을 바꾸기 위한 것이자 역사를 일하도록만드는 것으로 인정하는 것이다. 비폭력의 행동은 막대한 노고를 요구한다. 비폭력 행동은 이에 참여하는 몸은 물론 역사 또한 마모시키고만다. 그런데 방어에 대한 목적론적 접근법에 맞서, 논쟁적인 두 번째접근법은 이러한 논리를 역전시켜 버린다. 이는 자기방어의 정치적 전략이 갑작스러운 출몰과 충격 속에서 폭력과 폭력이 만날 때에만[36] 역

---

35 흑인문화 연구를 위한 숌버그 센터(NYC)의 기록물들에서 남부기독교인리더십회의 (SCLC)에서 주로 실행한 비폭력적 직접 행동 기술 훈련 실습소에 대한 사진 기록물을 열람할 수 있다. 우리는 여기에서 운동가들이 앉은 채로 목과 얼굴 위에 떨어지는 뜨거운 담뱃재를 참고 견디는 장면을 볼 수 있다. 비폭력에 관하여는 다음을 참고할 것. Hourya Benthouhami-Molino, *Le Dépôt des armes: Non-violence et désobéissance civile*, Paris: PUF, 2015.

36 로버트 F. 윌리엄스는 다음 책에서 인용된다. Timothy B. Tyson, *Radio Free Dixie*, p. 149.

사가 만들어짐을 공식적으로 인정하는 것이다. 즉 이제는 더 이상 끈기 있는 인내 속에서 역사를 만드는 것이 아니라, 돌발적인 혁명이 반드시 필요하다는 것이다. 이는 곧 지속적이며 끈기 있는 계획이 아닌 즉각적 타격행위에 관한 은유이다.

자기방어는 전투적 실천이자 쟁투의 철학이다. 이러한 쟁투의 철학에 의하면, 혁명적인 시간과 순간이란 되받아쳐 날린 즉각적 타격의 실효성에 달려 있다. 바로 여기에서 블랙 파워의 문제의식이 기인하며, 이러한 문제의식은 프란츠 파농의 텍스트에 대한 해석에서 많은 영감을 얻은 것이다. 블랙 파워의 문제 의식은 자기방어의 전개와 폭발적이며 공격적인 방어로 구성되어 있다. 블랙 파워의 문제의식은 타격행위에 타격행위로 답할 수 있음을 보여 주는 일이자 타격에 대해 답할 것을 호소하는 것으로 나타난다. 그리고 이러한 조건들 속에서, 겨누어진 무기의 포탄 앞에서, 총알의 발포로 답해야만 한다. 이처럼 자기방어는 역공처럼 이해되는 것이자 전투적 몸의 또 다른 기호학을 제창해 낸다. 전투적 몸의 또 다른 기호학이란 박해받는 자의 모범성에 달려 있는 것이 아니라, 복수의 피할 수 없으면서도 냉혹한 성격에 달려 있다. 전투적 몸의 기호학은 목적들의 형이상학에 기입되어 있는 것이 아니라, 타격행위의 즉각성 속에 기입되어 있다.

이제부터 우리는 자기방어의 정치와 자기주장의 정치, 재현의 정치가 어떻게 연결되어 있는가를 이해할 수 있다. 왜냐하면 자기방어의 운동 틀 속에서, 공격하면서 방어한다는 것은 구체적으로 부당하게 부정되어 버린 자기 자신의 권리에 대한 주장이기 때문이다. 결과적으로 이것은 이 권리의 소유자인 주체, 또는 그에게 거부된 권리를 스스로에게 부여함과 동시에 이 권리를 취득해 내는 주체에 대한 확인이다. 폭발적인 방어행위란 이름을 대지 않는 전쟁의 선포를 목적으로 한다. 또한 이것은 동등한 무기를 가지고서 싸우는 전투의 양태들을 복구하는 것을 목적으로 한다. 이러한 관점에서 폭발적인 방어행위는 전투적 철학에 속하는 것이다. 지배관계의 위치성과 용어는 더 이상 존재론적 방식인 지배자와 피지배자, 또는 위계적 방식인 무장한 자와 무장해제된 자로 접근되지 않는다. 이것들은 시간의 추이에 따른 통시적 방식에 의해 공격자와 공격당하는 자로서 생각된다. 이러한 목록은 적어도 두 가지 효과를 낳는데, 한편으로 이것은 교전 중인 억압받는 소수자들의 자긍심과 존엄성을 복원하며 다른 한편으로 혁명적인 전투가 폭력을 요구하는 한 폭력의 제한 없는 사용을 허가한다.[37] 이는 곧 폭력의 기호학의 무제한적 사용을 허가하는 일이다.

  1966년 11월 자기방어를 위한 블랙 팬서의 도래는 매우 상징적인 것이었다. 왜냐하면 블랙 팬서는 제국주의와 미국의 인종분리주의적 전통에 대항하는 무장한 자기방어의 권리를 국제주의적으로 재정치화하기 때문이다. 만약 블랙 팬서가 무장한 자기방어의 원칙을 자기이익대로 취하는 것 ─ 조직의 이름에 자기방어라는 용어를 추가한 것은 자기방어를 위한 집사들(Deacons for Self-Defense)을 직접적으로 참조한 것 ─ 이라면, 이는 자기방어의 정치적 의미반경을 넓히기 위한 것이다. 자기방어의 정치적 의미는 반제국주의적이며 공산주의적

---

37 "억압자들은 유죄판결을 받을 때까지 박해당해야만 한다. 억압자들은 낮에도 밤에도 결코 평온을 되찾아선 안 된다." Huey Newton, "Defense of Self-Defense", 20 June 1967, Huey Newton, *To Die for the People*, City Lights Books, 2009, p. 82.

인 아프리카계 미국인의 운동사 속에 기입됨으로써 확장될 수 있기 때문이다. 반제국주의적이며 공산주의적인 아프리카계 미국인의 운동은 자기방어라는 혁명적 정치 주체가 도래할 가능성의 조건으로 전향될 수 있다.

그래서 블랙 팬서 구성원들은 극단적인 법률 존중주의적 전술을 취했던 것이다. 이러한 전술은 헌법의 두 번째 개정을 참조하는 것으로 미국 시민이라면 누구나 총기 휴대를 할 수 있듯이 아프리카계 미국인들 역시 총기 휴대의 권리를 존중받도록 하는 것을 목적으로 한다.[38] 운동가들은 무기와 법전을 소지한 채로 외출하는 습관이 있었으며 경찰 정찰대를 따라다니는 습관도 있었다. 이러한 습관들은 불심검문의 그 어떠한 상황에도 개입하여 그들의 존재를 드러내기 위한 것이자 절차적 부정의를 증언하고 나아가 검문당하거나 체포당한 이들에게 그들의 권리를 상기시켜 주기 위해서이다. 블랙 팬서의 공동 창립자인 보비 실은 1970년에 무장한 자기방어와 무기 휴대의 기능이란 운동가의 삶을 수호하기 위한 것일 뿐이라고 선언한다. "정당의 그 어떠한 구성원도 그를 공격하는 이가 누구든 간에, 그러한 사람이 경찰

---

38 그리고 자기방어를 위한 블랙 팬서의 첫 번째 행동 중 하나는 무기 휴대에 관한 캘리포니아주의 법제도 변경에 대한 이의 제기였다. 이러한 법제도 변경은 아프리카계 미국인의 자기방어 운동의 결집을 저지하기 위한 것이었다. "자기방어를 위한 블랙 팬서는 다음의 법률을 공식적으로 확인할 것을 일반적으로는 미국 국민에게, 주로 흑인 국민에게 호소하고 있다. 캘리포니아주의 인종차별적 입법부는 흑인 국민을 무장해제하고 무방비 상태로 유지시키고자 현재 법률을 검토 중이다. 전국의 경찰이 흑인 국민에 대한 억압과 살인, 잔혹성과 공포를 강화하고 있는 바로 이 시점에 말이다." 이 구절은 다음에서 인용되고 있다. Philip S. Foner ed., *The Black Panthers Speak*, Da Capo Press Edition, 1995, p. 40.

관이든 또는 완전히 다른 이든 간에, 자기 자신의 삶이 위협받는 경우를 제외하고는 무기를 사용할 수 없다는 매우 엄격한 규칙이 존재한다. 경찰에 의한 괴롭힘이 있을 경우, 블랙 팬서는 신문에 문제가 되는 경찰관의 사진을 공개함으로써 그 경찰관을 민중의 적으로 식별되게 만들 것이다. 그러나 그 경찰관의 생명에 대한 어떠한 침해도 실행되지는 않을 것이다."[39] 캘리포니아주의 맥락에서,[40] 정당의 주요한 적은 경찰이다. 정당 구성원들의 무대 연출과도 같은 자기방어 기술은 남부 주에서 실행되는 자기방어 기술과는 구별되는 것이었다. 왜냐하면 남부 주에서의 자기방어 기술의 첫 번째 기능이란 설령 인종적 소수자의 자기방어가 여전히 범죄화된 채로 남아 있다 할지라도, 또한 지역적 법제도가 인종화된 사회적 그룹에게 무기 휴대를 주 안에서 금지한다 할지라도, 전체주의적 민병대의 수탈행위로부터 흑인 커뮤니티를 보호하는 것이기 때문이다. 자기방어를 위한 블랙 팬서의 운동가들은 엄격한 의복 규칙을 준수함으로써 검은 옷을 입을 뿐만 아니라 검은 베레모를 쓰고 무기를 휴대하고 있었다. 이들의 목적은 흑인 남성성의 특정 형태를 구현해 내는 새로운 단원들을 모집하는 데에 있었다. 여기에서 흑인 남성성의 유형이란 자긍심을 양산해 내는 역량의 수행일 뿐만 아니라, 경찰의 폭력과 백인 아메리카, 더 넓게는 식민주의와 자본주의에 대항하기 위해 뭉친 흑인 공동체 건설의 필요성을 설득하기

---

39 Interview of Bobby Seale with *Guardian*, ed. Philip S. Foner, *The Black Panthers Speak*, p. 86.

40 캘리포니아주의 법제도는 1969년에 공공장소에서의 무기 휴대를 금지한다.

위한 것이다.[41]

자기방어를 위한 블랙 팬서에 의해 권장된 자기방어란 자기 보존의 권리에 반향을 일으키는 것이다. 자기보존의 권리는 전통적으로 정치 이전 단계에서의 저항행위처럼 정의되어 왔다. 그러나 여기에서 자기방어는 인종화되고 성별화된 수행성으로부터 더 많이 기인한다. 이러한 인종화되고 성별화된 수행성 속에서, 극단적인 법률주의에 입각한 방어의 열정이란 정치적 의식화의 강력한 원동력이기도 하다.[42] 자기방어는 더 이상 쟁투의 수단에 그치는 것이 아니다. 나아가 자기방어는 비폭력적인 직접 행동의 실천이라는 또 다른 전략과 양립 가능한 실용적인 정치의 선택사항도 아니다.[43] 자기방어는 쟁투 그 자체의 철학인 것이다. 엄격히 말하자면 자기방어는 일반화된 것이라 할 수 있

41 Simon Wendt, "The Roots of Black Power? Armed resistance and the radicalization of the civil rights movement", ed. Peniel E. Joseph, *The Black Power Movement: Rethinking the Civil Rights-Black Power Era*, Routledge, 2006, pp. 145~166, pp. 158~159.

42 "흑인들이 대표자를 보낼 적에, 대표자인 이 사람은 약간 적합하지 않은 인물이었다. 왜냐하면 그는 그 어떠한 정치적 권력도 상징하고 있지 않기 때문이다. 그는 그 어떠한 경제적 또는 산업적 권력도 상징하지 않는다. 왜냐하면 흑인들은 생산수단을 소유하고 있지 못하기 때문이다. 그가 진정한 정치적 대표자가 될 수 있는 유일한 방법이란 우리가 공통적으로 군사적 권력이라고 부르는 것을 상징하는 데에 있다. 자기방어를 위한 블랙 팬서는 이를 자기방어의 권력이라고 부른다. 흑인들은 전국에 걸쳐 이 집에서 저 집으로, 이 건물에서 저 건물로, 이 공동체에서 저 공동체로 무장을 구축하게 함으로써 자기방어의 권력을 발전시킬 수 있다. 그리하여 그들은 대표자를 선택할 수 있게 될 것이다. 그리고 그 대표자는 흑인 대중들의 욕망을 구조적 권력에게 제시할 수 있게 될 것이다." Huey Newton, *Black Panther*, 17 January 1969. 다음 책에서 인용된다. Christopher B. Strain, *Pure Fire*, pp. 163~164.

43 Simon Wendt, "The Roots of Black Power? Armed Resistance and the Radicalization of the Civil Rights Movement", p. 158, p. 163.

다. 이는 혁명적인 공격처럼 정의될 수 있음과 동시에 필연적으로 제국주의를 전복시킬 수 있는 유일한 정책이기도 하다. 이러한 관점에서 자기방어를 위한 블랙 팬서는 명확히 전쟁을 선포하고 있는 셈이다. 이 전쟁이란 내전[44]이자 사회적 전쟁[45]이며 해방 전쟁[46]인 것이다. 이러한 전쟁기간 동안 협상해야 할 그 어떠한 것도, 방어해야 할 그 어떠한 것도 궁극적으로 존재하지 않는다. 이것은 지금까지 항시 부정당하고 무시당해 온 가장 기본적 권리들을 요구하는 문제도 결코 아니다. 아무것도 소유하고 있지 않은 우리를 제외하고는 수호해야 할 그 어떠한 것도 없다. 모든 것을 할 수 있는 우리, 바로 그 이름으로 실현되는 그 어떠한 행동 없이는 우리는 정말 아무것도 아니기 때문이다.

크리스토퍼 B. 스트레인은 자기방어를 위한 블랙 팬서가 1968년부터 자기방어라는 용어를 포기하고 있다는 사실을 적고 있다. "팬서 단원들은 자기방어의 운동가처럼 시작하였다. 그러나 이 그룹은 빠르게 사회적 혁명의 선두주자가 되어 갔다. 설령 이 그룹이 자기방어의

---

44 위에서 인용된 1967년 6월 20일 텍스트에서 휴이 뉴턴은 다음과 같이 쓰고 있다. "기계 안에 있는 흑인들은 이것의 오작동을 야기할 수 있다. 그들은 기계와의 친밀성에 의해 이 세계를 노예화하는 장치를 파괴할 수 있다. 아메리카는 이 세상에 있는 각각의 흑인 민족과 싸울 수는 없을 것이며 내전을 동시에 직면할 수는 없을 것이다…." Huey Newton, *To Die for the People*, p. 81.

45 "인종차별적 무리인 억압자들은 무장한 국민을 두려워한다. 그리고 그들이 제일 두려워하는 것은 바로 자기방어를 위한 블랙 팬서의 무기들과 이데올로기로 무장한 흑인들이다. 무장해제된 국민은 노예적 국민이며 언제든지 노예제로 환원될 수 있는 예속된 상태이다. 만약 정부가 국민을 두려워하지 않는다면, 정부는 외국에 대한 공격을 저지르기 위해 국민을 무장시킬 것이다. 1)3천만의 순종적이며 무장해제된 흑인들과 2)권총과 해방을 위한 방법론적 전략과 자유로 무장한 3천만의 흑인들, 이 둘 사이에는 커다란 간극이 가로놓여 있다." Ibid., p. 83.

46 휴이 뉴턴은 다음을 인용하고 있다. "Brother Mao Tse-tung", ibid., p. 84.

수사학을 이용하면서 그들의 행동을 정당화한다 할지라도, 자기방어, 즉 자기 자신에 대한 즉각적 보호라는 목적성으로부터 점점 멀어져 갔다."[47] 운동을 전개해 나가던 여러 인물들은 보비 실을 따라서 자기방어에 초점을 맞추는 일이 정보조작을 시도하는 일이라고 생각하기에 이른다. 또한 자기방어에 초점을 맞추는 일이 정당의 정치적·사회적 행동들에 대한 신뢰를 떨어뜨리게 만드는 불안정화의 시도라고 생각하게 된다. 자기방어를 위한 블랙 팬서 단원들이 흑인 긴급 소집병들에 불과하다는 비난[48]은 이러한 선전활동으로부터 기인하는 것이었다. 휴이 뉴턴은 전투적인 수사학이 갖는 역효과를 이미 인식하고 있었다. 전투적인 수사학이란 자기방어를 남성적이며 전투적인 정의방식으로 한정하는 것을 말한다. 이러한 수사학은 조직의 목적성 자체를 약화시키는 일이자[49] 운동의 이데올로기적 노선은 물론 행동에도 적합하지 않은 것이었다. 만약 여성 활동가나 남성 활동가가 전투적 훈련을 받아야만 하거나 안전하게 무기를 조작하는 법과 무술, 총을 쏘는 법을 배워야만 한다면, 그녀들과 그들은 생각해야 할 의무 또한 가져야 한

---

47 Christopher B. Strain, *Pure Fire*, p. 167.
48 블랙 팬서에게 제기된 비판 중 일부는 인종차별적인 민병대로 그들을 비난하고 있다. 보비 실은 『가디언』과의 인터뷰에서 이를 논한다. 다음을 볼 것. Philip S. Foner ed., *The Black Panthers Speak*, p. 85.
49 비판은 다른 조직으로부터도 기인한다. 자기방어를 위한 블랙 팬서에게 제기된 앤절라 데이비스의 비판이 이를 입증한다. 휴이 뉴턴에 대한 백인 경찰의 권력남용적 체포 행위에 대항하기 위한 자기방어에의 호소 또는 무기장착은 군중을 일으키는 일이자, 회합에서 갈채를 유도할 수 있었던 것이다. 그러나 "여기에서 부족한 것은 휴이 뉴턴의 해방을 보장하기 위해 쟁투 중인 무리를 조직화할 수 있는 방법, 이를 구체화하기 위한 명확하게 정의된 행동의 경로였다." Angela Davis, *Autobiographie*, 1974, trans. Cathy Bernheim, Paris: Albin Michel, 1975, p. 157.

다. 그녀들은 맑스와 마오 또는 파농을 우선적으로 읽어야 하고 쓸 수도 있어야 한다. "펜은 무기이다… 펜은 정의를 외치는 민중의 포효로 압제자의 귀를 먹먹하게 만드는 것이다. 또한 펜은 압제자의 신문 위, 잉크로 쓰여진 거짓말을 죽이는 것이다."[50] 더군다나 블랙 팬서의 자기방어 철학은 1966년부터 고안된 운동의 십계명에 관한 선언문과도 일치한다.[51] 자기방어 철학은 사회적 폭력에 대항하는 쟁투적 행동과 가난에 대항하는 전투적 행동에 의해 나날이 구체화되어 갔다. 사회적으로 취약한 구역에 있는 학교에 아침식사를 조직하고 학습 동반활동과 어른들을 위한 야학을 마련하는 일, 학교 창립, 무료 보건진료소의 창립, 백신 캠페인 조직, 사회적·법률적 상시개설창구의 창립, 공공 운송수단의 창립, 옷과 책 거래소를 창립하는 것 등이 있었다. 그러나 이러한 블랙 팬서의 근본적 활동은 블랙 팬서에 대한 조직화된 비방 캠페인에 의해 비가시화되고 과소평가되고 만다. 이러한 비방 캠페인은 FBI에 의해 실행된 전례 없는 억압 정책과 함께 갔다. FBI는 블랙 팬서 운동의 처단을 방법론적으로 실행하고자 한 것이다.[52] 한편으로는 자

---

50 다음의 시를 인용했다. Sarah Webster Fabio, "Free by Any Means Necessary", ed. Philip S. Forner, *The Black Panthers Speak*, p. 20.

51 다음을 볼 것. Tom Van Eersel, *Panthères Noire: Histoire du Black Panther Party*, Paris: L'Echapée, 2006, pp. 46~47.

52 FBI 프로그램인 반스파이 프로그램(COINTELPRO)은 공식적으로 1956년에 실행된다. 이 프로그램은 미국의 공산당에 잠입하여 이 당의 신뢰를 떨어뜨리기 위한 것이자 미국 공산당을 근절하기 위한 것이자 공산주의자에 의해 잠입 공작되었다는 혐의가 있는 흑인 조직단체의 리더들을 감시하기 위한 것이었다. 이러한 감시를 받는 흑인 조직단체로는 1957년에 만들어진 남부기독교인리더십콘퍼런스와 마틴 루서 킹, 1961년에 만들어진 사회주의노동자정당이 있다. 말콤 엑스의 살해에 개입한 FBI는 흑인에 대한 증오 프로그램과 함께 흑인조직의 탈조직화와 잠입 공작, 박해의 행동을 지속한다. 그리고

기방어, 다른 한편으로는 정치적 결집과 사회적 자기관리의 정치, 이 둘 간의 대립은 언론과 정부에 의해 조직된 것이다. 이 두 활동의 대립은 운동가들 간의 업무를 정당 안에서 성별 분업하도록 하는 관념을 강화하였다.[53]

독점적인 정치적 전략이 없는 경우 자기방어는 이야기, 즉 혁명적 주체를 구축하는 신화의 재료처럼 나타난다. 블랙 팬서는 정부에 의해 제압당한 이후, 방어적 자기관리의 정치와 압제자의 폭력에 대한 진정한 각성을 구현하기에 이르렀다. 자기방어를 위한 블랙 팬서의 핵심 인물인 일레인 브라운(Elaine Brown)[54]은 혁명의 선구자처럼 이 정

FBI는 대학생비폭력조정위원회(SNCC)와 방어와 정의를 위한 집사들, 인종평등을 위한 회의를 주로 겨냥한다. 1968년 말, 에드거 후버(Edgar Hoover)는 다음과 같이 선언한다. "블랙 팬서는 가장 큰 조직으로 미국의 내부적 안전에 있어 유일한 위협이다." 그리고 후버는 이 정당이 존재하는 마지막 해가 1969년이 될 것이라는 결론을 짓는다. 다음을 볼 것. Elaine Brown, *A Taste of Power: A Black Woman's Story*, Anchor Books, 1994(1st ed., 1992), p. 156. 1969년 12월 4일 프레드 햄프턴(Fred Hampton)은 시카고 경찰과 FBI에 의해 암살당한다. 1948년 먼로에서 태어난 프레드 햄프턴은 1968년부터 블랙 팬서의 운동가였으며 주요한 정치적 인물이자 지식인으로 빠르게 부상하였다. 그는 당의 혁명적 사회 정치를 발전시키면서 주로 시카고에서 극좌파 운동의 폭넓은 연합을 위해 일하였다. 극좌파 운동의 연합이란 레인보우연맹이라는 틀 안에서 대학생 극좌파, 사회주의자 극좌파, 페미니스트 극좌파, 백인, 흑인 혁명파 극좌파와 치카나라는 멕시코계 미국인 극좌파를 모으는 일이다. 프레드 햄프턴은 FBI에 의해 제거되어야 할 카리스마 넘치는 리더로 지목된다. 그리하여 잠입한 요원은 당에 의해 그의 보디가드로 고용되었다. 이는 경찰이 햄프턴에게 접근하는 것을 허가하는 일이자 12월 4일 이른 아침에 그를 죽이도록 허가하는 일이었다. 임신 8개월인 자신의 동반자 곁에서 자고 있는 동안, 그는 머리에 여러 발의 총알이 박힌 채 죽었다. 그의 동반자는 아파트에 있었던 다른 운동가들과 마찬가지로 공권력을 가진 요원들에 대한 살인미수 혐의로 체포된다.

53 사실상 여성 활동가들 대부분은 당의 사회적 행동과 연관된 자리를 부여받았다.

54 최초의 여성 활동가인 일레인 브라운은 1968년에 자기방어를 위한 블랙 팬서에 합류한다. 1971년에 그녀는 엘드리지 클리버(Eldridge Cleaver)를 대체하여 당의 중앙위원회에 정보 부처 장관으로 들어간다. 이후 그녀는 1974년에서 1977년까지 블랙 팬서의 의장이 된다.

당의 첫 번째 목적이 프롤레타리아 룸펜의 조직화와 빈곤화된 프롤레타리아를 거대하게 구성하고 있는 흑인 여성들과 남성들의 조직화에 있음을 상기시킨다. 흑인 여성들과 남성들은 저임금이거나 실업 상태, 또는 고용불능 상태였다. 사회적 위계의 맨 아래에는 갱스터와 범죄화된 소수자 ─ 가족을 혼자 부양하는 인종화된 어머니, 성 착취(성매매)를 당하는 이, 마약 밀매인, 경범죄자, 누추한 집에 사는 이, 노숙자가 있다. 자본주의적 생산 양태에 대한 분석과 이것의 전복에 관한 분석은 성차별적이며 인종차별적인 시스템에 대한 비판 없이는 불가능한 것이다. 이러한 성차별적이며 인종차별적인 시스템은 1) 자본주의적 국가에 의해 지탱되는 생산적·재생산적 노동의 인종주의적·성별적 분업과 2) 형법적 국가에 의해 실행된 인종적 소수자들에 대한 조직적 범죄화, 3) 식민주의적 국가에 의한 제국주의적 군사화, 이 세 가지에 입각한 착취에 기반한다. 일레인 브라운은 자신의 운동가적 여정에 관한 이야기를 통해 자기방어를 위한 블랙 팬서가 남성적 기호학에 투자한 이유는 의식화의 첫 번째 원동력을 구성하기 위한 일이었음을 보여 준다. 이는 폭력을 당한 이들에게 저항의 힘을 다시 부여하는 일이자 룸펜을 혁명적 군대로 변모시키기 위한 일이었다.[55] 1967년 4월

---

55 일레인 브라운은 당이 존재하게 된 첫 해부터 블랙 팬서 회합이 있는 매주 수요일 저녁마다 50명에서 100명의 신입회원들이 항시 있었다는 점을 상기시킨다. "정당은 인기가 있었고 특히 갱스터 멤버들과 거리에서 사는 젊은 소녀들에게 인기가 있었다. 그들에게 있어 블랙 팬서 당원이 된다는 것은 경탄을 불러일으키는 일이자 강인한 이들이라는 것을 의미했다. 유니폼도 있었다. 베레모와 검은 가죽으로 된 조끼였다. 권총들도 있었다. 남성성과 강력히 요구되는 존중이라는 것도 있었다. 리더십에 대한 영웅적 이미지도 존재했다. 여기에 온 이들 대부분은 남성들이었다. 그러나 많은 이들은 다시 오지 않았다. 왜냐하면 그들은 규율과 독서활동으로 인해 블랙 팬서 활동으로부터 멀어지게 되었기

25일에 출판된 흑인운동 신문인 『블랙 팬서』제1호에서는, 무장한 자기방어에 관한 권장행위가 포격 능력(gun power)이라는 실질적 용어로 표현되고 있다. 만약 경찰이 이 권력 ― 포격 능력 ― 을 혼자 가져왔다면, 이제부터 흑인 중 몇몇 또한 이 권력을 실행할 수 있다는 것이다. 그리하여 자기방어를 위한 블랙 팬서의 형제들은 흑인 남성성의 정수와도 같이 소개된다. 그들은 흑인 커뮤니티의 방어와 보호를 위해 존재하는 이들이기 때문이다. 이 텍스트는 몇 줄 아래에서 이렇게 명시하고 있다. "이 형제들은 정치적인 관점을 갖고 있다. 더 중요하게도 그들은 여기, 사회적 위계의 가장 낮은 곳 ― 우리 흑인 민중의 대다수가 위치해 있는 곳 ― 에 있다."[56] 다르게 말하자면 자기방어를 위한 블랙 팬서는 흑인 여성과 흑인 남성 대다수가 처해 있는 물질적 조건으로서의 생존으로부터 쟁투를 이끌고 있음과 동시에 가장 낮은 곳에 위치해 있는 것이다. 이러한 관점에서 일레인 브라운은 그 어떠한 남성 활동가들 못지않은 동일한 자격을 갖춘 이처럼 여성 활동가들이 여겨졌다는 점을 적고 있다. 흑인 여성의 성별과 섹슈얼리티는 압제자들을 무너뜨리기 위해, 압제자들에 반하여 사용될 수 있는 여러 무기 중 하나를 구성하는 것이었다. "우리의 성별은 혁명의 또 다른 수단이자 또 다른 무기일 뿐이었다."[57] 그런데 문제는 이러한 무기들의 차등 분배된다는 점에 있다. 어떤 이에게는 총기류를 부여하고 또 다른 이에게

때문이다. 그러나 나처럼 오랫동안 블랙 팬서에 몸담고 활동에 참여하며 서약에 서명한 남자와 여자들도 있었다." Elaine Brown, *A Taste of Power*, p. 137.

56 Philip S. Foner ed., *The Black Panthers Speak*, p. 14.

57 Elaine Brown, *A Taste of Power*, p. 137. 그녀는 주로 베트남을 참조하고 있다.

는 그들의 성별을 부여하는 이러한 무기들의 상이한 분배방식 말이다. 이것은 쟁투하고 있는 아프리카계 미국인 여성들, 항상 무장해 왔었던 그녀들의 길고도 빛나는 계보학을 망각시키는 일이다. 설령 여성이라는 성별 정체성이 자기방어의 무기로 재정의되었다 할지라도, 이것이 흑인 여성 해방의 상상력을 더욱더 식민화하면 할수록 성별 정체성은 여성 활동가를 배신할 수 있는 양날의 무기처럼 구성될 뿐이다. 이러한 관점에서 자기방어를 위한 블랙 팬서가 남성주의적 국수주의에 대한 엄중한 비판을 스스로 생산해 내는 일은 훨씬 더 복합적인 일이 된다. 진정으로 혁명적인 쟁투가 되기 위해서는, 쟁투 자체가 여성 해방을 권장하고 지지하는 것이어야만 한다.

블랙 파워의 남성적 일탈에 관한 비판은 얼마 후에 정당 내부에서 공개적으로 표명된다. "그들이 원했던 것은 우리의 혁명과는 거리가 멀었다. 그들은 결국 혁명이라는 정치적 관점을 시야로부터 잃어버리고 말았다. 그들 중 너무도 많은 이들은 정당에 의해 취득된 권력을 그들 자신을 위해 횡령하는 일에 만족하는 것처럼 보였다. 그뿐만 아니라 그들은 차와 옷, 권총에 대한 맹목적인 환상을 권력과 동일시하였다. 그들은 마치 마피아와도 같이 유일한 이득을 위해서라면, 혁명적 원칙들을 가지고서도 이미 돈 벌 준비가 되어 있기까지 했다. 만약 그들이 원했던 것이 마피아였다면 이러한 일은 나 없이 진행되어야만 했다."[58] 일레인 브라운은 자신의 자서전에서 남성적 일탈을 일삼는 그들

---

58 Ibid., p. 444. 그녀가 당에서 사임한 행위를 묘사하고 있는 자서전의 이 페이지들은 매우 비극적이다. 자기방어를 위한 블랙 팬서가 설립한 학교를 운영하는 여성 활동가인 레지나 데이비스(Regina Davis)는 흑인 형제들에 의해 구타당하고 턱까지 부러진다. 학교

의 입장에서는 아프리카계 미국인 여성에 의한 혁명적 페미니스트 운동이 흑인운동의 전투에 갑자기 뛰어든 것에 불과했다고 쓰고 있다. 그녀들은 제국주의적 자본주의 시스템을 지지하는 기둥 중 하나가 이성애 중심적이며 성차별적 남성성이라는 것을 명확히 인식하였다. 이러한 관점에서 하얀 가면 —권력을 갖기 위해서는 반드시 남성이어야 하고, 남성이라는 것은 백인이어야 한다—을 뒤집어쓰는 일은 혁명에 있어서 자살행위를 하는 것이나 마찬가지였다.[59] 흑인 남성성에 관한 논쟁은 자기방어를 위한 블랙 팬서 내부에서 존재했었던 페미니즘과 맑스주의에 관한 맹위를 떨친 논쟁들과 비교되어야만 한다. 왜냐하면 페미니즘의 문제는 백인 여성의 부르주아적 쟁투처럼 곧잘 여겨지고 말았기 때문이다. 1967년 체포된 지 얼마 되지 않은 휴이 뉴턴에 대한 지지 회합에서 스토클리 카마이클은 앤절라 데이비스를 필두로 한 운동에서 가장 의식화된 공산주의자 무리를 충격에 빠뜨리는 언사를 남발한다. 앤절라 데이비스는 이를 다음과 같이 전하고 있다. "카마이클은 사회주의를 백인 남성의 일로만 언급하고 있다. 맑스는 백인 남성이었고 이러한 점에서 맑스는 흑인 해방에 이질적인 사람일 뿐이

에 고용되었지만 제대로 일을 하지 않았던 한 남성 활동가와 그녀 사이에 언쟁이 발생했는데, 바로 휴이 뉴턴이 활동가들 간의 질서를 상기시키고자 이러한 폭력에 허가를 내주었던 것이다. 일레인 브라운은 그에게 전화를 걸어, 정당에 있어서 자살에 가까운 결정을 내린 것에 대해 강력히 비난했다. "형제들을 바른 길로 인도하라. 그리고 쟁점이 되는 예민한 사안들을 블랙 팬서 속에서 살아 있도록 하라. 나는 단지 레지나의 케이스만을 이야기하는 것이 아니다. 나는 모든 여성에 대해 이야기하고 있다. 그녀들은 심각한 상태이며 모두 두려움에 떨고 있다." Ibid., p. 146.

59 "하얗게 되고자 하는 욕망은 곧 남성적이 되고자 하는 욕망이다." Franz Fanon, *Peau noire, masques blancs*, Paris: Editions du Seuil, 1952, p. 175.

라고 말했다."[60] 이와 반대로 카마이클에 의하면 가부장제의 문제는 백인 남성만의 일이기에 거의 고려되지 않는다.

흑인 운동가 중 몇몇은 반혁명적인 일탈을 명확히 구현해 내고 만다.[61] 이러한 반혁명적인 일탈이란 반동적인 신화——흑인 남성성의 강력한 힘을 정치적 주체화의 양태처럼 인정하게 만드는 신화——에 기대어 있다. 이것들의 출발점에 관한 사실 확인은 비교적 정확하다. 흑인들은 남성성의 사회적·상징적 이득으로부터만 열외된 것이 아니라, 노예제 이후 백인 남성에 의해 그들의 인간성이 겨냥되고 모욕당하고 강등되었으며 거세되었다. 그러나 흑인 남성 활동가들은 인종화되고 성별화된 이러한 백인중심적 이데올로기적 틀에 오히려 적극적으로 투자함으로써 다음과 같은 결론, 즉 가모장적이며 거세하는 자이자 유혹자이며 부도덕한 제저벨(Jézabel)처럼 여겨지는 흑인 여성들은 혁명에 수동적으로 협력한 이들이기에 이제부터 그녀들은 여성의 위치에 머물면서 흑인 남성에 의한 혁명을 지지해야만 한다는 결론을 도출해 내려 했다. 혁명적 남성 주체가 있기 위해서는 흑인 여성이 결코 혁명적이어서는 안 된다는 것을 수용해야 한다는 뜻이다. 바로 이것

---

60 Angela Davis, *Autobiographie*, p. 156. 인종차별적 시스템에 대해 더 중점적으로 접근하면서 맑시즘을 재개념화하고자 하는 필요성에 관한 논의는 오래전부터 열려 있었다. 다음의 예를 볼 것. W. E. B. Dubois, "Marxism and the Negro Problem", *Crisis*, May 1933, in Theodore G. Vincent, *Voices of a Black Nation*, Ramparts Press, 1973, p. 210.

61 이는 아프리카계 미국인 페미니즘의 주요 텍스트 중 하나인 프랜시스 빌(Frances Beal)의 표현이기도 하다. "Double Jeopardy: To be Black and Female", 이것은 제3세계 여성연합에 의해 게시된 흑인 여성들의 선언문의 틀 안에 있는 것이다. http://library.duke.edu/digitalcollections/wlmpc_wlmmso1009/(마지막 온라인 검색일: 2017년 7월).

이 흑인 남성과 흑인 여성 간의 운동가적인 사전계약의 한 형태였다. 그러나 권력을 재의미화하기 위한, 맹위를 떨치고 있는 이데올로기적 쟁투 속에서 남성적 국수주의에 대한 과도한 집착을 한다는 것은 백인 남성과의 참조적 인용관계를 유지하는 것이다. 그리고 역사적으로 흑인 여성을 항시 열외해 왔었던 빅토리아 시대의 여성성의 규범에 흑인 여성을 순응시키려는 집착[62]은 결코 흑인들의 정치적 정체성을 구축하기 위한 것이 아니다. 오히려 이러한 집착은 백인중심적 가치의 이데올로기적 지배를 강화하는 일이었다. 백인성을 구성하는 미학적 규범들에 관한 비판행위 ── 주로 머리칼을 부드럽게 만들거나 머리칼을 펴는 것에 대한 비판 ── 에도 불구하고, 흑인 여성은 가정과 침묵 속에 머물 것과[63] 반복되는 미백을 강요받는다. 바로 이와 같은 이유로 부르주아적인 남성성의 규범적 힘이 권력의 기표로서 잔존하게 되는 것이다. 백래시는 즉각적이었으며 이러한 조직적 전략은 흑인 여성과 흑인

---

62 Daniel P. Moynihan, *The Negro Family: The Case for National Action*, Washington D.C., Office of Policy Planning and Research, U.S. Department of Labor, 1965. 이 책의 출간은 흑인 가모장제에 대한 관념 ── 폭력의 근원이자 거세된 아버지에 의해 버려진 아들이 경범죄를 저지르는 원인이자 사회적 예산 결핍의 원인 ── 을 복구시킨다. 하버드 대학 교수이자 케네디가의 행정업무에 기여했던 자유주의 지식인인 대니얼 P. 모이니핸은 신보수주의 진영의 영향력 있는 대표자이자 사회문제에 있어서 닉슨의 오른팔이기도 했다.

63 "우리에게는 용서받아야 할 많은 것들이 있었다. 우리는 겸손하게 우리의 굴욕을 수용해야만 했다. 부드러운 목소리로 말할 것. 최상의 것은 우리의 목소리가 더 이상 전혀 들리지 않도록 하는 일이었다. 아름다울 것. 이것이 의미하는 바가 무엇인지 알아봐야 할 것. 그리고 복종할 것. 이것은 나의 낯짝에서부터 받아들여져야만 하는 것이었고, 반드시 도달해야만 할 목표처럼 끊임없이 시와 노래에서 반복되는 단어였다." Michel Wallace, "Une féministe noire en quête de sororité", trans. Anne Robatel, ed. Elsa Dorlin, *Black Feminism: Anthologie du féminisme africain américain 1975~2000*, Paris: L'Harmattan, 2008, p. 48.

남성을 백인의 모사본[64]에 불과한 것이 되게 만든다. 그들은 성별과 섹슈얼리티의 주류적 규범에 의해 괴상하고도 조잡하며,[65] 괴물적이면서도 병리적인 모사본에 불과한 것으로 전락하고 만다. 이러한 모사본은 항시 이러한 규범으로부터 비껴 나가 있거나 규범의 바깥에 있거나 과도한 것으로 여겨짐으로써 규범의 지배를 오히려 강화한다. 이러한 규범들은 거부할 만한 형상에 대한 낙인에 의해 구축되는 것이자, 원본적 모델이거나 진정성 넘치는 지시 대상과도 같이 스스로를 구축해 내도록 하는 것이기 때문이다.[66] 그런데 우리는 자기방어를 위한 블랙 팬서에서, 남성우월주의가 규칙에 맞게 비판의 대상이 되었었다는 점을 상기해야 한다. 1970년 『가디언』과의 인터뷰에서 보비 실은 다음과 같은 자신의 생각을 표명한다. "남성우월주의에 대항하는 쟁투란 바로 계급투쟁이다. 이것은 사람들에게 있어서는 이해하기 어려운 일일 것이다. 남성우월주의를 이해하기 위해서는 이것이 인종차별주의와 밀접하게 연결되어 있음을 이해해야만 한다…. 다른 말로 하자면, 우리가 '여성은 제자리를 지켜야 한다'라는 주장을 하게 될 시에, 바로 이러한 생각은 '흑인은 제자리를 지켜야만 한다'라고 말하는 것과 매우 유

---

64 다음을 볼 것. Homi Bahaba, *Les Lieux de la culture: Une théorie postcoloniale*, 1994, trans. Françoise Bouillot, Paris: Payot, 2007, p. 147과 그다음 페이지들.

65 예를 들자면 게토에서 주로 motherfucker와 같은 표현을 사용하는 것, 이러한 언어적 폭력성과 천박함을 낙인찍는 일은 경찰에 의한 구조적이며 사회적인 폭력과 인종차별적 정의의 폭력을 은폐하기 위한 방식이기도 하다. 다음을 볼 것. Interview of Bobby Seale with *Guardian*, ed. Philip S. Foner, *The Black Panthers Speak*, p. 87.

66 다음을 볼 것. Judith Butler, *Trouble dans le genre*, 1990, trans. Cynthia Krauss, Paris: La Découverte, 2005, p. 107과 그다음 페이지들.

사한 것이기 때문이다."[67] 성차별주의와 인종차별주의 문제에 관한 이러한 통찰을 통해 우리는 이 문제들에서 진정한 이데올로기적 계급투쟁의 힘을 포착해 낼 수 있다.

이러한 쟁투에 관한 문제의식은 성차별주의와 인종차별주의를 단선적으로 연결하는 전통적 분석법보다도 훨씬 더 나은 것이다. 이러한 쟁투에 관한 문제의식은 "성별을 이데올로기적 기호"[68]처럼 재정의하게 만든다. 다시 말해 이러한 문제의식은 성별을 기호학적 장치처럼 재정의한다. 이러한 기호학적 장치로서의 성별은 지배적 계급의 규범을 보편적인 기표처럼 생산하고 양산해 내도록 한다. 이러한 기표들은 몸을 코드화하는 것으로, 개인들을 사회적으로 지각 가능하고 이해 가능하며, 받아들일 만하고 방어할 만한 것으로 만든다. 또한 이러한 기표들은 사회적 운동을 들릴 만하고 정당한 것이거나 그렇지 않은 것으

---

67 Interview of Bobby Seale with *Guardian*, ed. Philip S. Foner, *The Black Panthers Speak*, p. 87.

68 Mikahail Bakhtine, *Le Marxisme et la philosophie du langage: Essai d'application de la méthode sociologique en linguistique*, 1929, trans. Marina Yaguello, Paris: Les éditions de Minuit, 1977, p. 44. "사회적으로 서로 다른 계층이 아이로니컬하게도 유일하고도 같은 언어를 사용하고 있다. 그 결과 모든 이데올로기적 기호에서 모순적인 가치 지표들이 대결하게 된다. 즉 기호는 계급 간의 쟁투가 진행되는 각축장인 것이다. 이데올로기적 기호의 사회적이며 다면적인 강조행위는 가장 중요한 특징이다. … 그러나 이데올로기적 기호를 살아 있게 만들고 변화하게 만드는 일이 오히려 존재에 대한 변형과 굴절의 도구가 되기도 한다. 지배 계급은 이데올로기적 기호에 계급을 넘어서는 신성한 성격을 부여하고자 하기 때문이다. 이것은 지속되고 있는 사회적 가치 지표를 둘러싼 쟁투를 내부로부터 침묵시키고 제거하기 위한 일이자 기호를 단면적인 것으로 만들기 위한 것이다… 사회적 삶의 익숙한 조건들 속, 모든 이데올로기적 기호 안에 묻혀 있는 이러한 모순은 가감 없이 드러나지 않는다. 왜냐하면 사회적으로 구축된 지배 이데올로기 속에서 이데올로기적 기호란 언제나 약간 반동적이며, 사회적 진화의 변증법적 흐름의 과거 단계를 안정화시키고자 하거나, 어제의 진리를 오늘날에도 여전히 유효한 것처럼 강조하고자 하기 때문이다." Ibid.

로 만들어 버린다. 미국 FBI의 반스파이 프로그램 작전은 블랙 팬서 운동가에 대한 즉결 암살행위를 조직하기에 이른다. 이 작전은 FBI에 의해 개시된 정보조작 여론 캠페인과 위조된 사실을 환상적으로 만들어 내는 캠페인을 제외하고서는 도무지 제대로 생각될 수 없는 것이었다. 이러한 캠페인은 공격과 강간, 살인의 혐의를 끝까지 활용한다. 이 캠페인은 폭력적이며 성적으로 포식자이며 과도하게 남성적인 흑인 남성에 대한 신화는 물론, 가모장적이며 자기 아들의 경범죄에 책임이 있는 엄마이자 생활보조비를 국가로부터 타내는 나쁜 엄마인 흑인 여성에 대한 신화를 갱신해 낸다.[69] 이처럼 인종화된 소수자에게만 독점적으로 부과되는 인종적 폭력에 관한 정의법은 매우 항구적인 것이라 할 수 있다. 이러한 정의법의 항구성은 이데올로기적으로 성별에 의해 코드화되어 나타난다. 이는 본질적으로 미개한 폭력이자 남성적 또는 남성주의적인 폭력이며 반자연적 또는 동성애 혐오적 폭력이다. 이러한 인종적 폭력에 관한 정의법의 영속성은 성별을 블랙 파워라는 이데올로기적 침투의 가장 효과적인 무기 중 하나로 만들었다. 세련되고 부르주아적인 가부장제를 재건하고자 하는 강령, 성별의 지배적인 규범——본질적으로 백인인 규범——에 부합하고자 하는 규제적 이데올로기와 같은 강령들, 바로 이것들은 지배 장치의 가장 지속적이고 가장 효과적인 양태 중 하나이다. 사회적 쟁투 속에서 이러한 지배의 장치는 이데올로기적으로 취약한 형태들을 생산해 낸다. 만약 자기방어

---

69 다음을 볼 것. Hortense Spillers, "Mama's Baby, Papa's Maybe: An American Grammer Book", *Diacritics*, vol. 17, n° 2, 1987, pp. 64~81; Patricia Hill Collins, *Black Feminist Thought*, Routledge, 2000.

가 계급들 간의 이러한 기호학적 쟁투에 대해 우선적으로 관여하지 않는다면, 자기방어는 결국 출구 없는 것이 되고 말 것이다.[70]

---

70 다음을 볼 것. Michael Bathkine, "En conséquence, dans tout signe idéologique s'affrontent des indices de valeur contradictoires: Le signe devient l'arène où se déroule la lutte des classe", *Marxisme et philosophie du langage*, p. 44.

자기방어와 안전

안전할 것!

60년대 말 이후부터, 인종적·성적 소수자 운동은 최고조에 달하게 된다. 이러한 사회적 맥락 속에서 블랙 팬서는 미국사회에서 큰 영향력을 갖는다. 1969년 6월, 스톤월 항쟁은 동성애자와 트랜스 피플의 해방에서 큰 전환점이라 할 수 있다. 이 항쟁은 여성 해방운동과 반인종차별, 반제국주의 운동과 공명하는 것이다. 그런데 이러한 운동의 총체를 정부와 경찰이 말살하고 있다. 1965년부터 LGBTQ 운동가들은 샌프란시스코에서 성소수자에 대한 경찰 박해에 대항하는 저항을 조직한다. 1970년대 초부터 게이해방전선(GLF)[1]은 블랙 팬서와 함께, 또는 블랙 팬서의 지지 속에서 여러 행동들에 참여한다. 반자본주의와 반인종차별주의, 반가부장제 쟁투의 접합은 여러 운동들의 연합전선

---

1 게이해방전선(Gay Liberation Front)은 뉴욕 스톤월 사건이 발생한 지 며칠 지나지 않아 만들어졌다. 이 이름은 남베트남을 위한 전국해방전선(National Liberation Front of South Vietnam)이라는 용어와의 유비관계에 의해 선택되었다.

에 대한 정치적 분석축 중 하나이다. "가장 즉각적인 우리의 억압자란 바로 경찰이다…. 우리가 그들에게 반격하기 시작할 때를 제외하고는,[2] 성소수자로서의 개인의 삶이란 항시 경찰에 대한 지속적 두려움에 의해 영위되는 것이다." 예를 들자면 제3세계게이혁명(TWGFR)과 컴바히강단체(the Combahee River Collective)와 같은 운동은 주류적 흐름에 역행하는 노선을 그대로 유지한다. 1979년 초, 흑인 여성 10명 정도가 몇 달 동안 몰살당했다. 그리하여 컴바히강단체[3]는 이에 대응하고자 소책자 『6, 7, 8… 11명의 흑인 여성. 왜 그녀들은 죽어야만 했는가?』 (6, 7, 8… Eleven Black Women. Why Did They Die?)를 출판하기에 이른다.[4] 이 단체는 경찰에 의한 더 많은 보호와 가부장제에 의한 더 많은 보호에 의지하는 수사학을 단연코 거부한다. 이로써 이 단체는 안전의 문제를 자기보호의 문제로 재번역해 낸다. 이 단체는 성차별주의와 인종차별주의를 두 가지 지배관계가 단순히 더해진 것으로 보지 않는다. 마치 하나와 다른 하나가 덧붙여진 것처럼, 성차별주의와 인종차별주

---

2 Christina B. Hanhardt, *Safe Space: Gay Neighborhood History and the Politics of Violence*, Duke University Press, 2013, p. 81.

3 컴바히강단체의 선언문은 다음의 책에 재수록된다. Elsa Dorlin ed., *Black Feminism: Anthologie du féminisme africain américain 1975~2000*, Paris: L'Harmattan, 2008.

4 1979년 4월에서 5월 사이, 6명의 흑인 여성이 보스턴의 같은 구역에서 암살당했다. 그리하여 4월에 컴바히강단체에 의해 행진이 조직된다. 이 단체의 공동 창립자 중 한 명인 바버라 스미스(Barbara Smith)는 이 사건을 고발하는 텍스트를 전파시킨다. 이 살인들이 저질러진 것에 대한 사회적 무관심뿐만 아니라 이 사건의 성차별적이며 인종차별적 성격에 대한 불인정, 그리고 인종화된 여성들을 겨냥하여 그녀들을 더욱 취약하게 만드는 구조적 폭력에 대한 불인정, 이것들을 고발하는 텍스트를 전파시킨다. 이 텍스트는 스스로를 보호하기 위해 여성들에게 필요한 자원을 제시하는 페미니스트적 자기방어의 선언문이기도 하다. 그러나 권력당국은 그녀들에게 집에 가만히 있거나 남성을 동반하고 외출하길 조언하는 데 그친다. 그리하여 5월 한 달 동안 희생자의 수는 12명까지 올라가게 된다.

의가 이중적 차별을 각각 구성하는 것으로 보지 않는다는 의미이다. 그러나 이 단체는 성차별주의와 인종차별주의를 죽음의 위험에 최대로 노출시키는 단 하나이자 같은 장치로 이해한다. 이 소책자는 자기 방어의 진정한 선언서로 방어의 자원들은 물론 신체적·개인적·도시적·정치적 기술을 명시하고 있으며, 스스로를 보호하는 법 또한 가르치고 있다.

1969년 12월 게이해방전선 내부에 분열이 일어난다. 게이액티비스트연맹(GAA)은 동성애를 위한 쟁투에 운동적 행동을 보다 집중시키기 위해 탄생했다. 이 연맹은 억압받는 소수자의 정치적 의제들과 다른 해방운동과의 접합에 운동적 행동을 집중시키기 위한 것은 아니었다. 이 시기 동성애 운동의 초석이 되는 텍스트 중 게이 선언문(A Gay Manifesto)은 칼 위트먼(Carl Wittman)에 의해 작성된 것이었다. 이 선언문은 1970년 샌프란시스코 게이해방전선 운동의 소책자로서 레드 버터플라이(The Red Butterfly)에 의해 출간되고 서명된 것이다. 게이 선언문 저자는 흑인 해방 또는 제국주의에 반대하는 쟁투가 게이 해방에 비해 더 우선적이라는 생각을 비판한다. 그는 성적 소수자가 표적이 되는 물리적 폭력을 상기시키면서 경찰의 공격 이전에 평크족에 의해 행해진 공격을 언급한다. 저자는 쟁투들 간의 연합을 호소하면서도 게이 해방 운동이 아프리카계 미국인 운동, 멕시코계 미국인 운동과 연대할 때에 유색인종 남성을 일상적 공격자로 만드는 유색인종 남성 특유의 남성우월주의와 반여성주의적인 남성 옹호론에 의해 오히려 이 연대 자체가 방해받고 있다고 생각한다. 물론 그는 모든 남성이 사회적으로 남성우위론에 의해 구성되어 있다고 생각하고 있기는 하다.[5] 그는 게이 선언문에서 억압에 대한 맑시스트적 분석을 동원한다. 이를 통해 우리 모두를 억압하는 이들이란 상부에 있는 공통된 이들이라는 점 또한 인정한다. 저자는 허버트 마르쿠제(Herbert Marcuse)를 인용하면서, 공동체란 맑스주의자가 아니라 발본적인 급진주의자로 스스로를 정의 내리고 있음을 명시한다. 나아가 해방을 위한 모든 맑시스트적·사회주의적 관점은 동성애 해방을 그 안에 반드시 통합해야 한다고 명시하고 있다.

게이액티비스트연맹은 1973년 샌프란시스코에서 자기방어 그룹을 형성한다. 무장 활동 정찰대인 퍼플 팬서 분대는 라벤더 팬서(Lavender Panthers)로 빠르게 재명명되고 논쟁적인 그들의 리더인 레이먼드 브로시어(Raymond Broshears)의 수호하에 기자회견이 열린다. 이 기자회견이 열린 7월 7일, 게이와 트랜스 피플을 위한 자경단의 탄생이 예고된다. 그리고 이 기자회견에서 라벤더 팬서는 자기방어를 위한 블랙 팬서의 도상 ——권총과 소총이라는 총기류의 눈에 띄는 휴대와 보라색을 띤 팬서 로고 —— 을 더 명확히 차용하고 있다. 그러나 라벤더 팬서의 표명된 목표는 자기방어를 위한 블랙 팬서와 구분되는데, 라벤더 팬서의 목표는 더 이상 경찰 공권력의 범죄적 잔혹성에 대항해 싸우기 위한 것이 아니라 예외적인 다른 소수자들에 의해 동성애자들이 공공장소에서 공격당할 때에 재빠르게 개입하기 위한 것이었다. 게이와 트랜스 피플을 위한 정찰대는 경찰의 늑장대응과 피해자

5 http://library.gayhomeland.org/0006/EN/A_Gay_Manifesto.htm(마지막 온라인 검색일: 2017년 7월).

들을 학대하는 폭력적 소행을 저지르는 행위자들을 고발했다. 이를 통해 이 정찰대는 흑인이며 멕시코계 미국인 또는 중국계 미국인인 펑크족과 마약 거래상, 갱스터에 명시적으로 대항함으로써 스스로를 방어하고자 했다. 이 그룹은 동성애 혐오 구역 청소를 핵심용어로 삼고 있다. 크리스티나 B. 한하르트는 참고문헌에 관한 자신의 연구에서, 운동가의 무대에서 사라지기 전 브로시어는 1970년대 초 게이 해방운동에서 핵심적 인물로 매우 빠르게 성장해 갔음을 명시하고 있다. 그는 전적으로 새로운 이데올로기적 윤곽—자유주의와 무정부주의, 뉴에이지와 카리스마적인 종교적 이데올로기와 성적 급진주의의 혼합—을 라벤더 팬서에게 부여한 인물이었다.[6]

1966년 샌프란시스코의 전위적인 사회운동의 선봉에 서 있는 한 운동그룹은 '청소'라는 수사학을 이미 동원한 바 있다. 이 단체는 전면적인 개혁 활동—깨끗이 쓸어버리는 일소 활동—을 개시한 것이었다. 이 활동의 비판적 임무란 명백했다. 행정적 공권력과 경찰 공권력에 대항함은 물론 사회적 비주류들이 살고 있는 마을을 청소하길 원했던 부동산 개발자들의 경제적 이득에 대항해, 게토를 방어하고 명예를 손상시키는 욕설의 내용을 뒤집는 것. 이 행동이란 자기 앞을 비질함과 동시에 다음과 같이 외치면서 마켓들이 있는 거리를 행진하는 것이었다. "모든 쓰레기는 빗자루 앞에 있다."[7] 그러나 라벤더 팬서들에게 있어 '청소하다'의 의미는 사회적 선봉에 서 있는 전위적 그룹들과

6 Christina B. Hanhardt, *Safe Space*, p. 96.
7 Ibid., pp. 73~75.

도 일체 상관없을 뿐만 아니라 그들 행동의 무대술이 초래하는 모욕을 칭찬으로 뒤바꾸는 수사학과도 전혀 상관없는 의미로 이해되어야 했다. 이제부터 '청소하다'의 의미는 거리를 폭력으로부터 안전하게 만든다는 의미였기 때문이다. 그리고 이는 우리 이웃처럼 여겨지는 이들과 원치 않는 타자로 여겨지는 이들, 이 둘 간의 경계를 세움으로써 거주민 보호를 보증한다는 뜻이기도 하다. 이로부터 7년 후, 합의된 프로그램이 설령 시청과 더불어 주택정책의 재정적 보조를 위한 사회보장 서비스와 함께 실행된다 할지라도, 라벤더 팬서들이 선두에 있는 '청소'라는 행동은 문명화된 게이 커뮤니티를 지지하는 부동산 개발업자의 이익과 사적 임대인의 이익에 이미 봉사하는 일이 되어 버린다. 이것은 역사적인 구역들에 투기·투자를 촉진하기 위한 이상적 조건이기 때문이다. 건물의 골방과 층계, 거리를 안전하게 만드는 일, 성착취(성매매)와 포르노그래피, 마약을 근절하여 상업 지구를 안전하게 만드는 것, 공공 운송수단을 안전하게 만드는 일… 이러한 일들은 안전하게 살 권리를 요구하는 것에 대한 답변이기 때문이다. 그리하여 '안전할 것!'은 이제 부동산 투기의 핵심어가 된다. '안전할 것!'이라는 강령은 동성애 혐오적 폭력에 대항하는 쟁투와 인종차별이라는 것을 적에 잠입하는 술책으로 만들어 버린다.[8] 이러한 관점에서 샌프란시스코

---

8 "마을 안에서 한번 확립되고 나면 성소수자 주민들은 결집을 지향할 뿐만 아니라, 가시화되고 정해진 영토를 차지하고자 하는 목적을 갖는다. 동성애 커뮤니티의 선구자들은 비록 노후하긴 하지만 중심부적인 구역들을 차지하였다. 동성애자들, 특히 낮은 임금을 받는 동성애자들은 값싼 주거지의 부족으로 인하여 소득수준이 낮은 다른 그룹과 경쟁관계에 놓여야 했다. 샌프란시스코에서 보잘것없는 주거지를 위한 경쟁이 동성애 혐오주의와 인종차별을 동시에 악화시켰다. 가난한 동성애자 세입자들은 서민적인 구역에서 가시

와 뉴욕, 더 특수하게는 카스트로(Castro) 구역과 동쪽 마을들이 이에 대한 본격적 실험 장소가 된다. 이러한 실험 장소에서는 '안전할 것!' 이라는 슬로건과 자기방어 정치는 지속적으로 긴장상태에 놓인다. 이러한 긴장상태는 여러 단체들을 내적으로 파열하게 만든다.

그리하여 라벤더 팬서는 1974년에 결국 사라지고, 이로부터 2년 후 1975년에 만들어진 '베이에어리어게이해방'(BAGL, Bay Area Gay Liberation)이라는 새로운 조직이 또 다른 자기방어 정찰대를 구성한다. BAGL 운동의 여성 활동가와 남성 활동가 중 일부는 폭력에 대한 저항의 첫 번째 양태로서 자기방어의 권리를 인식했다. 터스콘(Tuscon)이라는 지역에서 동성애자 남성이 대학생들에 의해 살해당하지만, 살해범인 대학생들은 단지 보호 관찰형에 처해졌을 뿐이다. 이 사건으로 인해 여성 활동가와 남성 활동가는 리처드 헤아킨 기념비적 나비여단(Richard Heakin Memorial Butterfly Brigade)을 통해 결집하기에 이른다. 이는 빠르게 '나비여단'으로 불리게 된다. 주로 백인 남성들로 구성된 이 그룹에는 알리 마레로(Ali Marrero)라는 유일한 유색인종 레즈비언이 참여하고 있었다. 이 그룹은 호루라기와 수첩, 볼펜과 워키토키 무전기를 들고서 지역 거리를 정찰한다. 그리고 이 그

화되는 반면 부동산 폭등을 재정적으로 뒷받침하는 부호들은 정작 명시적으로 보이진 않는다. 동성애자들의 침입행위라는 사회적 유령은 사람들의 관심을 돌리기 위한 매우 유용한 희생양으로 사람들이 은행이나 도시계획 위원회나 정치인들, 거대한 투자자들에게 관심을 갖지 않게 하기 위한 것이다. 샌프란시스코에서 동성애 커뮤니티의 행복이란 도시 부동산에 포함된 이득과도 확고하게 연관되어 있다." Gayle Rubin, "Penser le sexe", 1984, trans. Flore Botler, Gayle Rubin and Judith Butler, *Marché au sexe*, Paris: EPFL, 2001, pp. 109~110.

룹은 주로 자동차 번호판을 적으면서 동성애 혐오적인 모든 공격행위 ─ 거리에서 발화된 욕설 또는 자동차의 열린 창으로부터 발화된 욕설, 괴롭힘, 공격 ─ 의 목록을 작성한다. 호루라기는 공격자에게 두려움을 주고 그들을 도망가도록 만들며 수치심을 느끼도록 만드는 장치이다. 그리고 호루라기는 잠재적인 물리적 분쟁으로부터 스스로를 보호하기 위한 장치처럼 사용된다. 이 그룹의 구성원 중 한 명인 행크 윌슨(Hank Wilson)[9]이 표현하는 바와 같이 공동체 안에서의 인정의 기호이자 연대의 상징이며 서로를 돌보아 주는 약속에 대한 상징처럼 호루라기가 사용된다. 행크 윌슨은 경찰과의 관계에 관하여 매우 명료한 입장을 취한다. 그의 전략이란 동성애 혐오적인 공격에 대항하여 공권력이 움직이길 지속적으로 요구하는 것이다. 이러한 요구는 이러한 폭력이 제도에 의해 제대로 인식되지도, 제대로 인정받지도 않는다는 것을 보다 더 효과적으로 가시화하기 위한 것이다.[10] 그러나 나비여단의 첫 번째 목표는 무엇보다도 안전 문제에 대한 대안적 정책을 구성하는 데에 있었다. "우리는 공동체에게 어떤 이가 우리를 대신해 우리를 돌보아 주고 있다는 환상을 심어 주길 원치 않는다. 공동체에 속해 있는 우리 스스로가 언제나 정찰하고 있다는 인상을 갖게 할 뿐만 아니라, 우리 스스로가 자신은 물론 다른 이들을 돌보고 있다는 인상을 갖길 원한다."[11] 이로써 나비여단은 그들과 그들의 구성원을 구분짓

---

9 Christina B. Hanhardt, *Safe Space*, p. 100.

10 구체적으로 이것은 공권력 중에, 더 많은 게이와 더 많은 레즈비언들이 존재해야 함을 요구하는 일이다. 또한 공권력이 동성애 혐오적 폭력에 대한 감수성을 가져야 함을 요구하는 일이기도 하다. Ibid., p. 104.

11 이것은 다음 텍스트에서 인용된다. Christina B. Hanhardt, *Safe Space*, p. 104.

게 만드는 유니폼을 갖는 것을 거부한다. 또한 모든 이들의 안전을 위한 준군사적 외관을 가진 그룹을 생산해 내는 유니폼을 갖는 것 또한 거부하기에 이른다. 이러한 생각은 연대의 정치를 발전시키기 위한 것이다. 한 사람이 폭력의 피해자일 때와 공격행위가 발생할 경우, 이러한 공격행위에 대한 반발에 모두가 참여할 때에만, 그리고 각자의 안전이 모든 이들과 연관되어 있다고 느낄 때에만 비로소 안전을 보장받을 수 있기 때문이다. 즉 모든 이가 자기방어의 전문가가 되어야만 한다. 그러나 각자를 정찰병으로 수시로 불심검문하는 일, 결국 본질적으로는 남성들을 정찰병으로 불심검문하는 일은 안전한 의복 코드의 제도화로 이어진다. 또한 이것은 각자가 누구를 염려해야 하는가와 누구를 경계해야 하는지, 각자가 누구를 향해 연대해야만 하는가를 정의 내리게 할 뿐만 아니라 백인 동성애 남성성의 규범을 생산해 내도록 한다. 그리하여 건장한 몸, 짧은 머리와 콧수염, 청바지, 티셔츠와 가죽 조끼, 호루라기는 카스트로 지역의 게이 커뮤니티의 유니폼으로 자리 잡는다.[12] 이러한 의복적 코드화에 의한 낙인 효과는 매우 즉각적이어서, 그들의 구역에서 낯선 이로 여겨지는 다른 모든 남성들은 잠재적 동성애 혐오주의자로 여겨지고 만다.

공동체적 자기방어의 문제는 안전을 위한 첫 번째 정책들——깨진 창문 정책과 경계심 많은 이웃 정책[13]——과도 매우 잘 일치한다. 이

12 Ibid. 또한 다음 텍스트를 볼 것. Manuel Castells, *The City and the Grassroots: a Cross-Cultural Theory of Urban Social Movements*, Berkeley University Press of California, 1983, pp. 97~172.

13 다음을 볼 것. Loïc Wacquant, *Punir les pauvres: Le nouveau gouvernement de l'insécurité sociale*, Marseille: Agone, 2004.

러한 안전 정책에서, 안전 개념이란 삶의 기준이자 삶의 질에 대한 적합한 표징과도 같이 권장되는 것이었다. 좋은 동성애적 삶과 경험할 만한 가치가 있는 동성애적 삶[14]이란 음란함에 관한 규제 속, 바로 이러한 규제에 의해 재정의된다. 이러한 음란함에 관한 규제는 안전하지 않은 섹슈얼리티, 위험한 성적 실천에 대한 단순한 억압정책이기도 하다. 안전하지 않은 섹슈얼리티와 위험한 성적 실천은 방어될 만한 가치가 있는 몸과 방어될 만한 가치가 없는 몸 — 스스로를 불안정성 안에 놓는 것에 책임져야 하는 몸, 또는 불안정의 원인이 되는 것에 대해 책임져야 하는 몸 — 을 은연중에 지칭하게 된다. 만약 동성애 혐오적인 몇몇 실천들이 억압된다면, 이러한 억압은 동성애의 또 다른 형태들에 대한 범죄화를 항시 동시적으로 거친다. 또한 이러한 억압은 도덕적·신체적·성적·민간적·사회적·보건적 불안정을 유발시킨다고 판단되는 트랜스 정체성의 또 다른 형태에 대한 범죄화 — 소음, 비위생성, 위험한 성적 실천들, 성착취(성매매), 포르노그래피, 마약, 경범죄, 부랑행위… — 를 항시·동시적으로 거치는 것이다. 이와 마찬가지로, 동성애 혐오적이며 트랜스 혐오적인 편협한 이성애에 관한 인종차별적인 정의방식은 몇몇 구역에서의 삶의 질 또한 위협하는 일이자, 안전하며 좋은 것으로 판단되는 몇몇 동성애적 삶의 질을 위협하는 일이다.[15] 위험에 관한 감정적 본질주의로부터 기인하는 이러한 장치의

---

14 다음을 볼 것. Judith Butler, *Vie précaire*와 *Ce qui fait une vie*.

15 사라 아메드(Sara Ahmed)는 다음과 같이 쓴다. "정치의 구성에 있어 불안정성의 존재론에 대해 고찰할 수 있다. 우리는 사물들이 그 자체로 확실하지 않다는 것을 반드시 추정해야만 한다. 이는 사물들을 확실하게 만드는 절대적 필요성을 정당화하기 위한 일이다." *The Cultural Politics of Emotion*, Routledge, 2004, p. 76.

즉각적 효과란 유색인종 퀴어들 ─ 아프리카계 미국인과 선주민, 스페인계 사람 ─ 을 비가시화함과 동시에, 그들을 정당하지 않은 것이자 인식할 수 없는 것으로 만들어 버린다. 이는 모든 동성애자들이 백인이며, 모든 동성애 혐오주의자들은 흑인이라는 편견을 강화하는 일이기도 하다. 이러한 절차는 경찰들에 의한 감시와 음란하다고 판단되는 성적 경범죄에 대한 억압, 폭력적이라고 판단되는 인종적 경범죄에 대한 억압, 사회 정책들의 폐기, 비정상인들과 빈곤화된 노동자 계층에 속하는 인종적 소수자들을 마을의 다른 지역으로 지리적으로 이동시키는 것에 의해 구체화된다. 인종적 소수자들은 인종차별적이며 형법적인 국가에 의해 표적 대상이 되며 잔혹한 대우를 받는다. 그들은 주로 살해당하거나 구금당한 그들의 아들이 갖는 특징에 의해 과잉 재현되기도 한다.[16] 이는 안전하게 살면서, 소비수준이 높은 백인 중산층을 보호하기 위한 것이다. 오직 백인 중산층만이 개축된 주거지에서 살 수 있으며, 오직 이들만이 경찰에 의한 지속적 보호를 요구하며 자신들의 구역에서 살 수 있는 이들인 것이다.

이와 비견될 만한 맥락 속에서, 자기방어 그룹이 미국 서쪽 연안에 있는 뉴욕에서도 만들어진다. 이 그룹은 나비여단, 동성애자들을 위한 안전한 미국 만들기 협회(SMASH)와 같은 해에 만들어진 것이다. 이러한 자기방어 그룹은 자기방어 개념과 인종적이며 성적인 중산계급화 절차 간의 공모관계를 강화시켜 나간다. 동성애자를 위한 안전한

---

16 이것은 경범죄를 저지른 젊은 청소년 또는 폭력조직에 의해 저질러진 동성애 혐오적 공격에 체계적으로 초점을 맞추고 있다.

미국 만들기 협회는 스스로를 방어할 수 있는 강력하고도 복수심에 가득 차 있는 게이 남성성의 모든 기호학을 발전시킨다. 이러한 기호학은 게이 남성성을 더욱 돋보이도록 만드는 열등한 남성성 — 동성애 혐오적이며 경범죄적이며 젊으며 인종화된 남성성의 규범과 참조관계하에 구성되었다. 우리가 앞에서 인용한 단체들과 동시대적인 많은 단체들은 이러한 논리에 반대했으며, 안전의 문제에 관한 대안적 접근법을 구현하고자 결집·조직되었다. 이 그룹들 모두 경찰 폭력에 항상 직면해야만 했다. 경찰 폭력은 아프리카계 미국인 평민들과 사회주의자 평민들 또는 퀴어 평민들을 겨냥하는 일을 결코 멈추지 않았기 때문이다. 그리하여 1970년 8월 블랙 팬서에 의해 조직된 혁명적 사람들의 헌법적 협정(Revolutionary People's Constitutional Convention) 회의를 준비하는 입장에서, 그리고 같은 해 9월 필라델피아에서 이 협정이 열릴 때에, 휴이 뉴턴은 『여성 해방과 게이 해방 운동』(*The Women's Liberation and Gay Liberation Movement*)이라는 텍스트를 출판하기에 이른다. 이 텍스트는 운동들 간의 폭넓은 연합을 호소하고 있다.[17] 뉴턴은 동성애는 아프리카계 미국인 이성애자 남성 운동가들에게 불안정성을 유발한다는 사실을 상기시킨다. 그는 이 남성들 — 아프리

---

17 이 연합은 주로 운동가 그룹과 스페인계 사람과 선주민, 아프리카계 미국인 레즈비언이 결집된 공동체를 말한다. 이 그룹들은 경찰 폭력과 감옥에서의 폭력에 대항하는 급진적 운동을 구성하기 위해 활동하였다. 이러한 폭력은 본질적으로 인종차별적이며 성차별적인 자본주의적 시스템에 내재적인 것이다. 권한 부여의 관점에서 긍정적인 표현 — "더 이상 두려워하지 말 것", "두려움은 이제 적에게로 넘어갔다" — 을 비판하거나 포기함으로써, 사실상 그들은 두려움이라는 단어 자체를 특히 근절하고자 활동하였다. 다음을 볼 것. Christina B. Hanhardt, *Safe Space*, p. 132.

카계 미국인 이성애자 남성들 ──에 관해 말할 뿐만 아니라 이 남성들을 향해 말하고 있으며 '우리'라고 적고 있다. "우리가 매우 잘 아는 바와 같이, 우리의 첫 번째 본능이란 동성애자 남성을 때리길 원하며 여성을 침묵시키길 원한다는 것이다."[18] 이렇게 뉴턴에 의해 주제화된 안전과 불안정성의 변증법은 지배의 수사학을 은연중에 고발하고 있다. 이러한 지배의 수사학은 객관적인 동맹자를 주관적인 위협으로 구성해 내도록 하기 때문이다. "우리는 우리 스스로가 동성애자가 될 수 있다는 사실에 대해 몹시 두려워한다…. 우리는 동성애자에 의해 거세당할 것을 두려워한다." 성차별적이며 동성애 혐오적인 폭력의 형상인 백인 제국주의적 이데올로기, 이에 의해 호명받은 인종화된 남성들은 이러한 불안정성을 구체화시킨다. 공공안전을 위한 논리를 총체적으로 이해하려면, 운동가 그룹 내의 이러한 공공안전에 관한 논리의 자가 복제 또한 이해해야 한다. 운동가 그룹은 자신들의 의제와 어휘에 젖어 있던 이들이기 때문이다. 이러한 운동가 그룹에게 있어, 다른 몸들이란 공동체를 불안정하게 만드는 요소를 가리킨다. 아프리카계 미국인 남성에게 있어, 이성애자 여성들과 레즈비언 여성들, 백인 여성들과 흑인 여성들, 그리고 게이들…은 불안정한 형상들이다. 이처럼 불안정한 형상을 만들어 내는 일은 지배적인 남성성의 규범을 신봉함으로써만 비로소 주체로서 도래한다는 사실을 아프리카계 미국인 남성들에게 더욱 강제하기 위한 것이다. 왜냐하면 남성으로서 인정받는다는 것은 백인으로 인정받는 일이자 소시민적 이성애자로서 인정받

18 Huey Newton, *To Die for the People*, p. 153.

는 일이기 때문이다. 그러나 뉴턴에게 있어 "우리는 우리 스스로 안전을 취득해야만 할 뿐만 아니라, 모든 억압받는 이들에 대한 감정들과 존경 역시 가져야만 한다".

자기방어와 분노의 정치학

안전을 삶의 규범으로 구성하기 위해서는 불안정성을 끊임없이 생산해 내야만 한다. 그리하여 국가는 이러한 불안정에 대항하는 유일한 방책처럼 나타난다. 1970년대 흑인 레즈비언 그룹인 '유색인종 여성, 제3세계'(Women of Color, Third World)는 페미니즘 의제에 영향을 미치는 이러한 안전의 논리를 지속적으로 고발한다. 흑인 유색인종 여성들은 물론 그들의 아이들[19]은 경찰 폭력의 특화된 표적들 중 하나였고, 이러한 경찰 폭력은 흑인 여성에 대한 인종차별적 구성법을 수반했다. 스스로를 방어할 수 있다는 지나치리만큼 높은 평판 때문에, 흑인 여성들은 방어되지 말아야 한다고 여겨지기도 했다. 최악의 경우, 그녀들이 그룹으로 있을 때에는 오히려 그녀들에 대항하여 자신들 스스로를 보호할 필요성이 있다고 여기기도 했다. 오클랜드에서 제창된 흑인 레즈비언들의 페미니스트 자기방어 그룹의 일환으로 소프트볼 숙녀팀이 자가 조직되기에 이른다. 이 소프트볼 숙녀팀은 1974년에 얼마

---

19 "우리의 걱정 중 몇몇은 모든 여성들 공통의 것이지만, 그렇지 않은 것도 있다. 당신은 당신의 아이들이 커가며 가부장제에 가담하면서 당신을 저버리는 것이, 우리는 우리 아이들이 차에서 끌려 나와 거리 가까운 곳에서 사람들에 의해 살해당하는 것이 두렵다. 우리는 이러한 흑인 아이들에 대한 살인에 대해 당신이 이성에 등 돌리는 것이 두렵다." Audre Lorde, *Sister Outsider*, trans. Magali C. Calise, Genève/Québec: Editions Marmamélis/Trois, 2003, p. 131.

나 많은 유색인종 레즈비언들이 "혼자 있을 때에는 비가시화되는 반면, 그녀들이 그룹으로 있을 때에는 폭력적으로 드러나는가를 강조한다".[20] 1984년 3월 아프리카계 미국인 레즈비언들의 첫 번째 정기 간행물인 *ONYX*는 다음 호의 신문 커버 그림에서 땅에 뻗어 있는 여성들 중 한 명을 구타했던 말 위에 타고 있는 백인 경찰의 폭력과 이 폭력으로부터 스스로를 방어하는 흑인 여성 그룹을 재현하고 있다.[21]

안전 조약에 대한 권장과 몇몇 운동가적인 의제들에 안전조약을 통합하는 일[22]은 국가 폭력의 혐의를 벗겨 주는 일일 뿐만 아니라, 저항의 양태와 연맹의 양태를 미리 결정하는 결과를 초래했다. 또한 이러한 통합은 전투적 활동의 몇몇 유형과 보호주의적이며 해로운 자기방어의 형태를 제창하는 일이기도 했는데, 여기서 자기방어의 형태란 덫에 걸린 감정적 지도와 접합된 것이다. 이러한 맥락에서 자기 자신을 방어한다는 것은 스스로를 안전하게 만드는 강령에 답하는 데에 달려 있으며 보호의 행동들에 참여하는 데에 달려 있었다. 이러한 보호의 행동이란 구역과 거리, 정체성, 개인 또는 그룹에게 단체 또는 대의를 할당하는 방식과도 관련되어 있다. 또는 보호를 위한 행동이란 그들에게 폭력을 행사하는 위협적 개인이나 일탈적 개인, 낯선 개인과 관련되는 일이기도 하다. 공공안전을 위한 정책이란 감정적인 지표의 체제 안에서는 물론, 바로 이 체제에 의해 공동 생산되는 것이었다. 감정적

---

20 이것은 1974년 7월에 잡지 *Tide*와 인터뷰한 내용으로 다음 책에 인용된다. Christina B. Hanhardt, *Safe Space*, p. 150.

21 Ibid., p. 152.

22 다음을 볼 것. Alyson M. Cole and Kyoo Lee, "Safe", *Women Studies Quarterly*, vol. 39, n° 1/2, 2011.

인 영토성이란 공간을 구획하고 몸을 낙인찍으며 공격/피해자화, 안전/불안정, 우리/그들, 두려움/신뢰의 관계를 자연화하는 일이다. 이뿐만 아니라 감정적 영토성은 정치적 주체화 양태를 위협과 위험의 감상주의로 탈바꿈해 버리는 일이기도 하다. 여기에서의 쟁점이란 쟁투들의 감정적 전환에 있다. 그리고 동맹을 가능케 하는 공통점이란 너무도 옹호할 수 없는 것으로 전락해 버림으로써, 이는 권력 장치들에 의해 실행되는 분열 전략을 실질적으로 이어 나가는 것이 되고 만다.

이러한 분열 전략들이 공동체와 운동가적 삶, 운동가적 신체에 가했던 바가 무엇인지를 반드시 평가해야만 한다. 이 분열 전략들은 운동가적 몸을 소진시키고 스스로를 파괴하도록 만드는 곤궁이기 때문이다. 안전해야만 하고 안전한 상태에 있어야만 하며, 자기와 닮은 이들과 함께 있어야 하며 자신의 집에 있어야 한다는 강령들은 저항운동을 통제하는 정책과도 같다. 이러한 저항운동에 대한 통제정책이야말로 저항운동들을 한정시키고 가둬두는 데 있어 가장 효과적인 것이다. 안정화된 공간들을 제한함으로써 스스로를 보호하고자 하는 분리주의적 전략들로 여성 운동가들과 남성 운동가들이 내몰리는 일은 안전협약에 모사적인 방식으로 응답하는 일이자 안전 협약을 지속적으로 이어 나가는 일임과 동시에 이를 일반화하는 일이다. 동등한 이들 사이로 몸을 피하는 것이 안전하다고 여겨지는 공간, 바로 이 안에서 그들은 본질적으로 위험이 없는 상태라 할 수 있다. 자기와 동류인 이들 사이에서 안전하다는 것은 불안정한 외부와의 대립을 통해 정의되는 것이자 외부에 대한 두려움 또는 증오를 불러일으키는 일이다. 동등한 이들만이 존재하는 내부에서도 권력관계, 갈등, 대립구도가 결코 피할 수 없는 방식으로 존속한다고 여기거나 불연속성 없이 지속적으로 행사된다고 여기는 일은 결코 생각되거나 용납할 수 없는 일이 되어 버리고 만다. 강제된 인식의 틀 속에서 머물면서, 국가적 정의 또는 경찰에게 안전을 합법적으로 일임하는 것조차 거부하는 이들 중 몇몇에게는, 공동체의 내밀성에 내재해 있는 불안정성에 직면하는 유일한 방어란 공동체적 장소를 조금 더 칸막이 치고 구획하고 안정화시키는 것이다. 그리고 공동체에 내재해 있는 불안정성에 직면하는 유일한 방어란 어떠한 이의 유일한 현존이 또 다른 어떤 이들에게 폭력을 행사하지 않도록 하고자, 그를 고립시키는 데에 있다. 그리고 어떠한 동류의 인간을 열외하고 파문시키는 데에 있다. 왜냐하면 그녀 또는 그는 자기와 같은 부류의 사람들 사이에서 자신의 권력을 행사함으로써 과오를 범하였고 그들을 배반하였기 때문이다. 그들에 의해 직접 만들어진 법제적 제도들은 지배 권력에 대한 흉물스러운 모사본과 같다. 만약 안전을 지배적인 정의의 방식과 경찰에게 일임하지 않는다면, 우리는 안전을 보장받고자 공동체를 착취하는 또 다른 발산물을 사실상 허가하게 될 것이다. 운동가들 간에 일어나는 폭력적 일상을 관리한다는 것은 주관적인 상처와 공격 양태를 통해서만 체험될 수 있는 일이다.[23] 운동가들 간의 폭력적인 일상을 관리한다는 것은 공동체에게 있어, 시간과 인간을 집어삼키는 일이다. 이러한 폭력적 일상을 관리한다는 것은 또 다른 양태의 폭력적 작업을 만들어 내게 하는 상상력의 개시이기도 하다. 이러한 관리는 감정적으로나 정치적으로나 매우 소진적인 일이

---

23 다음을 볼 것. Wendy Brown, *States of Injury*, p. 52와 그다음 페이지들.

자 정치적 의식화 과정의 방향을 잃게 만들며 참여행위를 손상시키는 일이다.

  준 조던이라는 여성 시인은 매우 장엄한 방식으로 자기방어의 이중적 의식을 잘 표현해 낸다. 두 번이나 강간을 당한 강간 피해자인 그녀는 어떻게 강간이 자기 자신의 절대적 무능력성에 관한 최종적 신념을 그녀 자신에게 각인시켰는지, 그리고 어떻게 정치적 의식이 행위역량의 복구를 위한 축으로 작동했는지, 작동하지 않았는지를 이야기하고 있다. 준 조던은 다음과 같이 적고 있다. 첫 번째로 백인 남성이 그녀를 강간했을 때, 45분이 넘도록 그녀를 폭력적으로 대하면서, 그녀를 샤워실로 끌고 갔으며 그녀가 비누를 주우며 몸을 낮추길 강요했다. 이 남자는 강제로 항문성교를 하기 위해 그녀에게 "비누를 주워!"라고 명령했다. 이때에 준 조던은 자신의 목소리를 되찾게 되었음을 문득 깨닫게 된다. "너는 그것을 주워야만 해!"[24] 두려움은 재빨리 사라졌으며 백인 남성에게 복종하느니 차라리 죽는 것이 더 낫다고 여기게 된 것이다. 인종은 마비된 그녀의 몸에 다시 생기를 불어넣기 위해 마침내 도래한 것이다. 이것은 성차별주의가 아니라 인종차별주의인 것이다. "할 것인가, 아니면 죽을 것인가"[25]의 차원에서 그녀의 행위역량을 일으켜 세우는 축처럼 기능한 것이 바로 인종차별주의였던 것이다. 그리고 열렬히 쟁투 중인 흑인 공동체의 존재에 대한 참조행위를 통해

---

24 June Jordan, *Some of Us Did Not Die: New and Selected Essays*, Civitas Books, 2003, p. 78. 카리브계 미국인 준 조던(1936~2002)은 현대 여성 시인이자 에세이 작가이다. 부모님은 자메이카계 이민자다. 그녀는 운동가이자 블랙 파워의 주요 인물이며 페미니즘과 레즈비언 운동의 주요 인물이기도 하다.

25 Ibid., p. 79.

준 조던의 격분은 자기방어로서 표현되었다. 그리하여 그녀는 그의 머리를 내리치고서 도망칠 수 있었던 것이다. 다시 말해, 인종은 그녀의 자기방어적 격분을 활성화시킨 요소였다.[26] 백인 남성은 흑인 여성을 강간한다. 정확히 바로 이 순간에 이 남자는 포식자적이며 암살자적인 백인 남성성을 구현하며, 바로 이러한 남성성이란 아프리카계 미국인 여성들에게 있어 역사적 적이라 할 수 있다. 두 번째 강간은 전미유색인종지위향상협회의 운동가인 흑인 남성에 의한 것이었다. 어느 날 밤 그녀가 다른 친구들과 함께 있을 때에, 그는 술 한잔하면서 하루를 마무리하자며 그녀를 집으로 부른다. 오기로 한 친구들은 오지 않을 것이었다. 그녀는 이 남자와 단둘만 있게 되었음을 깨달았다. 그가 강간을 저지를 때에, 준 조던은 충격 상태로 온몸이 경직된 상태였다. 도무지 있을 수 없는 어떠한 일이 생산되고 만 것이다. 이는 그녀의 행위역량을 저해하고 말았다. 그는 흑인이었고 그녀도 흑인이었기 때문이다. 그녀는 위협받는다고 느끼지 않았던 것이다. "이번에는 인종이 나 자신의 소멸이라는 최종점에 이르기까지 나를 마비시켰던 요소라는 점을 제외하고는, 결국 인종의 문제는 항시 핵심적인 것이었다. 흑인 형제가 그의 자매인 나, 바로 나를 강간할 수 있다는 사실에 충격받음으로써, 나는 모든 반응성과 저항할 수 있는 모든 결단력을 잃어버렸다. 나를 지배하는 악마들에 대항하기 위한 저항, 이것이 필요로 하는 분노 속에서 힘을 끌어올리는 법을 이때 나는 결코 알지 못했다."[27] 여기

26 Ibid.
27 Ibid., p. 80.

에서 인종은 그녀의 격분을 무장해제시키는 요소였다. 이는 인종차별에 대항하는 쟁투의 동반자들 앞에서조차 경계태세로 있어야만 했으며 스스로를 방어해야만 했다는 견딜 수 없는 부정의 앞에서의 경악인 것이다. 그리고 이것은 폭력의 폐해는 물론 자기 자신에 대한 방어를 소홀히 했다는 분노에 찬 죄책감이며 신뢰할 만하며 선험적으로 확실한 사람에 의해 한 장소에서 폭력을 당했다는 분노에 찬 죄책감인 것이다. 강간은 밤새도록 지속되었다. 그 남자가 준 조던을 내버려 두고 새벽에 떠날 때에야 비로소 그녀는 겨우 자신의 두 다리로 설 수 있었다. 그러나 그녀의 온 몸은 고통뿐이었다. 그녀의 몸은 그녀에게 있어 가장 더러운 것이자 가장 더렵혀진 것이 되고 말았다. 자기 자신에 대한 혐오의 경험은 그녀를 거의 미치게 만들었다. 준 조던에게 있어, 이러한 저열한 폭력의 에피소드는 페미니즘의 임계점 —페미니즘이 자기방어적 격분을 끌어올릴 수 있는 모든 공동체를 위해 구축된 것이 아니라는 사실 —을 입증하는 일이기도 하다.[28] 문제는 어떠한 공동체 내부에서도 권력관계들은 지속되며 피해자들이 또 다른 피해자들에게 폭력을 저지른다는 사실에 관한 것은 아니다. 문제는, 주요한 공통의 적에 의한 동일한 지배관계로 인해 하나라고 선언된 이 공동체가 사실상 이러한 적에게 전쟁을 선포할 능력조차 없었을 뿐만 아니라, 하나의 공동체가 되기 위해 동맹할 수 있는 능력조차 사실상 갖고 있지 않았다는 것이다. 여기서 하나의 공동체란 우리가 안전하다고 여기는 공동체가 아니라, 인종차별의 위험 없이 자기 자신의 역량을 북돋

28 Ibid.

울 수 있는 서로에 대한 참조관계 안에 있는 공동체이다. 만약 이러한 운동들이 민족주의적이며 분리주의적, 또는 본질주의적인 역학들을 선택한다면, 이 운동들은 일관적이어야만 한다. 문제는 더 이상 환영적인 방식으로 자기 자신과 동질적인 이들 사이에서 안전을 누리는 것에 관한 것이 아니다. 문제는 쟁투를 선언하고 쟁투를 이끌기 위해서 격분을 정치화하고 자원화할 수 있는 영토들을 구축하고 제창하는 데에 있다. "나에게 당신의 힘을 보여 주세요. 그러면 나는 자랑스러움을 느낄 것입니다."[29] 준 조던은 안심할 만한 주체의 토대 위에서 동맹관계를 맺는 공동체가 아니라, 전투에 대한 열광적 참여에 의해 구축된 연맹의 공동체라는 또 다른 형태의 공동체를 창조해 내길 호소한다.

안전은 파르마콘(Pharmakon)과 같다. 파르마콘은 치료제이자 고통을 진정시켜 주는 강령이다. 안전은 차별적 관리의 정책에 맞서서, 위험과 사회적 불안정의 천문학적인 생산을 책임지는 것이다. 이러한 사회적 불안정은 도무지 살 수 없는 삶에 우리를 점진적으로 노출시

---

29 Ibid., pp. 100~101. "예를 든다면 미국에 있는 우리 여성들은 우리의 적들에게 전쟁을 선포하였는가? 우리는 우리의 자주적 결정을 위해, 살고 죽는 것에 준비되어 있는가? … 여성 판정자의 정찰대를 내게 보여 주세요. 몇 시든지 간에, 우리가 선택한 그 어떤 옷을 입고서도 거리를 지나칠 때에 우리 조국의 안전한 거리와 도로를 지켜 주는 여성 판정자의 정찰대 말입니다." 준 조던은 자신의 요구를 계속 열거한다. "죽음을 감수하거나 박해받지 않고서도 다른 여성을 사랑하는 여성들을 내게 보여 주세요. 내게 여성들의 결집 행위와 여성들의 정당, 여성들의 정치적이며 노조적인 쟁투를 보여 주세요. 건강—준 조던은 유방암을 인용한다—과 교육, 보호의 사회적이며 경제적인 정책들을 위해 봉기하는 여성들의 결집과 정당, 정치적·노조적 쟁투를, 그리고 전쟁무기와 같은 강간과 폭력의 근절을 위해 봉기한 여성들의 결집과 정당, 정치적·노조적 쟁투를 내게 보여 주세요. 이것은 곧 페미니즘이 거대한 전국적 커밍아웃을 해야 함을 의미하는 일입니다." p.114.

키는 것이다. 사회적 불안정은 공적 장소와 사적 장소에서 폭력행위나 괴롭힘, 구타를 당하지 않고서도 이동할 수 있는 생존적 필요성에 우리를 노출시키는 일이다. 존재하기 위한 물적 조건을 공동체적으로 보장하는 일이자 안전한 지붕 아래 살 수 있도록 하며 삶의 또 다른 형태, 교환과 대항문화, 자기실천을 창조하는 일을 책임지는 것이 바로 안전이다. 안전은 서로서로를 상호적으로 돕는 필요성에 답하는 일이자 사랑해야 할 필요성에 응답하는 일이다… 그러나 안전은 우리를 중독시키는 명령이자 운동가적 삶을 은퇴하도록 강제하는 것이다. 이것은 그들을 그들의 안전을 위한 장소를 구획하도록 떠미는 일이자 그들의 신분을 정화하도록 강제하는 일이다. 우리가 불안정에 대항하여 스스로를 보호하고자 하면 할수록, 역량과 격분을 끌어올릴 수 있는 동맹관계이자 연대 공동체가 의미하고자 하는 바의 힘이 더욱더 소진되고 말 것이다. 우리가 쟁투의 차원에서 생명정치의 형태를 더욱더 실현하면 할수록, 우리를 통제, 관리, 억압하는 생명정치적 전투주의가 더욱더 굳건히 구축될 뿐이다.

복수로부터 역량 강화로

미국의 2008년 겨울 아침, 수인 루이(Suyin Looui)는 일터로 가던 도중, 거리에서 캣콜링을 당한다. "핫 칭 총!" 이것은 "중국인, 너는 먹음직스럽구나!"로 번역 가능하다. 그녀는 매우 성가셔졌을 뿐만 아니라 격분하였고 결국 '헤이 베이비'(Hey Baby)라는 비디오 게임을 만들기로 결심한다. 이 비디오 게임에서는 바로 여성들이 주인공이다. 프로그램에 들어가면, 당신은 총기로 무장한 채로 뉴욕이나 몬트리올과 비숫한 도시의 거리에 누비게 된다. 당신은 낯선 이들에 의해 무례하게 접근당한다. "헤이 베이비, 멋진 다리군!" "너 시간 있니?" "와우, 너 정말 아름답구나!" "너의 엉덩이 흔들거림이 좋아." "허리가 나가도록 내가 해줄 수 있는데."[30] 이 게임은 단계마다 선택의 여지가 있다. 당신은 언짢고 다소 걱정스럽게 "고마워"라고 하면서 가던 길을 갈 수 있다. 당신을 괴롭힌 이는 당신을 조용히 내버려 두는 체하고 떠나겠지만, 몇 초 후 다시 당신은 그를 만나게 될 것이다. 또는, 당신은 소총을 뽑아 들고 그가 죽을 때까지 방아쇠를 당길 수도 있다. 후에 남자는 피바다 위에 누워 있게 될 것이고, 이내 당신에게 건넨 마지막 문장이 그의 묘비명이 된 무덤으로 바뀐다. 그러나 당신은 아무것도 얻지 못한다. 당신을 괴롭히는 사람의 수는 무한하기 때문이다.[31] 단지 거리를 돌아다닐 수 있는 가능성과 당신을 지속적으로 무례하게 접근하도록 하는 가능성을 가지게 될 뿐이다. 바로 이것이 이 게임에 카프카적인 부조리극의 국면을 부여한다.

수인 루이에 의해 발명된 이 비디오 게임은 거리 괴롭힘에 대항하는 쟁투[32]의 다른 여러 현대적 페미니스트 기획에 합류하는 길이다. 이

---

30 "안녕 베이비, 다리 이쁜데." "너 시간 있니?" "우와, 너 너무 예쁘네!" ──그러나 현실 속 불러 세우기의 대부분은 부정적인 형태로 말해진다는 것을 결코 잊지 말 것. "너 못생겼어" "불쾌한 년" "커다란 궁둥이" 등등.

31 『뉴욕 타임스』의 게임에 관한 조사를 볼 것. http://bitchmagazine.org/post/genderlicious-what-do-you-think-of-ihey-babyi.

32 다른 솔선행위들을 인용해 볼 수 있다. Holla Back New York, LGBTQI 단체는 북아메리카의 여러 다른 도시에 걸쳐 존재하고 있는데, 이 단체는 괴롭히는 자들을 사진이나 영상으로 찍거나, 그들의 이미지를 자신들의 블로그에 올릴 것을 제안한다. 이 사이트는 이성애중심주의에 대항하는 쟁투를 위한 이론적·실천적 정보밭이기도 하다. http://hollabacknyc.blogspot.com. 브뤼셀에서의 성추행에 관하여, 소피 피터(Sofie

비디오 게임은 우리로 하여금 무장한 채로 외출하는 복수심에 가득 찬 환상에 개인적으로 직면하도록 한다. 뿐만 아니라 이 게임은 무제한적으로 마초를 때려눕히는 사디스트적 만족의 모호성에 우리를 개인적으로 직면시키고 있다. 이로써 이 비디오 게임은 폭력에 직면한 우리의 행위역량을 행복한 경험이라는 현대적 공허감에 직면하게 만든다. 또한 우리와 내가 평범한 주인공인 게임, 이에 의해 제공된 강렬한 쾌락은 우리에게 가능한 현실의 좌표들을 변형시키도록 한다. 이러한 쾌락은 성차별주의에 맞서서 우리가 할 수 있는 가능한 것들을 새롭게 고안해 낼 수 있다면, 한번 해볼 것을 독려하고 있기 때문이다. 이 쾌락은 성차별주의를 근절하는 데에 있어 비효율적인 공공정책들로 인한 것이기도 하다. 그러나 이것이 바로 게임의 원칙이다. 성차별주의에 대한 답을 상상한다는 것은 여성 혼자서 자신을 괴롭히는 이와 직면하는 면대면의 장면 안에서만 생각될 수 있는 것이다. 이러한 관점에서, '헤이 베이비!' 게임은 "여성들에게 가해진 폭력"[33]에 대한 재현물

Peeter)의 다큐멘터리인 「거리의 여성」을 참조할 수 있다. http://www.youtube.com/watch?v=iLOi1W9X6z4(2012년 8월). 또는 소샤나 로버츠(Soshana Roberts)의 다큐멘터리인 「뉴욕시에서 여성으로서 걷기 10시간」(2014년 10월)이 있다. 이집트에서는 희롱지도 단체(HarassMap Collectif)를 볼 것. http://harassmap.org/en/. 그리고 「이집트 다리 위의 길짐승들」이라는 제목의 짧은 비디오는 티나 밴 룬(Tina Van Loon)과 콜레트 구님(Colette Ghunim)의 2014년 9월 다큐멘터리이다. 2015년 1월, 에버레스트(Everlast)라는 무술 장치 상표에 의해 실행된 소규모 영화는 자신의 친엄마들에게 휘파람을 불어댐으로써 스스로 덫에 걸리고 마는 남성들을 보여 준다. 멕시코에서 라스 모라스(Las Morras) 페미니스트 단체는 거리 괴롭힘의 일상적 장면들을 영화로 찍는다. 이러한 지속적 불러 세우기에 직면해 있는 자신들의 저항행위를 찍으며, 이 비디오들을 유튜브와 SNS에 게시했다. 이 비디오들은 여기에서 볼 수 있다. https://www.youtube.com/watch?v=qIk5fWwoXps.
33 자기방어에 관한 현대의 페미니스트적 고찰에서 폭력에 대한 페미니스트적 접근법의

중 가장 많이 유통되는 상상력에 반하는 것이다. 이러한 재현물 대다수는 여성들을 무방비 상태의 피해자라는 구분되지 않는 한 덩이의 그룹으로 인식하고 있기 때문이다. 이에 반해 이 게임은 극단적으로 '성차별의 경험은 무엇보다도 개인적으로 경험된 일상적 경험이라는 생각'을 상징하고 있다. 여성들은 이 게임에서 공공장소에서의 성차별적 괴롭힘에 대한 해결책으로 이스라엘제 기관단총과 소련제 칼라시니코프 자동소총으로 무장하고 있다. 이로써 이 게임은 자기방어의 충격적인 재현을 제시한다. 여기에서 이러한 자기방어의 충격적 재현이란 방어의 균형성과 즉각성에 관한 철학적 원리, 이에 고전적으로 입각해 있는 정당방위의 합법적 정의들마저 넘어서 버리고 마는 것이다. 반박 불가능하게도 이 장치는 우리를 불편하게 만든다. 우선 이 장치에 의해 제안된 해결책이 전혀 균형적이지 않다는 사실 ── 말 한마디로 인해, 총기류에 의한 남성들의 죽음이 초래된다는 사실 ── 로 인해서일 뿐만 아니라, 이 장치가 더 섬세하게도 우리를 미소 짓게 만들고 더 나

대다수는 폭력의 활용을 정치적으로 모순인 것처럼 접근하고 있다. 이에 대한 세 가지 계열의 주요 논거들은 다음과 같다. 본질주의적이라고 불리는 첫 번째 논거의 계열은 비폭력을 여성성과 불가분의 것으로 정의 내린다. 그러나 이러한 입장은 페미니스트적이며 평화주의적 운동들의 공통적 역사에 근간해 있는 접근법과 맞닿아 있다. 두 번째 논거들의 계열은 폭력의 사용이 모방으로부터 기인하는 것이자 가부장제와의 협업 형태로부터 기인한다고 여긴다. 최종적으로 우리는 보다 실용적인 세 번째 논거의 계열을 식별해 낼 수 있는데, 이는 폭력의 사용을 재현해 내는 위험성을 경고한다. 폭력의 사용에 있어, 여성들이 가진 무지와 무경험성을 고려해 본다면, 여성들의 폭력이야말로 10배 넘게 증가한 폭력에 준하는 보복행위들을 오히려 유발할 것으로 상정된다. 이에 반해 페미니스트적 자기방어와 방어적 폭력의 활용을 폭넓게 정당화하는 두 가지 사유의 전통으로는 사회계약주의 전통과 무정부주의가 있다.

아가 우리에게 상상된 격분을 배양하도록 만들기 때문이다.[34] 그리하여 이러한 병리적인 장면이 일상적인 성차별의 경험을 공유하는 어느누구에게나 실질적인 만족감을 안겨 주는 환상적인 장면으로 변모하고 마는 것이다. 이러한 성차별의 경험은 평범한 것인데, 왜냐하면 이것은 일상적이며 항구적인 것이자 합법적인 것이기 때문이다. 그러나이러한 성차별의 경험은 사실상 재밌는 구석이라곤 하나도 없다. '헤이 베이비!' 게임은 무섭기도 함과 동시에 즐거운데, 왜냐하면 이 게임은 여성 대상 폭력의 일반적 재현물들을 비판적으로 성찰하도록 하는계기일 뿐만 아니라, 여성 대상 폭력을 폭력으로 알아보고 식별해 내는 것에 관한 쟁점을 비판적으로 성찰하게 만드는 계기가 되기 때문이다. 이 사회에서 비가시화되어 온 여성 대상 폭력들이 결국 있는 그대로 인정받게 되고 나아가 이것이 수립하고자 하는 바가 인정받는다면,과연 어떠한 일이 일어날 것인가? 숱한 유혹과 캣콜링의 지속적 흐름,적대적인 시공간은 언제나 우리의 주의를 필요로 한다. 이러한 시공간은 자신의 승부수에 격앙된 채로 있는 선수와도 같은 상태이기 때문이다. 만약 '헤이 베이비!' 게임이 성차별적 폭력에 관한 대다수의 페미니스트적 문화·담론과 구별되는 것이라면, 이 게임의 시의성은 페미니스트 자기방어의 계보학과도 절연되어 있다. 그뿐만 아니라 이 게임의 시의성은 페미니스트적 상상력의 신자유주의적 전환점을 묘사하는 것이기도 하다. 이 게임이 여러 지점에서 심각하고도 맹렬한 공격

---

34 Jak Halberstam, "Imagined Violence/Queer Violence: Representation, Rage and Resistance", *Social Text*, n° 37, 1993, pp. 187~201.

을 퍼붓고 있긴 하지만, 이 게임의 틀은 안전에 대한 계약의 현재적 요구가 쟁점이 되어 버린 자기방어의 문화와 직접적으로 연결되어 있다.

'헤이 베이비!' 게임은 대중적 문화 생산물과도 밀접히 연관되어 있다. 설령 성인들 또는 여성들이 이러한 생산물의 실질적 소비자라 할지라도, 대중적인 문화 생산물이란 본질적으로 젊으면서도 남성적인 것이다. '헤이 베이비!' 게임은 1인칭 슈팅게임(first-person shooter)으로 전쟁 비디오 게임의 특징적 관점을 채택하고 있다. 전쟁 비디오 게임에서, 놀이하는 사람은 가상적인 주인공의 눈을 통해 자신의 행동을 볼 수 있다. 1인칭 슈팅 게임 대다수는 자본주의적이며 극도로 폭력적인 군사주의적 상상력을 무대화하는 것으로 공상 과학과 제국주의적 기술 과학 사이의 경계를 흐리고 있다.[35] 이러한 상상력은 본질적으로 성별화되어 있으며 인종화되어 있다. 이러한 유형의 대량 생산적 문화 생산물의 타깃이 되는 청중이 바로 이를 입증해 준다. 또한 이러한 생산물이 물화하고 있는 성별과 섹슈얼리티, 피부색과 인종의 규범이 이를 입증해 주기도 한다. 적들은 주로 좀비이자 나치, 외계인, 공산주의자, 마피아, 러시아인 또는 아프간 테러리스트라는 매우 확정적인 정체성을 갖는다면, 이에 반해 주요 인물은 구체적 내용이 없는 보편적 형상에 가깝다. 이러한 주요 인물은 주류적인 관점, 가장 경제적으로 부유한 나라에서 지배적 그룹에게만 부여된 고유한 자원을 누릴 수 있는 남성의 관점을 채택하고 있다. 그런데 수인 루이는 '헤이 베

---

35 다음을 볼 것. Donna Haraway, "Manifesto Cyborg: Science, technologie et féminisme socialiste à la fin du XX ème siécle", 1984, Nathalie Magna, Delphine Gardey and Laurence Allard, *Manifesto Cyborg et autres essais*, Paris: Exils, 2007.

이비!' 게임에서 1인칭 슈팅 게임 장치를 실행하도록 만듦으로써, 이 사회에서 1인칭 페미니스트 도시 게릴라로 놀 수 있는 기회를 우리에게 제공해 준다. 즉 그녀는 폭력에 폭력으로 응답하는 즐거움이 있는 가상적 시공간을 발명한 것이다. 그러나 '헤이 베이비!' 게임은 괴롭히는 자를 이상적이면서도 진형적인 방식으로 구현해 내는 데 그친다. 괴롭히는 자는 화이트 칼라도 아니며 그렇다고 백마 탄 남성도 아니며 백인도 아니다. 여기에서 자기방어는 가상적인 유아론(唯我論)의 형태 속에서 극화된 것이자, 여성들에게 가해지는 폭력의 악랄함을 구현하는 것이다. 이러한 폭력의 악랄함이란 위험하다고 주장되는 어두운 거리의 흉측함과 햇볕에 그을려 있으며 낯선 공격자의 흉악함을 가리킨다. 그러나 이 두 가지 전제는 허위적일 뿐만 아니라 문제적이다. 왜냐하면 성차별적 폭력은 인종화된 계급과 서민 계층에 속하는 젊은 남성의 일일 뿐만 아니라, 공공장소에서 일어나는 일이기 때문이다.

그러나 우리의 역사, 우리의 정체성, 우리의 경험, 우리의 외모, 우리의 물리적·심리적 능력 또는 우리의 자본, 우리의 능력과 사회적 자원이 무엇이든 간에 '헤이 베이비!' 게임에서는 총기류를 든 저격수라는 일종의 초자아를 통해 세상을 가상적으로 누비고 다닐 수 있게 된다. "나는 반박하고 응수함으로써 고로 존재한다." 이 장면은 여성 인물을 다루는 그나마 드문 게임들과도 명확히 구분되는 것이다. 다른 게임들에서 여성 인물은 극도로 시나리오화되어 있으며, 성별과 섹슈얼리티, 인종과 계급에 있어서 과잉 결정된 인물들이기에 쉬이 그들에게 동일시를 할 수 없다. 이러한 게임들은 3인칭 게임들이다. 지배적 미의 규범을 구현하는 여자 주인공의 특징 아래에서 스스로를 재현해 내기는 어렵다. 이것의 가장 좋은 예가 라라 크로프트라는 아이콘이다.[36] 1인칭 슈팅 게임들이 주로 남성적인 연대의 시공간을 구성하는 것이라면 '헤이 베이비!' 게임은 이를 패러디하는 데에 그치지 않고 여성적이며 페미니스트적인 방식으로 시공간을 재의미화하고자 한다. 이러한 해석의 첫 번째 층위는 이 게임을 무장한 자기방어의 지배적 상상력 안에 기입하는 데에 있다. 이 게임은 무기들의 가상적 조작에 대한 매우 논쟁적이며, 거의 독점적으로 남성적인 특권을 여성들에게 부여하고 있기 때문이다. 이러한 의미에서, 극한적 폭력에 지속적이며 가상적으로 노출된다는 것은 폭력에 대한 친숙함의 형태를 양산하는 길인데, 이러한 친숙함은 폭력에 대한 탈성별화된 배움의 성격을 띠는 것이자 폭력에 대한 흔한 사회화 과정이다. 폭력을 하찮은 것으로 대하는 사회화를 통해 남성들은 그들과 그들의 타자를 구별하게 만드는 성별 정체성화와 성별 정체성을 통합·구축한다.

그러나 '헤이 베이비!' 게임은 역량 강화를 위한 이야기처럼 읽힐 수도 있다. 역량 강화를 위한 이야기란 강력한 주체성을 생산하는 일이다. 역량 강화의 이야기는 가장 일반적으로 용인된 피해자화를 위한 재현과도 반대된다. 피해자화를 위한 재현은 국가의 보호에 의존하는 정치적 전략과 함께 가는 것이기 때문이다. 안전은 정치철학과 전쟁에 관한 사상의 중심에서 문제화되고 해결되지 않은 긴장에 재투자하게 만든다. 그리하여 안전은 복수와 자구행위를 정치적인 것의 영역 바깥

---

36 다음을 볼 것. Amanda Denis Phillips, "Gamer Trouble: The Dynamics of Difference in Video Games", PhD. Thesis, University of California in Santa Barbara, 2014; Bernard Perron and Mark J. P. Wolf eds., *Video Games Reader2*, Routledge, 2009.

으로 추방하는 일처럼 여겨졌다. 악을 위한 악과 복수의 무한 순환이라는 부정적 운동에 사로잡힌 채, 자구행위를 한다는 것은 증오 없이 처벌하고자 하는 법치주의 자체에 대한 부정에 다름 아니기 때문이다. 그런데 사회계약론의 문제의식을 넘어 여기에서 쟁점이 되는 것은 정치적인 감정의 경제에 관한 것이다. 정의에 의존하는 행위가 결코 해결하지 못하는 일이란 바로 복수의 즐거움이다. 오직 자구행위만이 화와 격분을 있는 그대로 내버려 두며 더 나아가 부정의와 침해, 손실을 겪는 주체를 완전히 무방비 상태로 축소할 수 없도록 하는 정치적 반격의 가능성을 주체에게 부여해 주기 때문이다. 폭력에 폭력으로 답하는 부정적인 상호성을 유일하게 복구하는 행위를 넘어서, 복수의 욕망과 복수에 사로잡힌 쾌락의 욕망인 화에 관한 문제란 곧 주체의 행위에 관한 것이다. 주체는 피해자와 정반대되는 것이다. 주체의 행위는 부정의의 잔혹성 또는 아주 심한 모욕의 상처로 인해, 전적으로 무화되지 않은 것이자 평등한 상황을 회복하고 되살리고자 하는 희망을 흠 없이 유지하는 일이기도 하다.

강력한 주체성을 복구하는 일이란 무기라는 과잉 보호적인 매개체를 거치는 것이자, 화를 즐거움으로 변모시키는 즉각적 쾌락을 거치는 일이다. 게임에 사로잡힌 이 쾌락이란 괴롭히는 자들의 지속적인 흐름 앞에서, 드디어 복수할 수 있는 기회와 당당한 평정심을 느낄 수 있는 기회를 누리는 즐거움이다. 이 쾌락은 무능함이라는 단어로 일반적으로 표현되어 온 일상적 경험과는 전혀 어울리지 않는 즐거움이다. 이러한 1인칭 장치로 인해, 우리는 궁지로부터 빠져나오는 즐거움을 드디어 실험할 수 있게 된다. 그러나 '헤이 베이비!' 게임은 1인칭 슈팅 게임의 매력과도 명확히 단절해 있다. 이 게임은 기초적인 수준에 머물고 있으며, 게임의 시나리오는 비통하리만치 빈곤하여 같은 장면의 무한 반복일 뿐이다. 그리하여 평범한 성차별주의자들을 너무나도 손쉽게 몰살하는 일이란 매우 빠르게 지겨운 일이 되어 버린다. 성차별적인 폭력의 반복적인 국면과 이에 대한 응답의 비균형성, 그리고 이러한 응답의 무의미성과 무용성이 단박에 드러나고 만다. 괴롭히는 자들이 무한정하게 출몰한다면, 이스라엘제 기관단총이 대체 무슨 소용 있는가? 결코 혼자서 고요히 있을 수조차 없다면, 그들을 몰살하는 일이 대체 무슨 소용이 있겠는가? '헤이 베이비!' 게임은 성차별적 폭력에 관한 비판적 시각을 제시하고 있다. 성차별적 폭력을 견딜 수 없도록 만드는 것은 어떤 것을 행위하는 데 있어서 우리의 무능력이거나 성차별적 폭력에 관해 행동하는 데에 있어서 우리의 무능력이 결코 아니다. 성차별적 폭력을 못 견디게 만드는 것은 바로 이것의 불가피성이다. 이로써 이 게임의 결론은 모순에 부딪히고 만다. 엄격하게 보자면 복수할 수 있는 즐거움이 아무것도 소용없다는 불행한 의식에 의해 대체되어 버리고 만다. 그런데 바로 이러한 논리적 모순 속에서, 정치적인 것이 고갈되고 만다. 정치적인 것의 고갈이란 1인칭 슈팅게임의 고독을 무대화하고 공동체의 사라짐을 무대화하는 첫 번째 사실에서 비롯되는 건 아니다. 왜냐하면 성적인 폭력에 면대면으로 직면하는 행위란 본질적으로 정치적인 상황처럼 여겨지기 때문이다.

그러나 행위성이라는 고안된 폭력, 이러한 페미니스트적 폭력에 관한 실험의 최종적 임계점은 무기 속에서 정확히 발견된다. 이 게임은 즐거운 복수에 관한 이야기의 분위기 속, 소프트한 신자유주의의 선도적 원리를 예시하고 있다. 신자유주의의 선도적 원리란 자율성의 원리와 능력 개발의 원리, 자원을 가치화하는 원리, 선택을 복구시키는 원리이다. 이 원리들은 '~하는 권력'으로 요약 가능하다. 다르게 말하자면, 괴롭힘 앞에서 당신은 당신 자신을 방어할 권력을 갖는다! '헤이 베이비!' 게임은 페미니스트적 역량 강화[37]를 재현하는 것으로 가상적이며 즐거운 유아론을 무대화하고 있다. 그러나 여성의 화와 격분이 이러한 자기방어 행동의 동력이 아닐 수 있다. 왜냐하면 이 게임에서 주요 인물은 여성이 아니라 소총인 것처럼 여겨지기 때문이다. 다시 말해, 여성의 복수가 아니라 소총이 이 게임의 진정한 영웅이기 때문이다. 이 게임에서는 여성이 아닌, 오직 무기만이 '~할 수 있는 권력'을 갖게 되는 셈이다. 피해자의 성적이며 신체적 온전성을 회복하려 온 것마냥 이 게임에 개입하고 있는 것은 바로 무기이다. 즉 무기가 피해자를 방어하고 있는 셈이다. 무기는 피해자를 보호하는 것을 거부하거나 피해자 보호에 실패한 남편과 국가, 법을 대체한다. 무기는 보호자에 관한 환유적 형상이자 안전에 관한 권리 앞의 여성의 타율성을 고정시키는 것이다. 이러한 관점에서 이에 대한 비판의 지점이란 안전에 관한 계약에서 여성이 열외되는 문제이다. 안전에 관한 계약이란 완전하고도 충분한 시민성을 획득하기 위한 가능성의 조건이자 쟁점으로 정의된다.[38] 어떠한 한도 내에서는 남편 또는 법처럼 무기 역

---

37 역량 강화(empowerment)라는 개념에 대해서는 다음을 볼 것. Marie-Hélène Bacque and Carole Biewener, *L'Empowerment, une pratique émancipatrice*, Paris: La Découverte, 2013.

38 다음을 볼 것. Carole Pateman, *Le Contrat sexuel*, 1988, trans. Charlotte Nordmann, Paris: La Découverte, 2010.

시 대상·객체처럼 나타날 수 있다. 여기에서 대상·객체란 우리가 자신의 방어를 위임하는 제3자 또는 상위 심급을 구체화한다. 그리고 대상·객체란 무기 없이는 주체가 도무지 표현할 수 없는 엄청난 폭력성을 지니는 것이기도 하다. 무기 덕분에 취득된 여성의 전지전능함이란 자기 자신의 고유한 행위역량의 문제를 더욱 문제적인 것으로 만들 뿐이다. 이러한 의미에서 이 문제는 고전적인 정치 철학에서 전통적으로 정의되어 온 자기방어와 자기보존에 관련된 권리의 위임이라는 전적으로 고전적인 장치에 관한 문제이다. 또는 더욱 정확히 말하자면, 고전적 장치란 암묵적인 계약을 드러내도록 하는 장치이다. 여기에서 암묵적인 계약이란 방어되도록 강제되어진 사실 속, 무기에 대한 여성들의 복종과 종속을 최종적으로 확인하는 것이다. 다르게 말하자면 무기를 갖고 있으면 나는 방어될 수 있지만, 무기를 갖고 있지 않다면 나는 무방비 상태에 불과하다는 것이다.

응수하기

무방비 상태

약 30년 전부터, 여성 대상 폭력에 관한 시각적 캠페인과 라디오 캠페인, 또는 텔레비전 캠페인은 거의 모두 유일하고도 동일한 폭력 장면을 재상연하는 데에 불과했다. 이 공공 캠페인들은 남성폭력에 제대로 응수하기 위한 효율적인 도구와 여성성에 대한 대안적 형태를 제안하기보다는, 전통적으로 여성성에 부과해 온 취약성을 현실화하는 데에 그쳤다.[1] 이로써 이 캠페인들은 성차별적 폭력 예방에 결국 실패하고 말았다.

---

1 이것은 재현물을 참조하거나 인종적 무능함에 관한 가장 일상적인 현대적 연출을 참조하는 것만으로도 충분하다. 캠페인 기간 동안, 서유럽 대도시의 지하철 벽을 뒤덮는 기아와 한센병, 여성에게 가해진 폭력에 대한 캠페인은 성별화되고 인종화된 기호학의 가장 일상적 표현이기도 하다. 한센병 환자와 구타당한 여성, 또는 에티오피아나 소말리아나 남수단의 배고픈 아이가 사회 구성원들에 의해 우선적으로 고려되는 이유는 바로 그들이 윤리적으로 기대되는 무방비 상태의 인물들로 남아 있기 때문이다. 전국적이며 전 세계적 차원에서 나타나는 사회적 부정의와 불평등에 대항하기 위한 쟁투와 예방의 공공정치는 동정심에 의한 보호의 어투를 여전히 수사학적으로 사용하고 있다.

프랑스에서는 1989년에 가정폭력에 대한 첫 번째 전국 캠페인이 실시되었다. 우리가 최근 10년간에 만족한다면, 2006년과 2007년 사이에 진행된 정부 차원의 캠페인을 언급할 수 있을 것이다. "나는 너를 조금, 많이, 미치도록 사랑하거나 전혀 사랑하지 않는다." 이 캠페인은 파란 천으로 덮인 영안실에 놓인 한 여성의 시체를 보여 주기 전에 구타당한 흔적으로 얼룩진 젊은 여성의 얼굴을 비춘다. 2007년 짧은 상업광고의 경우에도 폭력 피해자인 여성을 전면화하여 그녀가 말하도록 만들고 있다. 이 광고는 그녀가 남편에게 당했던 그 모든 것을 묘사하고 있을 뿐만 아니라, 15일 전부터는 이러한 일들이 결국 끝나게 되었음을 우리에게 확인시켜 준다. 그리고 이 광고는 공동묘지 속 무덤으로 마무리된다. 이뿐만 아니라, 이 광고는 입에 재갈이 물린 여성들을 보여 주면서 "더 이상 말을 할 수 없어지기 전에, 당신이 겪은 폭력에 대해 말하세요"로 마무리된다. 이 캠페인은 현재 운영되고 있는 긴급 전화번호 3919를 알려 주며 마무리된다. 2009년 가족과 연대를 관할하는 부처의 정무 차관에 의해 게시된 캠페인에서는 폭력적인 남편으로 설정된 커플 놀이를 하는 어린아이 두 명을 보여 준다. 2008년과 2010년 동안, 3년간의 캠페인에 의해 여성 폭력 중지라는 정부 사이트 (stop-violences-femmes.gouv.fr)가 만들어졌고, 맞서서 부풀어 오른 여성의 얼굴을 무대화하는 짧은 광고영상이 방송되었다. 프랑스에서 방송된 국제 앰네스티 또는 유니세프 협회 측 캠페인들은 이 규칙을 위반하고 있지 않다. 여전히 이 캠페인들은 구타당한 여성들과 그들의 공격자를 무대화하고 있다. 이는 마치 "폭력은 항상 최신 유행이다"라는 캠페인과도 같다. 그 이전의 캠페인에서 여성 대상 폭력을 당하는 전통적 주체 대부분이 백인 여성이었다면, 2014년부터 시작된 게시물에서는 두 개로 얼굴이 잘려진 혼혈 또는 식민지 이주민 후손 여성을 볼 수 있다. 그녀의 얼굴 사진 일부분은 여러 조각으로 찢겨져 있으며 다시 덕지덕지 붙여져 있는 것처럼 되어 있다. 그녀 얼굴의 또 다른 부분은 멀쩡하다. 이 사진의 아래 부분에는 이렇게 쓰여 있다. "폭력에 대항하고자 법이 먼저 앞서 나간다." 이 캠페인의 슬로건은 "여성들에 대한 폭력, 법이 당신을 보호하고 있다"이다.[2]

이 캠페인들은 대부분 여성을 보여 주거나, 더 정확히 말하자면 피해자적인 몸으로 극화되어 있는 여성 신체를 조직적으로 사물화하고 있다. 이로써 취약성이 마치 모든 여성의 불가피한 미래인 것처럼 이를 현실화하고 있다. 우리는 퉁퉁 부어오른 얼굴과 구타의 상흔, 또는 상처 ─ 피와 멍 ─ 만을 볼 뿐이며 울고 있고 간청하며 소리치거나, 오히려 정반대로 말하길 거부하거나 클로즈업되어 여러 조각으로 분해된 몸만을 볼 뿐이다. 그리고 마비된 근육과 손으로 감싸진 낙담한 얼굴만을 볼 뿐이다. 이 캠페인들은 시체와 엑스레이, 무덤과 앰뷸런스, 또는 회전 경보등 불빛, 눈물에 젖은 목격자인 아이들, 또는 그들 역시 성차별적 폭력의 피해자들인 아이들만을 보도록 만든다. 이 캠페인들에 의해 제안된 시각적 요소들은 기술적 장치 ─ 사진과 더 일반적으로는 시각문화 ─ 의 모든 시각적 가능성을 활용하고 있다. 이러한 기술적 장치는 과도한 현실 효과를 낳는다. 예방 또는 의식화로 불

---

2 다음을 볼 것. Pauline Delage, *Violences conjugales: Du combat féministe à la cause publique*, Paris: Presse de Science-po, 2017.

리는 이러한 캠페인[3] 대부분은 일반적인 여론, 특히 피해자 여성들에게 감정적으로 호소함으로써, 너무 늦기 전에 그녀들이 이에 대응하고 말할 것을 촉구함으로써, 이 문제를 정치화할 것을 주장한다. 이 캠페인은 모두 피해자들을 보호할 것을 약속하고 있다. 더 은밀하게도, 이 캠페인들은 제3자인 관중에게 말을 걸고 있다. 이러한 말 걸기란 폭력적인 소행을 저지르는 장본인들에게 그들이 저지른 행동이 갖는 도덕적 결과가 무엇인가를 가시적으로 드러내어 주기 위한 것이다. 이처

---

3 의식화를 위한 캠페인들과는 다르게, 예방 캠페인은 이 사회에서는 더욱더 드문 것이다. 폭력에 대항하는 쟁투에 대한 정치적 의지를 책임지는 것이라고 보는 한도 내에서, 이것들—예방 캠페인과 쟁투의 캠페인—은 전적으로 같은 것이라고는 할 수 없다. 비교의 차원에서 보자면 파리 시청은 예방 캠페인이 아니라, 2008년 파리에서 여성에게 가해진 폭력에 대항하는 쟁투의 캠페인을 지지하였다. 파리 시청은 페미니스트 협회의 운동가들—ASFAD, 강간에 대항하는 여성 단체(collectif féministe contre le viol), 연대하는 여성들(femmes solidaires), GAMS, MFPF, NPNS—을 무대화함으로써 여성대상폭력에 대항하는 쟁투의 캠페인을 지지하였다. 그리고 연대의 네트워크를 구성함으로써 단지 팔로만 구분되는 익명의 여성의 손을 잡고 있는 여성 운동가를 보여 주는 게시물을 통해 이를 지지하였다. 이러한 쟁투의 캠페인에 의해 제시된 시각적 요소란 지금까지 캠페인에서의 시각적 요소와도 매우 다른 것이다. 왜냐하면 쟁투 캠페인의 시각적 요소는 여성들이 피해자인 폭력에 대항하는 쟁투 속, 여성들 간의 페미니스트적 연대 개념을 설립하기 위한 것이기 때문이다. 이것은 권력관계와 지배관계의 측면에서 폭력에 대한 새로운 정치적 결정을 허가하고 도모하는 일이다. 여성들에게 가해진 폭력에 대항하는 쟁투 속 페미니스트 단체의 결집에 대한 분석을 위해서는 다음을 볼 것. Pauline Delage, "Des héritags sans testaments: L'appropriation différentielle des idées féministes dans la lutte contre la violence conjugale en France et aux Etat-Unis", *Politix*, n° 109, 1/2015, pp. 91~109. 저자는 여기에서 주로 2011년 5월 28일과 29일에 총회에서 채택된 여성연대전국연맹(Fédération nationale solidarité femmes)의 헌장을 인용하고 있다. "여성연대전국연맹(FNSF)에 속하는 협회들은 여성들에 반하여 실행되는 폭력에 관한 페미니스트적인 정치적 분석을 공유하고 있다. 여성연대전국연맹은 가정폭력과 여성을 향한 모든 폭력을 고발하고 있으며, 이에 대항해 싸우고 있다. 즉 이 연맹은 여성들에게 가해진 폭력에 대항하는 페미니스트 협회들의 공통적인 싸움에 참여하고 있다. 이 연맹은 강간, 친속 성폭력, 직장 내 성추행, 성착취(성매매), 성적인 훼손행위…에 대항하는 싸움에 참여하고 있다. 이 연맹은 평등에 근간한 여성과 남성 간의 관계를 위한 운동에 속한다." Ibid., p. 27.

럼 폭력을 정치화하는 일은 다음 세 가지 전제 위에서 작동한다. 첫 번째로 문제를 가시화함으로써 문제가 실질적인 것이 된다는 생각이 있다. 두 번째로 감정들,[4] 무엇보다도 특히 공감을 동원함으로써 하나의 특정 현상에 대한 현실이 모든 이들의 보편적 현실이 되도록 만든다는 생각이 있다. 세 번째로 행동의 결과들 또는 실천의 결과들을 보여 줌으로써 이러한 행동을 저지른 장본인들에게 그들이 저지른 행동의 무례함과 불평등성, 비도덕성, 또는 위생적, 사회적, 인간적 위험을 의식하도록 만드는 것이 있다. 이로써 그들에게 도덕적 주체들로서 마땅히 가져야만 하는 윤리적 충격을 안겨 줄 수 있다고 생각하는 것이다.

그러나 이러한 장치 속 호명행위란 결코 간단한 것이 아니다. 이러한 호명행위는 복합적인 가시성의 기술을 참조하고 있기 때문이다. 이 기술은 세 가지 입장, 세 가지 의도성, 세 가지 감정[5]을 엮어나가는 세 가지 관점들의 접합물이다. 『밝은 방』이라는 저서에서, 롤랑 바르트에 의해 사고된 분석 범주를 차용하기 위해 우리는 다음을 재발견할 수 있다. 1) 조작자(사진을 찍는 사람처럼 무언가를 보게 하는 이) 2) 관중(보는 이) 3) 스펙트럼(보여지는 것이자 찍힌 것) ── 즉 보게 하는 것, 보는 것, 보여진 것이 존재하는 것이다. 롤랑 바르트는 이중적인 국면을 강

---

4 공적 활동 속에서 감정을 결집시키는 것에 관한 문제, 그리고 원인들을 정치화하는 것에 관해서는 다음을 볼 것. Sandrine Lefranc and Lilian Mathieu eds., *Mobilisations des victimes*, Rennes: Presses universitaires de Rennes, 2009.

5 Roland Barthes, *La Chambre claire: Notes sur la photographie*, Paris: Gallimard, 1980, p. 22. 『밝은 방』은 사진에 관한 텍스트이자 바르트의 어머니의 죽음과 애도에 관한 텍스트이기도 하다. 다음을 볼 것. "Le réveil de l'intraitable réalité", p. 184와 그다음 페이지들.

조하고자 스펙트럼이라는 용어를 택하고 있다. 사진 찍힌 것이자 보여진 것이란 스펙터클로 주어진 것이거나 스스로를 내어 주는 것임과 동시에 영원히 화석화된 현재 안에 응결되고 포획된 것이다. 바로 여기에서 유령적인 현전에 대한 사고가 기인한다. 사진 장치는 우리의 시선에 제공된 이미지를 탄생시킴으로써 존재를 도래시킴과 동시에 존재를 순간적으로 죽게 만드는 특수성을 갖기 때문이다. 객체화, 대상화의 절차는 죽음의 미시적 경험과도 같다. 그리하여 "나는 진정으로 유령이 되고 마는 것이다".[6] 그런데 이러한 치명적 변신은 가장 자발적이고 가장 생기 있는 장면들을 순간 속에 영원히 응결시켜 버린다. 이러한 변신은 폭력, 고통과 죽음을 그 대상으로 삼을 때에 훨씬 더 매혹적인 것이다. 여성들에게 가해진 폭력에 관한 캠페인들에서 사진에 찍힌 주체들이란 완벽한 유령들이다. 왜냐하면 이러한 주체들은 그들을 공격하는 자의 주먹에 의해 실질적으로 죽은 피해자의 역할을 실행하고 있기 때문이다. 성별 권력관계의 재현 ——가장 비극적인 방식으로 이를 드러내는 것을 포함하여 ——은 왜 치명적인 장면과 여성을 무한히 피해자화하는 장면, 이 둘에 대한 극단적 단순화를 거치는가? 이러한 공공 캠페인의 사진들을 해독해 보자면, 이것들은 우리가 선택하지 않고서는 도무지 우리들에게 올 수 없는 이미지임을 단번에 알아차릴 수 있다. 우리는 이 이미지들을 지하철의 여정에서, 버스에서, 거리에서, 몇몇 행정기관들에서, 인터넷 또는 텔레비전에서 만난다.[7] 이 사진

---

6 Ibid., p. 30.
7 이는 다큐멘터리나 광고 사진이 지닌 고유성이기도 하다. "내가 요구하지 않고서도 나의 세계로부터 도래하는 것이란 바로 이러한 것들이다…. 이것들의 출현 양태란 있는 그대

들이 점점 더 빽빽해지고 끊기지 않는 흐름으로 우리의 일상을 잠식하면 할수록, 우리들 중 대부분은 이에 대한 무관심 상태에 놓이게 될 가능성이 크다.[8] 이 사진들은 광고 사진처럼 구성되어 있기에, 이것의 기호학 또한 기초적인 수준에 있으며 그 의미 역시 매우 간단하고 명확하다. 즉 이 사진들은 많은 고찰 없이도 이해 가능하다. 이러한 기초적 수준에서 롤랑 바르트는 두 요소들을 구분해 내고자 한다. 그가 구분하고자 하는 이 두 요소의 공존은 흥미롭다. 그는 이것들을 스투디움(studium)과 푼크툼(punctum)이라고 부른다. 스투디움은 공유된 기호로, 이미지와 관중에게 있어서 공통적인 문화적·지적 참조점들을 바탕으로 구축된 관심을 뜻한다. 이것은 이미지를 볼 만하게 만들고 인식 가능하게 만들 뿐만 아니라, 볼 만한 가치가 있도록 해준다. 이것은 능숙하면서도 지나친 열의는 없으며 거리를 둔 호기심을 수반한다. 이에 반해 푼크툼은 관중의 관심을 끄는 것으로 폐부를 찌르는 세부 묘사이자 관중이 가장 관심 있게 바라보도록 만드는 것, 그의 시선이 지나쳤음에도 불구하고 그 사진을 기억나게 만드는 것이다.[9] 푼크툼에 의해 우리는 사진 속 장면과 인물이 현실의 다른 방면에서도 존재함을 인정하도록 강제받는다. 또는 이것들이 곤충학적 포획과 박제행위를 피하는 일임을 인정하도록 강요받는다. 인상적인 세부 묘사는 사진들에 삶을 되돌려주고 사진들의 복합성과 역사, 3차원적 삶을 사진들

로의 사람들이다." Ibid., p. 33.

8 바르트는 사르트르를 참조하며 다음과 같이 쓰고 있다. 사진의 인물들은 "지각의 해안가와 기호의 해안가, 이미지의 해안가 사이를 떠다닌다. 이것들 중 그 어떤 곳에도 결코 가닿지 않고서 떠다닌다". Ibid., p. 39.

9 Ibid., p. 47과 그다음 페이지들.

에 다시 돌려준다. 바로 이러한 복합성을 이유로, 푼크툼과 충격적인 요소를 혼동해서는 안 되는 것이다. 푼크툼은 우리를 흥미롭게 만드는 사진들 속에서, 오히려 부재한다. 폭력들의 재현 또는 이것들의 효과들 — 피, 멍, 고통의 모사, 눈물, 고함… — 은 사실상 스투디움에 참여하는 것이기 때문이다. 폭력의 재현과 효과는 성별화된 몸과 취약한 여성성에 관한 지배적 규범이라는 이미 사회적으로 기대되는 공통적인 재현의 장에 참여하는 일이다. 그리고 폭력들의 재현 또는 이것들의 효과란 성별의 기호학에 의해 정확히 코드화되고 널리 공유되는 상식의 세계에 참여하는 것이다. 롤랑 바르트의 관점을 통해, 우리는 이 사진들을 획일적으로 규정할 수 있다.[10] 이 사진들은 상식들을 중복시키는 데에 불과하기 때문이다. 이것들은 매끄러우면서도 진부하며 관중들이 아예 이를 보지도 않고 그냥 지나칠 수 있거나 이것의 치명적인 잔혹성에 포획되지 않고 이것들을 그저 넘길 수 있도록 해준다.[11] 즉 "우리는 머릿속에서 사물들을 내쫓고자, 사진으로 사물들을 찍는 것이다". 이것은 유태계 독일 작가인 카프카가 젊은 야누흐에게 건넨 말이기도 하다.[12] 그러나 우리가 머릿속에서 쫓아내려는 것은 과연 무엇일까? 이 사진들이 무대화하고 있는 피해자적 몸의 외설적인 무능성

---

10 바르트는 다큐멘터리 사진과 포르노그래피 사진을 인용하고 있다.
11 "이 이미지들에 단연코 푼크툼은 없다. 글자는 외상을 일으킬 수 있다. 충격은 있지만 혼란과 소요는 없다. 사진은 소리칠 수는 있으나 상처 입힐 수는 없다. … 나는 사진들을 대충 훑어본다. 그러나 나는 그것들을 다시 기억해 낼 수는 없다. 사진들 안의 세부사항에 의해 내 독서가 결코 중단되는 일은 없다. 마치 내가 세계에 관심을 갖는 것처럼 나는 사진들에 관심을 갖는다. 하지만 그것들을 좋아할 수는 없다." Ibid., p. 70.
12 Ibid., p. 88.

인가? 정반대로 이 몸들, 이 여성들이 다른 방면의 현실에서 엄연히 존재하고 있다는 사실과 이 몸들과 이 여성들이 다른 방면에서 행하고 있는 모든 것인가?

이러한 획일적인 사진들은 낙담해 있으며, 피투성이에 얻어맞은 여성과 그녀들의 죽은 몸을 재현해 낸다. 이는 모든 고찰을 회피하게 만드는 것이다. 이와 동시에 이 사진들은 지배적인 여성성의 모든 미적 규범을 구현하고 있으며, 이러한 미적 규범을 충족시키는 여성을 재현해 내는 데에 그친다. 여성 대부분은 젊고 백인이며 말랐다. 이 사진들에서는 현실의 복합성과 삶의 살결을 상기시키는 요소가 실질적으로 존재하지 않는다. 이 사진은 주류적인 여성성의 규범과 폭력의 이야기를 조합해 냄으로써, 사진에 의해 무대화된 주류적 여성성의 규범을 대상화, 사물화하는 데 그친다. 강간당한 여성들의 사진들은 시선이 가닿는 지점이 어디든 간에 모든 공간을 잠식하고 만다. 즉 사진이 공간을 지배하고 마는 것이다. "사진은 폭력적이다. 사진이 폭력을 보여 주어서가 아니라, 매번 이것이 우리의 시선을 강제로 채울 때마다 그 사진 안에서는 그 어떤 것도 거부될 수도, 바뀔 수도 없기 때문이다."[13] 바르트는 이렇게 강제된 점령행위가 이 사진들의 폭력적 국면을 오히려 왜곡하고 있다고 적고 있다.

게다가 우리는 사진 속에서 놀라움의 순간과 기대하지 않은 것, 새로운 것을 모두 지워 버림으로써 조작자의 관점을 채택하게 된다. 그리하여 이러한 관점이야말로 가장 전지전능한 것이 된다. 사진 찍는

---

13 Ibid., p. 143.

주체는 폭력의 피해자라는 객체들만을 재현하기로 결심함으로써, 사진 찍는 주체의 관점을 현실에 강제할 뿐만 아니라 쾌락마저 강제한다. 여기에서의 쾌락이란 사진 찍는 주체에 의해 극화된 상처 입고 지배받고 있으며 게다가 죽기까지 한 몸들의 스펙터클, 이를 보여 주는 즐거움인 것이다. 관음증의 경향성에 의해 지배의 에로티시즘이라는 문제의식이 새롭게 제기된다.[14] 이러한 절차는 유일하고도 단 하나의 단순화된 관점만을 타인의 시선에 강제하게 만든다. 그리고 이 절차는 스스로는 결코 드러내어 보이지 않지만 바라보는 데에 있어서는 자유로운 관중들에게 타인의 몸을 응결시키는 이들, 사진 찍는 이들이 느끼는 동일한 쾌락의 권력을 유발시키고자 한다. 여기에서 사진에 의해 응결된 몸이란 사디스트적 관음증의 명백한 형태로부터 기인하는 폭력의 상흔, 이를 육체적으로 이고 지고 있는 여성들의 몸이다. 사진 찍힌 여성들이라는 보여진 것으로서의 스펙트럼, 살아 있는 주체들이자 복합적이면서도 경험된 여성의 실존들은 사회적인 것(socius)이라는 가정폭력의 숫자들과 지배적 사회 규범에 의해 객관화된 사회적 주제들로 축소되고 만다. 그뿐만 아니라 그녀들은 무기력하며 죽어 있는

---

14 Jacqueline Rose, *Sexuality in the Field of Vision*, London: Verso, 1986; Linda Williams, *Hard Core: Power, Pleasure, and the "Fenzy of the Visible"*, University of California Press, 1989. 루트비카 안드리야세빅이 보여 준 바와 같이 OIM의 캠페인들을 분석해 봄으로써 다음을 알 수 있다. 여성들의 피해자화와 여성 피해자를 에로틱하게 만드는 재현물의 전략들을 통해, 우리는 여성적인 것의 생산에 이미 참여하고 있다는 것. 그리고 이러한 여성적인 것을 생산해 내는 행위란 스펙터클과 같이 가시화된 여성의 몸과 내재적으로 연결되어 있다는 것이다. Rutvica Andrijasevic, "La gestion des corps: genre, images et citoyenneté dans les campagnes contre le trafic des femmes", Hélène Rouch, Elsa Dorlin, Dominique Fougeyrollas, *Le Corps, entre sexe et genre*, Paris: L'Harmattan, 2005, p. 95.

사물이자 사진술의 목적에 의해 영원히 응결되어 버린 주체로 환원될 뿐이다. 사진술의 목적은 이미 일어났던 바를 권위적인 방식으로 단언하는 데에 있기 때문이다. 이는 피할 수 없는 폭력의 위협을 모든 여성에게도 투사해 버리는 불길한 운명, 바로 이를 모든 여성에게 강제하는 일이다. 이로써 일어났었던 일들이 다시 똑같이 일어나게 되고 말 것이다. 그리고 곁눈으로라도 마음껏 주시할 수 있는 외설적인 그녀들의 고통 앞에서,[15] 이 여성들의 몸은 물신주의적 매혹의 대상이 되어 버린다.[16]

무방비 상태인 여성들이라는 이 순수한 객체들을 에로틱한 대상으로 만드는 일은 성별에 따른 폭력의 재현 공간을 모두 차지해 버리는 매우 압도적인 일이다. 이는 다른 재현물, 다른 이미지와 판타지, 다른 이야기[17]에게 더 이상 자리를 내어 주지 않는 것이다. 이 사진들은 우리의 시선을 사유의 무관심 속에 얽어매어 버린다. 이 사진들은 우리의 시선을 고갈시키며 우리의 상상력을 쾌락의 무능함으로 가득 채워 버림으로써 우리의 상상력을 강제로 취해 버린다. 과연 누가 타인의 고통 앞에서 쾌락을 느끼겠는가? 과연 누가 무능함의 스펙터클 속

---

15 수전 손택은 우리에게 영감을 준다. 그러나 그녀는 사실상 『타인의 고통』(*Devant la douleur des autres*, Paris: Christian Bourgois, 2003)에서 전쟁 사진에 관해 말하고 있지, 현재 우리가 다루고 있는 주제와 같은 합성 사진에 관해 말하고 있는 것은 아니다.

16 "관음증, 에로틱하게 만들기와 물신주의적 현혹은 우리에게 관객의 문제를 제기한다. 다르게 말하자면 이 캠페인들이 여성 관객에게 어필하는 일은 일어날 법하지 않다." Rutvica Andrijasevic, "La gestion des corps: genre, images et citoyenneté dans les campagnes contre le trafic des femmes", p. 96.

17 "이야기들은 우리를 이해시킬 수 있다. 그러나 사진들은 우리를 이해시키는 일과는 다른 일을 하는 것으로, 우리에게 유령처럼 들러붙는 것이다." Susan Sontag, *Devant la douleur des autres*, p. 89.

에서 쾌락을 느끼겠는가? 이러한 경우에 무능함을 구현해 내는 것을 엄명받은 여성과 남성에게 있어, 그리고 자기 자신에 대한 잔혹한 객체화에 자기 자신을 동일시할 수 있는 존재에게 있어, 구타당한 존재라는 자기 자신에 대한 재현이 어떠한 쾌락 자체를 유발하는 일은 매우 불분명하다. 그리고 구타당한 존재라는 자기 자신에 관한 재현이 그녀로부터 무수히 많은 감정과 정동 ─ 역겨움, 부끄러움, 거부감, 공감, 사절, 부정의의 감정, 증오, 부인… ─을 불러일으키는 일은 더욱더 있을 법하다. 이러한 조건들 속에서, 이 캠페인들은 캠페인에 의해 표방되고 있는 본래의 목적성을 어떻게 구현해 낼 수 있는가? 이 캠페인들은 폭력의 피해자를 정말로 돕고 보호할 수 있는 것인가? 그리고 이 캠페인들은 과연 누구에게 호소하고 있는가?

이 사진들이 모습을 드러냈을 때에 우리의 눈길을 사로잡는 것은 폭력당한 몸들을 넘어서, 이 몸들에 가해진 폭력적 행동의 결과들이다. 아 사진들에서 우리의 뇌리를 도무지 떠나지 않는 것은 타자의 몸 위에 자신의 표식을 남길 수 있다는 행위역량, 바로 이것의 기호와 흔적들이다. 이 사진들에서 우리 뇌리를 떠나지 않는 것은 바로 극단적 폭력의 능력인 것이다. 이러한 관점에서 공공 캠페인은 공격자들에게 바쳐진 공물에 다름 아니다. 우리를 매혹시키고 두렵게 만드는 것이자 우리를 흥분케 하거나 즐거움을 가져다주는 것이란, 강력하다는 것이 무엇인가를 이해하는 일이기도 하다. 다른 이들이 울거나 소리치거나 죽는 것밖에 할 수 없을 때에, 어느 누군가는 때리고 상처 입힐 수 있다는 것이 무엇인가를 이해한다는 것 ─바로 이것이 매혹과 쾌락의 원천이다. 시각 충동은 자기애적 측면을 참조한다. 왜냐하면 사실상 쾌락이란 자신의 고유한 행위역량을 바라보는 이와 관련되어 있기 때문이다. 쾌락은 지하철 복도의 모퉁이에서, 광고판의 모퉁이에서 자기 자신을 보는 이, 그가 저지른 일과 그가 할 수 있는 일을 보는 이와 연관되어 있다. 우리는 객체의 고통 앞에 놓여 있는 것이 아니라, 폭력적 남성 주체의 역량 앞에 놓인 것이다. 이 캠페인들은 비극적인데, 왜냐하면 이 캠페인들은 남성에게 부과된 강력한 힘을 다루는 데에 그치기 때문이다. 이 캠페인에서는 남성들의 타격행위의 합법성과 잔혹성, 효율성을 무대화하는 경우를 제외하고는 남성들의 몸은 거의 드러나 있지 않다. 몸의 고통을 에로틱하게 만드는 것은 폭력의 장본인들이 저지른 행위에 도취하게 만드는 미학화로부터 기인하는 것이자, 자기 자신에 관한 쾌락으로부터 기인하는 것이다. 다른 말로 하자면 이 캠페인들이 전시하고자 하는 바이자 호소하고자 하는 이들, 그리고 관계하고자 하는 바란 폭력 행위자들의 즐거운 폭력인 것이다.

이러한 관점에서 가해자란 이 캠페인의 사진술이 겨냥하는 네 번째 인물이자 사진틀 밖에 존재하는 역사적 인물이라 할 수 있다. 그러하기에 가해자에 관한 사진은 가해자의 타격 능력에 바치는 일종의 시가(詩歌)인 셈이다.

먹잇감의 현상학

1991년, 소설이 출간되기 몇 주 전부터, 언론은 이미 『더러운 주말』[18]

---

18 Helene Zahavi, *Dirty Weekend*, trans. Jean Esch, Paris: Phébus, 2000. 이 소설을 발견할 수 있게 해준 가엘 포탱(Gael Potin)에게 감사드린다.

을 강력히 고발하고 있었다. 이 책은 포르노그래피적일 뿐만 아니라, 매우 폭력적이며 비도덕적인 발상으로 비난받았으며 이 책의 저자인 헬렌 자하비는 정신 질환자로 비난받았다. 이 소설은 영국의 검열 역사상 런던 국회에 출간과 유통이 금지 요청된 마지막 작품이다. 『더러운 주말』은 매우 예민한 지점을 가시적으로 건드리고 있기 때문이다. 대부분의 평론가들에게 이 책은 단지 폭력에의 옹호일 뿐이었는데, 이는 더 이상 복수에 관한 정당화도 아니고, 무용한 폭력이자 비이성적이며 제한 없는 폭력일 뿐이었다. 소설의 여성 주인공인 벨라는 피해자가 곧 학대자가 된 케이스이다. 그녀는 가장 외설적인 잔혹성에 가담하였다. 그러나 여성형으로 변형된 잔혹성이란 이미 항시 외설적인 것으로 이 사회에서 여겨지는 것은 아닌가? 벨라는 살인마적인 여성 광기의 현대적 버전처럼 소개된다. 그리하여 그녀의 윤리는 병리학으로 축소되고 만다. 헬렌 자하비의 텍스트와는 정반대로, 이 소설에 관한 평론들은 소설의 핵심을 전적으로 놓치고 있다. 그리고 이러한 의미에서 평론가들은 알지 않으려는 의지들의 징후이기도 하다. 이에 반해 자하비의 텍스트는 이 사회를 급작스레 변화시키고자 하는 의지이자 불안정하게 만들고자 하는 의지이다. 벨라가 강간당할 만한 구석이 있는 진부한 인물이라면 그녀의 살인마적인 주말은 방법론적 허구에 가깝다. 방법론적인 허구란 이러한 경험을 체험할 수 있도록 해주는 것이다. 그리고 이러한 허구적 글쓰기를 통해 이러한 경험이 현실의 밀도에 보다 접근할 수 있게 된다. 나아가 허구적 글쓰기는 우리의 양심들을 강제하게 만들 수 있다.

이 소설은 현대 페미니스트 지류에서 공통적으로 나타나는 윤리적·정치적 이해를 불안정하게 만든다. 현대적 페미니스트 지류에서 폭력이란 단지 지배자들의 행위역량의 표현처럼 생각되어 왔기 때문이다. 그리고 현대 페미니스트 지류에서 폭력은 페미니즘에서 가능한 정치적 선택안을 구성하지 않거나 더 이상 구성하지 않는 것으로 여겨져 왔다. 이러한 관점에서 이 소설은 본질적으로 충격적이다. 왜냐하면 이 소설은 벨라에게 가해진 폭력이 무엇인가와 더불어, 그녀 역시 이제 자기 차례가 되어 폭력을 저지를 수 있게 되었음을 묘사함으로써 여성들에게 가해진 폭력의 효과들을 발본적으로 재의미화하기 때문이다. 언론인들이 규정하는 바와 같이 벨라는 페미니스트 연쇄살인마이자 비폭력적인 페미니스트 윤리 ── 페미니즘 전체에 너무 빠르게 부과된 것 ── 와 전적으로 단절해 있다. 그녀는 폭력과의 고유한 관계성에 대해 질문하기 위해 페미니즘이 그토록 필요로 했던 바로 그 더러운 여성 주인공인 것이다. 우리가 폭력 안에서, 그리고 폭력과 더불어 할 수 있는 것이 과연 무엇인가를 페미니즘적으로 질문하기 위해 반드시 필요한 인물이 바로 벨라이다. 이 소설에서는 친절하고도 유약하며 취약한 벨라가 여성들의 대의를 수호하기 위해 유혈을 즐기는 판정자로 극적으로 변모하게 되는, 영웅적 전환점이란 없다. 이 소설은 이와는 다른 것에 관한 것이기 때문이다. 왜냐하면 정치적인 것은 또 다른 수준에 위치해 있는 것이기 때문이다. 정치적인 것은 이미 경험되었으며 자기성찰적인 내밀성이자, 패배당했으며 절망적인 내밀성의 중심에 정확히 위치해 있는 것이다. 동시에 정치적인 것은 극한까지 간 인내라는 육체적 경험의 중심에 위치해 있다. 『더러운 주말』은 지금까지 소진되었고 쪼그라든 근육을 발휘하는 것에 관한 정치적 이야기이다. 머리통을 터뜨리기 위해 어느 날 망치를 집어든 근육의 발휘에 관한 정치적인 이야기인 것이다. 이것은 '개인적인 것이 정치적이다'라는 의미에서, 가장 페미니스트적인 의미에서 정치적이다.

벨라는 소박한 건물의 반지하 작은 아파트에서 혼자 산다. 이러한 소박한 건물은 영국의 남부 연안 도시 브라이턴에서는 전형적인 것이다. 다수의 다른 이들처럼 벨라는 별 탈 없이 살고 있는 젊은 여성으로 그 누구도 그녀를 기억하지 않아도 될 만큼 진부한 인물이다. 그녀는 삶에서 어떠한 야망도 없으며 특별히 세상에 요구하는 것도 없다. 그녀는 이 사회에서 가장 전형적이며 가장 단순한 행복에 대한 요구조차 없다. 게다가 벨라는 이 세계에서 착한 패배자인 법을 배워 나갔다. 패배한다는 것은 언제나 그녀에게 적합한 것처럼 보였기 때문이다. 이것은 당신 안에 언제나 있어 왔던 고통과도 같이 매우 익숙한 것이고, 어느 날 갑자기 이것이 사라져 버린다면 오히려 그리워할 만한 것이기도 했기 때문이다.[19] 벨라는 반(反)영웅이자 익명의 인물이며 발걸음을 재촉하는 여성이자 군중 속 그림자와 같은 이다. 그리고 벨라는 모든 여성의 모습을 나타낼 수 있을 정도로 매우 평범하다. 자하비는 다음과 같이 쓰고 있다. "당신은 그녀를 병리적으로 보는가? 그녀의 약함이 당신에게 반감을 갖게 만드는가? 그녀의 피해자적이며 커다란 미친 눈의 이미지가 당신에게 역겨움을 불러일으키는가? 그러나 그녀를 감히 판단하지는 말라! 그녀의 삶을 살아 본 적도 없으면서, 감히

---

19 Ibid., p. 10.

그녀를 함부로 판단하지 말라!"[20] 왜냐하면 우리 모두는 어느 정도 벨라이기 때문이다. 벨라의 실존적인 보잘것없음을 한 번이라도 느껴 보지 않은 자가 과연 있던가? 그녀 자신을 동반하는 너무도 익숙한 익명성과 두려움, 실패로 끝나 버린 희망들, 권리를 주장하는 피로감을 과연 어느 누가 단 한 번이라도 살면서 느껴 보지 않았던가? 비좁은 공간에서 살아가야만 하는 그녀의 밀실 공포증은 물론 자신의 몸과 자신의 성별 속에 갇혀 살아남아야만 하는 밀실 공포증,[21] 사회적으로 비참한 처지를 감당해야만 하는 그녀의 겸허함, 조용하게 살고자 하는 그녀의 유일한 요구를 그 누가 단 한 번이라도 느껴 보지 않았더란 말인가? 왜냐하면 우리는 거의 일상적으로 반복적이며 다양한 방식으로 우리의 삶을 부패시키는 하찮은 폭력의 수만 가지 경험을 맛보고 있기 때문이다. 이러한 하찮은 폭력의 수만 가지 경험들은 우리의 동의를 지속적으로 시험에 들게 만든다. 왜냐하면 우리는 거의 일상적으로 우리의 몸은 물론, 우리 삶에 피해를 입히는 추잡한 시선과 합법적인 괴롭힘, 모욕적인 생각, 침입적인 행동, 역겨운 잔혹성의 경험을 지금도 살아내고 있기 때문이다.

벨라의 삶을 묘사하는 첫 번째 페이지는 먹잇감의 현상학(phénoménologie de la proie)을 은연중에 그려 내고 있다. 먹잇감의 현상학이란 우리가 모든 수단을 써서라도 감당해 내고자 하는 체험된 경험이자, 부인의 해석학(herméneutique du déni)을 써서라도 정상

---

20 Ibid., p. 19.
21 다음을 볼 것. Denis Riley, "Am I That Name?", *Feminism and the Category of Women in History*, University of Minnesota Press, 1988, p. 6.

화시키고자 하는 체험된 경험을 가리킨다. 부인의 해석학은 체험된 경험에 의미를 부여하기 위한 것이자, 체험된 경험에서 생지옥이며 견딜 수 없는 성격을 비워 내기 위한 것이다. 벨라는 평범하기 짝이 없는 남자(이 '평범하다'는 부분이 중요하다)에 의해 매우 빠르게 공격을 당한다.[22] 이것은 남자가 그녀를 사방에서 공격할 수 있음을 뜻하는 중요한 세부사항이며, 그녀는 어떠한 희생을 치르더라도 공격이 일어나기 전의 벨라라는 이야기를 스스로 유지하고자 애쓴다. 그녀는 평소대로 살고자 노력하며 모든 것이 괜찮은 척하며 스스로를 안심시키려고 애쓴다. 그리고 그녀는 마치 아무 일도 일어나지 않은 것처럼 행동함으로써, 현실에 대한 자신의 고유한 이해방식이 현실성을 잃게 만드는 방식으로 스스로를 보호하고자 한다. 거리 정면에서 한 남자가 밤이고 낮이고 창문을 통해 그녀를 바라본다. 그러나 한 남자가 그녀를 바라보고 있다고 생각하는 것 역시 아마도 그녀 자신의 망상일지도 모른다. 벨라는 이러한 지속적 노력 속에서 살아가고 있고, 이런 지속적 노력이란 자기 자신에게 얼마 안 되는 중요성을 부여하는 일이다. 이는 곧, 자신이 느끼는 바와 자신의 감정, 불편함과 두려움, 자신의 불안과 공포에 별 중요성을 부여하지 않는다는 것이다. 피해자의 이러한 실존적 회의주의는 일반화된 신뢰의 상실로부터 기인한다. 일반화된 신뢰의 상실이란 나로서 경험되고 지각되는 모든 것에 관한 것이다. 이러한 현실 부인(否認)이 불가능할 경우, 벨라는 그저 꾹 참는다. 자신의 몸을 움츠러들게 하면서, 자신의 아파트에 웅크린 채로 머물면서,

---

22 Helene Zahavi, *Dirty Weekend*, p. 11.

자신의 생존 공간을 더 좁게 만들면서, 그녀는 그저 꾹 참는다. 이러한 그녀의 모든 노력에도 불구하고, 그녀의 생존 공간은 침범당하고 만다. 그녀는 먹잇감으로서의 일상, 이것의 평범성 속에서 살아가고 있다. 그녀는 자기 삶의 의미를 구하기 위해, 자기 삶을 개조함으로써 스스로가 스스로를 간과하길 원한다. 왜냐하면 먹잇감이라는 생각 자체로 인해 그녀가 부과하지 않는 자기 자신에 관한 관심의 특정 형태가 촉발되기 때문이다. 또한 공격은 별 탈 없는 생의 여정과의 결렬, 이러한 단절 지점을 나타내는 것과 거리가 멀다. 벨라의 몸이 폭력의 지속적 경험에 의하여 상처 입고 자국 남은 것을 드러내도록 해주는 것이 바로 공격이다. 폭력의 지속적인 경험들은 그녀의 고유한 몸과 세계와의 관계를 구성하는 것이자 이 세계가 그녀에게 나타나는 방식과 이 세계가 그녀를 만지는 방식을 구상하도록 하였다. 폭력의 지속적 경험은 그녀의 몸이 이 세계에서 거주하고 영향력을 미치며 전개되는 방식을 만들었다. 공격당하기 전의 삶으로 결코 돌아갈 수는 없으며, 이를 번복할 수 있는 가능성 또한 없다. 왜냐하면 반드시 복원해야만 하거나, 강간당하지 않아야만 하는 피해 입지 않은 온전한 여성성, 이를 재발견하기 위한 고정점이란 그 어디에도 존재하지 않기 때문이다.

벨라의 이야기는 이웃 남자의 이야기이기도 하다. 그는 맞은편 건물에 사는 평범한 남자로 어느 날 그녀를 강간하기로 결심하였다. 그렇다면 그 남자는 왜 그랬는가? 왜냐하면 벨라는 이미 매우 병리적이며 매우 연약하며, 매우 피해자적으로 보였기 때문이다. 우리 모두가 약간은 벨라와도 같기에, 우리 역시 벨라와 마찬가지로 특정 시간대와 특정 거리에 외출하지 않는 것으로 우리 일상을 시작한다. 우리는 낮선 자가 우리를 불러 세울 때에, 애써 미소 지으며 일상을 시작하고 눈을 내리깔면서 일상을 시작하며, 이에 답하지 않는 것으로 일상을 시작하기 때문이다. 그리고 우리는 우리 집으로 귀가할 때조차 걸음을 재촉하는 것으로 일상을 시작하고 있다. 우리는 문을 열쇠로 잠그는 것에 주의하며 커튼을 내리는 것에 주의한다. 그리고 우리는 더 이상 움직이지 않는 것에 주의하며 전화에 더 이상 응답하지 않도록 주의한다.[23] 그리고 우리는 벨라와 마찬가지로 이 상황에 대한 우리의 지각이 의미를 가질 만하지 않다고 믿거나, 가치가 없거나 현실성이 없다고 믿도록 너무 많은 에너지를 소진했다. 우리는 우리의 직감과 감정을 감추는 데에 너무 많은 에너지를 썼으며 분노하게 할 만한 어떤 것도 일어나지 않은 체하는 데에 많은 에너지를 썼다. 또는 정반대로 염탐당하고 괴롭힘당하거나 위협당하기에는 우리 자신이 적합하지 않다는 것을 믿는 데에 많은 에너지를 써왔던 것이다. 기분이 나쁜 것은 단지 우리이며, 비관용적이며 편집증적이 된 것도 우리 자신이라고 믿는 데에 우리는 너무 많은 에너지를 썼다. 또는 우리에게 불운이 일어난다면, 이러한 종류의 것은 단지 우리에게만 일어날 일일 뿐이다. 그

---

23 "이웃 남자: 내가 너에게서 기대하는 바가 무엇인지를 내게 묻지 마. 그러나 내가 너에게 줄 수 있는 것이 무엇인지를 물어. 나는 무언가를 취하지 않고 내어 준다. 난 관대한 사람이야. 나는 너에게 네가 받을 만한 가치가 있는 것을 제공할 거야.
벨라: 만약 당신이 한 번만 더 전화 건다면, 경찰에게 알릴 거야.
이웃 남자: 만약 내가 전화를 다시 건다면? 내 전화가 널 기쁘게 하니? 난 그것을 알고 있었어. 난 네가 그것을 좋아한다는 것을 이미 알고 있었어. 나는 네가 좋아하는 것을 이미 알고 있었어. 벽 앞의 빛 앞으로 가봐. 내가 너의 옆모습을 볼 수 있도록. 지금 널 애무해 봐. 난 네가 날 위해, 그걸 하는 것을 원해. 그리고 그다음에는…
그녀는 갑자기 전화를 끊고서 의자에서 넘어진다. 그녀는 두려움이 끓어오르고 구역질이 올라오는 것을 느낀다." Ibid., p. 165.

러나 명확히 말하자면, 벨라의 경험은 일반적으로 공유되는 경험 조각의 총합일 뿐만 아니라, 모든 일상적 전술에 대한 세심한 묘사이며 모든 현상학적인 작업, 즉 지각적·감정적·인지적·인식형이상학적·해석학적 작업에 대한 세심한 묘사이기도 하다. 이것은 우리가 매일 정상적으로 살아가기 위해 실행하는 것들이자 부인과 희의주의부터 기인하는 것이며 자신으로부터 기인하는 모든 것을 미천하게 만드는 일이기도 하다. 그런데 이러한 정상성은 이미 사실상 수용할 만한 것의 기준과 수용할 만하지 않은 것과 분노할 만한 것의 기준을 참조하는 것이다. 그런데 정상성의 기준들이란 창문 앞에서 벨라를 지켜보는 그 남자에 의해 강제된 관점에 의해 일방적으로 정의되고 마는 것이다. 그가 정의한 수용할 만한 것과 믿을 만한 것에 관한 척도에 따라서, 그에게 속하는 세계에 의해, 우리는 다음과 같은 판단 ── 그가 저지르는 일에 그저 당하는 것이 정상적이다 ──을 내리게 된다. 왜냐하면 그가 그렇게 행동하는 것을 정상적이라고 판단하는 것은 다름 아닌 바로 그 자신이기 때문이다.[24]

그리고 지긋지긋한 권력의 진부함이라는 공유 가능한 경험의 지평으로부터, 비로소 벨라는 페미니스트적 이야기의 비극적 인물, 즉 모범적 이야기의 비극적 인물로 도래할 수 있다. 왜냐하면 벨라의 이야기는 벨라 스스로가 '지긋지긋하니 이제 그만해'라고 생각할 때에 비로소 진정으로 시작되기 때문이다. 이러한 큰 변화의 지점이 있기

---

24 "왜냐하면 그들은 모두 가졌기 때문이다. 그들은 모든 것을 가졌다는 것을 이미 알고 있으며 이것은 그들에게 너무도 정상적인 것처럼 보인다." Ibid., p. 165.

전에 소설은 존재하지 않는다. 이는 단지 프롤로그[25]에 불과할 뿐이다. 여성이라는 것이 무엇인가[26]를 상기시키는 프롤로그 말이다.

벨라의 이웃인 이 남자는 창문으로부터 그녀를 관찰하였고 그녀에게 전화를 걸었으며 한밤중에 그녀를 깨웠다. 이 남자는 오후에 그녀를 스토킹하기도 했다. 그녀가 몇 주에 걸쳐 스스로 박탈해 왔던 태양광선을 즐기고자, 스스로에게 단 몇 분을 하사했을 때조차 그는 그녀 옆에 앉아 있었다. 그는 그녀의 허벅지에 손을 올렸으며 그녀의 손목을 부러뜨릴 정도로 손목을 부여잡았고 강제로 그녀를 끌어안았다. 그리고 그녀에게 나쁜 짓을 하기 위해[27] 그녀 집에 찾아갈 것을 약

---

25 Ibid., p. 31.

26 "박쥐가 된다는 것은 무엇인가?"는 토마스 나겔이라는 철학자의 유명한 논문 제목이다. Thomas Nagel, "What is it like to be a bat?", *The Philosophical Review*, nº 83, 4, 1974. 이 논문 속에서 저자는 앎의 철학에서 고전적인 문제를 실험적 상황으로부터 재해석해 내고자 한다. 실험적 상황이란 항상 위치 지어져 있는 것으로서의 경험, 이것의 한계들을 명확히 질문하는 일이다. 우리는 박쥐라는 것이 무엇인지를 결코 알지 못할 뿐만 아니라, 그 어떠한 객관적 관찰도 박쥐의 체험된 경험을 재위치시킬 수 있다고 주장할 수는 없다. 비록 그가 이것의 몇몇 속성 또는 구조적 특징을 규정짓는 일이 가능할지라도 말이다. 그런데 나겔에게 있어 박쥐의 경험을 알지 못하도록 만드는 일, 그것의 관점을 더 정확하게 유일한 것으로 만드는 것은 그것의 개성이 아니다. 다르게 말하자면, 이 세계에 관한 한 존재의 고유한 관점이란 과학이 제거한다고 주장하는 현상학적 세계를 구성하는 것이자 특별한 것이다. 그러나 이러한 관점은 상호 주관성을 구성하는 것이기도 하다. 이것은 우리가 박쥐라는 것이 무엇인지를 알 수 없다는 것을 뜻한다. 왜냐하면 우리는 이 종에 속하지 않기 때문이다. 그러나 매우 고유한 나라는 경험은 고유하고도 내밀한 경험이며 통약 가능한 것이다. 우리는 더 정치적인 활용의 관점에서 나겔의 텍스트를 읽을 수 있다. 권력관계들과 상징적 재현들은 자신들의 재현에 참여하는 것이다. 이러한 권력관계들과 상징적 재현들은 인식틀을 구축하는 것이자, 현상적 경계들처럼 기능하며, 종들 간의 울타리처럼 기능한다. 이것들은 삶의 경험에 대한 포착을 불가능하게 만드는 것이자, 다른 관점으로부터 체험된 세계에 대한 이해를 불가능하게 만든다.

27 "나는 너에게 고통을 줄 수 있어. 만약 네가 경찰에게 알린다면, 난 널 죽일 거야. 그러나 만약 네가 아무 이야기도 하지 않는다면, 난 널 단지 고통스럽게만 할 거야. 이것은 곧 일

속했다. 그리하여 벨라는 그저 기다린다. 벨라는 강간범의 세계라는 문 앞에서 자신의 차례를 기다리고 있다. 아무리 그녀가 그에게 그만두라고 말하고, 아무리 그녀가 이것이 비정상적이라고 저항하며 몰상식적인 사실이라는 것을 그에게 상기시켜도, 그는 듣지 않고 이해하려고조차 하지 않는다. 이것은 대우주적 공허이다.[28] 그녀는 어찌할 바를 모르며 더 이상 아무것도 할 수 없다. 그녀는 방향을 잃었으며 의미를 회복하는 것에 더 이상 도달하지 못한다. 그러나 벨라는 이제 행동에 옮길 것이다. 그렇다면 왜 구체적으로 이날 그러는 걸까? 그녀가 정상적인 삶을 유지하기 위해 이루어 왔던 이 모든 일에 더욱더 지쳐 있었던가? 그 어떤 것도 이에 대한 답변이 되진 않는다. 이 모든 것은 존재조차 모르고 살고 지내던 자신의 근육의 움직임이나 근육 수준의 긴장이 조금씩, 조금씩 나타나는 것처럼 일어났으며, 단단한 분개의 작은 핵[29]을 수정시키는 일마냥 일어났기 때문이다. 벨라는 의심하는 것을 멈추었고 부정하는 것과 기다리는 것을 멈추었으며 웃으면서 상냥하게 살포시 반항하는 것을 멈추었다. 그녀는 이제 그녀 자신으로부터 이탈하였다. 그녀는 그녀 자신의 집으로부터 나와 어떤 것을 향해 걸어 나갔다. "그녀가 노스 레인스(North Laines)에 도착했을 때에 이미 3시가 지나 있었다. 이곳은 심리학자에게 상담을 받거나 자신의 손금을

어날 일이야. 나는 너의 집으로 찾아갈 거고 너를 고통스럽게 할 거야. 나는 내가 너에게 저지를 일을 네가 상상하기를 원해. 내가 너를 고통스럽게 할 수 있는 모든 방법을 정신적으로 너가 재현해 내는 것을 원해. 내가 너에게 할 수 있는 가장 최악의 것을 생각해 봐. 그것을 하고 있는 날 상상해 봐." Helene Zahavi, *Dirty Weekend*, p. 29.

28 Ibid., p. 44.
29 Ibid., p. 59.

읽게 하거나 자신의 미래를 알고자 할 때에 가게 되는 곳이다. 이곳은 도시의 신비롭고도 이타적인 구역이다. 이곳은 당신의 손을 붙잡고서 당신의 꿈을 통해 당신을 당신 스스로에게 인도하기 위한 곳이다."[30]

그녀는 이러한 여정에서, 그녀에게 무언가 생략된 언사를 건네고 있는 이란 영매[31]를 만나게 된다. 그녀는 그와 오랫동안 이야기를 나눈다. 그녀는 그녀와 그녀의 삶에 대해, 3년 전에 브라이턴에 도착했던 일에 대해, 그리고 몇 달 이후부터 그녀에게 생긴 일에 관해 말한다. 환멸을 느껴 버린 폭력적인 이성애에 관한 이야기 속에서 여성으로 산다는 것의 피곤함에 대해 이야기한다. 욕망, 만남, 섹스, 자유로운 사랑, 대가 있는 사랑, 애정의 식음, 환멸, 결별, 포기에 대해서 말이다. 왜냐하면 이 사회는 끊임없이 우리에게 "되는대로 살아가라"[32]고 말하고 있기 때문이다. 무관심과 무흥미, 무경청과 시선 두지 않음, 존경하지 않음, 고려하지 않음, 무애착이라는 작은 무가치한 것들에 의해, 벨라는 "자기 자신이 마치 떠다니는 잔해나 연안에 내던져진 사물과 같다고 생각하게 된다. 자신은 달리기 경주에서 맨 마지막 주자이자 맑은 날씨가 오기 전의 비이며 침대에서 마지막으로 나온 이이자 줄에서 맨 끝에 서 있는 이이며 모든 것과 모든 이에게 있어서의 마지막에 있는 자"[33]라는 깊은 체념 말이다. 소설에서 바로 이 부분이 핵심적

---

30 Ibid., p. 31.
31 그녀가 거리를 걸을 때에, 창문 위의 광고 게시판을 읽으면서 벨라는 건물에 들어간다. "이란 영매 서비스. 당신의 숨겨진 힘을 해방시키세요. 열쇠는 바로 당신 안에 있습니다." Ibid.
32 Ibid., p. 42.
33 Ibid., p. 45.

이다. 벨라는 영매와 대화를 나누고 있지만, 사실상 그녀는 자기 자신과 이야기하는 중이다. 그녀는 영매에게 말을 건네지만, 정작 그녀 스스로가 듣고 있는 중이다. 처음으로 그녀는 자기 자신의 말과 자신이 느끼는 바와 자신의 판단을 고려하고 있다. 그녀는 바로 자기 자신에게 현실의 밀도를 다시 부여하고 있는 것이다. 그녀가 그녀 삶의 전 과정에서 만나야만 했던 평범한 이웃에 의한 극단적인 폭력 뒤에서, 그녀가 알고 있는 가깝고 친근한 사람들 ——선생님, 연인, 애인, 친구, 사장… ——에 의한 모든 폭력 뒤에서, 비로소 그녀의 현실은 도래하고 만다. 이러한 자기성찰적인 여담에 의해, 그녀는 그녀의 견해와 관점, 그녀가 체험한 세계에 밀도를 다시 부여하게 되는 것이다. 그녀는 비로소 자신이 겪은 이 모든 경험들 간에 연관관계를 만들어 내고 있다. 그녀는 자신이 이미 했던 모든 것과 폭력들을 가로지르며 살아남기 위해 전개했었던 그 모든 지각 불가능한 저항을 객관화시키고 있다. 벨라가 여기에서 아직 살아 있다면, 이는 이미 그녀가 오랫동안 자기방어에 있어 전문가였기 때문이다. 이것은 이름도 없고 인증표도 없으며, 명성도 없는 자기방어의 기술이다. 일상적으로 촉진했던 벨라의 자기방어 기술은 명확하게 효과적인 것이었다. 왜냐하면 이 기술들은 폭력에 온전히 무너져 내리지 않게 하기 위한 것이었기 때문이다. 회피, 부인, 계략, 말, 논변, 설명, 미소, 시선, 제스처, 도망, 살짝 피하기는 실질적 전투의 기술들이지만 그것 자체로 제대로 인정받은 적은 없다. 벨라는 지금까지 그녀가 스스로를 방어해 왔다는 것을 이제서야 제대로 의식한다. 이제 참는 것에 지쳤다는 것을 스스로 의식하게 된 것이다. 그녀가 그녀의 세계를 마모시키고 있었으며 그녀가 그녀의 존재의 핵심으로부터 단절되어 있었다는 것을 비로소 의식하기에 이른다. 그녀는 응급수단만을 갖고서, 그녀가 스스로에게 가르쳐 준 것만을 가지고서, 그녀가 유산으로 받은 것만을 가지고서 살아가야만 했다. 이러한 전술은 처음 보기에는 매우 여성적인 비굴함처럼 보이며 바로 이러한 비굴함으로부터 기인하는 것이다. 이러한 비굴함은 자기 자신의 고유한 현실의 밀도를 잃게 만드는 대가로, 가까스로 살아남도록 해주던 생존의 유일한 전술이었기 때문이다. 어쨌든 지금까지 그녀는 살아남았고 어렵게 그녀 자신을 방어해 왔던 것이다.

바로 여기에서부터 질문이 솟구쳐 오른다. 그렇다면 그녀는 지금 현재 과연 무엇을 할 수 있고, 또 무엇을 희망할 수 있단 말인가? 그것은 바로 자기 자신을 방어한다는 것이다. 자신을 방어하되 다르게 방어한다는 의미이다. 이는 전술에서 전략으로 이행한다는 의미이다. 더 이상 타격행위를 피하고 이를 앙다물어야만 하는 타자의 세계 속에서 웅크린 채로 더 이상 있지 않겠다는 것이다. 벨라는 스스로를 해방시키진 못하고 있다. 비록 그녀가 예전보다 더 자유로운 것은 아니지만, 자신이 화가 나있다는 사실에 대해서는 정확히 인식하고 있다. 그녀에게 있어 이러한 자각은 그녀 스스로 행동하기에 이미 충분하다. 왜냐하면 이 화는 바로 그녀 자신에게 속하기 때문이다. 벨라는 예의 바르고 인간다우며, 지금껏 자신을 강간하고 구타해 오던 가해자였던 자신의 피해자들에게마저 상냥한 채로 남아 있을 것이다. 벨라는 지금까지 지속적으로 스스로를 자제함으로써 폭력으로부터 자기 자신을 방어해 왔었다면, 이제 그녀는 자신의 고유한 행동의 규칙을 모두 바꿀 것이다.[34] 더 이상 꾹 참으면서 행동하기보다는, 그녀 자신에게 더 집중할 것이며 자기 자신을 돌볼 것이며 세계에 영향력을 미칠 것이다. 그리고 이를 위해서 그녀는 유효한 규칙들을 필연적으로 위반해야만 한다.

자, 이 여리고 취약한 벨라조차도 망치를 집어 들고 만 것이다.[35] 그녀는 금요일 한밤중에, 그녀를 공격한 자의 집으로 향할 것이며 그의 방 안으로 침투할 것이다. 바로 그녀가 지금 그에게 새로운 규칙들을 설명한다. 왜냐하면 그는 이제 이 게임이 바뀌어 버렸음을 정작 모르고 있기 때문이다. 그에게 여러 차례 가격행위를 하는 자이자, 그의 머리를 박살 내고 피바다 위에서 그가 죽어 가도록 내버려 두는 자가 바로 그녀이다. 되돌아갈 수 없는 이 지점으로부터, 벨라는 벨라 자신으로 남게 된다. 자신의 현실에 중요성을 부여함으로써 그녀는 비로소 자신을 돌보게 된다. 벨라는 여태껏 자기 자신을 인정하지 않을 수 없도록 만드는 일, 이러한 강제적 일을 결코 원치 않았으며 그 누구도 방해하고 싶지 않았다. 그러나 결국 평생에 걸쳐 그녀는 남성들을 죽이도록 교육되어 왔던 것이다. 사실상 그녀가 여기까지 이르기 위해서 그들이 많은 것을 자행했었다. 바로 남성들이 그녀에게 폭력을 매우 잘 교육시켜 왔던 것이다. 폭력으로 이행하기 위해서는 많은 의지

---

34 "너는 참 운이 없군. 왜냐하면 규칙들이 이미 바뀌었기 때문이지. 그리고 그 어느 누구도 너에게 이것을 미리 알려 주진 않았겠지." Ibid., p. 131.

35 "벨라조차, 아주 작고 연약한 벨라조차 망치를 집어 들 수 있다. 그녀조차 자신의 손으로 이것을 들 수 있으며 매우 높이 휘두를 수 있고 타격을 가할 수 있다. 뼈에 가해지는 금속의 충격은 익숙지 않은 소음을 낳는다… 이러한 흔들림은 그의 세계 기반을 뒤흔들 정도였기에, 그는 소리칠 것을 겨우 생각해 낼 뿐이었다. 끔찍한 순간 동안 그녀는 그가 긴장성 충격 상태 ─ 그녀가 많은 중요성을 부여하는 인간적 상호작용을 그녀에게서 박탈해 가는 ─ 로 빠져들 것이라고 믿었다." Ibid., p. 69.

나 힘이 필요하지 않다. 폭력에는 많은 기술이나 훈련도 필요하지 않다. 게다가 구체적으로 바로 이러한 이유에서, 여성을 강간하기란 매우 쉬운 일이었던 것이다. 그녀는 폭력을 행하는 것을 수없이 보았고 어떻게 하는지를 보았고 이것이 행해지는 것을 경험했다. 다가오는 주말 동안, 그녀가 지나가는 동안 만나게 될 모든 남성들은 죽게 될 것이다. 그러나 이 살인들은 결코 맹목적이지 않다. 벨라가 게임의 법칙들을 바꾸었다는 것만을 모른 채, 이틀 동안 마주친 모든 남성들[36]은 예전의 습관대로 그녀에게 욕설을 하고 괴롭히며 때리고 강간했으며 그녀를 제거해 버린다고 위협했으며 다른 여성을 강간해 왔던 것이다.

벨라는 그녀 스스로에 의해 성숙한 단계에 도달해 버렸다. 당해 온 폭력이 행동하는 폭력으로 변할 수밖에 없는 바로 그 지점에, 그녀 자신이 스스로 도달하고 만 것이다. 벨라는 루소의 에밀이 아닌 헬렌 자하비의 돌연변이 에밀(Emile)이자 좋은 학생이다. 그녀는 무술을 해본 적도 없고 특별 훈련을 받아 본 적조차 없다.[37] 그녀는 망치나 칼 또는 권총 쏘는 법도 배워 본 적 없다. 그러나 그녀가 체험해 온 폭력의 은밀한 작업은 그녀 안에서 페미니스트적 자기방어의 배움과도 같이 작동했다. 그녀가 인식하지 못한 채 체험해 온 폭력의 은밀한 작업은 그녀에게 추론하고 판단하고 행동하며 가격타를 날리기 위한 자원을 제공해 온 것이다. 즉 폭력의 은밀한 작업은 그녀가 비로소 세계에 도래하기 위한 것이다. 벨라는 자신의 몸을 실험하고 있으며 현장에서 배

---

36 이러한 신속한 시간성을 통해 일상적 폭력이란 잠재적이지 않고 높은 강도로 하찮은 것임을 알 수 있다. 그녀가 폭발·방출되기 위해서는 하찮은 것이어도 충분한 것이다.

37 Ibid., p. 187.

우고 있는 중이다. 그녀는 자신이 느끼는 바들 ─ 자신의 증오와 분개, 두려움과 기쁨에 신뢰를 갖기 시작했으며 자신의 추론에 신뢰를 갖기 시작했다. 이제 이것은 남성의 발기 상태가 단단하지 못하다고 놀려선 결코 안 된다는 것이 아니다.[38] 남성에 의해 배웅받아서는 결코 안 된다는 것도 더 이상 아니다.[39] 어두운 골목길에 결코 들어가서는 안 된다는 것도 아니다. 당신의 뺨을 때리기에 준비되어 있는 손의 범위 안에 있지 않아야 한다는 것도 아니다.[40] 당신의 목 부분에 너무 가까이 다가오도록 남성들을 내버려 두어서는 안 된다는 것도 결코 아니다.[41] 무장하지 않는 한, 세게 때릴 결단력이 없는 한, 위에서 열거한 것들을 하지 말아야 한다는 것도 아니다. 이제 그녀는 자기 자신의 선택들에 무게를 두기 시작한다. 강간당하지 않고 살아가는 것을 요구하는 일이 그렇게 심한 일인가? 벨라가 경험한 이틀간의 시간은 그녀의 가속화된 실천에 의해, 나아가 그녀의 경험에 대한 공유와 의식화, 자신의 충고들에 의해, 페미니스트적 자기방어 훈련의 시간성을 구성하게 된다.[42]

---

38 Ibid., p. 122와 그다음 페이지들.

39 Ibid., p. 152.

40 Ibid., p. 151.

41 Ibid., p. 202.

42 "이틀 후에, 그녀는 행동하기 전에는 결코 기다려선 안 된다는 것을 깨닫게 될 것이다…. 뼈가 약한 여성들은 타격행위를 견디기 위해 만들어지지 않았기 때문이다. 우리는 벨라라고 불리기 위해, 너무 오래 기다릴 수는 없다…. 그녀와 같은 여성들은 행동하고 재빨리 도망쳐야만 한다. 그녀와 같은 여성들은 기다리기 위해서 앉아 있을 수는 없다. 만약 그녀들이 기다리기 위해, 여기에서 머무는 것에 만족한다면, 그 어느 누구도 그녀들을 구하러 오지는 않을 것이다." Ibid., p. 52. "만약 당신이 그들이 후회하고 있다고 말한다면, 그들을 믿지는 마시오. 그들은 결코 후회하지 않기 때문이다. 게다가 이것은 아무것도 결단코 바꾸지 않을 것이다."Ibid., p. 71. "위협하지 말고 그 어떠한 최후통첩도 주지마시오. 당신이 할 일에 대해 미리 알려 주지 마시오. 이것을 말한다는 것은 그들에게 경

벨라는 스스로 싸우는 법을 배우진 않았으나, 스스로 싸우지 않는 법 또한 잊어버리고 말았던 것이다. 페미니스트적 자기방어의 전략으로 이행해 나가면서, 제스처 ── 움직이지 못하게 하기, 상처 입히기, 죽이기 ── 의 효력을 도출해 내기 위해서는 더 이상 현실을 정제해 내는 것이 중요하지 않다. 폭력에 의해 이미 관통된 몸을 훈련시키고 폭력과 친근하게 된 근육 ── 그러나 폭력에 대비하는 훈련과 행동을 하기 위한 사회화나 교육을 결코 받아 본 적이 없었던 이 근육 ── 을 발휘하기 위해서는, 폭력이라는 사회적 현실의 골조 안으로 깊숙이 빠져들어 가야만 하는 문제인 것이다.

약간의 변모가 일어나긴 했지만, 그렇다고 해서 『더러운 주말』에서 진정한 변신 같은 것이 존재하는 건 아니다. 벨라는 항시 같은 채로 남아 있기 때문이다. 그녀는 잔혹성에 목마른 히스테리 환자가 되지도, 그렇다고 환상적인 살인마적 여주인공이 되지도 않는다. 헬렌 자하비는 자신의 주요 인물을 매우 고유하면서도 일반적으로 경험된 여성적 삶의 평범성 속에 보존해 내길 원하기 때문이다. 작가는 여러 번에 걸쳐, 벨라의 소망 ── 세상이 자기 자신을 그저 조용히 내버려 두길 원했다는 것 ── 을, 모든 시련 속 그녀의 인내심에도 불구하고 이것이

계태세를 갖추게 하는 것이고 그들을 경계태세를 갖추게 한다는 것은 그들에게 무기를 쥐어 주는 것이기 때문이다." Ibid., p. 136. 그리고 또한 "강간의 고함은 어느 누구도 오지 않도록 만든다." Ibid., p. 188. "만약 당신이 칼을 하나 가질 욕망이 있다면, 칼과의 문제에서 당신이 기억해야 할 점이란 그것의 힘은 칼을 쥐는 손에 달려 있다는 것이다. 그리고 만약 손힘이 강하지 않다면, 손이라도 빨라야만 한다. 손은 칼을 여기, 저기, 사방에서 그에게 빠르게 박아 넣어야만 한다는 것이다. 그가 칼을 들고 있는 그녀의 손을 지지하는 손목을 잡아채기 전, 그리고 그가 잔가지처럼 그녀의 손목을 부스러뜨리기 전, 손이 할 수 있는 사방에서 그를 칼로 찔러 대어야만 한다." Ibid., p. 206.

결코 가능하지 않았음도 명시하고 있다. 다시 말해, 그녀의 관점이 사회로부터 고려되고 다른 이들에 의해서 중시되기 위해선, 경악할 만한 이들간의 폭력이 반드시 필요했던 것이다.

타자들에 대한 배려의 인식론과 부정적 돌봄/염려/배려

폭력으로 이행해 가는 벨라의 변모로 인해 전적으로 새로운 경험이 생산되진 않는다. 살인마 벨라는 피해자 벨라와 같은 경험을 하고 있기 때문이다. 관점만 다를 뿐이지 체험된 경험이란 계속 지속되는 것이다. 벨라는 변신한 것이 아니라 왜곡된 상에 오히려 더 가깝다. 그녀는 항시 같았던 것이다. 그녀는 다른 관점에 의해, 단지 다르게 스스로를 보고 있으며 단지 다르게 보여질 뿐이다. 여성이라는 것이 현재 무엇을 의미하는가가 아니라, 벨라라는 것이 현재 무엇을 의미하는가? 스스로를 방어한다는 것은 무엇을 의미하는가? 이러한 다른 관점으로부터 바라본 벨라, 라는 것은 무엇을 의미하는가? 더 가까이에서 바라봄으로써, 또는 다른 각도 아래에서 바라봄으로써, 우리가 발견하는 그림 속 왜곡된 상처럼 이것은 어떠한 사물과 어떠한 동물 또는 어떠한 얼굴에 관한 것이었다. 독일의 화가인 뒤러의 표현을 차용하자면, 착시 예술을 규정짓기 위해서 왜곡된 상이란 비밀스러운 관점의 예술처럼 정의된다. 극한적으로 폭력적인 벨라는 항시 벨라이며 이는 벨라 자신도 알지 못하는 비밀스럽고도 금지되어 있으며 금기인 벨라에 관한 또 다른 시각일 뿐이다. 이러한 측면에서 『더러운 주말』은 무방비 상태의 벨라와 살인마 벨라, 이 둘 간의 존재론적인 구별도 도덕적인 판단도 실행하지 않는다는 거대한 장점을 지닌다.

그러나 소설의 남자 인물들 —괴롭히고 공격하는 남자들—의 측면에서 보자면, 이러한 관점 변화란 그들의 세계에 대한 진정한 붕괴를 내포한다. 다른 말로 하자면, 관점의 변화들은 선택 또는 좋은 의지로부터 기인하는 게 아니라, 권력관계나 약탈로부터 기인하기 때문이다. 관점들이란 권력관계 속에서의 위치성을 구체화하는 것이다. 오직 폭력만이 이러한 권력관계 속 위치성을 고정된 것이 아닌 ,불안정한 것, 변화 가능한 것으로 만들 수 있다.[43] 『더러운 주말』에서 전개되는 벨라의 복수는 그녀에 의해 저질러진 처벌적 살인행위에 거하는 것이 아니다. 벨라는 판정자의 전형적 형상과도 닮아 있지 않다. 그녀는 사냥꾼으로 변신한 게 아니다. 여기서는 이와는 다른 것이 작동되고 있다. 그녀의 살인은 갑작스러운데, 왜냐하면 이 살인은 세상이 지금까지 경험되어 온 기존 인식의 도식 자체를 위반하기 때문이다. 또한 이 살인은 맹점들, 사각지대들, 은폐된 감정들을 명확히 밝혀내는 것이다. 이러한 살인들은 공감이라는 인지가능성의 조건을 만들어 낸다. 이것은 다른 이들에게 다른 관점으로부터 세계를 보도록 강요하거나,

---

43 1983년에 게재된 논문 "To Be and Be Seen: The Politics of Reality"에서 페미니스트 철학자인 메릴린 프라이스는 남성 우월주의적 도식이라고 부르는 것을 다음과 같이 정의 내린다. "남성 우월주의적 도식은 여성을 지각의 창조자이거나 영매로서 인정하고 있지 않다…. 우리가 다른 관점으로부터 보고 있다는 가설과 남자가 볼 수 없는 어떤 것을 우리가 볼 따름이라는 가설은 남성에게 있어 결코 생각될 수조차 없다. 이것은 그에게 있어 가능성의 질서에 속하는 것이 아니다. 상황에 대한 일반적인 그의 관념은 남성만큼 권위를 갖지 않은 지각하는 존재로서의 여성들의 관념마저 이미 포함하고 있다는 점에서, 다시 말해, 그가 여성을 남성처럼 중요하게 고려하지 않는 한에서 그러하다. 그리고 이것은 어떤 남성이 여성들을 이해 불가능하다고 생각하는 것과는 전혀 관계없는 일이다." Marilyn Fries, *The Politics of Reality: Essay in Feminist Theory*, Crossing Press, 1983, pp. 165~166.

타인에게 우리가 느끼는 바를 느끼도록 만드는 것이 아니다. 이것은 주류적인 남성의 세계와는 다른 어떠한 것이 지각되고 느껴지며 체험될 수 있다는 놀라움 그 자체인 것이다. "그녀는 하찮은 이에게 1초 또는 2초가량을 내어 준다. 1초 또는 2초란 그가 고개를 들어 올릴 수 있는 시간이다. 그녀는 그가 머리를 들어 올리도록 내버려 두며, 그의 시선이 자신의 시선과 마주치게 만든다. 그들은 서로의 얼굴을 뚫어지게 바라본다. 비천한 남자와 움직이지 않는 여자. 그들은 서로를 이미 잘 알고 있는 듯한 시선을 교환한다. 이 사건들이 취하고 있는 매우 이질적인 형국 앞에서, 너무도 놀란 시선 말이다. 이로써 사냥꾼이 먹잇감이 되고, 먹잇감이 사냥꾼이 되어 버렸다. 사형 집행자가 처형당하는 자가 되고, 처형당하는 자가 사형 집행자가 되고 만 것이다. 이 시선 안에 이 모든 권력관계에 대한 정치적 의식화가 이미 포함되어 있다."[44]

이제부터는 바로 먹잇감들이 사냥을 시작한다.[45] 힘없는 자들이자 무방비 상태에 있는 이들, 약한 이들의 복수에 관한 이 이야기는 원한에 관한 소설이 아니다. 이 이야기는 권력관계의 역사성에 관한 허구적 예증에 가깝다. 폭력의 현상학으로부터, 먹잇감들은 항시 먹잇감으로만 남아 있지 않기 때문이다. 단 한 명의 인물에게만 초점을 맞추고 있는 자하비 소설의 특성들 중 하나는 권력관계에 대한 의식화를 묘사한다는 점이다. 이것은 집단을 거치는 것이 아니라, 개인적 경험을 재정치화하는 의식화 절차를 거치고 있다. 벨라의 내면을 형상화하고 있

---

44 Helen Zahavi, *Dirty Weekend*, p. 182.
45 『더러운 주말』에서 사냥의 비유는 여러 차례에 걸쳐 나타난다. 예를 들어 p. 197.

는 우연히 마주친 이란 남성 영매를 제외하고는, 소설의 그 어떤 인물도 벨라 자신에 의해 실행되고 있는 관점 변화의 특징을 띠진 않는다. 즉 벨라는 그녀 스스로 해방된 것이다. 헬렌 자하비는 페미니스트 이론의 주제들 중 하나——지배에 대한 체화된 경험들을 정치화하는 일과 혁명적인 정치적 주체를 구성하는 것——를 다시 새롭게 주제화하고 있다. 벨라의 경우, 그녀의 정치적 주체화는 고유하고도 내밀한 현상학적인 절차를 거친다. 벨라는 집단적 운동에 관여하고 있지 않으며, '우리, 여성들'이라는 집합적인 정치적 주체에도 관여하고 있지 않다. 그녀는 지배적 도식의 한가운데에서 무질서를 생산할 뿐이다. 다르게 말하자면, 그녀는 그녀를 억압하고 공격한 이들을 가혹하게 다루는데 그 이유는 바로 다음과 같다. 억압자와 공격자가 난생처음 본질적으로 외설적이며, 낯설고도 간과되었으며 지워진 다른 관점을 체험하게 된다는 사실, 바로 이 사실 자체를 억압자와 공격자가 보고 듣고 느끼도록 하며, 그들의 현세 속에서 이를 다시 살아 내도록 하기 위해서이다. 이러한 정치적 의식화가 강간당한 그녀들/그들의 집단적 책임으로부터 항시 기인하는 것은 아니라는 점을 반드시 인정해야 한다. 왜냐하면 강간당한 그녀들/그들 대부분에게는 그들이 속할 만한 집단성, 공동체가 아예 존재하지 않을 수도 있거니와, 공동체나 집단이 그녀와 그의 집 문 앞이나 그들의 침실에까지 그들을 동반할 수는 없기 때문이다. 다르게 말하자면, 경험과 존재, 몸의 현실성 자체를 박탈시키는 지배의 형태가 존재하는 것이다. 이러한 지배의 형태들은 다른 이들과 더불어 공통적인 세계를 구성할 수 있게 만드는 가능성 자체로부터 개인들을 이탈시킨다. 또는 이 지배 형태들은 공통적 세계들을 간헐적으로만 가능하게 만든다. 즉 벨라는 철저히 혼자이다. 그녀는 그녀 집 안에서 괴롭힘당하는 것에 있어서도 혼자이다. 그녀는 말할 사람도, 도움을 요청할 이도 없다. 그녀는 자기방어 안에 있을 뿐이다. 이것은 선택이 아니라 단순한 필연성에 의한 것이다.

헬렌 자하비는 벨라를 통해서, 다른 이들과 남성들, 사냥꾼들에게 말을 건네고 있다. 이것은 벨라의 세계에 그들이 들어오게 만드는 문제이다. 그녀의 말은 가혹한 교육방법과도 같다. 여성이라는 것은 과연 무엇을 의미하는가? 이것은 결코 놀이가 아니다. 이것은 진부한 사과와 부적합한 후회로 멈춰질 수 있는 것도 아니다. 이것은 정치적인 혁명이다. 더 나아가 이것은 이데올로기적 혁명이다. 먹잇감처럼 생각하고 벨라처럼 사시오. 그녀처럼 숨 막혀 하고, 그녀처럼 느끼고 움직이며 땀 흘리고 전율하시오. 그녀처럼 사라지시오. "우리가 그들 뒤에서 걸을 때에 그들은 떨고 있다. 그들은 걸음을 재촉하며 그들의 머리를 어깨에 처박고서 밤이 되면 그들의 집에 귀가하길 서두른다. 개들아, 당신의 집으로 질주하세요. 우리가 지나갈 적에 시선을 돌리세요. 두려움이 늑대의 발자국마냥 다가오고 두려움이 당신의 귓가에 속삭이고 있다. 고기 파이로 길러진 돼지들. 훌쩍거리는 두꺼비들. 매독에 걸린 쓰레기들. 당신들은 아무것도 아니었고 아무것도 아닐 것이다. 내 눈의 먼지 알갱이들. 내 신발에 묻은 똥들…"[46] 난생처음으로 사냥꾼들은 이해하지 못할 것이다. 왜냐하면 이러한 만남은 본래적으로

---

46 Helen Zahavi, *Dirty Weekend*, pp. 86~87.

이해 불가능하기 때문이다.[47] 그들은 맹목적일 것이며 귀를 닫고 말 것이며 그들의 입장을 고수할 것이다. 남성들은 무장해제하지 않을 것이다.[48] 성별에 대한 유일한 문제의식을 넘어서라도, 이 문장은 모든 패권주의적 입장에 있어서도 유효하다. "우리는 벨라와 마찬가지로 그들에게 소리 내지 않고서 나아가길 요구할 수는 없다. 각각의 건물과 목초지, 각각의 어두운 거리와 정류장, 각각의 지하철과 막다른 골목이 그들에게 속해 있는 한, 우리는 그들에게 주저할 것을 마냥 요구할 수 없다. 왜냐하면 그들은 그들이 원할 때에 여기에 마음대로 드나들 수 있기 때문이다. 우리는 그들에게 벨라가 느끼는 것과 똑같은 것을 느끼도록 요구할 수 없다. 벨라는 자신의 집에서조차도 스스로를 침입자처럼 여기고 있기 때문이다."[49] 사실상 우리는 이것을 그들에게 친절한 방식으로 요구할 수는 없다. 우리가 이것을 안 지는 이미 오래되었다. 우리가 이를 요구할 수 없기에, 우리가 먼저 타격행위를 가해야만 하

---

47 "팀과 같은 남자에게 있어, 이것은 어려워야만 한다. 일시적인 정복의 이야기를 교환하며 친구들과 함께 맥주를 들이켜길 좋아하는 평범하고도 단순한 다른 이들과도 같은 녀석일 때에, 당신이 당신의 판타지를 자극하는 말 없는 여성을 발견할 때에, 당신이 전화로 축축한 외설스러움을 중얼거리면서 늘어진 불알을 애무할 때에, 당신이 그녀를 거리에서 뒤쫓아 갈 때에, 당신이 그녀가 웅크리는 것을 바라볼 때에, 바로 당신은 남자라는 느낌을 갖게 된다. 당신은 결코 질문을 제기하지 않는다. 당신은 어떠한 의심도 경험하지 않는다. 당신은 두 번 숙고하지도 않는다. 당신은 페니스가 있고 바로 이 페니스가 결정한다. 그리고 갑자기 공포와 혐오가 밀려든다. 갑자기 여성이 외설스러운 것들을 속삭이기 위해 외설스러운 입을 열고 있기 때문이다. 그런데 이것은 예견된 일이 아니었다. 이것은 당신 꿈속에서와 같지 않다. 만약 이것이 이렇게 진행된다면, 당신은 여전히 욕망을 가질지조차 확실치 않다. 음탕한 여자. 냄새나는 음탕한 여자. 선정적인 여자의 추잡한 짓, 모두 똑같은 것들." Ibid., p. 57.
48 "모든 이가 아직 무장해제하지는 않았다." Simone de Beauvoir, *Le Deuxième Sexe*, Paris: Gallimard, 1949, p. 25.
49 Helen Zahavi, *Dirty Weekend*, p. 165.

는 것이다.[50]

헬렌 자하비의 소설은 더티 케어(dirty care) ―부정적 돌봄/염려/배려(care négatif) ―라고 불리는 것을 문제시하게 만든다. 이러한 먹잇감의 현상학으로부터, 우리가 여성과 소수화된 입장, 소수자적 그룹에 일반적으로 부여하고 있는 윤리학에 대한 또 다른 계보학이 가능해진다. 다른 이들을 염려하는 경향, 타인들에게 관심을 쏟고 돌보는 경향, 그들을 책임지는 경향이라고 여겨지는 것은 페미니스트 철학의 모든 전통 안에서 일반적으로 이론화된 것이었다. 이것은 여성적 본성 또는 소질이 아니라, 소수화된 그룹에게 재생산의 업무를 우선적으로 부과하는 역사적 산물로 이론화되었다. 그리고 이것은 돌봄이라는 직업의 자유화처럼, 가사 노동의 성적·인종적 분업의 역사적 산물로 이론화되었다. 이러한 노동 분업의 역사화는 이것이 전제하는 세계와의 관계를 보여 주는 것이며, 노동 분업의 역사화가 생산해 내는 윤리적 결과와 도덕적 입장을 보여 준다. 그리고 이러한 노동 분업의 역사화는 이 역사화의 윤리적 결과들과 도덕적 입장들을 타인들에게 관심을 갖는 행동처럼 정의 내리도록 하였다. 타인에게 관심 갖는 행동이란 돌봄의 도덕을 결정짓는 일이다.[51]

우리의 목적은 또 다른 계보학으로부터 이러한 분석을 보충하는 데에 있다. 우리의 가설은 다음과 같다. 타인들에 대한 염려는 폭력에

---

50 Ibid., p. 52.

51 다음을 볼 것. Patricia Paperman and Sandra Laucier eds., *Le Souci des autres: Ethique et Politique du care*, Paris: Editions de l'Ecole des hautes études en sciences sociales, 2005; Marie Gareau and Alice Le Goff, *Care, justice et dépendance: Introduction aux théories du care*, Paris: PUF, 2010.

의해, 그리고 폭력 속에서 도래한다는 것이다. 타인들에 대한 염려는, 설령 이러한 돌봄들이 이것들을 아낌없이 제공하는 그녀들/그들에게 욕망과 감정이 뒤섞인 부정적인 감정들을 유발한다 할지라도,[52] 유일한 감정적 근접성과 사랑, 동정하는 관심, 애정 어린 염려 또는 가장 고통스러운 돌봄 속에서의 희생이라는 윤리적 입장과는 전적으로 다른 윤리적 입장을 발생시킨다. 견디어진 폭력은 부정적인 인지적·감정적 입장을 발생시킨다. 이러한 입장은 폭력을 당하고 있는 개인들로 하여금 지속적으로 세계와 타인들에 신경 쓰게 만든다. 이러한 입장은 폭력을 당하는 개인들을 근본적이고[53] 진빠지게 하는 걱정 속에서 살도록 결정짓는다. 이러한 입장은 폭력을 부정하고 최소화하고 예방하고 견뎌 내며 완화하거나 피하기 위한 것이고, 또한 안전한 곳으로 피하고 스스로를 보호하고 방어하기 위한 것이다. 이것은 타인을 해독해내기 위한 일련의 추론들을 발전시키는 문제이다. 이는 타인의 행동을 도리에 맞고 정상적인 것으로 만들기 위한 것이자, 남을 화나게 하거나 그의 폭력을 촉진하거나 촉발하지 않도록 제스처와 태도, 행동을 전개해 나가는 문제이다. 그러나 이것은 거의 지각 불가능하지만 항구적인 정동과 감정과 더불어 살아가는 문제이기도 하다. 이것은 타인의 폭력에 익숙해지고 무감각해지고 길들여지기 위한 것이다. 다시 말해, 이것은 타인을 돕고 돌보며 북돋우고 안심시키며 그들을 안전하게 만

---

52 다음을 볼 것. Pascale Molinier, "Quel est le bon témoin du care?", Pascale Molinier, Sandra Laugier, Patricia Paperman eds., *Qu'est-ce que le care? Souci des autres, sensibilité, responsabilité*, Paris: Payot, 2009, pp. 233~248.

53 Grégoire Chamayou, *Les Chasses à l'homme: Histoire et philosophie du pouvoir cynégétique*, Paris: La Fabrique, 2010, p. 86.

들고자 타인에 대해 염려하는 문제가 더 이상 아니다. 타인이 원하는 바와 그들이 우리를 그들 마음대로 바꿀 수 있는 바를 미리 예측하기 위해, 우리는 타인에 대해 염려하는 것이다. 우리를 잠재적으로 비가치화하며 우리를 피곤하게 만들고 우리에게 욕설을 퍼붓고 고립시키며 상처 입히고 걱정하게 만들며, 우리를 부정하고 공포에 질리게 하고 우리의 현실을 잃게 만드는 그 어떤 것을 미리 예측하기 위해, 우리는 타인을 염려하는 것이다.

　　타인에게 기울이는 관심은 선천적으로 타인에 대한 애착과 친목, 약속을 전제하지 않는다. 이것은 본질적으로 강제적인 것이다.[54] 타인에 대한 관심은 부정과 회피, 완화의 기나긴 작업처럼 정의된다. 이것은 거리두기와 안전한 상태로 두기, 도망, 더 나아가 대적에의 준비와 전투에의 준비처럼 정의된다. 더티 케어라는 더러운 돌봄/염려/배려를 특징짓는 관심에 관한 생각으로부터, 우리는 중요한 두 가지 요소를 추출해 낼 수 있다. 첫 번째로 지배받는 자의 입장에서 요구되는 관심이란 타인의 의도성에 대해 지속적으로 자신을 투사하는 일이자 타인의 의지와 욕망을 미리 예견해야만 하는 일이며 자기방어의 목적을 가지고서 타인들의 재현에 녹아들어야만 하는 일이다. 지배받는 자에게 요구되는 관심이란 지배그룹에 대한 가장 발전되고 고증된 지식을 생산해 내도록 한다. 그런데 이러한 타자에 대한 세심한 객관화와 타인을 관심의 대상이자 지식과 돌봄의 대상으로 취하는 필연성이란 앎

---

54 "남성 우월주의적인 현실의 유지는 다음 —— 여성들의 관심이 남성들과 그들의 기획들에 집중할 것 —— 을 요구한다." Marilyn Fries, *The Politics of Reality*, p. 172.

의 주체가 갖는 인식론적 특권과도 거리가 멀다. 정반대로 이것은 이 대상 자체에게 과도한 힘을 부여하는 것이다. 앎의 대상이자 관심의 대상, 돌봄의 대상이 된 이 대상은 그 어떤 곳에서라도 주체에 의해 이해되어야 할 세계의 중심이 되고 만다. 그리하여 이러한 종속적 앎의 주체가 오히려 이 초점의 중심점 주위를 지속적으로 돌게 된다. 이 경우에는 앎의 주체의 지배적 입장이란 존재하지 않으며, 앎의 절차에서의 권위적 지점이나 위에서 내려다보는 전지전능한 입장도 존재하지 않는다. 앎의 주체는 왕이 된 대상과 직면해 있으며, 오히려 타율성의 입장에 놓여 있기 때문이다. 왜냐하면 바로 이 대상이 객관적인 현실과 전적으로 혼동되고 있으며, 이 대상의 관점이 현실 자체를 견인하는 것이기 때문이다.[55] 다시 말해 이 대상이 주체와 현실을 지배하는 것이다. 대상의 관점은 전적으로 주체의 관점을 포함하는 것이며 대상의 세계관은 주체의 세계관을 희생시켜서라도 강제적으로 부과되는 것이기 때문이다. 대상의 인식틀은 압제적이며 위풍당당한 것이다. 게다가 주체가 대상에 대해 갖는 관심이란 주체 스스로에게 있어서도 자기 소진적이며 매우 소모적인 작업이다. 취득된 앎이 자기방어를 가능하게 하기 위해서는, 대상에 대한 관심의 정도도 증대되어야만 한다. 대상에 대한 관심의 명철함, 이것의 강도 또한 지속적이어야만 한다. 다시 말해, 거의 항구적으로 경계해야만 한다는 것이다. 이것은 자신에

---

55 메릴린 프라이스는 '현실, 실재'(réel)라는 용어의 영어와 스페인어 어원이 '왕립의, 왕의'(royal)를 참조하는 표현들과 관련 있다는 것을 상기시킨다. 또는 이것이 왕(roi)과 관련된 것과도 연관성이 있다는 것이다. 실재/현실적인 것의 속성이 '왕립의'와 '왕'이라는 것의 속성이기도 하다는 것이다. 이러한 관점에서 실재/현실인 것은 왕에게 보일 수 있는 것을 뜻한다. Ibid., p. 155.

대한 그 어떠한 관심도 가질 수 없도록 만드는 고갈 상태를 양산하며, 자신의 고유한 재현과 관점, 욕망, 의도, 감정을 뒤로 밀려나게 하는 일이자 이것들을 덜 중요한 정보이거나 무가치한 의심스럽고도 허구적인 자료로 그 위상을 격하시키는 일이다. 이처럼 대상에 대한 끊임없는 앎의 절차 속에 투여된 작업의 힘은 곧 고갈되고 말 것이다. 오직 자기 자신에 대한 망각을 조건으로 할 때에만 이 작업의 힘은 고통스럽게 재구성될 수 있다. 자기 자신에 대한 망각은 자기 자신의 관점과 자신이 체험한 세계에 대한 현실성을 더욱 잃게 만든다. 일반적으로 문제시되어 온 돌봄/배려/염려의 윤리학에, 무능성의 윤리라는 어두운 부분이 반드시 추가되어야만 한다. 이러한 무능성의 윤리란 모든 것에도 불구하고 스스로를 방어하기 위해 발휘된 모든 노력들로부터 포착될 수 있는 것이다. 이러한 의미에서, 부정적인 더티 케어란 자기 자신에게 주어진 것이거나 자신의 행위역량에 부과된 더러운 돌봄/염려/배려를 지칭하는 것이다. 이것은 자신의 목숨을 보존하기 위해, 다른 이들에 대한 전문가가 되는 일이다. 다르게 말하자면, 타인을 더 잘 알기 위한 항구적 노력이란 타자가 우리에게 가할 수 있는 일로부터 스스로를 방어하기 위한 것이다. 이러한 항구적 노력은 무지의 생산을 통해 나타나는 권력의 기술이기도 하다. 이것은 우리 자신에 대한 무지가 아니라, 우리의 행위역량에 대한 무지 ——우리의 행위역량이 우리 스스로에게도 낯설고 소외되게 만드는 무지 ——의 생산을 통해, 나타나는 권력의 기술이다. 지배받는 자들은 진정으로 겸손한 증인들[56]

---

56 다음을 볼 것. Donna Haraway, "Le Témoin modeste: Diffraction féministes dans

이자 복종적이며 지쳐 있고 순종적인 증인들로서, 인지적 관계는 물론 스스로를 소외시키는 인식 형이상학적 작업이 일방적으로 그들에게 할당되어 있다. 그리하여 지배받는 그녀들/그들은 지배하는 자들에 대한 지식만을 발전시켜 나간다. 지배하는 자들에 대한 이러한 지식은 지배자들의 현상학적·이데올로기적인 전지전능성의 자료를 구성하는 것이다.

두 번째로, 왕이 된 대상이란 무엇인가? 인식론적 부정의들[57]의 총체로서 명명될 수 있는 것에 관한 연구, 이와 관련된 모든 문학 속에서, 우리는 지배적 지식과 인식론적 특권과 관련된 여러 작업을 발견할 수 있다. 이러한 틀 속에서, 무지의 생산과 유지에 관한 연구[58]와 이에 대한 개념 고안을 통해 패권주의적인 권력의 입장이 무지에 대한 적극적 생산을 초래한다는 것이 증명되었다. 이러한 무지의 생산은 복합적인 것이다. 무지의 생산은 제3자의 관점들 또는 이러한 관점들의 존재 자체에 대한 부정을 거치는 일이자 현실 그 자체나 실재 그 자체로 여겨지는 특정하게 위치 지어진 관점 —— 예를 든다면 남성이나 엘리트의 관점 —— 을 보편적인 것으로 만드는 절차를 거친다. 그리고 무지의 생산은 잘못되어 있으며 편향적인 지각의 절차들 또는 무분별한 절차를 거친다. 무지의 생산은 속임수와 지식의 강탈, 부정, 사회적으로 중심

l'étude des sciences", *Manifeste Cyborg et autres essais*, pp. 309~333.

57 다음을 볼 것. Miranda Fricker, *Epistemic Injustice: Power and the Ethics of Knowing*, Oxford University Press, 2009; Ian James Kidd, José Medina and Gaile Pohlaus Jr eds., *The Routledge Handbook of Epistemic Injustice*, Routledge, 2017.

58 다음을 볼 것. Robert N. Proctor and Londa Schiebinger, *Agnotology: The Making and Unmaking of Ignorance*, Stanford University Press, 2008.

이 이미 맞추어진 과학적 권위와 신빙성, 사회적으로 중심이 이미 맞추어진 받아들여질 수 있는 가능성의 지표, 이중적 기준을 가진 기록 보관학적 실천, 또는 이중적 기준을 가진 진실성의 절차를 거치는 것이다. 이러한 이중적 기준을 가진 기록 보관학적 실천과 진실성의 절차에 의해 보존되고 기억될 만한 가치가 있는 것과 진짜이고 객관적이며 중립적이고 과학적인 것, 사건과 사실을 구성하는 것이 일방적으로 정의되는 것이다. 결과적으로 이중적 기준을 가진 기록 보관학적 실천과 진실성의 절차란 활발한 기억상실과 수정주의, 과학적 억견, 엄격하게 말하자면 이데올로기적인 생산을 거친다. 무지라는 개념은 페미니스트 인식론에 의해 매우 일찍 고안었으며, 백인성[59]에 관한 연구와 같은 흑인 문학의 주요 주제를 구성하는 것이기도 하다. 찰스 W. 밀스에 의하면 랄프 엘리슨(Ralph Ellison)의 소설은 인식론적 소설이다. 무지라는 개념은 다음 두 가지 요소들 간의 비대칭성을 포착해 내도록 한다. 피지배자들의 인식 형이상학적이며 인지적인 착취상태와 지배자들의 이익을 도모하는 이러한 작업으로부터 추출된 지배자들의 무한한 사회적·상징적인 이득, 바로 이 둘 간의 비대칭성을 포착하도록 만든다. 지배자들은 무지한 이들이다. 왜냐하면 지배하는 이들은 타인들을 보거나 그들에 대해 염려하거나 그들을 중시하거나 그들을 알거나 고려하는 일들로부터 면제되어 있는 인지적 입장을 취하기 때문이다. 지배자들은 바로 그녀들/그들 자신을 위해 시간을 아껴 둔다. 지배

59 Charles Mills, "White Ignorance", eds. Shannon Sullivan and Nancy Tuana, *Race and Epistemologies of Ignorance*, SUNY Press, 2007, pp. 13~38.

자들은 <u>스스로</u>를 알고 <u>스스로</u>를 사랑하며 <u>스스로</u>에게 귀 기울이며 자기를 계발하기 위한 시간을 아껴 둔다. 자기 자신을 관심과 돌봄의 독점적 대상으로 여김으로써, 그녀들/그들은 스스로에게 중요성을 부여하고 무게를 두며 자리를 부여한다. 자신을 관심과 돌봄의 대상으로 여김으로써, 그들은 그들의 지배를 영구적인 것으로 만드는 물질적 조건들을 재생산해 낸다.

그러나 지배자들이 피지배자들에 대해 가져야 할 관심의 형태도 존재한다. 『더러운 주말』이라는 소설이 이를 증명한다. 이 소설에서 연출되고 있는 추행범, 공격자, 강간범은 벨라 또는 강간할 만할 모든 다른 몸들을 뒤쫓기 위한 강박의 형태를 드러낸다. 사냥꾼으로 호명된 이들에게 있어, 사냥에 필요한 고유한 지식이란 지배자들에게 무지하지 않을 태도를 전제한다. 사냥에 필요한 고유한 지식은 그들의 먹잇감을 어떠한 방식으로든 알고 있어야만 한다는 태도 ─ 그들의 먹잇감의 습관과 먹잇감의 영토, 먹잇감이 숨는 곳, 먹잇감의 유리한 점 또는 방어적 자원[60]을 알아야만 한다는 태도를 전제하는 것이다. 이러한 측면에서, 벨라의 남자 이웃은 그녀를 끊임없이 관찰하고 뒤쫓으며 포획해 낸다. 다시 말해 그는 사냥꾼이다. 더 근본적으로 그는 세계로부

---

60 그러나 이러한 지식은 가장 취약하다고 판단되는 것이자 궁지에 몰려 있으며 고립된 먹잇감의 포획과 죽음 또는 고갈을 목적으로 하는 것이다. 또는 정반대로 먹잇감의 질은 트로피와 전리품의 성격을 강화시킨다. 또한 우리는 사냥에서 목적의 변화와 굴절을 발견할 수 있다. 가축화, 사용과 착취, 전시와 괴물화, 지배, 완전 소거 또는 절멸. 사냥에서는 그 자체로 존중할 만한 교전 상대란 결코 존재하지 않는다. 엄격히 말해서, 적들은 존재하지 않는 것이다. 단지 삶이 중요하지 않은 먹잇감과 목숨을 살려줄 만하지 않고 보존할 만할 가치가 없으며 살아갈 만한 가치가 없는 먹잇감만이 존재한다.

터 벨라를 내쫓고 있다.

『방드르디, 태평양의 끝』이라는 책의 후기에서 질 들뢰즈는 미셸 투르니에를 인용하며 이렇게 쓰고 있다. "우리에게 있어, 타자란 기분 전환과 오락거리를 구성하는 강력한 요소라고 할 수 있다. 왜냐하면 타자는 우리를 끊임없이 방해하는 것이자, 우리로부터 지성적 사고를 빼앗아 가기 때문이다. 우리의 세계에 타자가 뜻밖에 도래한다는 유일한 가능성에 의해, 우리 관심의 주변부에 위치한 대상들의 세계, 그러나 언제든지 우리 관심의 중심부가 될 수 있는 대상들의 세계에 희미한 빛이 던져지는 것이다."[61] 그런데 사냥꾼을 위한 세계에서 타자란 결코 존재하지 않는다. 자기 자신과는 또 다른 관점을 구성하고 있으며, 타자성을 구성하고 있는 그 곁의 어느 누구도, 그 뒤의 어느 누구도 사냥꾼들에겐 존재하지 않는다는 의미이다. 비록 내가 지각하고 있지는 못하지만 타자에 의해서는 지각되거나 지각될 수 있는 것처럼 정의되는 현실의 풍부한 밀도, 바로 이를 유지시켜 주는 타자성이란 아예 존재하지 않는다는 뜻이다. 만약 타자가 나에 의해 추격되는 사냥감일 뿐이자, 나의 시선이나 내가 가진 무기의 조준장치에 의해 포획되고 마는 먹잇감에 불과하다면, 내가 그를 매우 다정하게 만진다는 일 자체가 이미 그를 제거하는 일이 되어 버릴 것이며, 그에 의해 지각되는 또 다른 관점과 현실이 존재하고 있다는 가능성의 범주 자체를 완전히 소거하는 일일 것이다. 이로써 먹잇감에 불과한 추격대상이 되어 버린

---

[61] Michel Tournier, *Vendredi ou les limbes du Pacifique*, Paris: Gallimard, 1972(1967), p. 36.

타자란 내가 더 이상 알지 못하고 지각하지 못하는 타자들의 상대성을 내게 상기시켜 주는 현존이 더 이상 아니다.[62] 먹잇감이 된 타자란 나의 고유한 지각 바깥에서 존재 가능한 모든 것들, 이것들이 갖는 상대성을 상기시키는 현존이 더 이상 아닌 것이다. 그러하기에 사냥꾼에게 있어, 벨라의 공포에 질린 얼굴은 "소름 끼치는 어떤 가능한 세계에 대한 표현도 아니며, 내가 아직 보지 못한 세계 속 소름 끼치는 어떤 것에 대한 표현도 아니다."[63] 단지 이것은 사냥 경기가 끝에 도달했다는 신호일 뿐이다. 반면에 벨라는 그 어느 누구도 겨냥하지 않는다. 그녀는 따라가야 할 어떤 이도, 사냥해야 할 어떤 이도, 포획해야 할 어떤 이도 없다. 그러나 벨라는 항시 경계태세에 놓여 있다. 항구적인 경계태세에 놓인 사냥감에 불과한 벨라 앞에서, 자기 자신과는 또 다른 관점을 구성하고 있는 타자란 모두 사라져 버린다. 또한 공통적으로 거주하고 있는 현실의 존재, 이를 보장해 주는 현존과도 같은 타자 역시 사라져 버린다. 이제 타자는 그녀의 등 몇 발자국 뒤에서, 그녀를 강간하기 위해 항시 준비된 내재적 위협이 되어 버렸다. 벨라에게 있어 세계란 모든 것이 가능한 세계임과 동시에, 그녀 뒤에서 언제나 작당이 꾸며지는 음험한 세계이기도 하다. 이 세계는 그녀에게 위협적인 현실을 끊임없이 알려 줌으로써 쉼 없이 그녀에게 경고함과 동시에, 강제적으로 부과되는 폭압적인 것이다. 설령 그녀가 그녀 스스로 이 세계를 지각하고 있지 않더라도, 이 세계는 이미 그녀의 삶 자체를 위협함으로써,

---

62 Gilles Deleuze, "Michel Tournier et le monde sans autrui", postface à Michel Tournier, *Vendredi ou les limbes du Pacifique*, p. 263.
63 Ibid., p. 265.

그녀 자신의 고유한 지각의 현실성 자체에 손상을 입히고 있다.

먹잇감들이 드디어 사냥하기 시작할 때에조차, 이제 그들 차례에서 사냥꾼이 되는 건 아니다. 왜냐하면 이것은 먹잇감들이 스스로를 방어하는 것에 더 가깝기 때문이다. 그러나 이러한 포식 세계의 일반화 속에서 모든 것들이 먹잇감으로 변형된다. 포식 세계의 일반화는 모든 타자성에 대한 근절이거나 가능한 것이 위협과 위험의 질서 속으로 내몰리는 일이다. 그리고 포식 세계의 일반화는 모든 정치적 갈등의 근절이기도 하다. 『더러운 주말』이 구성하고 있는 자기방어의 이야기는 사냥하는 그녀들/그들과 사냥당하는 그녀들/그들을 차별하는 권력 장치가 만인에 대한 만인의 사냥, 즉 모든 이가 사냥꾼이 되는 것을 목적으로 하지 않는다는 것을 포착해 내게 한다. 오히려 이러한 권력 장치는 모든 이들을 사냥꾼이 아닌 먹잇감으로 축소·환원하는 것을 목적으로 한다. 오직 몇몇 이들만이 죽임 당할 수 있으며 실질적으로 사냥감으로 내몰릴 수 있는 비대칭적 세계이자, 결국 모든 이들이 살기 힘든 세계 속에서 권력관계는 휘발되어 버리고 비가시화되고 만다. 이러한 세계는 모든 이들을 먹잇감으로 축소·환원하는 것을 목적으로 한다.

2012년 2월 26일 저녁, 주로 백인들이 사는 플로리다주의 샌퍼드 구역에서 17세의 아프리카계 미국인 트레이본 마틴(Trayvon Martin)이 상점을 막 빠져나오고 있었다. 그는 머리를 덮는 모자 달린 운동복을 입고서 주머니에 과자 상자를 넣은 채 자신의 애인과 전화 중이었다. 짐머만(Zimmerman)은 자경단원 이웃 프로그램의 지역 책임자[64] 이자 자원봉사자였는데, 그는 자동차 안에서 경찰에 신고전화를 했다. 분명히 마약을 한 것 같은 의심스러운 한 명이 현재 구역을 떠돌고 있으며 집들을 유심히 탐색하는 것 같다고 신고한 것이다. 그의 신고에 대해 경찰이 내린 지시란 그에게 아무것도 하지 말고 경찰이 도착할 때까지 그저 기다리라는 것이었다. 그러나 여러 이웃의 증언들에 따르자면, 트레이본 마틴과 조지 짐머만 간의 언쟁은 경찰이 도착하기 전에 발생했다. 짐머만은 이 고등학생보다 더 거대한 몸집을 가졌으며 나이도 열 살이나 더 많았다. 경찰이 도착했을 때에 짐머만은 코피를 흘리고 있었으며 트레이본은 가슴팍에 근거리에서 발사한 총알이 박힌 채 발견되었다. 사건 정황에 관한 경찰에 의한 정보 보유가 있은 지 몇 주 후에 경찰은 가족과 언론에게 911 긴급 전화 녹음 내용을 공개하기에 이른다. 이 녹음 내용에는 첫 번째 총소리, 분명히 경고를 목적으로 조준했거나 빗나간 총성이 먼저 담겨 있었다. 그러고 나서 간청하며 우는 청소년의 목소리도 들을 수 있었다. 그리고 두 번째 총성이 울려 퍼진다. 공권력이 도착한 지 몇 분 후, 증인들은 다음을 증명하고자 경찰들 앞에 출석했다. 짐머만이 아무런 이유도 없이 첫 번째 발포를 했으며, 도망치거나 움직일 수조차 없는 청소년을 붙잡고 있었다는

---

64 '자경단체제자원봉사'(Neighborhood Watch Volunteer)는 미국에서 60년대 말에 설치된 조직이다. 이 조직은 식민주의 시대를 계승하고 있는 자경주의의 장치들과 직접적으로 참조관계에 놓여 있다. 이 조직은 지역의 안전을 위협하거나 일상적이지 않은 모든 사건과 관련되어 있는 것처럼 여겨짐으로써, 여성 시민과 남성 시민에게 경찰 업무를 보조할 것을 권장한다. 이러한 자경단원 이웃이라는 장치는 2000년대 중반 이후 프랑스에도 수입되었다.

것, 그리고 이 청소년은 그의 살인자에게 간청하고 있었음을 입증하기 위해서였다.

플로리다주의 정당방어에 관한 법률들은 특히 유연한 편이다. 이 법률들은 "자신이 죽을 수 있거나 심각하게 상처 입을 수 있다는 믿음을 부추기는 이유 있는 두려움의 감정을 느낄 때에, 자신을 보호하기 위한 행동을 한 모든 이들을 위한 면책 특권을 보장한다."[65] 이 주의 법률은 모든 이들에게 처벌받지 않고 무기를 휴대하거나 사용할 자유를 부여하고 있다. 타인을 죽일 수 있는 가능성이란 자신이 느낀바 — 자신이 위협당하고 있다고 이치에 맞게 느껴야만 한다 — 라는 유일한 조건하에서, 정당화될 수 있다. 그러나 정당방위를 이치에 맞는 두려움 위에 세운다는 사실 자체가 언제 정당방위가 멈추고, 언제 편집증적 살인이 시작되는가를 명확히 판단할 만한 구별의 지표가 성립될 수 없음을 뜻한다. 짐머만은 경찰 조사를 받고 결국 풀려난다. 샌퍼드 지역의 경찰은 조지 짐머만이 이치에 맞게 위협을 느꼈다는 점과 그가 살인을 저지른 저녁에 자기방어에 의해 행동했다는 것을 입증할 그 어떠한 증거자료도 찾지 않았다. 이로써 짐머만은 자신의 유죄를 걱정할 필요조차 없게 된 것이다. 그리하여 우리는 첫 번째 시위를 통해, 이 범죄사건이 잔혹한 인종차별적 범죄로 고발되는 것을 기다려야만 했다. 그리고 미리 숙고하지 않은 우발적 살인이라는 명목으로 이 범죄사건에 대한 조사가 다시 열리도록 만들기 위해서, 이 범죄사건이 시위에

---

65 Lizette Alvarez, "Justice Departement Investigation Is Sought in Florida Teenager's Shooting Death", *The New York Times*, 16 March 2012.

의해 스캔들화되는 것을 기다려야만 했다. 이 사건이 있은 지 두 달 후, 체포된 짐머만은 즉시 보석으로 풀려났다. 이로부터 1년 반 후인 2013년 6월 재판이 열리긴 했지만, 자기방어권 행사의 정당성을 증명해 내기 위한 요소들의 부재와 짐머만에 관한 명백한 증거인 녹음과 증언이 있었음에도 불구하고, 짐머만은 결국 무죄를 선고받는다. 트레이본 마틴에 대한 살인이 있기 전 해에, 이미 조지 짐머만은 위험 신고와 소음 신고, 이웃들 간의 싸움 신고, 고속도로 위 몰상식 신고, 특히 의심스러운 이들[66]에 대한 신고로 경찰에 46차례 전화를 했었다.

조지 짐머만은 인종차별적인 주에 살고 있는 자경단원이다. 아프리카계 미국인 젊은이인 트레이본 마틴은 인종차별적 주에 존재하고 있다는 위협 앞에 전적으로 무방비인 상태였다. 이 주에서 마틴은 정당방위의 이름으로 언제든지 제거 가능한 먹잇감인 셈이다. 그런데 암살자의 무죄를 도리어 감싸 주고 있는 정치적·입법적 틀은 다음과 같은 권력 기술을 알려 주는 것과도 같다. 이러한 틀은 짐머만에게 고유한 먹잇감이라는 공포의 이름으로 조지 짐머만의 혐의를 문자 그대로 세탁하게 만들어 준 권력 기술이다. (자기 자신의 용납할 수 없는 욕망이나 납득할 수 없는 실패의 원인을 자기 자신에게서 찾지 않고 오히려 타인에게 그 원인을) 투사하는 행위와도 같은 이러한 두려움은 가능한 것이 불안정한 것과 전적으로 혼동되는 세계를 참조하고 있다. 이제 두려움이 모든 좋은 시민의 암살자 되기를 규정하는 것이다. 이를 통해, 두려

66 Ibid.

움은 신체적 차원에 있어서 전적으로 새로운 감정적 복속의 무기일 뿐만 아니라 긴장 상태에 놓여 있는 개인들의 근육적 통치를 위한 무기이자 방어태세를 갖춘 삶의 무기가 되어 버린다.

옮긴이의 말

한국사회에 페미니즘의 세기가 쏘아 올려진 2015년 이후부터, 나의 학문적 방법론, 학문적 탐구 대상에도 커다란 변화가 일어났다. 고고한 진리의 상아탑 속, 추상도 높은 논증구도의 전개면 위에서, 안전한 사유의 감각에 익숙해져 가던 내게, 페미니스트 다중의 도래는 그야말로 대격동의 진동파였다. 페미니즘 철학이 일상에서 여성들이 겪는 가장 시급한 현장성에 개입하길 거부하고, 그녀들의 고함과 절망에 답하길 꺼려한다면, 이는 더 이상 실천 철학이 가진 이론적 진리값마저 가질 수 없음을 직시하고 만 것이다. 그 이후로 나는 변모하였고 더 깊은 절망과 희망의 이중주에서 넘실댈 수밖에 없었다. 때로는 예전의 독백에 가까운 추상성의 고도로 숨어듦으로써 안전의 지대에 복구하고픈 충동도 있었고, 고독한 싸움의 판에서 생긴 생채기들에 멈추고 싶기도 하였다. 그러나 결코 나는 예전으로 되돌아 갈 수 없다. 안전하게 거리를 둔 상아탑의 고도 대신, 진흙탕의 연꽃들이 펼쳐 내는 치열한 사유와 실천의 언어들에 온 몸이 향하고, 온 감각의 주파수가 열려 버렸기 때문이다.

메갈리아의 등장 이후 한국사회는 분노하는 여성들로 들끓고 있다. 오빠가 허락한 올바른 페미니즘이라는 설득의 언어마저 개념녀의 또 다른 버전임을 직시한 10대와 20, 30대 여성들은 분노의 정치학을 통해 여성혐오적 일상과 전투를 벌이고 있다. 17년간 방치되었던 소라넷을 폐쇄하고 거리로 뛰어나와 낙태죄 헌법 불합치 판결을 이끌어 내었으며, 미투운동을 통해 강간문화의 고리를 끊어 내는 여성들, 바로 이들을 위한 새로운 페미니즘 윤리학의 지평이란 과연 무엇인가? 이 책은 이에 대한 사유의 단초들을 제시해 줄 것이다. 왜냐하면 프랑스의 페미니스트 철학자 엘자 도를랑이 제시하는 페미니즘적 혁명윤리의 태동이 이 책에서 시작되고 있기 때문이다. 그 학문적 격발지에서 심도 깊은 폭력의 철학이 펼쳐진다. 지금까지 여성들에게 폭력의 활용이 어떻게 역사적으로 몰수되어 왔는지, 왜 여성들에게 비폭력을 여성적 가치로 본질화해 왔는지가 역사적 소수자 운동의 계보학을 통해 상세히 설명되고 있다. 엘자 도를랑이 제시하는 호전적·전투적 자기윤리와 자기방어 전략은 지배자에 의해 독점되어 온 폭력의 구조를 깨뜨리는 일이자 저항하는 몸들을 발명해 내는 혁명의 시론이다.

돌봄과 조화, 배려라는 기존의 주류적 페미니스트 윤리에서 벗어나, 전투적·호전적 자기윤리이자 자기염려로서의 페미니즘 윤리학의 새 지평을 통해, 아버지의 집을 부수어 대는 망치질의 시간이 아직도 우리에게 더 필요함이 이 책에서 논증되고 있다. 망치질의 시간이 어떻게 창조의 시간과 함께 도래할 수 있는가라는 질문과 함께 말이다.

엘자 도를랑은 폭력에 관한 페미니즘 사상 지류의 세 가지 논리 계열을 명확히 파악해 낸 후 이에 대한 강력한 비판을 촉구한다. 또한 그녀는 여성이 폭력을 활용하기 위한 사상적 단초를 사회계약론과 무정부주의 사상으로부터 길어 내기를 제언하고 있다.

자기방어에 관한 현대의 페미니스트적 고찰에서 폭력에 대한 페미니스트적 접근법의 대다수는 폭력의 활용을 정치적으로 모순인 것처럼 접근하고 있다. 이에 대한 세 가지 계열의 주요 논거들은 다음과 같다. 본질주의적이라고 불리는 첫 번째 논거의 계열은 비폭력을 여성성과 불가분의 것으로 정의 내린다. 그러나 이러한 입장은 페미니스트적이며 평화주의적 운동들의 공통적 역사에 근간해 있는 접근법과 맞닿아 있다. 두 번째 논거들의 계열은 폭력의 사용이 모방으로부터 기인하는 것이자 가부장제와의 협업 형태로부터 기인한다고 여긴다. 최종적으로 우리는 보다 실용적인 세 번째 논거의 계열을 식별해 낼 수 있는데, 이는 폭력의 사용을 재현해 내는 위험성을 경고한다. 폭력의 사용에 있어, 여성들이 가진 무지와 무경험성을 고려해 본다면, 여성들의 폭력이야말로 10배 넘게 증가한 폭력에 준하는 보복행위들을 오히려 유발할 것으로 상정된다. 이에 반해 페미니스트적 자기방어와 방어적 폭력의 활용을 폭넓게 정당화하는 두 가지 사유의 전통으로는 사회계약주의 전통과 무정부주의가 있다.[1]

1 본문, 304~305쪽, 각주33

폭력은 그저 나쁜 것이며 궁극적으로 여성은 강자가 되는 것이 아니라 비폭력적인 약자로 남아 있어야 한다는 강박적 도덕 명제들은 폭력에 관한 페미니즘의 세 가지 논리계열을 참조하는 것이다. 첫 번째로 여성과 평화, 여성과 인내, 여성과 공존, 여성과 비폭력을 접합시킨 후, 이를 여성적인 가치이자 여성적인 본성으로 자연화하는 논리에는 여성에 의한 폭력 활용을 여성성의 괴물화, 훼손화, 변질로 규정하는 본질주의가 도사리고 있다. 이를 통해, 이 사회에서 여성이 폭력을 활용한다는 것을 상상조차 하지 못하도록 금지하는 것, 이러한 사회적 터부의 설립은 과연 누구에게 유용한 것인가부터 철저히 되물어야 할 시점이다.

두 번째로 여성의 폭력 활용은 남성 지배자의 흉내 내기에 불과하며 오히려 가부장제를 강화한다는 모방 논리가 있다. 이것은 가부장제의 작동이 남성에 의한 폭력의 독점으로부터 출발한다는 기본적 원리조차 인식하지 못함을 드러내는 관점이다. 가부장제는 남성에 의한 폭력의 독점이 남성의 여성에 대한 권력의 증거이자 원인으로 여겨짐으로써 발생한 것이기 때문이다. 또한 여성에 의한 폭력의 활용방식인 자기방어야말로 예전처럼 남성폭력의 구조가 강력하게 작동할 수 없도록 하는 대항 지점이 될 수 있음을 전혀 고려하지 않는 한계를 띤다. 이러한 모방 논리 속에서는 어떻게 소수자인 여성이 폭력의 활용을 통해, 그저 당하는 몸에서 행동하는 몸, 남성공포에 절여진 마비된 몸에서 자신의 근육을 점차 뻗어 나가는 새로운 몸의 감각 전개자로서 세계를 재구성해 내는가를 전혀 다루고 있지 않다.

세 번째는 보복 논리에 관한 것으로, 여성이 남성에게 맞서고자 할 때에, 남성으로부터 더 큰 폭력행위를 유발시키며, 이는 여성의 생존에 불리하다는 논지이다. 여기에는 폭력 전문가로 남성을, 서툰 초보자로 여성을 상정한 후, 강자이자 숙련가인 남성의 심기를 건드리는 일은 약자의 생존전술에 있어 결코 효율적인 것이 아니며, 나아가 사회적 다수자의 약자에 대한 폭력의 정당화로 이어질 수 있음을 경고하는 것이다. 사회적 다수자의 기분감각을 먼저 헤아리는 것이 그나마 사회적 소수자가 살아남을 수 있는 현실적 방법이라 상정하는 것이다. 이는 소수자에 의한 폭력 활용은 결코 성공할 수 없다는 패배주의의 일환이자, 소수자의 모든 저항 기술에 대한 허용치는 결국 다수자, 강자들의 손에 달린 것임을 각인시키는 보수주의적 논리라 할 수 있다. 착한 패배자로서의 소수자의 위상에 만족할 때에는 다수자로부터 호혜적 도움 정도는 받을 수 있지만, 일방적으로 주어진 제자리에서 더 이상 가만히 있지 않고 이탈하는 소수자들에게는 강자의 철퇴가 내려지는 것이 당연하다는 이 같은 논리에는 단지 공포와 순응의 감각만이 메아리칠 뿐이다. 이처럼 나는 엘자 도를랑에 의해 제시된 현대 페미니즘 지류의 세 가지 계열이 가진 한계를 직시하고자 했다. 나아가 이 책은 자기방어라는 폭력의 철학을 만들어 가기 위한, 페미니스트적 사상경로의 밑그림을 제시하고 있음과 동시에, 우리가 더 깊숙이 이 사유의 여정을 밀고 나가야 함을 촉구하고 있다.

또한 이 책은 다양한 소수자들 —흑인 노예들, 홀로코스트의 유태인들, 60, 70년대 민권운동의 블랙 팬서들, 성소수자 운동가들— 의 역사적 문헌들을 세밀하게 제시해 줌으로써, 앞으로 우리가 실행해 가야 할 저항의 기술이 어떠한 양태일 수 있는가에 대한 역사적 전망과 영감의 원천 또한 마련해 준다. 왜냐하면 여성 해방운동은 다양한 소수자들의 쟁투의 역사 속에서 연대의 자원과 개념의 자원들이 무엇이 있었으며, 어떠한 임계점들을 직면해야 했었는가에 대한 참조를 통해, 더 풍부한 저항 기술과 더 밀도 깊은 창조 행위를 배태해 낼 수 있기 때문이다. 나아가 여성 참정권 운동가인 서프러제트들부터 『더러운 주말』이라는 소설의 주인공 벨라의 이야기는 여성에 의한 폭력 활용의 문제를 전면화함으로써, 대항 폭력이자 혁명적 폭력의 가능성은 무엇인가를 고찰하도록 한다. 이를 위해서는 폭력을 재정의하기, 폭력을 활용하기, 폭력을 세계와의 새로운 접면으로 인식하기 등이 요구되며 이러한 일련의 복합적 작업들이 이 책에서 제안되고 있다. "그녀는 폭력과의 고유한 관계성에 대해 질문하기 위해 페미니즘이 그토록 필요로 했던 바로 그 더러운 여성 주인공인 것이다. 우리가 폭력 안에서, 그리고 폭력과 더불어 할 수 있는 것이 과연 무엇인가를 페미니즘적으로 질문하기 위해 반드시 필요한 인물이 바로 벨라이다."[2] 즉 이 책은 저항 기술로서의 자기방어가 어떻게 새로운 인식론적·존재론적·가치론적 창조의 지점이 될 수 있는가는 물론 "자신의 몸과 자신의 성별 속에 갇혀 살아남아야만 하는 밀실 공포증"[3]을 깨부수고 세계의 살과 여성의 살을 새로이 직조해 나가는 저항적 몸의 발명행위인가를 보여주고 있다.

2 본문, 329쪽
3 본문, 331쪽

이 역서가 맨손으로 싸우고 있는 한국 페미니스트들에게 치밀한 페미니즘적 분석의 연장통이자 뜨거운 쟁투의 무기이며 페미니스트적 자기방어를 위한 배움의 길이 되길 진심으로 바라고 바란다.

2019년 8월 30일 서울에서,

윤지영

자신을 방어하기 : 소수자들, 빼앗긴 폭력을 되찾다

발행일 초판 1쇄 2020년 1월 15일
지은이 엘자 도를랑 | **옮긴이** 윤지영
펴낸이 유재건 | **펴낸곳** (주)그린비출판사 | **주소** 서울시 마포구 와우산로 180, 4층
주간 임유진 | **편집·마케팅** 방원경, 신효섭, 이지훈, 홍민기 | **디자인** 전혜경
경영관리 유하나 | **물류·유통** 유재영, 이다원
전화 02-702-2717 | **팩스** 02-703-0272 | **이메일** editor@greenbee.co.kr | **신고번호** 제2017-000094호

ISBN 978-89-7682-991-7   03300
이 도서의 국립중앙도서관 출판예정도서목록(CIP)은 서지정보유통지원시스템 홈페이지(http://seoji.nl.go.kr)와 국가자료공동목록시스템(http://www.nl.go.kr/kolisnet)에서 이용하실 수 있습니다.(CIP제어번호: CIP2019046805)

철학이 있는 삶 **그린비출판사** www.greenbee.co.kr

이 저서는 2017년 대한민국 교육부와 한국연구재단의 지원을 받아 수행된 연구임(NRF-2017S1A5B8057457)